새로운 북한, 중국이 대안인가

새로운 북한, 중국이 대안인가

형혁규 著

한국학술정보㈜

들어가기 전에

400여 년을 중국놈에게 눌려있어도 중국놈이 못됐고 몽고에 잡혀가고 만주에 끌려가 갖은 욕을 보면서도 몽고놈 만주놈이 못됐으며 일본놈한테 악착같이 잡혀있으면서도 일본놈이 못됐고, 삼국시대에 당나라를 끌어들이고 일본을 업어오면서 미친 듯 싸우면서도 말은 한 말, 사람은 한 사람으로 종시 남았으며, 공자님을 섬기고 석가님을 받들어서 단군이고 한배고 거의 다 잊은 듯하면서도 그래도 제 말, 제 생각, 제 버릇을 어찌할 수가 없어서 그냥 지니고 온 그것, 그것이 무엇인지 모르지만 그거야말로 정말 말썽 아닙니까? 그거야말로 물에서도 아니 녹았고, 불에도 아니 탔고, 칼로 찍어도 아니 끊어졌고, 망치로 때려서도 아니 부서진 것입니다. 함석헌, "우리 민족의 이상." 「역사와 지성」, 한길사, 1996.

북한은 우리에게 무엇인가?

북한의 개혁개방이라는 문제를 연구하는 데 있어 북한이 우리에게 무엇인가라는 질문이 일견 갑작스럽게 들릴 수 있을지 모르나 애초부터 북한의 개혁개방은 북한에 대한 우리의 인식과 떨어질 수 없는 문제임에 틀림이 없다. 이는 북한의 개혁개방이 단순히 북한체제 내부의 변화에 머물러 있는 것이 아니라 남북 간의 동질성 회복, 나아가서는 통일의 문제와 밀접하게 연관되어 있기 때문이다. 바라볼 수밖에 없는 동토의 땅이라는 말이 이미 낯설어진 지금에도 북한은 여전히 우리에게 있어 정겹기는 하나 가까운 나라는 아니다.

하루에도 수십 번씩 접할 수 있는 북한이라는 단어 속에서 우리는 한편으로는 민족이라는 단어를 떠올리며 언젠가는 하나가 되어야 할 헤어진 가족만큼이나 진한 동질감을 느끼기도 하고, 다른 한편으로는 북한이라는 이름보다는 김일성, 김정일이라는 이름을 먼저 떠올리며 항상 우리를 위협하는 존재로 느끼기도 한다. 북한에 대한 이러한 모순되고 이중적인 인식은 사회주의체제가 붕괴되고 이데올로기적 구분이 모호해진 현재까지도 지배계층과 피지배계층을 막론하고 동일하게 형성되어 있다고 할 수 있으며, 이로 인한 갈등과 대립은 우리사회에서 좀처럼 사라질 기미가 보이지 않는다.

주지하다시피 과거 우리사회에서 북한이라는 화두는 정치사회에서나 시민사회에서 항상 논란과 대립의 중심에 있었으며, 이 속에서 북한은 화합할 수 없는 적대적 국가-국가라고 인정도 존재하지도 않는-라는 단선적인 사고가 북한에 대한 인식의 주류를 이루어 왔다. 그러나 사회주의체제의 붕괴로 인해 동서 간의 이데올로기적인 논쟁이 무의미해지고, 이에 따라 남북관계가 과거와 같이 진영론적 사고에 입각한 주적의 논역에서 상대적 자율성을-남북한 관계는 아직까지도 남북 어느 일방이나 남북한 공동의 의지로만 형성 발전되는 것은 분명히 아니다-확보하고 있는 지금, 이러한 단선적이고 일방적인 사고는 더 이상 설득력을 획득하기 어려운 지경에 처해 있다. 아직까지 논란의 여지가 있기는 하지만 1997년 남북 간에 전격적으로 이루어진 정상회담을 계기로 활성화되기 시작한 저위정치 영역에서의 남북 간 교류는 적어도 분단의 종식이라는 차원에서 새로운 돌파구를 마련한 것이 사실이다. 그러나 이러한 변화된 분위기에도 불구하고 현재와 미래의 남북한관계를 어떻게 규정할 것인가의 문제는 그리 만만치 않다. 비록 권위주의 정권의 붕괴로 인한 대북정책에서의 새로운 패러다임의 도입과 이로 인한 북한에 대한 전반적인 인식의 변화에도 불구하고 아직까지도 남한사회에서 존재하는 북한에 대한 적대적 인식은 동질적인 정치, 경제, 사회문화 등 전 영역에서 비적대적 인식에 비해 상대적 우위를 보이고 있다.

우리에게 있어 북한은 어떤 존재로 각인되고 있으며, 또 인식되어야 하는가의 문제는 변화된 환경에도 불구하고 여전히 중요한 문제가 된다. 북한을 민족이라는 동질감을 토대로 하여 분단된 민족, 그래서 언젠가는 통일을 이루어야 하는 한민족으로 볼 것인가, 아니면 아직도 한국전쟁의 처절한 아픔을 기억하며 북한인민의 국가가 아닌 김일성에서 김정일로 이어지는 현대정치사에서 유래 없는 전제군주 국가로서 북한을 볼 것인가? 민족으로서의 북한과 김정일지배체제로서의 북한은 분명하게 구분되어지며 혹은 구분되어야 하는 것인가?

우리는 누구나 남북한의 이산가족이 수십 년간의 헤어짐 끝에 재회의 기쁨을 나누면서 흘렸던 눈물에 한번쯤은 자신의 눈물을 보탠 적이 있다. 민족의 분단이라는 아픔 속에서 짧은 재회를 끝으로 다시 기약할 수 없는 북녘 땅으로 친지며 가족을 떠나보내는 그 사람들의 이별에는 민족이라는 오래된 정서가 깔려 있기 때문에 우리의 동의와 동감을 이끌어 낼 수 있었던 것이다. 이렇듯 우리는 북한을 볼 때 기본적으로 민족이라는 정서를 바탕에 두고 볼 수밖에 없다. 그러나 민족이라는 정서는 민족이라는 담론이 가지는 특수성과 생물학적인 비과학성으로 인하여 북한이라는 하나의 이질적인 국가를 이해하는 데는 많은 한계를 노징힐 수밖에 없는 깃도 사실이다.

민족의 관섬에서 남북한의 관계를 바라볼 때 가장 번서 부닛히는 문세는 도대체 민족이란 무엇인가라는 근본적인 해답에 대한 어려움이다. 이미 홉스봄(E. J. Hobsbawm)이 지적한 바 있듯이 지구상에서 존재하는 약 180개 국가들 중 그들의 종족적, 언어적 단일성을 주장할 수 있는 국가는 단지 12개 정도에 불과하다. 이러한 상황에서 이른 바 동질성의 확립을 목표로 하는 민족주의란 민족적 전통과 원초적 집단정서에 대한 맹목적 호소, 그리고 이를 통한 전제주의 지배를 정당화한 반동적 성격을 가지는 것이라는 극단적 평가를 따르지 않더라도 그 객관성과 과학성을 찾아내기가 쉽지가 않다.

뿐만 아니라 민족이라는 아직까지 풀리지 않은 거대한 담론으로 북한을 이해하기에는 국내외적인 현실도 만만하지가 않다. 남한의 현실정치에서 북한은 여전히 이데올로기적 기제로서 존재하고 있으며, 국가의 안보와 관련해서 북한에 대해 민족이라는 단어가 들어설 자리는 없다. 더욱이 냉전체제의 종식 이후 소련을 위시한 다민족국가의 해체와 함께 그 어느 시기보다도 첨예한 민족이라는 이름을 앞세운 종족 간의 갈등이 격렬하게 전개되고 있는 국제현실에서 민족이라는 담론에 대한 근본적인 회의마저 들게 하고 있다. 북한의 핵개발로 인해 나타나고 있는 미국을 위시한 주변 국가들 간의 외교적 난맥상은 우리의 북한에 대한 인식정립에 현실적 어려움을 제고시키고 있는 것이다.

민족이 이렇듯 생물학적 모호성과 정치성을 동시에 공유하고 있다면 우리가 맹목적인 호소로서 북한문제를 대하는 데는 분명한 한계가 존재한다. 그러나 이러한 한계를 보다 적극적으로 인정한다고 해도 민족에 대한 문제가 쉽사리 해결될 수 있는 것은 아니다. 그것은 현실에서 민족을 대체할 수 있는 다른 어떤 국가적 개념이 존재하지 않는다는 것 또한 엄연한 사실이기 때문이다. 뿐만 아니라 여하한 논의를 차치하고서 민족구성이 소속원들의 주관적 의사에 기반하고 있다는 사실을 부정할 수는 없다고 할지라도, 적어도 민족이 언어, 영토, 경제생활과 문화공동체 내에 구현된 심리구조 등 역사적으로 진화된 일정한 객관적 요소들을 토대로 구성된다는 것은 의심할 여지가 없다. 세계의 한 구석에서는 세계화가 필연적 흐름이고, 이에 맞춰 국가의 시스템을 재조장해야 한다는 주장이 목소리를 높이고 있다. 반면 다른 한편에서는 민족국가 단위로 살아가는 것이 현실이라며 국익을 중심으로 사고해야 한다는 목소리가 높다. 그러나 조금 자세히 들여다보면 세계화의 이면에는 국익을 전제로 한 각 국가 간의 치열한 경쟁과 갈등이 존재하고 있는 것이 사실이다.

세계화의 선봉에 서 있던 미국은 부시행정부의 등장 이후 철저한 미국중심주의적 대외정책을 펴고 있다. 세계의 평화수호를 자임하고 있는 미국의 정의로움 뒤에는 군사적, 경제적 패권의 유지라는 오래된 기본 명제가 버티고 있다. 역사귀속문제를 두고 한국과 중국 간에 논란을 빚고 있는 고구려사 문제나 한국의 독도우표발행을 계기로 다시 시작된 일본의 독도 영유권 주장을 본다면 민족과 국경, 즉 민족주의와 국가주의를 동시에 관찰할 수 있다. 결국 세계화는 민족과 국가가 지켜질 수 있는 한에서의 세계화일 뿐인 것이다. 독도 영유권을 주장하는 일본의 모습에서 제국주의의 옛 영광을 그리워하는 국가주의적 향수를 찾기란 그다지 어렵지 않으며, 고구려사를 왜곡하고 있는 중국의 모습에서 유사 이래 가장 광대한 영토를 유지하고자 하는 중국의 민족주의이자 국가주의인 中華主義를 쉽게 목도할 수 있다. 결국 국익이라는 것은 민족이라는 개념과 대립되는 것이 아니라 본질적으로 내재하고 있는 기본적인 성격이다. 북한을 둘러싼 국익의 우선이라는 현실주의적 주장과 민족공조라는 다소 감성적인 접근이 대립적인 명제가 아니라 동시적인 문제로 이해될 수 있는 단초도 이곳에서 존재한다.

북한 개혁개방 연구의 패러다임

1917년 러시아에 공산정권이 수립된 이후 자본주의와 더불어 세계를 양분한 사회주의 경제체제는 계획경제의 실패에 따른 1991년 소연방의 붕괴로 경제체제로서의 수명을 다하게 되었다. 이에 따라 구사회주의국가들이 택할 수 있는 유일한 대안은 결과적으로 시장경제체제뿐이었다. 그 결과 구사회주의국가들이 결정해야 할 과제는 어떤 체제를 선택해야 할 것이냐의 문제가 아니라 어떻게 중앙집중적 계획경제를 시장경제로 전환할 수 있느냐의 문제로 귀착되었다.

사회주의국가들은 서방국가들과의 교류와 협력을 차단하고 사회주의적 요소에 의거한 생존전략을 모색해왔다. 그러나 동서 간 냉전의 종식은 사회주의국가들로 하여금 이념적 차원의 배타주의와 고립주의를 지양하고 평화공존에 입각한 공동번영의 시대를 건설할 수 있는 혁명적인 전환의 기회로 작용하였다. 자본주의에 비해 상대적 후진성을 면치 못하고 있던 사회주의국가들은 경제적 후진성으로부터 벗어나기 위한 재빠른 변신을 시도하기 시작하였다. 이로써 계급투쟁에 역점을 두어왔던 사회주의국가들은 발전을 국가적 목표로 전환하였고, 이러한 성격전환이 이루어지는 과정에서 도입하기 시작한 발전적 대안의 전형적인 패턴은 체제개혁과 대외개방으로 구체화되기 시작하였다.

북한은 1950년대부터 중국과 소련의 정치경제적 간섭을 배제하기 위해 노력해왔으며, 이러한 노력은 이들 국가들에 대한 경제적 의존을 최소한으로 하기 위한 노력으로 나타났다. 그 결과 북한은 자급자족 경제를 표방하게 되었으며, 민족적 자립경제노선을 채택해왔다. 북한은 고전적 사회주의 계획경제, 중공업을 중심으로 한 산업구조, 그리고 대외교역을 최소화한 폐쇄경제를 통하여 경제발전의 초기에는 성공적인 경제성장과 산업화를 이룩하였다. 그러나 1960년대 중반 이후부터 이러한 집중적 통제경제는 경제발전에 있어 오히려 걸림돌로 작용함으로써 침체－하강국면에 들어서게 되었다. 소규모경제인 북한이 자급자족 경제를 수립하는 것은 이론적으로나 현실적으로 불가능한 것이었다. 이러한 가운데 이웃인 중국이 1978년 이후 본격적인 개혁·개방을 시작하였고, 이에 따라 북한은 미미한 정도이지만 1980년대에 들어서면서 경제개방과 개혁에 관심을 두고 이를 조심스럽게 추진하기 시작하였다.

그러나 1980년대 말부터 90년대 초까지 진행된 급격한 사회주의권의 붕괴에 따른 국제적 고립 심화와 이념적 위기, 식량난, 에너지난, 외화난 등의 경제적 위기, 김일성 사후 후계체제의 불안정성과 탈북자의 급증 등의 사회적 위기 등으로 인해 김정일 정권과 북한 사회주의체제는 생존을 위협받을 정도로 심각한 위기상황에 직면해 있다. 물론 현재 북한이 정치적으로는 여타 부분의 위기와는 달리 상대적 안정성을 보이고 있다는 점에서 김정일 정권의 위기와 북한 사회주의체제의 위기가 같은 종류의 성격을 가진 것은 아니지만, 북한이 직면한 현 단계의 위기는 정권의 위기이자 체제의 위기라고 할 만큼 심각한 구조적 위기상황을 맞고 있다는 것에는 이론의 여지가 없다. 이러한 위기가 향후 북한체제의 급속한 붕괴로 이어질지,

진화론적인 개혁·개방의 채택을 통한 체제위기의 극복으로 이어질지, 혹은 여하한 제3의 방식으로 진행될지를 단정적으로 예측하는 것은 불가능하기도 하며, 바람직하지도 않다. 그러나 김정일 정권에 있어서 정권의 정당성을 확보하고 유지하기 위해서는 체제위기의 해결이 절체절명의 과제라고 할 때, 이러한 체제위기를 극복할 수 있는 방법을 강구하지 못하고, 위기극복의 방법을 수립한다 할지라도 이를 성공적으로 실행하지 못한다면 정권의 위기는 체제의 위기라는 북한체제의 특성상 종국에는 체제의 붕괴로 이어질 수 있다는 것은 자명한 사실이라 할 것이다.

북한의 이러한 상황은 비단 남한 내에서 뿐만 아니라 국제사회에서도 체제회생의 가능성에 대해 부정적으로 인식되고 있는 북한체제가 체제위기를 극복하고 무사히 연착륙을 이룰 지에 대해 모든 분야의 전문가에게 초미의 관심사로 등장하고 있다. 북한체제 위기에 대한 전문가들 사이에서의 일반적인 평가는 북한이 직면해 있는 이러한 위기들이 북한당국이 주장하고 있는 것처럼 일시적인 난관이 아니라는 것이다. 오히려 사회주의체제에 내재하고 있는 본질적인 문제점과 동시에 북한체제가 가지고 있는 모순, 즉 유일사상체계와 유일지도체계, 그리고 자력갱생식 발전노선으로 대표될 수 있는 북한식 사회주의체제의 특수성이 결합된 역사적이고 구조적인 위기라는 것이다. 이러한 평가는 이제 북한이 개혁과 개방을 전제로 국제사회의 국가들과의 교류를 통한 적극적이고 근본적인 변화-체제의 전환-를 모색하지 않고서는 생존 혹은 회생이 불가능하다는 사실을 전제로 하고 있다.

대부분의 전문가들은 북한이 현재 처해 있는 경제적 어려움을 타개하기 위해서 중국식 개혁·개방 모델의 채택이 가장 바람직한 것으로 진단하고 있다. 그러나 그 실행에 있어서는 북한체제의 특성상 즉각적이고 본격적인 경제개혁은 어려우며 체제수호의 범위 내에서 대외개방을 통한 진화론적 경제개혁을 조심스럽게 추구할 것이라고 보고 있다. 다른 한편 중국식 모델의 채택에 대한 보다 적극적인 시각도 존재한다. 북한의 2002년 '7월 조치'와 '신의주 특별행정구 지정', '금강산 관광특구 지정', '개성공단' 등에서 보여지듯이 전향적인 체제개혁을 단행할 가능성, 특히 중국식 발전모델의 적극적인 수용을 통한 체제개혁으로 이어질 가능성도 있다는 주장이 그것이다.

이러한 판단의 기준은 일반적으로 중국식 발전모델이 자타가 공인하는 성공적인 발전모델이라는 점과 중국과 북한이 역사적으로 유사한 사회주의 경험과 지리적 인접성으로 인해 중국식 개혁·개방 모델의 수용으로 인한 사회문화적 충격을 최소화할 수 있을 것이라는 점 때문이다. 물론 현재 중국은 개혁·개방의 성공과 함께 내부적으로 자본주의적 요소의 도입으로 인한 사상적 혼란, 도시와 농촌, 내륙과 연안 간의 소득격차, 실업자의 급격한 증가 등 개혁과 개방으로 인한 부정적인 면에서의 어려움도 적지 않게 겪고 있는 것이 사실이다. 그러나 소련을 위시한 동구 사회주의국가들이 개혁개방 이후 경제적 어려움과 함께 체제위기를 겪었다는 사실과 비교할 때 중국의 개혁 개방정책이 성공을 거두었다는 사실에 대해서 의문을 제기할 수는 없다. 따라서 이러한 중국의 개혁·개방 모델은 북한으로 하여금 개혁·개방 과정에서 발생할 수 있는 문제점을 사전에 인지할 수 있는 장점을 제공하고, 그 문제의 해결방안을 강구할 수 있다는 점 등이 북한이 중국식 모델을 채용할 가능성이 높다는 주장의 근거이다.

역사적 경험이라는 면에서 중국식 모델의 채택가능성을 볼 때, 중국과 북한은 대외개방 등 새로운 전환을 모색하기 전까지 매우 유사한 사회주의적 경험을 가지고 있다는 점이 그 근거로 제시되고 있다. 양국은 지리적 인접성으로 인해 사회주의정권이 출범한 이래 체제를 형성하고 유지·발전시키는 과정 속에서 유사한 전통문화와 역사적 경험을 바탕으로 이데올로기, 정치, 경제, 대외관계 등에서 선택적 친화력을 가지면서 유사성을 내포해왔다. 마이스너(Maurice Meisner)의 주장대로 모택동(毛澤東)이 중국의 특수한 실정을 이유로 중국식 사회주의를 주창하면서 포퓰리즘적이고 주의주의(voluntarism)적 성향의 사회주의 건설을 추구했다면,[1] 김일성 역시 맑

---

1) Maurice Meisner, *Li Ta-Chao and Origins of Chinese Marxism*(Cambridge, Mass.: Havard Univ. Press, 1967). James Chieh Hsiung는 모택동의 사상에서 유교적인 영향을 찾고 있는데, 이는 모택동의 사상에서 보여지는 인간 의지와

스-레닌주의의 북한화를 의미하는 주체사상의 정당성을 주장하면서 주체노선에 입각한 사회주의를 건설하는 데 총력을 기울여 왔다. 양국이 사회주의건설 이후에 유사한 사상적·실천적 경험을 공유해왔다는 사실은 여러 전문가들에게 향후 북한이 중국식 개혁·개방 모델을 선택할 수 있다는 가능성에 중요한 단초로서 작용하고 있다. 결국 중국식 발전모델의 수용은 현재 당면하고 있는 경제적 위기와 체제적 위기를 헤쳐 나가는데 그만큼의 위험부담을 줄일 수 있다는 점에서 북한이 채택할 가능성이 가장 높은 모델이라는 것이 일반적인 분석이다.

북중 양국이 개혁과 개방을 추진하는 과정에서 사회주의체제의 고수를 기본적인 원칙으로 하고 있다는 점에서도 북한의 중국식 개혁·개방 모델의 채택가능성이 존재한다. 중국은 1978년 개혁개방의 실시 이후 이듬해에 4항 기본원칙을 채택함으로써 사회주의체제의 고수를 분명히 했고, 북한 역시 사회주의체제의 우월성을 강조하는 가운데 부분적인 개혁·개방을 추진하고 있다는 점에서 양국의 유사성을 볼 수 있다. 다시 말하자면 양국이 개혁개방을 추진하는 데 있어서 기본적인 원칙이 되는 것은 사회주의체제를 자본주의체제로 전환하고자 시장경제 요소를 도입하는 것이 아니라, 낙후된 사회주의체제의 생산성과 발전성을 개선함으로써 사회주의체제의 안정성을 더욱 공고히 하고자 하는 목적 하에 이루어지고 있는 것으로 볼 수 있다.

이러한 북한과 중국 간의 여러 가지 유사성과 이에 따른 북한의 중국식 개혁·개방 모델의 채택가능성이 존재함에도 불구하고, 다른 한편으로는

이데올로기 역할의 강조가 인간의 마음과 인간의 도덕적 수양을 강조하는 유교의 전통과 유사하다는 것이다. James Chieh Hsiung, *Ideology and Practice: The Evolution of Chinese Communism*(New York: Praeger, 1970). 슈람은 모택동사상의 특징을 '실천적 이데올로기(practical ideology)'라고 규정하고 있는데, 이는 모택동사상이 맑스-레닌주의처럼 순수이데올로기(pure ideology)로서 보편타당성을 내용으로 하고 있기보다는 중국혁명의 실천과정에서 적용, 발전시키면서 생성되었기 때문이라고 주장한다. Frantz Schurmann, *Ideology and Organization in Communist China*(Berkeley: Univ. of Calif. Press, 1968).

중국의 발전모델이 북한에 적용가능한가에 대해서는 보다 심도 깊은 분석을 필요로 하고 있다. 정치, 경제, 사회문화, 국제적 조건이 상이한 중국식 발전모델이 북한에 적용될 수 있느냐의 문제는 북한과 중국이 동일한 사회주의의 경험을 갖고 있다는 유사성보다는 정치·경제 체제적 상이성 등에 대한 체계적이고 구체적인 분석이 뒤따를 때만이 설득력을 얻을 수 있을 것이다.

중국은 사회주의체제의 붕괴 조짐이 있기 10여 년 전부터 개혁·개방을 표방하고 사회주의의 개혁을 위해 노력해 온 바 있다. 이 때문에 중국은 1990년대 찾아온 사회주의체제의 붕괴 속에서도 시장경제 요소의 도입을 통한 사회주의체제의 발전이라는 독자적인 발전노선을 채택할 수 있었던 것이다. 중국은 이러한 중국식 발전모델이 사회주의체제의 붕괴 속에서도 생존 발전이 가능했던 이유를 중국공산주의운동이 자생적인 기원을 갖고 있다는 점, 혁명 후에도 중국은 동구와는 달리 소련에 대해 자주적인 입장에서 사회주의를 건설해왔다는 점, 독자적인 문화전통과 역사적인 전통을 보유하고 있다는 점 등을 지적하고 있다.[2] 실제로 중국이 개혁·개방을 적극적으로 추진할 수 있었던 배경에는 이러한 역사적 경험을 바탕으로 한 정치체제의 개방의 상대성 - 상대적 개방성이 아닌 - 이 존재하고 있었기 때문이며, 이를 바탕으로 한 풍부한 개혁정책에 대한 많은 경험을 갖고 있었기 때문이다. 이러한 개방의 상대성과 역사적 경험은 중국 나름의 체제 전환방식의 창출을 가능하게 하였고, 현재에 이르러 성공적인 중국식 모델을 탄생시킨 것이다. 결국 중국식 개혁·개방 정책은 그 추진에 있어 일차적으로 '배고픈 사회주의를 원하지 않는' 중국인민의 생산력의 발전에 대한 요구와 이에 대한 중국공산당 지도부의 역사적 경험에 기초한 이념적 유연성과 체제개방성이 맞물리면서 추진되었다고 할 수 있다.

개혁·개방의 전면적인 추진이 반드시 체제전환의 요구로 발전된다는 것은 소련을 위시한 동유럽국가들의 경험에서 확인할 수 있다. 그러나 중

---

2) 「人民日報」, 1999. 3. 28.

국, 베트남, 혹은 많은 구사회주의국가의 경험에서 보여지듯이 이러한 체제전환의 요구가 반드시 자본주의 혹은 시장경제체제라는 단일한 체제로의 전환이 아니라 두 개 이상의 체제요소가 공존하는 중첩적인 체제형태를 띠면서 진행될 수 있다는 사실로 인해 북한에 대해 중국식 개혁·개방 모델을 적용할 수 있을 것인가에 대한 분석은 그 유효성을 가질 수 있을 것이다. 1990년대에 들어 진행된 사회주의의 붕괴가 소련 및 동구의 소멸을 의미하는 것이 아니라 그 구조적 변화가 사회주의의 본질을 철저히 손상시키는 관문(threshold)을 통과하여 새로운 체제를 구성해 나가는 과정이라는 관점에서 본다면 중국의 개혁·개방도 새로운 질서를 향한 움직임이며, 따라서 체제전환은 훨씬 복합적이고 중층성을 띤 체제로의 진화를 의미하는 것이다.

  본 연구는 과연 북한이 중국과 같은 체제전환적 개혁·개방 모델을 채택할 수 있을 것인가의 문제와 채택한다면 가장 성공적인 전환모델로 평가받는 중국식 개혁·개방 모델을 북한에 적용할 수 있을 것인가 하는 물음에서 출발한다. 그러나 이 출발점에는 또 다른 전제가 깔려 있다. 그것은 역사가 끊임없이 순환·발전해 나간다는 시각에서 볼 때, 현재 사회주의체제가 채택하고 있는 체제 이행전략의 적합성을 과거의 시점에서 파악하지 않고 현재의 시점에서 미래의 성공 여부를 통해 판단한다고 가정한다면, 그 성공 여부에 따라 현재의 선택은 가장 최악의 이행전략이 될 수도 있다는 것이다. 중국의 개혁·개방 모델 역시 예외는 아니어서 현재 중국이 당면하고 있는 개혁·개방으로 인한 여러 가지 사회적 문제들도 현재로서는 최선의 선택 속에서 불가피하게 발생한 것이라는 판단과 평가가 가능하다. 그러나 미래의 평가에서 과연 현재의 이행전략이 최선의 선택이었으며, 이러한 모델이 반드시 다른 국가에의 적용에 있어서 최선의 모델이라고 주장할 수 있는 어떠한 보장은 없는 것이다. 이러한 논리적 전제는 필자가 북한의 개혁·개방 가능성과 이에 대한 중국식 모델의 적용가능성을 타진함에 있어 북한이 특정 모델을 그대로 따르기보다는 제3의 길, 즉 북한 나름의 모델을 개발하고 실행해 나갈 가능성이 더욱 높을 것이라는 미래역사적 인식의 토대를 제공하고 있다.

이러한 가정과 전제 속에서 북한과 중국의 역사적·체제적 유사성에 천착함으로써 중국식 개혁·개방 모델의 북한 적용가능성을 연구하기보다는 양국가의 상이성에 대한 분석을 중심으로 그 가능성을 도출하고자 하였다. 이러한 분석의 결과를 통해 중국식 개혁·개방 모델의 북한적용에 있어서의 제약요인을 밝혀내는 데 기초적인 근거를 제공함으로써 그 적용가능성을 밝히고자 하였다. 주지하다시피 체제의 특수성은 유사성에 대한 분석보다는 상이성에 대한 분석을 수행함으로써 보다 확연히 드러날 수 있다.

현재 이러한 주제와 관련한 국내외 연구는 그리 많지 않다. 주로 비교경제학적 관점에서 북한의 개혁·개방 정책과 중국의 개혁·개방 정책에 대한 비교가 관련 연구의 대다수를 이루고 있으며, 드물게 유사한 주제에 대한 연구 결과물을 찾을 수는 있다. 그러나 이러한 연구들은 주로 중국식 개혁·개방 모델의 북한 적용에 있어 고려할 수 있는 경제적인 제약요인에 그 초점을 맞추고 있다. 또한 이러한 연구들이 설혹 비경제적 요인에 대해서 언급하고 있다고 하더라도 체계적인 분석보다는 일반적인 언급차원에 그치고 있다. 한편 기존의 관련 연구내용을 볼 때, 대부분의 연구들이 북한이 종국에는 중국식 개혁·개방 모델을 채용할 수밖에 없다는 다소 막연한 낙관적 전망을 결론짓는 경향과 어떠한 방식의 모델로서도 북한체제의 붕괴는 피해갈 수 없다는 이데올로기적 극단성이 개입된 경향으로 양분되어 있다. 그러나 앞서 밝힌 바 있듯이 개혁·개방의 전면적인 추진은 반드시 체제전환의 요구로 발전된다. 아울러 이러한 체제전환은 현재 북한의 상황을 감안할 때 자본주의 혹은 어떠한 다른 단일한 체제로의 전환이 아니라 두 개 이상의 체제요소가 병존하는 체제형태를 띨 수밖에 없다. 이 같은 이유로 인해 북한이 중국식 개혁·개방 모델을 채용할 것인가라는 문제에 대한 막연한 낙관성과 이데올로기적 극단성을 띠고 있는 평가는 그 신뢰성을 잃을 수밖에 없다고 할 것이다. 당연한 얘기로 인식되고 있지만 우리가 쉽게 간과할 수 있는 것은 북한의 경제적 요인과 비경제적 요인, 대내적 요인과 대외적 요인은 각기 독립적으로 존재, 작동하는 것이 아니라 상호 중첩되어 작용하기 때문에 각 제약요인들 간의 연관성 역시 중요한 연구의 대상이 될 것이다.

　북한의 개혁·개방을 연구하고 분석하는 것은 우리에게 단순히 지역연구에 있어 한 국가의 체제전환 모델을 연구한다거나 변화과정을 살피는 차원 이상의 의미를 부여한다. 민족이라는 담론에 대한 수많은 반론에도 불구하고 북한인민은 여전히 우리와 같은 민족이며, 어떠한 다른 말로써도 대체할 수 없는 남과 북을 하나로 묶을 수 있는 하나의 틀거리임에 틀림이 없다. 북한이 얼마나 성공적으로 개혁·개방을 이루어낼 수 있느냐의 문제는 남한의 안보뿐만 아니라 통일에 있어서 핵심적인 요건이 될 수밖에 없다. 개혁·개방의 실패 혹은 외부충격에 의한 의도하지 않은 체제불안이 가져올 수 있는 문제는 단순히 북한의 붕괴나 정권교체의 차원을 넘어서 한반도, 나아가서 동북아의 불안을 유발힐 수 있는 문제이기 때문이다.

　이러한 이유로 인해 필자의 관심은 일차적으로는 북한의 개혁·개방이 어떠한 궤적을 그려왔으며 향후 어떠한 모습으로 나타날 수 있을 것인가에 대한 물음에서 시작하지만, 궁극적으로는 북한이 남한과 함께 공존하기 위해서, 혹은 가까운 장래에 남북한이 하나가 되기 위해서 어떠한 변화를 겪어야 할 것인가에 대한 대답을 구하고자 한 것이다. 중국식 개혁·개방 모델을 북한에 적용시킬 수 있을 것인가에 대한 물음은 이러한 물음에 대해 보다 구체적으로 접근하고자 하는 노력에서 시작되었다.

　마지막으로 부족한 원고를 기꺼이 출판해 주신 채종준 한국학술정보 대표이사님과 권현옥 팀장님 그리고 편집자 여러분께 감사의 말씀을 드린다.

2006년 9월
저　자

목 차

제2부 대안으로서 중국식 개혁개방 모델의 한계

표 목차

그림 목차

제1부 사회주의 체제전환의 경험들

　　20세기 말 전세계를 강타한 현실사회주의의 붕괴는 자본주의 사회의 모순을 경험하면서 새로운 체제적 대안을 모색하고자 했던 많은 좌파 지식인들과 활동가들에게 이론적 혼란과 함께 현실적 대안의 포기에 대한 갈등과 혼란을 제기했다. 붕괴된 사회주의체제가 자본주의 혹은 시장경제적 요소를 적극적으로 도입함으로써 체제전환을 이루어감에 따라 이러한 혼란과 갈등은 교의에 대한 포기와 새로운 대안의 모색으로 나타나고 있다. 초기 사회주의체제의 붕괴 요인에 대한 많은 논쟁을 거쳐 21세기를 맞이한 지금 학계를 비롯한 각계의 논의는 기본적으로 마르크스-레닌주의가 권력을 잡고 유지하는 데는 유용한 교의(useful formula)를 제공했던 것이 사실일지라도 복잡하고 상호의존적이며 경제지향적인 후기산업사회에 있어 정치와 경제문제를 관리하는 데는 유용하지 않았다는 것을 입증했다는 것으로 일단의 합의는 도출된 것으로 보인다. 역사적 관점에서 보더라도 사회주의의 붕괴는 사회주의체제 내의 엘리트가 의도했던 정책과 노선에서 벗어난 구조적 모순의 축적에서 비롯된 것이며, 기본적으로 이러한 모순의 축적으로 인해 인민의 욕구를 충족시켜줄 수 있는 생산력의 발전과 사회주의체제의 제도화에 실패했다는 것을 의미한다. 실제로 사회주의 붕괴 직전 동유럽 및 소련의 모습은 레닌으로부터 시작되는 사회주의체제 주창자들의 의도와는 전혀 다른 것이었다. 계급 없는 풍요로운 공산주의사회의 실현이라는 사회주의체제의 미래상은 현실에 있어서 경제침체와 사회불평등의 심화 등으로 나타났다. 또한 이 같은 현실적 문제를 극복하기 위하여 취해진 개혁·개방 정책은 체제를 안정시키기보다는 오히려 내재적 모순을 표면화시켰을 뿐만 아니라 서유럽 자본주의 경제체제에의 의존성을 증대시키는 결과를 초래하게 되었다.

제1장 현실사회주의의 실패원인과 전환의 동학

1990년대 사회과학은 국가사회주의의 붕괴를 놀라움과 예측의 실패로 맞이했다. 냉전과 이로 인한 국내외적 현실로부터 완전히 자유롭지 못했던 서방 사회과학에게는 예정된 실패일 수밖에 없었다. 국가사회주의의 생명력을 둘러싸고 우파 지식인에 의해 창조된 전체주의 모델은 완벽한 통제를 상정함으로써 어떠한 도전도 극복할 것이라는 적대적 신화를 창조했으며, 사회주의를 파시즘과 동일시한 전체주의 모델에 반발했던 1970년대 수정주의 학자들은 역으로 공산주의가 새로운 상황에 잘 적응하고 있다며 우호적 유연성을 강조함으로써 체제의 붕괴라는 사회주의의 미래를 예측하는데 실패했다.[1] 사회주의국가들의 정당성과 효과성의 결여는 개혁의 필요성을 급증시켰고, 개혁을 둘러싼 권력엘리트의 분열이 가시화되었으며, 이러한 분열은 국가의 통제능력을 현저히 약화시킴으로써 종국에는 체제의 붕괴로 이어졌기 때문이다. 이들 사회주의국가들은 무산계급의 높은 지지 속에서 국가를 건설하였으며 공산당은 이러한 정당성을 바탕으로 하여 국가를 강화하고 유산계급의 물적 토대를 제거하는 혁명을 단행하였다. 그러나 혁명 이후 세대의 성장과 전고후저(前高後低)[2]의 사회주의적 경제성장패턴으로

---

1) Jeane Fitzpatrick, "After Communism, What?" and Martin Malia, "From under the rubble, What?," *Problem and Communism*, No.41, January and April 1992, 권만학, "탈국가사회주의의 여러 길과 북한: 붕괴와 개혁," 「한국정치학회보」(한국정치학회), 35집 4호, 2001, pp.247-8에서 재인용.

2) 사회주의국가들의 경제성장은 추계에 따라 차이를 보이기는 하지만 초기 자본주의국가들에 비견할 성장을 이루다가 후기에 들어 정체를 보이는 특징이 뚜렷하다. 이러한 사회주의국가들의 경제성장의 경향성에 대해서는 Janos Kornai, *The Socialist System: The Political Communism*(Princeton: Princeton Univ. Press, 1992), pp.200-201; Ivan Szelenyi and Balazs Szelenyi, "Why Socialism Failed: Toward a Theory of System Breakdown: Cause of disintegration of East European State Socialism," *Theory and Society*, Vol.23, No.2, April 1994, p.217; Thomas Wolf, "The Lesson of Limited Market-Oriented Reforms," *Journal of Economic Perspectives*, Fall 1991, p.46을 참조할 것.

인해 혁명적 정당성의 추락은 가속화되었다. 즉 혁명 이후 사회주의국가들은 경제발전에 있어 주로 정신적 유인에 기초하고 있었고, 체제적으로 보다 나은 그리고 보다 많은 노동을 강제하고 유인할 수 있는 기제를 결여하고 있었던 것이다. 이러한 현상은 경제성장의 정도에 따라 사회주의국가들 간에 차별성을 보이고 있었던 것은 사실이었지만, 사회주의국가 건설 초기에는 자본주의국가들과 비견할만한 성장을 이루다가 후기에 들어서는 정체를 보였던 것은 보편적인 현상이었다.[3] 결국 현실사회주의는 체제 내에서 발생하는 여러 체제모순적인 문제들에 대한 자정(reformability)의 기제를 결여한 채 몰락의 길로 들어서게 된 것이다.

이러한 현실사회주의의 붕괴의 원인에 대해 체이스 던은 기본적으로 보다 큰 자본주의 세계체제로부터 나오는 강력한 위협으로 인해 현실사회주의국가들이 자기방어적인 권위주의체제와 제국주의를 구축하게 되었고, 이러한 원인으로 인해 자기 생산적인 사회주의 생산양식을 제도화하는 데 실패할 수밖에 없었다고 주장하고 있다. 그에 의하면 결국 이러한 제도화의 실패가 현실사회주의 붕괴의 주요한 원인으로 작용했다는 것이다. 또한 역동적이고 경쟁적인 세계시장의 존재는 자본주의 핵심부와의 경쟁과 정교한 기술의 수입을 중재함으로써 이를 담당할 수 있는 전문가와 관료들로 구성되는 새로운 계급들을 탄생시켰고, 그들에 의한 부패, 소비주의, 그리고 정치적 기회주의의 조장 등의 요인들로 인해 체제 내부의 분열과 위기를 불러올 수밖에 없다는 것이다.[4]

한편 위다아르는 사회주의체제의 일반적 위기를 이데올로기의 위기(the crisis of ideology), 제도적 위기(the crisis of institution), 사회의 위기(the crisis of society), 리더십의 위기(the crisis of leadership), 경제의 위기(the crisis of economy), 사기의 위기(the crisis of morale), 국제적인 위기(the international crisis)로 구분한다.[5] 이러한 분류를 토대로 현실사회주의체제

---

3) 권만학, 「분단과 통일의 변증법」(서울: 양지, 2000), pp.21-7.
4) Christoper Chase-Dunn, *Global Formation: Structures of the World economy* (Cambridge: Basil Blackwell, 1989), p.342.

의 일반적인 특징을 보면 첫째, 마르크스－레닌주의의 혁명논리를 통하여 체제유지와 체제발전의 정당화논리를 찾는 강한 이념지향성, 둘째, 단일지배정당인 공산당의 배타적 통치를 보장하는 당－국가체제(party-state system)와 당의 무오류성 강조, 셋째, 사회 전부문에 걸친 당의 권력독점과 지도적 역할 행사, 넷째, 전국적인 경제계획에 의해서 수행되는 명령경제 또는 관리경제, 공유제(협동적 소유, 전인민적 소유), 중공업 우선정책 등의 중앙집권적 사회주의 경제관리방식, 다섯째, 최고 권력의 이양을 위한 명확한 절차의 부재에 의한 장기집권과 권력투쟁 및 정치적 불안정 등으로 요약할 수 있다.6)

이러한 사회주의체제의 구조적인 특징들은 기본적으로 현실사회주의 붕괴에 있어 주된 원인을 제공하였고, 이는 결과적으로 현실사회주의에서 공통적으로 찾아볼 수 있는 붕괴원인으로 작용하였다. 따라서 본 장에서는 현실사회주의의 붕괴를 초래한 위기를 정당성 확보의 실패로 인한 이데올로기의 위기, 리더십 및 제도의 위기, 사회문화의 위기, 경제의 위기, 국제적인 위기를 통해서 살펴본다.

---

5) Howard J. Wiarda, "The Future of Marxist Lennist Regimes: Cuba in Comparative Perspective," Prepared for International Workshop, *The Durability and Direction of the Four Remaining Socialist Countries: China, Vietnam, Cuba and North Korea*, 한국국제정치학회·민족통일연구원 공동주최, 1994년 5월, pp.27-8.
6) 사회주의 일반적인 특징에 대해서는 Stephen White, John Gardner and George Schofin, *Commuunist Political Systems: An Introduction*(London: Macmillan Education, 1987), pp.3-4; Yan Jiaqi, "A Comparative Study of the Features of the Socialist Political System and Possible Reforms," Mel Gurtov(ed.), *The Transformation of Socialism: Perestrooika and Reform in the Soviet and China*(Boulder: Westview Press, 1990), pp.89-90를 참조할 것. 고유환, "북한사회주의체제의 구조적 위기와 김정일정권의 진로," 「한국정치학회보」(한국정치학회), 30집 2호, 1996, pp.228-9.

1. 정당성 확보의 실패와 지배이데올로기의 위기

　이데올로기란 개념은 그 개념적 다의성으로 인해 어느 범위까지 이데올로기로 취급되어야 할지가 불분명하다.[7] 이데올로기를 이해하는 데 있어서는 대체로 두 가지의 조류가 존재한다.[8] 우선 이데올로기의 상대적 자율성과 독자적 중요성을 강조하면서 마르크스의 이론을 일정하게 비판하고 그람시(Antonio Gramsci), 알뛰세르(Louis Altusser) 등의 이데올로기 개념을 취하는 조류가 그것이다. 마르크스에 따르면 이데올로기는 모순된 계급의 실천의 결과이고 지배계급의 기능과 재생산을 위한 조건이 된다.[9] 그람시는 국가를 국가가 독점하고 있는 물리적 폭력의 수단을 중심으로 조직화된 것으로 보고, 시민사회는 이를 에워싸고 있는 이데올로기적 동의와 합의를

---

7) 사전에 정리된 이데올로기 개념들의 예를 살펴보면, 이숭녕의 「새국어사전」(일중당, 1984)은 이데올로기를 "관념형태" 또는 "기본적인 사상경향 및 이념"이라고만 설명하고 있다. 이희승의 「국어대시전」(민중서림, 1989)에서는 이데올로기를 "① 인간행동의 기본이 되는 근본적인 사고, 관념형태, ② 정치사회에 대한 기본적인 사고, 사상경향"이라고 규정하고 있다. 한국어사전편찬회의 「한국어대사전」(현문사, 1980)에 따르면 이데올로기는 "① 사적 유물론에 있어서 상부구조를 이루는 모든 것, 관념체계, 의식형태, ② 현존하는 사회질서의 존재를 정당화하는 지배층의 사고방식, ③ 특정한 정치적 처지에 서는 사고방식"이라고 정의하고 있다. 이 밖에도 동아출판사의 「세계백과 대사전」(1990)은 이데올로기를 "인간, 자연, 사회에 대해 품고 있는 현실적이며 이념적인 의식의 제형태"라고 정의하고 있다.
8) 이데올로기를 중립적으로 보는 시각도 있다. 이러한 시각은 이데올로기를 보편적 개념으로서 재구성한 만하임(K. Mannheim) 뿐만 아니라 그람시, 알뛰세르 이후 서유럽의 마르크스주의자에게 점차 일반화되어 있다. 이는 의식이 단순히 지배계급의 자기이익을 반영한 속임수, 기만이 아니라 나름대로 사회관계를 반영하고 있는 응집체, 사회적인 사실, 객관적인 지형(Terrain)으로 보고 있다. 이러한 점에서 이들의 주장은 이데올로기가 구조적으로 재생산되고 있다는 것을 보여주고 있으나 마르크스가 주장한 애초의 이데올로기 개념을 희석시켰다는 비판을 받고 있다. 전태국, "마르크스에 있어서 이데올로기의 문제," 한국사회학회 편, 「한국사회의 비판적 인식」(서울: 나남, 1990), pp.79-111.
9) 김동춘, "한국전쟁이 지배이데올로기에 미친 영향," 한국사회학회, 「한국전쟁과 사회변동」, 1992년 전기사회학대회 특별심포지움 별쇄본, p.8.

위한 다양한 참호체계로 본다. 그람시에 의하면 계급투쟁은 최종적으로는 국가의 파괴나 장악으로까지 이어지는 것이나 그것은 어디까지나 자본주의 사회의 총체적인 체제위기의 시기(그람시의 말을 빌면 유기적 위기의 국면)에 한정되는 것이다. 이에 따라 일상적인 계급투쟁의 과정은 대부분 국가를 에워싸고 잘 발달한 시민사회의 참호체계 내에서의 일종의 장기 지구전과도 같은 이데올로기적 헤게모니 투쟁으로 점철된다고 본다. 따라서 자본주의적 계급관계가 안정화되어 있는 일상의 과정에서는 피지배계급에 대한 국가기구의 억압과 물리적 강제의 조직화보다는 시민사회의 다양한 이데올로기적 기제들을 통한 동의와 설득의 조직화(지적, 도덕적 지도)가 지배계급의 헤게모니 하에서 진행된다는 것이다.[10] 한편 "이데올로기와 이데올로기적 국가기구(Ideology and Ideological State Apparatus)"에서 알뛰세르는 다양한 이데올로기적 국가기구들 사이의 통합성을 확보해 주는 것은 바로 지배이데올로기라고 주장한다. 그는 그람시의 이데올로기 개념, 즉 예술, 법, 경제행위 그리고 개인적 집합적 삶의 모든 표현에서 은연중 드러나는 세계관 개념으로서의 이데올로기 개념이 헤겔적 개념에 매우 근접한 개념이라고 비판하고 있다. 따라서 뻬세의 얘기처럼 지배이데올로기란 특정한 사상이나 이념 내용이 아니라 이를테면 이데올로기적 국가기구들이 배열되어 있는 구조 그 자체라고 할 수 있다. 따라서 알뛰세르가 이데올로기적 국가기구들의 통합성을 보장해 주는 것으로서 지배이데올로기를 얘기했을 때 이때의 지배이데올로기란 이런저런 내용이 아니라 그들 국가 기구들이 배열되어 있는 형식 그 자체가 지배이데올로기인 셈이다. 그래서 이 이데올로기라는 것은 그러한 국가기구들의 배열 형식이 특정한 기능을 수행할 때이다. 즉 그것이 특정한 효과를 낳을 때 그것은 이데올로기로 전화하는 것이다. 그것은 현재의 생산관계의 재생산이며, 바르뜨(R. Barthes)의 말을 빌면 현상을 자연화함으로써 그를 통해 개인들에게 그것들과 스스로의 관계를 상징적으로 표상하도록 만드는 것이다.[11]

---

10) 임영일, "한국사회의 지배이데올로기," 한국산업사회연구회(편), 「한국사회와 지배이데올로기」(서울: 녹두, 1991), p.71.

다음으로 마르크스의 이론을 받아들이면서도 그의 이데올로기 개념을 지배계급의 이데올로기 또는 지배이데올로기로 한정시켜 이해하는 한편, 그것에 대항하는 피지배계급의 사상도 대항(또는 저항)이데올로기라고 개념화함으로써 이데올로기 개념을 확대시키는 조류이다. 일반적으로 사회과학에서는 세 가지로 개념화하여 사용하고 있는데, 가장 널리 통용되는 개념은 이데올로기를 '사회체제를 구성하는 정치적·사상적 근본원리'로 규정하는 것이고, 그 다음으로 사회세력과 사회계급을 포함하여 어떤 사회집단이 자신들의 이익을 정당화하기 위해 그리고 물적 인적인 자원을 동원하기 위해 만들어낸 사상체계'로 파악하는 경우이며, 마지막으로 현실과 지배관계를 은폐시키고 관심을 다른 곳으로 돌리게 만드는 의식체계로 파악하는 것이 그것이다.[12]

이러한 이데올로기에 대한 여하한 개념적 정의에도 불구하고 이데올로기가 기본적으로 사회생활 특히 정치적 영역을 그 대상으로 삼고 있다는 데에 있어서는 그 의견이 일치하고 있다. 따라서 이데올로기는 생래적으로 사회적·정치적 이데올로기인 것이며, 사회적 정치적 관계의 규제에 이바지하는 사상체계라고 할 수 있다. 이러한 이데올로기는 주로 사회의 정치체계의 형성, 정치기관의 권한과 상호간의 권한관계, 사회 내에서의 개인의 지위, 경제체계의 구조(시장경제 또는 계획경제), 사회집단의 활동, 기타 사회생활에 중요한 영역 등에 대한 설계를 포함한다.[13] 뿐만 아니라 이데올

---

11) 정준영, "알뛰세르와 지식, 과학, 이데올로기," 「사회 비평」, 4호, 1990. 8, pp.78-9.

12) 황필호는 이데올로기의 개념은 다음과 같은 세 가지의 의미로 사용된다고 한다. 첫째, 프롤레타리아와 부르조아, 공산주의와 민주주의, 전체주의와 자유주의와 같이 현재 서로 대립되고 있는 두 가지의 사상을 이데올로기라고 부른다. 둘째, 이상과 같은 정치적인 이념뿐만 아니라 자연과 이성, 과학과 철학, 오성과 감정, 합리성과 신앙, 객관성과 주관성과 같은 관념적인 대립까지 포함하는 것으로 이데올로기를 조금 넓게 규정한다. 셋째, 인간과 관념에 대한 모든 논리를 통털어 가장 넓은 의미로 표현되기도 한다. 여기서 이데올로기는 단순히 정치적 관념이 아니라 삶 전체를 포용하는 인생관, 진리, 이념, 세계관과 동일어로 사용된다. 황필호, 「이데올로기, 해방신학, 의식화교육」(서울: 종로서적, 1989), p.7.

로기를 정치적 동원을 중심으로 파악할 때, 이데올로기는 대중의 정치참여나 동원을 위하여 상징조작의 차원에서 이루어진 정치규범의 체계화라고 할 수 있다. 정치이데올로기로 표현되는 이러한 이데올로기는 어느 정치체계 내의 개인이나 집단에게 일정한 세계관을 제시한다. 그 세계관은 일반적으로 의도적이며 유토피아적이고 대체로 폐쇄적인 성격을 지니며, 그 내용은 통상 왜곡된 부분을 가지고 있다. 뿐만 아니라 정치이데올로기는 사회정치적 활동을 위하여 사전에 계획된 정치적 목표와 미래의 사회상을 조직적으로 주입시키고, 사회적 통합과 분열과정에서 사회구성원들에게 일정한 방향을 제시해 주는 역할을 담당하게 되는 것이다.[14]

이상에서 볼 때 일반적으로 이데올로기를 정치사상이나 세계관으로서 사회생활을 규제하는 역할을 담당하고 있는 것으로 파악할 수 있다.[15] 결국 존재하는 제 현상을 규정하는 관념형태를 이데올로기 개념의 공통분모로 규정할 때, 지배이데올로기는 개념적으로 보아 그 이데올로기의 원자료가 되는 이데올로기, 이 원자료를 특정한 방향으로 가공하는 지배계급이나

---

13) 심헌섭, "법, 정치, 이데올로기," 한국사회과학연구소(편), 「현대이데올로기의 제문제」(서울: 민음사, 1978), pp.37-9.

14) 유원동 외, 「현대사조와 한국사회」(서울: 형설출판사, 1989), p.24.

15) 이와 같은 개념적 정의 외에도 이규환은 "국가권력을 정당화하는 데 필요한 수단"이자 "사회적 현실에 대한 개념구성의 기초이고, 특정한 집단의 이익을 정당화 또는 합리화하는 데 필수적인 관념적 실천적인 형태"라고 본다. 즉 이데올로기는 "지배계급의 정치, 경제적 권력을 정당화하고, 종속계급의 의욕적 진출을 통제 또는 좌절시키는 기능을 갖고 있다"는 것이다. 이규환, 「비판적 교육사회학」(서울: 한울, 1988), p.131. 전병재는 넓은 의미로 "일체의 진실되지 못한 것," 좁은 의미로 "특정계급의 이익을 위해서 의식적으로 날조된 허위의식"이라고 보면서 좀 더 정확성을 기하기 위해서 이데올로기를 "① 허위성, ② 계급적 이익성, ③ 의도적 조작성"이라고 정의한다. 전병재, 「사회학과 마르크스주의: 사회이론, 이데올로기, 과학, 실천」(서울: 한울, 1990), pp.22-3. 또 이영호는 "공허한 관념 형태 또는 지배층의 특수이해를 합리화시키는 것"으로 파악하고 있으며, 이영호, "이데올로기 비판," 한국사회과학연구소(편), 「현대이데올로기의 제문제」(서울: 민음사, 1978), p.31, 한상진은 이데올로기를 "은폐와 대체의 기능으로 특정계급의 이익에 봉사하는 의식 또는 말의 구조"로 파악하고 있다. 한상진, "이데올로기 비판의 과제," 「이데올로기와 사회변동」(서울: 서울대출판부, 1986), p.157.

세력 등의 주체, 이들이 의도적으로 달성하려고 하는 이데올로기 효과,[16) 그리고 실제로 발휘되는 이데올로기 효과 등의 구성요소들로 이루어져 있으며,[17) 이 중에서 어느 하나로 환원될 수 없는 이데올로기라고 규정할 수 있을 것이다. 결국 어떠한 형태의 이데올로기든 그것이 특정한 체제에서 작동되고 운용될 때, 그것은 여러 가지 제도화된 채널을 통해 전체로서의 체계를 정당화하기 위한 기제로 운용된다고 할 것이다.

이러한 의미에서 1980년대와 90년대 구사회주의국가가 직면한 지배이데올로기 위기의 본질은 복합적 상호의존성과 기술력에 기초한 경제질서가 지배하는 현대 국제질서 속에서 마르크스-레닌주의가 줄 수 있는 해답의 한계를 드러냈다는 것이다. 일반적으로 마르크스-레닌주의를 지칭하는 사회주의 이데올로기는 공산당이 선전조직을 비롯한 관료기구뿐만 아니라 정규 교육제도를 통해 최고 엘리트의 노선과 당적 지배를 상징적으로 합리화하는 위로부터의 정당화(top-down-legitimation)를 이루어낸다. 이러한 정당화는 기본적으로 주어진 이념을 일반대중이 어느 정도까지 내면적으로 수용하느냐에 따라 그 안정성이 좌우된다고 할 수 있다. 그러나 이데올로기가 제시하는 삶의 방향, 행동의 목표, 가치의 정향, 의미의 부여 등이 비현실적이 되고 오히려 창조적인 발전을 방해함으로써 이데올로기가 경화될 때, 일정한 목표에 따라서 사회적인 통합을 이룩하고 일정한 목표를 향해서 국민을 전체적으로 단결시키고 국가체제의 성격과 정체를 확립시키는

---

16) 일반적으로 이데올로기는 긍정적 기능과 부정적 기능이라는 기능상의 두 가지 측면을 갖는다. 이는 거의 모든 이데올로기가 일반적 이해관계를 표방하면서 등장하거나 거기에는 그러한 이념을 내세우거나 지지하는 집단이나 세력 또는 계급 등이 자신들의 특수한 이해관계를 일정한 정도로 가지고 있기 때문이다. 또한 같은 이데올로기적 표현이라고 할지라도 특정 시기의 일정한 사회에서 영향을 미치는 이데올로기의 기능은 각각 다를 수밖에 없다. 이는 상황적 조건 변화에도 그 원인이 있지만 그러한 이데올로기의 담당세력들 간의 세력관계변화가 그때마다 다르기 때문이다. 정종호, "이데올로기와 이데올로기 비판,"「한국정치학회보」(한국정치학회), 제18집 1호, 1984, p.426.
17) 유팔무, "이데올로기분석과 비판의 방법론," 한국산업사회연구회, 「한국사회와 지배이데올로기」(서울: 녹두, 1991), p.31.

본연의 기능을 상실하게 된다.[18] 즉 기존관계들의 내적인 연관들에 대한 합리적인 통찰을 저해하고 그 관계들의 문제들, 갈등과 모순들을 은폐하며 허위의식에 의해 이러한 관계들을 조화로운 질서로 정당화하는 것은 결국 전 인민적 저항에 부딪칠 수밖에 없는 것이다.[19]

결국 구사회주의체제가 맞이한 이데올로기 위기의 본질은 사회주의 이데올로기의 고유한 기능인 사회주의체제의 정당화가 실패하면서 야기되었다고 할 수 있다. 즉 사회주의 이데올로기는 그 자체의 이론적 타당성을 떠나 역사적이고 사회적이며 구체적인 현실과 관련하여 인민의 기본적 생활조건을 보장해 주지 못함으로 인해 그 실천에서의 타당성을 상실한 것이다.

2. 리더십의 위기와 제도의 붕괴

사회주의국가에서의 엘리트는 당·정·군의 엘리트를 지칭한다. 사회주의체제가 소련이나 중국처럼 내부적 혁명세력에 의해 형성되었든 혹은 대부분의 동유럽 사회주의국가들처럼 소비에트화 과정을 거쳐 제도화되었든, 행위주체로서의 엘리트는 다른 하위체계들의 사회주의적 개조과정에서 주도적 역할을 수행한다. 이는 사회주의의 제도화시기에 구시대의 유산을 변화시키기 위해서는 필연적으로 정치체제 내 관료기구가 급속히 팽창한다는 것을 의미한다. 공산당, 정권기관, 군부의 관료기구가 점차 비대해지는 동시에 그것을 뒷받침해 줄 수 있는 외곽단체의 기구도 점차 확대되는 것이다.[20] 이러한 속에서 엘리트는 사회주의체제의 안정화와 공고화를 위해 주

---

18) 이규호, 「민족적 정체성을 위한 투쟁」(서울: 문우사, 1983), p.133.
19) 윤근식, "이데올로기 비판과 사회과학," 성균관대 사회과학연구소, 「현대사회과학의 이해」(서울: 대왕사, 1982), p.12.
20) Chalmers Johnson, "Comparing Communist Nations," Chalmers Johnson(ed.), *Change in Communist Systems*(Stanford: Stanford University Press, 1970), p.17.

도적인 역할을 수행하게 되고, 체제의 사회주의적 속성을 여타 하위체제들에 침투시키고 사회주의화시키는 데 결정적인 역할을 한다. 정치체제는 이와 같이 다른 하위체제의 형성과 발전에 선행하여 기능한다는 점에서 전체 체제의 존속을 위한 기능적 존재요건이라고 할 수 있다.

국가마다 다소 차이가 있기는 하지만 다른 유형의 체제보다도 사회주의 체제에서는 정치영역이 훨씬 지배적인 영향력을 행사한다는 점에서 공통성이 존재한다. 최고 엘리트의 정책과 노선은 공적 메커니즘인 黨政軍의 관료기구를 통해서 전달된다. 사회주의체제는 관료기구를 사회조직의 유일한 신경조직으로 간주하고 다른 어떠한 대안적 정치조직을 공식적으로 허용하지 않는다는 점에서 단일조직체적(mono-organization) 성격을 지녔다고 할 수 있다.[21] 따라서 사회주의 대변혁과정에 있어서 공산당과 당을 둘러싼 권위주의의 붕괴는 체제의 존속을 위한 기능적 先在요건의 와해가 곧 행위 주체의 교체와 함께 또 다른 형태의 체제형성을 가져왔다는 점에서 가장 핵심적인 변화의 내용이라 할 것이다. 현실사회주의국가에서의 리더십의 위기는 이러한 권위주의체제의 붕괴와 함께 혁명적 마르크스 - 레닌주의 정권의 카리스마적인 리더십이 노쇠해지면서 나타나기 시작했다. 연로한 지도자로부터 새로운 지도부로 권력을 이양하는 과정 속에서 드러난 파벌 간의 권력투쟁, 군부의 정치개입, 사적인 정치야심의 표출 등은 공산당정권을 분열시키게 되었다. 뿐만 아니라 권력이양이 성공적으로 이루어졌을지라도 새로운 지도자 혹은 새로운 승계세대가 정권의 이완을 막고 장기적으로 정권수립자들과 같은 강인함과 카리스마, 그리고 지위를 가질 수 있는가의 여부는 여전히 불투명한 상태로 존재하게 됨으로써 리더십의 위기는 더욱 구체화되게 된다.

한편 현실사회주의국가에서는 이러한 리더십의 붕괴가 동반한 또 다른

---

21) T. H. Rigby, "Introduction: Political Legitimacy, Weber and Communist Mono-organizational Systems," in T. H. Rigby and Ferenc Feher, eds., *Political Legitimation in Communist States*(New York: St. Martin's Press, 1982), 김성철, "사회주의 대변혁의 구조적 동인: 체계과학적 접근," 「한국정치학회보」(한국정치학회), 제29집 3호, 1995, p.557에서 재인용.

현상은 제도의 기능이 마비되었다는 것이다. 당이 권력을 독점하고 권위주의체제를 유지함으로써 부패가 만연되었고, 국가행정기관도 무책임과 무능, 그리고 부패의 양상을 띠면서 그 본연의 기능을 상실하였다. 또한 사회주의국가의 특징이라고 할 수 있는 노동자, 농민, 학생, 지식인, 여성 등을 위해 당과 국가에 의해서 만들어진 다양한 대중조직은 구성원들의 이익을 보장해주지 못하였다. 이러한 현상은 시간이 지남에 따라 더욱 심화되어 당·정·군의 엘리트들은 부패하고 관료화됨으로써 체제유지를 위한 제도적 정당성마저 상실하였던 것이다. 이러한 전반적인 당·정·군의 기능 상실은 인민들에 있어서 제도가 본연의 기능을 수행하기보다는 억압적 조직으로서의 군과 경찰 등을 양산하는 것으로 인식되게 함으로써 제도적 위기를 발생시켰다.

관료기구가 극도로 팽창되어 있는 사회주의체제에서 관료의 일탈로 인한 리더십과 제도의 붕괴는 엘리트가 통제할 수 없는 영역을 확대시킨다는 점에서 사회주의체제 붕괴의 중요한 동인으로 작용하였다. 일반적으로 관료의 일탈은 어느 사회에서나 존재하며 일정 수준까지는 체제의 존속에 별다른 영향을 미치지 않는다. 그러나 관료일탈행위의 증대는 기본적으로 인민에게 있어 당의 통제를 벗어난 삶의 영역에 대해 정당성을 부여하게 된다.[22] 이는 관료일탈행위가 흔히 관료들 사이에서 뿐만 아니라 관료와 일반대중 사이의 호혜를 위한 목적에서도 발생하기 때문이다. 사회주의체제가 제도화된 이후부터 관료의 일탈행위는 허위보고와 같이 조직이익을 위한 차원에서 빈번히 발생했다.[23] 이러한 관료일탈은 현실사회주의에서 동유럽보다 소련에 극심했던 것으로 알려져 있다.[24] 한 예로 구소련 브레즈

---

22) 김성철, "사회주의 대변혁의 구조적 동인: 체계과학적 접근," 「한국정치학회보」 (한국정치학회), 제29집 3호, 1995, pp.561-3.

23) 경제가 침체를 겪게 되고 생필품 부족현상이 지속되면서 그것은 개인이익을 위한 경제적인 영역으로 확산되었다.

24) 소련에서 관료일탈행위의 전형적인 형태는 뇌물수수였으며, 주로 하급자의 상급자에 대한 눈가림의 뇌물과 일반대중의 요구 수락에 대한 뇌물의 형태로 이루어 졌다. 이에 대한 자세한 내용은 신승권, "소련 계급구조에 있어서의 정치엘리트의 특권: 노멘클라투라를 중심으로," 「中蘇硏究」(한양대학교 中蘇硏究

네프 치하에서 수백만의 당·정 부문의 노멘클라투라는 부패한 집단으로서 특혜를 누렸으며, 그의 후계자인 안드로포프가 이에 대한 개혁을 시도하였으나 소수의 관료를 연행하는 데 그치고 말았다.[25]

관료의 일탈행위는 정치적 권위를 근본적으로 손상시킨다는 점에서 그 문제의 심각성이 있다. 구체적으로 우선 관료일탈은 사회에 대한 관료기구의 통제력 상실을 가져온다. 통제력 상실은 기본적으로 관료와 일반대중 간의 유리현상이 나타난다는 것을 뜻하는 것으로 이는 정치적 통제의 효율성의 저하를 의미한다. 다음으로 관료의 일탈행위는 특히 일반대중과 관료 사이의 호혜관계에서 발생하는 것으로 이러한 관계에 참여할 수 없는 사람들로 하여금 심한 상대적 박탈감(relative deprivation)을 느끼게 한다. 이러한 상대적 박탈감은 소외된 인민들로 하여금 체제에 대한 순응성에 의문을 갖게 함으로써 체제위기의 기저에 작용하게 되는 것이다. 마지막으로 관료일탈이 사회주의에 대한 대중적 신뢰(public confidence)를 상실케 한다는 것이다. 일탈행위를 통해 혜택을 얻을 수 있는 계층을 제외하고는 '계급 없는 사회'와 같은 슬로건에 대한 동의는 점점 낮아질 수밖에 없는 것이다. 이는 사회주의체제의 궁극적 목적에 대한 의심과 회의를 유발함으로써 궁극적으로는 체제정당성의 부정으로까지 이어질 수 있다는 점에서 그 심각성이 있는 것이다.

3. 사회주의 생산력 저발전으로 인한 경제의 위기

사회주의체제에서 경제의 작동원리는 생산수단의 국유화, 중공업중심의 발전전략, 중앙집중식 계획경제이다. 이러한 원리 하의 경제체제는 시장경

所), 제30호, 1986을 참조할 것.

25) David Remnick, *Lenin's Tombs: The Last Days of the Soviet Empire*(New York: Random House, 1993), pp.183-94.

제체제에 비해 효과성(efficacy)은 우월하나 효율성(efficiency)은 떨어진다고 할 수 있다.[26] 이러한 방식은 한정된 자원을 중공업과 같은 한 분야의 산업에 집중적으로 배분하여 단기간 내에 괄목할 만한 성장을 가능하게 할 수 있는 반면, 자원배분의 편중에 의해 전반적인 경제효율성이 낮아져 경제적으로 침체의 늪에 빠지게 한다. 또한 중앙집중식 경제체제에서는 생필품의 지속적인 부족현상을 가져와 제2경제(second economy)[27]가 확산되는 결과를 가져오게 되며, 유통기제의 미비와 생필품의 고질적인 부족으로 암시장이 존재하게 된다. 제2경제가 사회주의경제에서 가지는 의미는 경제작동의 기본원리에서 벗어난 비공식적 경제영역이 확대되는 것을 뜻한다. 이런 의미에서 암시장을 중심으로 하는 제2경제의 발달은 경제의 실질적인 분산화(de facto decentralization) 현상을 낳는다고 할 수 있다.[28]

이러한 제2경제 또는 암시장의 확대는 토대의 측면에서는 중앙집중식 경제체제를 잠식하였고, 상부구조의 측면에서는 공식이데올로기에 대한 내면화 수준의 저하와 이에 따른 의식의 이중성을 유발함으로써 인민들에게 있어서 사회주의에 대한 정체성을 상실하게 하였다. 뿐만 아니라 의식의 이중성 심화는 크게는 정치체제의 차원에서, 작게는 엘리트가 확대된 통제할 수 없는 사적영역의 차원에서 체제전체의 결속을 저해하는 원심력을 증

---

26) 이두원, "북한경제의 현황: 위기와 문제점," 「북한체제의 내구력과 변화 전망」, 한국경제학회 주최 국제학술회의 발표논문, 1995, p.62.
27) 1980년대 소련에서는 텃밭에서 농작물을 생산하는 것이 제2경제의 전형이라고 할 수 있었다. 전체 경작면적의 2-3%가 되는 텃밭에서 전체농작물의 1/3이 생산되었다. 이것은 집단농장과 국영농장 생산력의 3-5배에 이를 만큼 엄청난 양을 차지하였다. 그러나 이보다 더 사회주의 경제체제의 원리를 손상시킨 것은 소비재의 지하생산이었다. 경제관료들은 국가계획생산을 위해 배분된 재료와 원료의 일부를 불법으로 전용하여 생필품을 생산하여 유통시키기도 하였다. Vladimir Shlapentokh, *Public and Private Life of the Soviet People: Changing Values in Post-Stalin Russia*(New York: Oxford University Press, 1989), pp.191-4.
28) Gregory Grossman, "The Second Economy of the USSR," *Problems of Communism*, Vol.26, September/October 1977, p.40; Barbara Sands, "Decentralizing an Economy: The Role of Bureaucratic Corruption in China's Economic Problems," *Public Choice*, Vol.65, No.1, 1990, pp.85-91.

대시킴으로 인해 사회주의체제의 붕괴에 중요한 동인으로 작용하였다.

(표 1-1) 계획성과 합법성의 기준에 따른 2차 경제구분

		계획성	
		계획영역	사적 경제활동
합법성	합 법	a.계획경제	b.합법직 사적 경제행위
	불 법	c.계획영역 내 불법 행위	d.불법적 사적 경제행위

주: 1차경제＝a, 2차경제＝b＋c＋d
  a＝계획적 상품공급, b＝합법시장(white market), c＝반합법시장(grey market),
  d＝암시장(black market)
자료: 김연철, "체제전환기 북한의 사회주의: 현황과 전망," 「동향과 전망」, 36호, 1997.

기존의 소련 및 동유럽과 지금의 중국은 경제체제의 비효율성으로 인한 경제침체를 극복하기 위해 개혁·개방을 시도하였다. 이 같은 경제체제의 변화는 권위주의 구조 및 이념체제의 수정, 소유권의 조정, 경제에 대한 관료적 조정의 완화 중에서 적어도 한 가지 이상을 충족시켜야 함을 의미한다. 또한 이러한 조건을 충족시킨다는 것은 사회주의체제의 본질적 속성이 훼손되는 것을 의미할 뿐만 아니라 외부환경에의 의존성을 증대시키는 것을 포함한다. 이러한 의미에서 경제침체의 극복을 위한 개혁·개방의 실시 및 제2경제의 확산은 관료뿐만 아니라 일반 대중도 경제체제의 중요한 행위자로 등장하게 함으로써 공산당에 집중된 권력 독점 현상을 이완시키고 인민에 대한 당의 통제력을 훼손시키는 데 결정적인 역할을 할 수 있다.

결국 현실사회주의 국가에서의 경제의 위기는 여타의 많은 요인들이 존재한다 하더라도 기본적으로 현실사회주의 국가들이 처해 있는 생산력의 저발전으로 인한 경제의 실패로 정리할 수 있다. 대부분의 마르크스-레닌주의 국가들은 혁명을 통해 권력을 쟁취하고 유지하는 데는 성공했지만 경제를 성공적으로 발전 관리하지는 못했다는 것이다. 이러한 경제의 문제는 시간이 지날수록 더욱 심화되는 현상을 보였으며, 이는 혁명 초기의 비교

적 단순하고 농업에 기초를 둔 것으로부터 보다 복잡하고 공업과 기술에 기초한 상호의존적 경제로 이행하면서 더욱 심화되었다. 마르크스－레닌주의에 의한 지령적(top-down)·전제적·중앙계획적·독점적, 그리고 폐쇄적인 경제체제는 그것을 시도했던 거의 모든 지역에서 사실상의 실패로 돌아갔다. 또한 보다 개방된 시장경제와의 경쟁에서 무력함을 보인 마르크스－레닌주의의 정권은 물자부족, 비능률, 배급, 궁핍을 가져다주었을 뿐만 아니라 이런 상황은 정권의 정당성과 안정성을 손상하는 데 중요한 요인으로 작용하였다. 아직도 북한을 비롯한 몇몇 정권들은 경제적 자유화를 채택하면서 강력한 정치적 통제를 유지하고 있고, 반면에 몇몇 정권들은 이러한 정책의 선택을 두려워하고 있는 것이 사실이다.

4. 저항문화의 확산과 사회문화의 위기

현실 사회주의국가에서의 사회문화의 위기는 기본적으로 사회문화를 주도하는 지식인의 양적 증대와 이에 따른 체제비판적인 지식인 증가, 그리고 사회주의체제의 관료주의 증가, 경제적 비효율성 등 사회주의체제에 내재한 고유한 모순으로 인한 인민의 사기의 저하로 인해 발생했다. 특히 지식인에 대한 정책은 사회주의 계급정책의 가장 민감한 대상인 작가, 예술가, 교수, 연구원, 기술자, 의사, 사무원 등의 지식인이 주된 행위자가 되는 영역이다. 대부분의 사회주의체제들은 기본적으로 레닌의 계급이론에 따라 노동자와 농민이 계급의 기본을 이루는 것으로 규정하며, 두 계급 이외에 정신노동 분야의 지식인을 유사계급(quasi-class)으로 설정한다. 또한 사회주의체제가 기본적으로 비노동수입을 부정하는 만큼 지식인은 많은 제약을 받으면서 존재하게 된다.[29] 흔히 시민사회의 부활이라고 불리우는 반체제

---

29) 조한범, "러시아 사회구조의 변화와 사기업가 형성의 구조성," 「현대산업사회연구」, 1권 1호, 1995, p.98.

지식인을 중심으로 한 비공식부문의 성장은 창조성과 자율성을 부정하고 획일성을 강조하는 마르크스-레닌주의로부터 탈피하려는 요구에서 비롯된 것으로 사회주의체제에 대한 저항문화를 구축하는 데 많은 역할을 했다.

무상교육제도의 확산으로 인한 지식인의 양적 증대는 이중적인 의미를 지니게 된다. 한편으로는 사회주의 공업화를 위한 기술인력의 증대를 가져왔지만 다른 한편으로는 체제 내 비판적 인텔리겐챠의 증가를 가져왔다는 것이 그것이다. 물론 어떤 측면이 더 중요한 의미를 가지는가 하는 것은 국가마다 다르다. 지식인의 사회적 지위와 역할은 지식인의 역사적 전통, 사회주의 하의 계급정책, 국제적인 영향 등에 의해 크게 좌우되기도 한다. 중유럽의 폴란드, 헝가리, 체코의 지식인들은 사회주의건설 이전의 역사적 전통과 1975년 헬싱키선언과 같은 국제적인 사건에 힘입어 공유된 가치를 형성하면서 정치체제의 영향력을 벗어나 상대적으로 자율적인 영역을 구축하였다. 이들 사회주의체제의 지식인들은 자연히 사회주의 대변혁과정에서도 루마니아, 불가리아, 알바니아와 같은 동유럽 지식인들보다 훨씬 중요한 역할을 수행하였다.

반체제 지식인 중심의 대표적인 연대로서 폴란드의 KOR과 체코슬로바키아의 77헌장을 들 수 있는데, 이들은 인권과 시민권을 위해 헌신적으로 투쟁하는 열성분자들로 구성된 비공식기구로서 연합노조와 같은 타 조직에게 반체제의 아이디어와 투쟁전략을 제공해 주는 교육적인 역할까지 수행하였다. 이 같은 역할 수행은 사상적 기반이 없이는 불가능한 일이라 할 수 있다. 지식문화체계의 이원화에 심대한 영향을 미친 것으로 폴란드 작가인 미흐니크(Adam Michnik)의 신진화주의(new evolutionism)와 헝가리 지식인 콘라드(Gyorgy Konrad)의 반정치론(antipolitics)을 들 수 있다. 신진화주의는 개혁이 이루어지면 인간의 얼굴을 가진 사회주의가 가능하다고 보았던 수정주의 입장에 대한 대안적 개념이다. 그러나 수정주의의 꿈은 1968년 프라하의 봄이 소련군에 의해 진압됨에 따라 수포로 돌아가게 되었다. 이 같은 상황에서 폴란드의 미흐니크를 위시한 동유럽의 지식인들은 수정주의에 대한 대안으로서 신진화주의를 제시하였다. 그들은 제도권 밖

44

에서 시민권 확장을 위해 투쟁하는 데 힘을 쏟았는데, 여기서 말하는 투쟁이란 무장봉기나 체제붕괴를 위한 전면전을 의미하는 것이 아니라 독자적인 의사소통 및 행동 네트워크를 형성하여 엘리트들과 직접적인 충돌 없이 자신들의 요구를 표출하는 것이었다. 그들은 노동자계급의 역할을 특히 강조했으며, 실제로 폴란드에서 연합노조가 등장하는 데 크게 기여하였다. 콘라드의 반정치론은 현존하는 권력에 대한 대안적인 권력을 내세우려는 의도에서 나온 이념이 아니라 국가가 사적 영역에 대해 간섭하는 것을 배제하고 공산당의 통제 밖에서 인간의 협동과 의사소통을 보장받는 것을 목표로 하였다. 반정치론은 독자적인 포럼을 형성하여 정치권력에 저항하되 이 포럼이 정치권력을 원하지 않은 사람들의 모임이 될 것을 주장하였다. 다시 말해 동유럽의 지식인들의 신진화주의 혹은 반정치론은 억압적인 사회주의체제의 테두리 안에서 독자적인 이익을 표출하는 세력을 형성함으로써 지식 및 문화체제 작동을 이원화시켰다.[30]

이와 같은 현실사회주의에서 지식인의 역할 증대와 비판적 지식인의 양적·질적인 증대는 인민의 불만이 사회주의체제 내의 모순과 맞물려 체제비판적인 경향으로 발전하는 데 기본적인 토양을 제공하였다.[31] 현실사회주의의 기본적인 모순은 전 사회에 걸쳐 원로 혁명지도부의 고령화와 영향력 감소 및 세대차와 세대 간의 갈등, 알코올 중독, 결근·태업, 행정과 산업현장에서의 사보타지 등의 사회병리, 사회 전반의 비능률에 따른 사회보

---

30) 김성철, "사회주의 대변혁의 구조적 동인: 체계과학적 접근." 「한국정치학회보」 (한국정치학회), 제29집 3호, 1995, p.565.
31) 한 예로서 1차 집단의 역할 증대를 들 수 있다. 개인, 가족, 친구, 친척, 애인 등 1차 집단의 역할증대를 통하여 사회주의체제에 대한 비판능력이 증대되었는데, 레닌그라드의 한 공장에서 실시한 설문조사는 이를 극명하게 보여준다. 이 설문에 응한 공장 노동자 중 24.5%는 텔레비전 프로그램이 자신의 이념문제에 대한 의견을 바꾸지 못한다고 답했다. 반면 58.0%가 친구, 동료와의 토론이 의견을 바꿀 수 있다고 답변했다. 또한 레닌그라드 소재 다른 공장에서 행한 이와 비슷한 연구에서 98%가 대중매체를 통해서 정보를 얻고 이들 중 90%가 그 정보를 친구나 가족과 의논하며, 42%가 상의 후 그들의 견해를 바꾼다고 대답했다. 모세 레윈 저, 하용출 역, 「고르바초프현상」(서울: 인간사랑, 1990), p.69.

장서비스(보건, 교육, 주택 등)의 감소, 반대와 저항을 위한 제도적 장치의 부재 등으로 대별될 수 있는 인민사기의 위기(the crisis of morale)를 초래하였다. 현실사회주의국가에서는 지난 시기동안 마르크스-레닌주의적 관점에서 보다 나은 미래에 대한 약속을 통해 인민들의 희생을 요구할 수 있었다. 그러나 사회주의체제의 모순으로 인해 인민의 체제에 대한 사기가 거의 소진점(vanishing point)에 이르렀고, 이러한 사기의 위기는 기본적으로 체제비판적인 지식인과 결합하여 사회주의체제의 붕괴에 결정적인 역할을 하게 된 것이다.

5. 사회주의체제 독립성의 붕괴로 인한 국제적 위기

마르크스-레닌주의국가들 간의 진정한 동맹의 부재와 확고한 상호방위조약의 부재, 마르크스-레닌주의가 아니라 민주주의가 세계의 물결로 명백해졌다는 점, 문화·인간행태·기대 등의 지구촌화와 마르크스-레닌주의의 사멸과 관련되는 광범위한 인식의 확산, 그리고 잔존 마르크스-레닌주의 정권들이 이러한 강력한 세계적인 인식을 바꾸기는 어렵다는 점 등이 현실사회주의체제 위기에서 국제적인 위기요인으로 부각되었다. 이러한 국제적인 위기가 사회주의체제의 독립성을 저하시키고 그 결과 연쇄적인 붕괴를 초래한 사실은 두 가지 차원에서 고찰되어야 한다.[32] 우선 체제 간의 유사성과 연대에 의한 결속력이 높아지면서 한 체제에서의 변화가 타 체제로 전도되는 연결효과도 높아진다는 것이다. 고르바쵸프의 글라스노스트와 페레스트로이카에 의해 소련체제의 체질변화가 시작되자 소련과 동유럽은 유사한 체제적 속성을 지니고 있었던 이유로 이들 사회주의권의 체제이완도 연

---

32) 이하 국제적 위기의 원인과 관련해서는 김성철, "사회주의 대변혁의 구조적 동인: 체계과학적 접근," 「한국정치학회보」(한국정치학회), 제29집 3호, 1995, pp.568-71을 참조할 것.

쇄적으로 이루어지게 되었다는 점이다. 다음으로 체제의 국제사회에 대한 의존도가 높아지면 높아질수록 국제사회의 변화에 따른 체제의 변화가능성은 높아지게 된다는 것이다. 동유럽권 사회주의국가들이 개혁·개방을 취하게 됨에 따라 경제체제가 세계경제로 부분적으로 편입되어 의존하는 경향을 띠게 되었으며, 따라서 1970년대의 원유파동과 같은 경제적 파고는 체제의 안정이라는 면에서 상당한 부정적 효과를 가져왔다. 더욱이 이러한 효과가 동유럽 사회주의체제의 경제침체에 한정되지 않고 정치침체의 불안요인으로까지 발전함으로써 변화의 가능성이 더욱 높아지게 된 것이다.

동유럽권 대부분의 사회주의국가들은 그 형성과정에서 소련의 영향을 받아 스탈린식 헌법을 채택하고 마르크스-레닌주의를 공식 이념체계로 수용하는 한편 소련식 발전전략을 채택하여 중앙집중식 경제체제를 구축하였다. 이 같은 일련의 변화들은 체제 간 연결효과를 증대시키는 결과를 가져왔다. 사회주의체제 간의 연결효과는 단순히 스탈린식 정치 및 경제체제의 구축으로 인한 동질성의 공유에서만 발생하는 것이 아니었다. 사회주의체제 간 연대기구인 상호경제원조회의(Council for Mutual Economic Assistance)와 바르샤바 조약기구(Warsaw Treaty Organization)가 각각 1949년과 1955년에 설립됨으로써 보다 구체적인 연결효과가 가시화되었다고 할 수 있다. 이렇듯 동유럽 사회주의체제들은 형성 초기 스탈린식 정치 및 경제체제의 구축으로 유사성에 바탕을 둔 결속의 성격을 띠었으나 몇몇 동유럽권 사회주의국가의 이탈로 말미암아 점차 바르샤바 조약기구와 브레즈네프(Leonid Ilyich Breznev) 독트린에 의한 강제성에 바탕을 둔 결속으로 전환되어 갔다.

1948년 유고슬라비아가 우익 및 민족주의적 편향을 이유로 제2차 코민포름에서 제명되었고, 1960년대 초 루마니아가 세계공산주의운동에서의 문제점을 제기하면서 소련의 영향력으로부터 벗어났다. 그러나 이 같은 일탈은 두 개의 기구를 통한 동유럽 사회주의권의 결속을 크게 약화시키지 못했다. 1956년 헝가리에서는 반공 반소 민중봉기를 계기로 수상에 선임된 나지(Imre Nagy)가 바르샤바조약기구에서 탈퇴하여 중립화할 것을 선언했지만 소련의 무력동원에 의해 좌절되고 그 자신이 처형되었다. 소련의 강압에 바탕을 둔 사회주의체제 간 결속이 결코 훼손될 수 없음은 1968년 체코의 프라하의 봄에서 분명하게 드러났다. 당내 개혁주의자들의 지지를 입은 두브체크(Alexander Dubcek)가 당 제1서기로 선출되면서 정치 및 경제개혁을 주창하였으나 브레즈네프의 무력 개입에 의해 수포로 돌아가고 말았다. 이로 말미암아 동유럽의 지식인들은 소련의 동유럽권에 대한 인식의 변화가 없는 한 정치체제의 개혁을 통한 사회주의의 인간화를 요구하는 경우 소련의 개입을 자초할 것으로 판단했다.

강제에 의한 결속은 사실상 고르바쵸프 집권시절까지 지속되었던 것으로 알려져 있다. 그러나 이 같은 정치적 결속에 의한 연결효과로 인해 소련의 내부적 변화는 동유럽 사회주의국가들에게 곧바로 전달되는 효과를 낳았다. 고프바쵸프는 1986년 제27차 소련 공산당대회를 전후하여 밝힌 동유럽권 정책은 주권의 독립성을 강조하는 동시에 사회주의연대를 역설함으로써 기존의 정치적 결속이 그대로 존속됨을 암시했다. 이러한 암시는 동유럽 사회주의국가들 사이에 많은 혼란을 불러일으키기도 했지만 폴란드와 헝가리는 자신들의 독립성을 보다 많이 인정하는 것으로 해석하면서 대담한 개혁정책을 추구하게 되었다.[33] 고르바쵸프는 글라스노스트와 페레스트로이카를 통해 대내적인 정치체계의 변화를 추구하였다. 특히 당내 민주주의와 다원주의 원칙의 수용은 프롤레타리아 독재라는 기존의 사회주의적 정치체계의 본질을 포기하는 것이었다. 소련 내부의 변화에 대해 동유럽권의 엘리트들은 스스로 사회주의에 대한 정체감을 상실할 수밖에 없었던 것이다.[34]

한편 동유럽의 사회주의국가들은 소련과의 정치적 연대를 지속하면서 계획경제의 비효율성을 극복하기 위하여 1970년대부터 서방권과의 협력을 증진시켜 나갔다. 이러한 서방권과의 협력 증진은 세계경제의 동요가 사회

---

33) Paul G. Lewis, "Soviet and East European Relations," in Gilbert Rozman, ed., *Dismantling Communism: Common Causes and Regional Variation*(Baltimore: Johns Hopkins University Press, 1992), pp.330-4.

34) Giuseppe Di Palma, "Legitimation from the Top to Civil Society: Cultural Change in Eastern Europe," *World Politics*, Vol.44. No.1, October 1991, pp.73-5.

48

주의국가로 빠르게 전달된다는 것을 의미한다. 1970년대 두 차례에 걸친
원유파동으로 인해 세계경제는 인플레이션, 실업증가, 성장률 하락을 경험
해야만 했으며, 이것의 여파는 경제개혁을 시도하는 동유럽권 사회주의체
제의 경제에 심각한 손상을 입히게 되었다.

<표 1-2> 동유럽권 주요 사회주의국가의 GDP 성장률 변화추이

	1966-70	1971-75	1976-80	1981-1985	1986-1990
폴란드	6.0	9.8	1.2	-0.8	-1.0
헝가리	6.8	6.3	2.8	1.3	-0.4
체코슬로바키아	7.0	5.5	3.7	1.7	0.6
루마니아	7.7	11.4	7.0	4.4	-1.6
불가리아	8.8	7.8	6.1	5.7	0.4

자료: 홍유수, 「동유럽 경제개혁의 유형과 성과: 폴란드와 헝가리를 중심으로」(대외경
제정책연구원), 1992, p.18.

(표 1-2)와 (표 1-3)에서 보는 바와 같이 석유파동이 있었던 1970년대를
기점으로 하여 동유럽 주요 사회주의국가들의 GDP는 급격히 감소하고 있
으며, 이들 국가의 외채는 1970년대를 기점으로 하여 급격하게 증가하고
있음을 알 수 있다. 이러한 GDP의 감소와 외채의 증가는 사회주의권의 붕
괴가 가시화되고 본격화되기 시작한 1980년대 말까지 계속됨으로써 사회주
의권의 붕괴에 있어 세계경제의 영향이 중요한 역할을 했음을 보여주고 있
다. 뿐만 아니라 이러한 대외경제적 위기는 동유럽국가들의 급격한 외채의
증가로 나타났는데, (표 1-3)에서 보는 바와 같이 외채도 1980년대 들어 급
증하는 추세를 보이고 있다.

(표 1-3) 동유럽권 주요 사회주의국가의 외채 증감 추이

(단위: 10억 달러)

	1971	1975	1980	1984	1988
폴란드	1.1	8.0	25.0	26.8	39.2
헝가리	1.1	3.1	9.1	8.8	19.3
체코슬로바키아	0.5	1.1	4.9	3.6	6.7
루마니아	1.2	2.9	9.4	7.1	1.9
불가리아	0.7	2.6	3.5	2.2	7.8

자료: 김성철, "사회주의 대변혁의 구조적 동인: 체계과학적 접근." 「한국정치학회보」
　　　(한국정치학회), 제29집 3호, 1995, p.570.

이러한 속에서 폴란드에서는 1970년 노동자파업의 전국적인 확산으로 고물카(Wladyslaw Gomulka)를 대체하여 키예레크(Edward Gierek)가 집권하게 되었고 개혁정책이 추진되었다. 경제에 대해 관료적 통제를 완화하고 소비재산업을 육성함으로써 생필품 부족의 타개를 시도하는 동시에, 서유럽의 기술과 외자도입을 적극 추진하여 고도성장을 목표로 하였다. 그러나 국제원유가와 원자재가격의 앙등으로 폴란드의 개혁정책은 무역수지 적자와 외채 증가라는 내외적 요인과 지속적인 소비재 부족과 인플레 문제라는 대내적 요인으로 인해 실패하고 말았다. 그 결과 1980년 전국노동자 파업에 이어 바웬사(Lech Walesa)의 자유노조가 급격히 팽창하게 된다. 그러나 1981년 야루젤스키(Wojciech Jaruzelski) 정부가 집권하면서 자유노조를 불법화함으로써 정치적 긴장관계를 초래되었다.[35] 원유파동에 의한 세계경제의 침체가 1970년대 폴란드 경제개혁의 실패에 일익을 담당하였으며, 그 결과 정치제제 내적인 긴장관계를 급증시켰던 것이다. 폴란드의 경제는 1982년부터 무역흑자를 내는 등 다소 호전되기는 하였으나 체제 내 경제 및 정치체제 간의 연결효과의 증대로 야루젤스키와 자유노조 간의 대결에 따른 정치체제의 동요는 이미 수습될 수 없는 상태로까지 확대되어 가고 있었다.

---

35) 서재진 외, 「사회주의 개혁·개방 사례 비교연구」(민족통일연구원), 1993, pp.229-30.

한편 헝가리의 카다르(Janos Kadar)는 이미 1968년에 신경제기제(New Economic Mechanism)를 도입하여 관료적 경향성의 억제, 계획지표제 철폐, 기업의 자율적 생산계획 수립, 무역정책의 분권화 등을 시도하였다. 그러나 대내적으로 개혁을 저지하고 과거의 계획경제를 고수하려는 움직임이 있었을 뿐만 아니라 대외적으로 1970년대 원유파동으로 인한 무역수지의 적자와 외채의 증가로 신경제기제에 의한 개혁정책은 시련을 경험하였다. 이 같은 실패를 거울삼아 헝가리 공산당은 1980년 12차 대회에서 개혁의 의지를 다시 한번 천명하였으며, 1981년 시행된 새로운 개혁은 계획과 시장의 병존이라는 큰 테두리 안에서 개인기업 부분의 확장 및 제2경제의 합법화를 추진함으로써 경제구조에 큰 변화를 가져왔다. 또한 1982년 국제통화기금(IMF)에 가입함으로써 적극적인 수출정책을 추진하였다. 그럼에도 불구하고 무역적자, 물가상승, 세계경제후퇴로 인한 보호무역의 강화로 헝가리 경제는 더욱 어려운 상황에 빠져들었으며, 그 결과 적자운영의 국영기업체의 수가 급증하게 되었다.[36]

결국 소련과 동유럽권 간의 정치체제의 유사성 또는 강제적 결속은 고르바쵸프의 등장으로 인한 소련 정치체제의 변화가 동유럽권으로 전파되는 데 결정적인 요인으로 작용하였다. 또한 동유럽권 경제체제는 세계경제에 부분적으로 편입되면서 사회주의적 요소가 상당부분 위협받게 되었을 뿐만 아니라 특히 원유파동으로 인해 커다란 타격을 받는 결과를 낳게 되었다.

---

[36] 박영신, 「동유럽의 개혁운동: 폴란드와 헝가리의 비교」(서울: 집문당, 1993), pp.217-26.

제2장 새로운 체제로의 전환: 성공과 실패의 갈림길

1. 사회주의체제 전환의 방식

소련과 동유럽의 국가사회주의는 개별적 특성과 전환양식의 차이에도 불구하고 탈공산화 이후 모두 시장경제로의 혁명적인 전환을 이루었다. 역설적으로 사회주의체제에서의 탈국가사회주의화가 보편성을 띠고 있다는 것은 체제 내에서 이를 향한 보편적인 구조적 요구가 존재했음을 의미한다. 20세기 선진자본주의와의 경쟁이라는 세계사적 조건에서 평등주의를 기초로 했던 사회주의는 생산력 저발전이라는 현상을 피할 수 없었으며, 이를 극복하기 위한 정치사회적 통제는 체제 왜곡과 정당성의 실추라는 악순환의 고리를 심화시키고 종국에는 체제의 붕괴라는 현실을 맞이할 수밖에 없었던 것이다. 현실사회주의국가들은 자본주의발전의 초기단계에서 프롤레타리아를 당장 해방시켜야 한다는 혁명의 절박성(revolutionary impatience)과 사회주의 전제조건인 자본주의의 성숙(economic maturity)까지 기다려야 한다는 구조적 혁명론 사이에서 고뇌했다.[37] 20세기에서 현실사회주의체제의 붕괴는 적어도 사회주의혁명 당시의 혁명적 절박성 자체가 오류였다는 사실을 증명할 수는 없으나, 현실세계에서 사회주의 구현의 오류였다는 사실을 보여주고 있다. 역설적이게도 근대사회는 칙령에 의해서 발전단계를 뛰어넘거나 제거할 수 없다는 마르크스의 사회운동법칙처럼 생산력 발달에 족쇄로 작용한 마르크스의 후예들이 세운 정치사회관계는 붕괴되었고 새로운 역사의 대리인들이 시장경제로의 체제전환을 주도하게 되었던 것이다.[38] 이러한 사회주의체제의 전환은 개혁을 추진했던 국가가

---

37) Leszk Kolakowski, *Main Currents of Marxism*(Oxford: Oxford Univ. Press, 1978), p.310.
38) Karl Marx, *Capital: A Critique of Political Economy*, Vol.1(New York:

가지고 있는 현실적인 조건과 추진하는 방식, 그리고 개혁의 추진과정에서 발생하는 부작용에 대한 적절한 대응능력 등과 관련하여 그 결과는 다양하게 나타났다.

현실사회주의체제의 체제전환을 위한 개혁의 성공조건은 개혁의 속도와 개혁을 위한 국가능력의 유무로 파악할 수 있다. 개혁의 속도는 사회주의체제 개혁의 초기 중국의 성공과 소련의 실패를 바라보면서 일반적으로 제기되었던 것으로서 초기 사회주의체제 개혁의 성공 여부를 판단하는 중요한 기준이 되었다. 그러나 체제전환 이후 10여 년이 흐르면서 전환의 속도가 전환공황(transitional repression)에 미치는 영향이 제한적임을 보여주는 예들이 등장함으로써 체제전환 성공 여부의 중요한 요인이 전환속도보다는 전환을 위한 국가의 능력이라는 주장이 보다 설득력을 얻고 있다.[39]

개혁의 속도와 관련하여 급진주의적 방식과 진화론적 방식으로 구별할 수 있다.[40] 흔히 진화론적 개혁방식을 점진주의로 사용하고 있는데, 진화론적 전략은 점진주의와는 다른 의미를 갖는다. 점진주의 전략은 급진주의 전략의 과잉충격을 완화시키고자 하는 목적을 가진 일련의 제안에 불과하다. 따라서 명백한 이론적 기반과 일관성이 있는 급진주의와는 달리 점진주의에 있어서는 전략이나 이론은 존재하지 않는다. 또한 점진주의적 전략을 취한 것으로 간주되는 헝가리의 경우 명시적으로 점진주의를 선언한 적이 없다. 러시아의 경우 급진적인 처방이 시도되었으나 실제에서는 여러 정치적 저항 때문에 그 처방은 수정되었다.[41]

대폭발(big bang) 혹은 충격요법(shock therapy)라고 불리는 급진주의적 방식은 최단기간 내에 가격 자유화와 국유기업의 사유화를 통하여 시장

Vantage books, 1977), pp.91-2.

39) 권만학, "탈국가사회주의의 여러 길과 북한: 붕괴와 개혁,"「한국정치학회보」(한국정치학회), 35집 4호, 2001, pp.251-3.

40) 급진주의와 진화론적 개혁방식에 대해서는 박형중, "사회주의경제의 체제전환 전략: 급진론과 진화론 – 동유럽과 중국개혁에 대한 평가를 중심으로,"「통일연구논총」(민족통일연구원), 제6권 1호, 1997, pp.222-5를 참조할 것.

41) Marie Lavigne, *The Economics of Transition: From Socialist Economy to Market Economy*(London: Mcmillan Press Ltd., 1995), pp.118-21.

경제로 전환하는 것이다. 탈사회주의를 지향하는 경제체제전환을 위한 급진주의적 전략은 국제통화기금(IMF), 세계은행(World Bank), 재건 및 발전유럽은행(EBRD), 그리고 이 기관들과 관련되어 있는 서방의 자문학자들에 의해 제시되었다. 이들은 구소련, 동유럽국가들의 체제전환과정에서 정책자문, 금융적 지원, 해당국가에 대한 압력행사 등을 통해 깊숙한 영향력을 행사했다. 이들은 사회주의경제를 급진적이고 급속하게 시장경제로 전환시키고자 했으며 그 결과에 대하여 매우 낙관적인 전망을 했다. 충격요법은 "여러 요법을 한꺼번에 투입하는 환자에 대한 중대한 수술" 또는 "심각한 혼란으로부터 즉각적이고 영원한 안정을 가져다 줄 과학적 지식의 적용"을 뜻한다. 다시 말하면 충격요법은 경제체제의 이행과 관련한 모든 전선에서 모든 해당 조치들을 동시적이고 급속하게 실시함으로써 경제의 모든 측면을 가장 빠른 시간 내에 자유시장경제에 가깝게 만들어 낸다는 것이다.

  사회주의 경제를 시장경제로 이행시키기 위한 조치로서 가장 기본적으로 언급되는 것은 경제안정화, 자유화, 사유화 등의 세 가지 조치이다. 이론상으로 볼 때 이러한 조치들은 단계적으로 혹은 한꺼번에 취할 수 있었다. 즉 속도, 순서, 몇 가지 조치를 동시에 취해야 하는가와 관련한 포괄성, 조치가 취해져야 하는 분야의 선택, 그리고 조치의 강도 등에 관하여 다른 정책을 선택할 수 있다. 충격요법을 특징지우는 것은 이러한 변화의 모든 조치들을 동시적으로 강도 있게 빠른 속도로 진행시킨다는 것이다. 이 밖에도 충격요법 정책패키지는 그 요법이 초래할 불가피한 사회적 고통과 동요를 완화하기 위한 사회정보망의 새로운 건설을 포함하고 있다. 급진주의적 방식은 전체주의적 시각과 경제적 신자유주의가 결합한 결과였다. 고전적 사회주의는 유기적으로 결합된 통일적 체계로서 시장과 사회주의 경제체제의 부분적 혼합은 불가능한 것으로 상정되었다. 사회주의체제에 대한 이러한 인식은 국가의 역할을 최소화해야 한다는 신자유주의 경제학과 결합하여 급진주의적 체제전환론을 낳았다. 급진주의는 또한 개혁을 반대하는 세력에게 저항의 기회를 주지 않기 위해서도 필요하다고 주장되었는데, 이는 1960-70년대 헝가리, 폴란드 개혁에서 시장부문이 계획부문에 압도되

54

었던 전례에서 유추되었던 결론이었다. 급진주의적 개혁방식의 대표적인 사례는 1990년 1월부터 시행되었던 폴란드에서의 경제개혁인데, 폴란드의 개혁은 다른 사회주의국가들에서의 유사한 개혁실험을 위한 기본모델을 제시했다.[42]

가격 자유화와 국유기업의 사유화를 통하여 시장경제로 전환하는 급진주의적 방식과는 달리 진화론적 개혁방식에서는 제도가 개혁의 중심에 위치한다. 여기서 제도는 게임의 룰로서 이익, 선호, 행동의 구조와 틀을 규정하는데, 제도를 결여한 급격한 시장의 도입은 생산을 유도하기보다는 혼란을 결과하게 된다는 것이 진화론적 개혁론자들의 주장이다.[43] 사람의 사고와 행동, 그리고 이를 규율하는 제도는 하루아침에 바뀌지 않으며 시대와 국가에 따라 다르다. 급진개혁으로부터 결과한 비극에 대한 反명제로서 등장한 진화론적 개혁방식의 예는 사회주의로부터 진화적 성장(growing out of socialism)을 계속하며 중앙계획에서 시장경제로 이행해 가고 있는 중국이 대표적인 예라고 할 수 있다. 진화론적 체제 전환전략은 두 가지 이유 때문에 주목을 받았다. 첫째, 1990년 이후 폴란드를 비롯한 동유럽국가에서의 급진주의적 전략의 성과가 당초 예견되었던 것보다 불만족스러웠다는 점이다. 이에 대해 Murrel은 급진적 개혁에 대한 합의가 붕괴하고 있다고 지적한 바 있다.[44] 둘째, 동유럽국가들과 중국에서의 경제적 실적에서 현격한 차이가 났다는 것이다. 동유럽국가들과는 다른 접근을 취했던 중국에서의 지난 시기 동안의 경제적 성과는 놀라웠다. 진화론적 개혁모델 자체가 중국개혁의 성공요인에 대한 분석으로부터 출발한 것은 아니지만 중국에서의 개혁실제가 진화론적 강령을 현실화시키고 있는 것처럼 보였다.

---

42) Janos Kornai, *The Socialist System: The Political Communism*(Princeton: Princeton Univ. Press, 1992), pp.383-4.

43) 이에 대해서는 Victor Nee and Peng Lian, "Sleeping with enemy: A Dynamic Model of Decling Political Commitment in State Socialism," *Theory and Society*, Vol.23, No.2, April 1994, p.254를 참조할 것.

44) Peter Murrel, "Evolutionary and Radical Approaches to Economic Reform," K. Poznanski(ed.), *Stabilization and Privatization in Poland*(London: Kluwer Academic Publishers, 1993), p.216.

경제정책과 관련하여 급진주의적 개혁전략이 일련의 거시경제정책을 논리의 핵심으로 한다면 진화론적 전략은 경제제도와 미시경제적 발전을 논리의 핵심으로 한다. 진화론적 발상의 핵심은 충격요법적 거시경제정책을 반드시 배제하지는 않지만 구공산주의 시절의 모든 경제제도를 일거에 붕괴시키는 것은 불가능할 뿐만 아니라 바람직하지도 않다는 점을 강조한다는 것이다. 진화론에 따르면 낡은 제도 중에서 과도기 동안 활용될 수 있는 유용한 것들도 있으며, 낡은 제도 하에서 성장한 경제주체가 급격한 변화에 적응하는 데는 시간이 걸리므로 구제도의 급격한 붕괴는 경제붕괴를 초래할 뿐이라는 것이다. 이러한 이유로 인해서 체제전환기간 중 일정기간 동안은 국가부문과 사적부문으로 이루어진 이중경제 구조를 유지시키는 것이 좋으며, 국가관리 경제 분야를 일정기간 유지하면서 새로운 사적부문활동과 그를 위해 필요한 제도 등을 적극적으로 촉진시킬 것을 제안하고 있다. 또한 사적기업과 시장제도의 일정한 성장이 있은 후에야 시장과정을 통한 국가기업의 점진적 사유화가 가능하고 바람직하다는 것이다. 개혁은 새로운 자본주의 부분에 사회가 자원을 집중하는 것으로부터 시작되며, 국가부분은 사회주의체제의 요소를 그대로 유지하는 것이 바람직하다는 것이 진화론의 주장이다. 이러한 단계를 거침으로써 장기적으로 생산적 시장경제의 제도적 환경을 만들어내는 데 필요한 인간적·사회적 자원들을 가장 빠르게 발생시킬 수 있다는 것이다. 또한 이러한 자본주의 부문이 충분히 성장하게 되면, 이는 체제전환에 있어 혁명적 엔진이 된다는 것이다. 뿐만 아니라 성장한 자본주의 부문이 인적·금융적 자원을 산출해내고 이러한 과정을 거침으로써 구 국가부문을 개혁하고 사유화하는 데 활용될 수 있다는 것이다. 따라서 진화론적 체제이행방식은 국가부문 사유화를 이행초기에 실시하는 것보다는 새로운 자본주의부문이 충분히 성장하여, 이 부문이 초래하는 사회적 변화를 기초로 단행하는 것이 국가부문 사유화를 보다 생산적으로 만들 수 있다는 것을 그 핵심으로 하고 있다.[45]

---

45) 박형중, "사회주의경제의 체제전환전략: 급진론과 진화론 – 동유럽과 중국개혁에 대한 평가를 중심으로," 「통일연구논총」(민족통일연구원), 제6권 1호, 1997,

국가능력과 관련하여 국가의 힘은 투자, 국방비 등이 아니라 통상적 제도로서의 정부, 즉 일반정부(ordinary government)가 재산권보호, 시장제도화, 인플레 억제 등 거시경제적 안정을 취할 수 있는 힘을 보유하고 있는가를 의미하며, 정부의 일반 운영예산이 차지하는 비중으로 측정해 볼 수 있다. 중국, 베트남, 우즈베키스탄 등 강한 권위주의 정부와 헝가리, 체코, 슬로바키아, 에스토니아 등 강한 민주주의 정부는 체제전환을 전후하여 일반 예산의 변동폭이 작았지만 대부분의 옛 소련 구성 국가, 발칸 국가 등 약한 민주정부들은 일반 예산 비중이 대폭 감소되었다. 민주주의이든 권위주의이든 강한 국가가 모두 우월한 경제실적을 보인 것이다. 이렇게 보면 고르바쵸프의 개혁은 점진주의라서 실패했다기보다는 국가가 약화됨으로써 실패한 것이며 시장의 실패가 아니라 정부의 실패였던 것이다.[46] 이와 같이 성공적 체제전환에서 중요한 것은 시장의 발달에 따라 필요한 제도를 정비할 수 있는 국가의 능력으로서 일반적인 사회주의체제의 붕괴 원인과도 일치한다. 즉 소련 등 공산당 주도의 체제전환에서 정치의 자유화를 앞세운 개혁은 엘리트분열과 국가의 약화를 거쳐 체제붕괴로 이어졌으나 정치적 자유를 유보하고 권위주의적 방법으로 경제적 자유화를 추진한 중국, 베트남 등의 공산당은 건재하다는 것이 그 근거로 제시될 수 있는 것이다.

이러한 측면에서 현실사회주의체제의 개혁내용이 자본주의적 요소의 도입을 통한 시장경제체제의 개혁을 기본으로 하고 이를 위한 정치개혁 및 사회개혁 등이 동반되어 진행된다고 할 때, 개혁의 속도를 조절할 수 있는 것은 기본적으로 국가의 능력과 밀접하게 관련되어 있다. 개혁의 시작과 함께 도입되는 자본주의적 요소는 경험에 비추어 볼 때 그 확산효과는 국가의 제어능력을 넘어서는 경우가 대부분이었다. 더욱이 개혁으로 인한 성과의 효율적인 분배를 위한 제도적 장치의 마련과 이를 위한 정치체제의 개혁은 기존의 체제안정성을 위협하는 가장 기본적인 요건임을 감안할 때,

---

pp.222-5.
46) Vladimir Popov, "Shock Therapy Versus Gradualism: The End of Debate," *Comparative Economic Studies*, Vol.XLII, No.1, 2000, p.35.

개혁의 확산효과를 감안한 개혁정책의 수립과 안정적인 추진은 곧바로 국가의 능력과 직결된다고 할 것이다. 이러한 전환의 속도와 국가의 능력은 독립되어 존재할 수 있는 변수가 아니라 서로 밀접하게 연관되어 있으며, 개혁의 성공 여부는 개혁의 고도를 조절할 수 있는 국가능력의 존재 여부가 중요한 요인이라고 할 수 있는 것이다.

결국 위기에 처한 사회주의국가들은 인민의 지지가 하락하고 권력엘리트 일부가 자신감을 잃고 동요하기 시작하면서 변화와 개혁을 국가미래를 위한 보편적인 의제로 채택하게 되었다. 한때 세계인구의 30%까지를 지배했던 국가사회주의는 혁명적 방법으로 단일한 스탈린주의 사회를 건설했지만 개혁방식과 역학을 두고 각기 자국의 상황과 조건에 맞는 길을 선택하여 달려가고 있다. 위기에 처한 스탈린주의 모델로부터 탈출을 모색하는 몇몇 대안은 중국식 개혁·개방과 같은 의미 있는 시장지향적 개혁과 권위주의적 정치체제의 유지, 소련, 불가리아 루마니아와 같은 정치구조의 상대적 민주화와 경제관리에 있어 시장메커니즘의 도입, 상기 국가들을 제외한 여타 동유럽국가들과 같이 시유럽모델의 채용을 통한 민주회와 시장경제의 일반화로 표현되는 자본주의로의 복귀, 정치권력의 완전한 민주화와 경제의 사회주의적·민주주의적 계획과 같이 급진 노동조합주의자와 일부 사회주의자들의 아직까지 실현되지 않은 프로그램 등을 들 수 있다.[47]

중국은 1990년대 들어 사회주의권의 붕괴를 경험하기 이전부터 중국의 특수성[48]에 기초하여 중국식 개혁·개방 모델을 개발, 추진해왔다. 중국식 개혁·개방 모델을 전환의 속도와 국가능력에 기초해서 표현하자면 진화론적이고 권위주의적인 접근방식이라고 할 수 있을 것이다. 중국의 개혁·개방은 개혁·개방을 위한 지속적이고 구체적인 이론적 기초작업을 통해 인민에 대한 끊임없는 사상교육을 실시함으로써 개혁·개방으로 인한 혼란을 최소화하는 속에서 진행되었다. 또한 중국은 시장경제체제로의 전환에 있

---

47) 고유환, "북한사회주의체제의 구조적 위기와 김정일정권의 진로," 「한국정치학회보」(한국정치학회), 30집 2호, 1996, p.231.
48) 이에 대한 자세한 내용은 본 책 제2부에서 자세히 논의할 것이다.

어 계획경제와 시장경제를 병행시키면서 점차적으로 시장경제의 비중을 확대해나가는 방식을 채택하고 개혁·개방을 부문별, 단계별로 진행해 왔다. 이러한 중국의 전환방식은 결과적으로 성공적인 개혁·개방 모델의 수립과 고도의 경제성장이라는 결과를 낳게 하였다. 결국 사회주의체제의 전환에 있어 그 성패를 결정하는 중요한 요인이 전환의 속도와 그것을 조절할 수 있는 것은 국가의 능력의 유무에 달려 있다고 할 때, 중국 개혁·개방 모델의 성공은 중국의 특수성을 기초로 한 진화론적인 개혁·개방의 추진과 중국공산당을 중심으로 한 강한 국가기구의 존재가 중요한 원인이라고 할 수 있다. 따라서 체제전환에 성공했다고 평가받는 중국과 같은 국가들과 그렇지 못하다고 평가받는 국가들 간에 있어 중요한 차별성은 국가를 중심으로 전환과정에서 일어나는 문제들을 사전에 예측하고 이 경우 국가가 얼마나 자국의 조건에 맞는 속도로 개혁을 진행했는가가 중요한 요인으로 작용했다고 할 수 있다.

2. 현실사회주의국가의 체제전환 유형

한때 전 세계 인구의 30%를 지배하였던 국가사회주의는 혁명적 방법으로 단일한 스탈린 사회주의를 건설했지만 개혁의 방식과 역학에 있어서 각 국가의 역사적 경험이나 공산당의 중앙집권화 정도, 사회적 파괴력 등의 요인에 따라 각기 다양한 선택 속에 진행되었다. 국가사회주의의 기본적인 특징은 국가소유, 고도로 중앙집중된 의사결정체계, 즉 중앙계획(central planning)이라는 두 가지의 정형화된 사실(stylized facts)로 요약된다. 마르크스－레닌주의에 따르면 당(＝국가)이 인민의지를 대신하고 있으므로 국가소유는 사실상 인민소유이다. 그러나 실제에 있어서는 국가와 당이 일방적으로 권력을 행사하므로 인민과 구분되는 국가는 하나의 소유주체로 된다고 말할 수 있다. 한편 중앙계획은 생산수단 간의 수평적 연계를 극도로 약화시키며 전 생산부문을 계획당국의 수직적 위계조직 속에 편입한다. 진정한 의미에서의 상품가격이 상품소유자 간의 흥정을 통해서만 성립한다는 사실을 염두에 두고 보면, 중앙계획경제 하에서는 가격이 필연적으로 존재할 수 없게 된다. 따라서 중앙계획경제 하에서는 생산계획뿐만 아니라 배분 및 성과의 평가 등 대부분이 물량단위로 이루어지게 된다. 이렇게 볼 때 국가사회주의는 한마디로 생산, 분배에 관한 모든 결정권이 국가에 집중된 단일 피라미드구조의 체제이다.

소련과 같이 개혁파가 확고하게 권력을 장악하지 못했거나 폴란드에서처럼 억제된 개혁에 그친 공산당들은 붕괴되었다. 루마니아에서처럼 개혁을 거부했던 공산당은 사회적 압력의 폭발 및 내부 분열에 의해 몰락하였다. 소련, 폴란드, 헝가리에서 시작된 탈사회주의는 여타 유럽 및 아프리카 사회주의국가들로 확산되었다. 한편 이들과는 달리 인접지역에 적이 존재함으로써 민족주의를 기제로 사회주의체제를 유지해 온 북한, 쿠바 등은 비교적 국소적인 개혁으로 생존을 유지하였다. 결국 공산당에 의해 안정적이고 성공적인 개혁을 이룩한 중국, 베트남 등의 국가를 제외한 대부분의 국가들은 상당한 생산감소를 경험했다.

원형적 사회주의의 붕괴는 소련과 같은 '개혁분열형,' 폴란드와 같은 '타협이행형,' 루마니아와 같은 '내부분열형' 등 세 유형으로 나눌 수 있다.[49] 소련은 사회주의 블록 붕괴의 중심으로서 자율적 정치변동을 겪은 반면, 다른 사회주의국가들은 종속 사회주의적 특징으로 인하여 원조감축, 브레즈네프 독트린 폐기 등 소련의 정책전환으로 인하여 체제의 근본적인 위기를 맞이하였다. 뿐만 아니라 개혁의 추진에 있어서도 소련 등 외부의 선도적 개혁이 확산됨으로써 공산당 엘리트는 통제능력과 정권 유지 의지를 급격히 상실함으로써 이루어지게 되었던 것이다.

개혁분열형으로 대표될 수 있는 소련의 개혁은 당시 거의 유일하게 개혁적이었던 고르바쵸프 서기장에 의해서 경제개혁이 시도됨으로써 시작되

---

49) 이와 관련해서는 권만학, "탈국가사회주의의 여러 길과 북한: 붕괴와 개혁," 「한국정치학회보」(한국정치학회), 35집 4호, 2001, pp.249-50를 참조.

60

었다. 전임 안드로포프의 정책을 계승했던 고르바쵸프는 소련경제 상황의 호전이 불가능하다고 판단하고 체제 수정에 나서게 되는데, 전환을 불가피하게 만든 것은 별들의 전쟁으로 상징되는 미국과의 신군비경쟁으로 기존의 구조적 위기가 가속화되었기 때문이다.[50] 그러나 자기폐쇄적인 소련의 정치구조는 개혁을 어렵게 만들었다. 이러한 고르바쵸프의 개혁은 필연적으로 보수적 세력에 의한 체제적 저항에 직면하게 되었고, 이를 자유화와 민주화를 통하여 돌파하려는 과정에서 엘리트가 자체 분열되어 공산당이 붕괴하는 개혁분열형으로 진행되었다. 고르바쵸프는 개혁을 위해 먼저 보수파를 설득시킬 수밖에 없었고, 이를 위한 제도 개선은 다시금 기득권층인 당, 경제부서, 무력기구 등 철의 삼각(iron triangle)을 설득해야 하는 딜레마에 봉착했다. 그러나 경제개혁 자체가 지지 부진하여 성과를 내지 못하는 가운데, 정치적 자유화가 체제의 약화를 초래하고 급기야 보수파와 급진 개혁파로 분열된 양 날개가 '중첩적으로 이탈'(double defection)할 수밖에 없음으로 인해 소련공산당의 붕괴는 불가피하게 되었다. 고르바쵸프 개혁에서 나타났던 정치역학은 엄청난 기득권층의 반대가 명확한 상황에서선 개혁 후 개혁세력 형성이 결국은 엘리트 분열과 체제붕괴로 연결되었다는 것이다.[51]

고르바쵸프의 개혁정책과 브레즈네프 독트린의 폐기는 폴란드, 헝가리처럼 상대적으로 시민사회가 발달한 나라들에서 정권이 연대노조, 시민포럼 등의 시민사회대표들과 원탁회의를 통해 체제이행에 합의하는 타협이행형을 출현시켰으며, 이들은 다시 여타 사회주의국가들에서 역도미노 현상을 가져오는 기폭제 역할을 하였다. 이들 국가들에서는 1960-70년대에 이미

---

50) Ivan Szelenyi and Balazs Szelenyi, "Why Socialism Failed: Toward a Theory of System Breakdown: Cause of disintegration of East European State Socialism," *Theory and Society*, Vol.23, No.2, April 1994, p.225; Victor Nee and Peng Lian, "Sleeping with Enemy: A Dynamic Model of Declining Political Commitment in State Socialism," *Theory and Society*, Vol.23, No.2, April 1994, p.258.
51) 권만학, "탈국가사회주의의 여러 길과 북한: 붕괴와 개혁," 「한국정치학회보」 (한국정치학회), 35집 4호, 2001, p.250.

중앙계획으로부터의 일탈이라는 자유화 개혁이 실시되었다. 이러한 일탈은 제도적 변화를 동반하게 되었고, 이러한 변화는 주민은 국가에, 하위관료는 상급관료에 생존의 필요와 진급의 기회를 조직적으로 의존하도록 되어 있는 사회주의 기본적 통제기제를 약화시켰다.[52] 당과 국가의 감시능력, 제재능력의 부식과 제2경제의 확산은 점차 국가로부터 상대적으로 자율적인 시민사회와 공적 영역의 출현으로 이어졌다. 폴란드에서 타협적 이행(pacted transition)이 가능할 수 있었던 것은 다른 사회주의국가와는 달리 공산당의 사회에 대한 침투성이 상대적으로 미약했다는 점, 이에 따라 필연적으로 카톨릭 등 비공산적 정체성의 존재가 허용됨으로써 타협적이고 단합된 세력이 등장할 수 있었기 때문이다.[53]

루마니아는 개혁을 거부하다 지역공산당의 붕괴를 포함한 국제적 상황, 심대한 경제적 쇠퇴 등이 주요 촉매사건(a major catalytic event)으로 작용하며 급격한 내부 파열을 통하여 체제붕괴를 맞은 내부분열형이다. 루마니아는 개혁을 거부했던 만큼 붕괴의 의외성과 신속성을 보여준 경우라고 할 수 있다. 루마니아는 폴란드, 헝가리와 미찬가지로 1970년대 석유달러를 통해 생산회복을 시도하다 외채의 덫에 걸렸다는 점에서 이행 전 경제상황은 여타 사회주의국가와 큰 차이점을 보이지 않았다. 그러나 루마니아는 헝가리, 폴란드와는 달리 스탈린주의 체제를 고수했으며, 북한처럼 채무불이행의 길도 마다하고 1981년 외채 재조정과 함께 상환을 위한 긴축재정에 돌입함으로써 피폐해진 민생고를 더욱 악화시키게 되었다. 이러한 속에서 외채를 상환한 지 8개월 만인 1989년 4월에 발생한 헝가리계 소수민족의 봉기를 비밀경찰이 무자비하게 진압하는 과정에서 100여 명의 시위대가 사망한 사건이 체제붕괴의 결정적인 계기로 작용하였다. 이 사건이 기폭제가 되어 군중시위는 수일 만에 부쿠레슈티 등 여타 도시로 번져나갔고, 동년

---

52) Andrew Walder, "The Decline of Communist Power: Elements of a Theory of Institutional Change," *Theory and Society*, Vol.23, No.2, April 1994, p.299.
53) Richard Snyder and James Mahoney, "The Missing Variable: Institutions and the Study of Regime Change," *Comparative Politics*, October 1999, p.114.

12월 2일 쿠데타를 일으킨 군부는 차우세스코 일가를 체포하고 3일 만에 그를 처형하였다. 이로써 개혁을 거부한 루마니아는 불과 수주 만에 폭력적 전환을 맞이하게 되었다.[54]

한편 이러한 세 가지 유형 외에도 동독은 여러 역학이 혼합된 경우라고 할 수 있다. 루마니아처럼 개혁을 거부했던 동독은 서독의 존재로 인하여 헝가리가 우회로를 터준 이래 인민들의 대규모 탈출로 빈사상태에 빠지게 된다. 동독은 1989년 1월부터 19개월 동안 젊은 숙련공 중심의 노동인구 7%를 잃었으며, 1989년 10월 드레스덴의 민중시위를 기폭제로 급격하게 확산된 대규모 저항 앞에서 동독은 종속 사회주의의 한계를 드러냈다. 무력을 소련에 과다하게 의존해 온 동독 지도부에 예전과 같은 소련의 무력 지원은 없었다. 결국 서독의 존재로 인하여 동독은 내부 역학뿐만 아니라 외부에 있던 서독의 흡인력에 의해 '출혈 빈사형'의 붕괴를 맞게 되었다.

가장 성공적인 체제전환의 사례로 꼽히고 있는 중국의 사회주의체제의 전환은 개혁에 대한 역사적 경험과 토착화된 사회주의체제와 사상의 형성 과정에서의 특수성 등으로 인하여 다른 사회주의국가와는 다른 중국 나름의 개혁·개방 방식을 채택, 추진해 왔다. 중국의 마르크스주의자들은 사회주의권의 붕괴와 체제전환이 발생하기 오래 전부터 생산력의 저하로 인해 분배할 것이 부족한 상태에서의 사회주의적 평등은 사회주의의 본질이 아니라는 인식을 가져왔으며, 이러한 인식을 통해 생산력의 발전을 위한 중국식 개혁·개방 모델을 개발하고 추진하게 되었다. 결국 문화대혁명을 거치면서 권력투쟁을 통해 개혁파가 당권을 장악한 중국은 경제발전과 생산력의 발전을 최우위에 놓고 이의 달성을 위해 기존 사회주의 경제체제의 근간마저도 기꺼이 개혁하고 진화론적 체제전환을 시도함으로써 고도성장을 달성하였다.

---

54) Juan Linz and Alfred Stepan, *Problem of Democratic Transition and Consolidation: Southern Europe, South America and Post-Communist Europe*(Baltimore: The Johns Hopkins Univ. Press, 1996), p.356.

제3장 중국의 개혁개방이론과 체제전환의 모색

중국의 마르크스주의자들은 사회주의를 완성된 체제로 파악하지 않았으며, 사회주의 역시 단계가 있는 것으로 파악했다. 그들은 중국의 사회주의 단계는 열악한 생산력으로 인해 고급단계로 진입하지 못했으며, '실사구시(實事求是)'를 통한 '생산력의 해방'만이 중국 사회주의를 완성단계로 이끌어 나갈 수 있다는 데 공감했다. 이러한 중국사회주의에 대한 인식은 1978년 개혁정책을 실시한 이후 3단계에 걸쳐서 개혁·개방 정책을 뒷받침할 수 있는 이론적 기초를 제시하는 것으로 나타났다. 그것은 1984년 10월 중국공산당 12기 3차 중앙위원회전체회의에서 공식적으로 확인한 '계획적 상품경제'와 1987년 10월 중국공산당 13기 전국대표대회에서 통과된 '사회주의 초급단계론,' 그리고 1992년 중국공산당 14기 전국대표대회에서 통과된 '사회주의 시장경제'이다.

1. 계획적 상품경제론과 사회주의 초급단계론

1979년 소소지(蘇紹智)와 같은 진보적 개혁론자들은 중국적 사회주의의 특징을 강조하면서 사회주의 초급단계론을 제기하였다. 1981년 6월에 통과된 "건국 이래 당의 약간의 역사문제에 관한 결의"에서 중국은 이미 사회주의제도가 확립된 사회주의 사회이지만 중국의 사회주의는 초급단계에 있다는 점을 지적하였고, 당 12기 3중전회에서 통과된 중국공산당 중앙위원회 경제체제개혁에 관한 결정에는 계획경제와 상품경제의 관계를 "계획체제의 개혁은 먼저 계획경제와 상품경제를 대립적으로 생각하던 전통관념을 깨야 하며, 사회주의 계획경제는 반드시 자각적으로 가치법칙에 의거하고 이를 운용해야 한다는 것과 공유제의 기초 위에서 계획적 상품경제라는 것을 명확하게 인식해야 한다"고 밝히고 있다. 뿐만 아니라 1986년 9월에 개최된 중국 공산당 12기 6중전회에서 통과된 "사회주의 정신문명에 관한 결의"에서도 중국은 아직 사회주의 초급단계에 처해 있기 때문에 장기간에 걸쳐서 노동에 따른 분배와 사회주의 상품경제를 발전시켜야 한다고 주장한 바 있다.[1]

중국의 개혁주의자들은 상품경제가 자본주의에만 특유한 것이 아니라고 주장한다.[2] 이러한 인식은 이미 구소련에서 레닌과 스탈린에 의해서 제기된 문제였다. 소련 사회주의 경제건설의 실천과 신경제정책의 실행에 따라 레닌의 관점에는 큰 변화가 생겼다. 레닌은 1922년 러시아공산당 12차 대회의 「공업에 관한 결의」 중에서 "기왕 우리가 이미 시장경제의 형식으로 방향을 바꾸어 채용한 바에는 반드시 각 기업에게도 시장에서 경제활동에 종사할 자유를 주어야 한다"고 주장하였다. 또 "자본주의에서 공산주의로 넘어가는 과도기적 시기에, 즉시 화폐를 없애는 것은 불가능한 것이다"라고 하였다. 스탈린 역시 사회주의에 상품생산과 교환이 여전히 존재하는 현실을 받아들여 "상품생산과 자본주의를 동일시 할 수 없다"라고 제시하였다. 중국의 개혁주의자들에 의하면 지금까지 인류역사상 존재한 다섯 종류의 사회형태는 각각 생산수단의 소유형태에 의해 구분되는 것으로서, 상품경제는 사람들이 상호경제적 관련을 맺는 한 형식으로서 자급자족적·폐쇄적인 자연경제에 대립되는 개념이라는 것이다. 즉 사람들 사이에 사회적 분업이 발달하지 않고 교환관계가 존재하지 않았던 자연경제에 비해, 상품경제는 사회적 분업의 발전을 기초로 하여 특정부문의 생산에만 전념하는 각각의 생산자가 자신의 다양한 수요를 충족시키기 위해 각자의 노동생산물을 상호교환하는 형식이라는 것이다.[3] 중국의 개혁주의자들에 의하면 이러한 의미의 상품생산은 사회적 분업의 발전과 사회화된 대규모생산의 필

---

1) 寥軒, "堅持計劃經濟和市場調節相結合,"「人民日報」 1991. 12. 4, 김소중 편역,「중국특색의 사회주의」(서울: 대륙연구소출판부), p.146.
2) 斯大林,「蘇聯社會主義經濟問題」, p.10, 崔翼晚, "中國特色의 社會主義 市場經濟," 「中國硏究」, 1995년 봄호, p.192에서 재인용.
3) 何建章, "商品經濟是社會經濟發展不可逾越的段階,"「人民日報」, 1986. 5. 23.

연적인 결과로서 사회주의 사회에 와서도 여전히 존재하고 있다.[4]

사회주의 초급단계론은 1987년 10월 당 13기 전대회에서 당시 당총서기 조자양(趙紫陽)이 행한 「중국특색을 지닌 사회주의 노선을 따라 전진하자」라는 보고의 제2절 "사회주의 초급단계와 당의 기본노선"에서 하나의 이론적 체계를 갖추게 되었다. 이 보고에서 조자양은 중국의 역사적 사회주의 발전단계와 관련하여 중국사회주의는 아직은 초급단계에 있으므로 이런 중국의 정세에 바탕을 두고 중국의 발전전략을 추진하여야 할 것이라고 주장하고 있다. 중국은 현재 중국의 사회주의가 아직 초급단계에 처해 있고, 중국은 이러한 실제에서 출발해야 하며 이 단계를 초월할 수 없다는 것이다. 이 때문에 생산력을 충분히 발전시키지 않고서도 사회주의 초급단계를 뛰어넘을 수 있다고 간주하는 것은 혁명발전 문제에 있어서의 공상론이며, 좌경적 착오의 중요한 인식근원이라고 밝히고 있다.[5] 이는 중국이 처한 사회주의단계를 과도기가 아닌 독자적 단계로 인식함으로써 사회주의는 하나의 독립적인, 더구나 자체 내에 몇 개의 '발전 소단계'를 가지는 대단히 장기적인 역사적 과정으로 파악하고 있는 것이다. 이러한 인식 속에서 조자양은 상기 보고에서 중국의 사회주의 초급단계를 "사회주의 초급단계는 모든 국가가 사회주의로 진입할 때 거쳐야만 하는 최초의 단계를 일반적으로 지칭하는 것은 아니고, 빈곤과 낙후를 점차적으로 탈피해 나가는 단계로 공업국가로 변화해 나가는 단계"이며, "상품경제가 고도로 발달된 상태로 나가는 단계로 개혁과 탐색을 통해 활력이 충만한 사회주의 경제·정치·문화 체계를 세우고 발전시키는 단계"로 규정하고 있다.[6] 그에 의하면 사회주의 초급단계는 모든 나라가 사회주의에 진입한 이후에 필연적으로 겪어야 하는 단계를 일반적으로 지칭하는 것이 아니다. 사회주의 초급단계론은 생산력이 낙후되어 있고 공업발전이 저단계에 있으며, 상품경제가 발달

---

4) 張卓元, "사회주의는 왜 적극 상품경제를 발전시켜야 하는가," 서석흥, 「중국사회주의 개혁의 진로」(서울: 풀빛, 1990), pp.122-128.
5) 趙紫陽, "沿着有中國特色的社會主義道路前進," 「人民日報」, 1987. 11. 4.
6) 趙紫陽, "沿着有中國特色的社會主義道路前進," 「人民日報」, 1987. 11. 4.

하지 못한 중국과 같은 나라들이 사회주의를 건설하는 데 있어 필연적으로 거쳐야 할 사회주의 내의 소단계를 지칭하는 것이다.

사회주의 초급단계론의 내용을 간략히 정리하자면[7] 첫째, 중국은 1956년에 이미 사회주의개조를 기본적으로 완성함으로써 사회주의사회가 되었다는 것, 둘째, 중국은 자본주의가 충분히 발전된 단계를 거치지 않고 사회주의로 나갔기 때문에 장기간의 사회주의 초급단계를 거치지 않으면 안 된다는 것, 셋째, 중국은 여타의 많은 국가들이 자본주의 조건하에서 실현한 공업화와 생산의 상품화, 사회화, 현대화를 사회주의하에서 추진해야 한다는 것, 넷째, 사회주의 초급단계에서는 공유제를 기초로 하는 사회주의 경제의 발전과 더불어 다양한 형태의 경제가 공존할 수 있도록 하지 않으면 안 된다는 것으로 요약할 수 있다. 이러한 사회주의 초급단계론은 정치경제적으로 프롤레타리아 독재와 공유제경제, 노동에 따른 분배 등의 측면에서 일반사회주의와 공통점이 있다. 그러나 사회주의 초급단계는 사회주의의 조건을 모두 갖추고 있는 사회주의가 아니라는 점에서, 물적 조건이 성숙되지 않은 사회에서 사회주의 혁명의 성공으로 거치게 되는 특정한 사회에서만 적용될 수 있는 미발달된 사회주의 사회라는 측면에서 일반적 사회주의와 그 차이점이 있다.[8]

2. 사회주의시장경제론

계획적 상품경제론과 사회주의 초급단계론이 1980년대 중국경제개혁을 뒷받침하는 이론적 토대가 되었다면 사회주의시장경제는 1990년대 중국 경제개혁의 이론적 토대라고 할 것이다. 중국의 경제개혁은 등소평(鄧小平)의 남순강화(南巡講話)를 계기로 새로운 단계로 진입했다고 할 수 있다. 등소평

---

7) 서진영, 「현대 중국정치론: 변화와 개혁의 중국정치」(서울: 나남, 1997), p.308.
8) 于光遠, "社會主義初級段階論的經濟," 「中國社會科學」, 第3期, 1987, pp.73-88.

은 1988년 9월 당 13기 3중전회부터 시작된 치리정돈(治理整頓)이 개혁의 속도를 늦추고 있다고 판단하고 1992년 1월 18일부터 2월 21일까지 무창(武昌)·심천(深圳)·주해(珠海)·상해(上海) 등지를 시찰하고 소위 남순강화를 발표하였다. 남순강화의 골자는 중국의 사회주의 현대화건설의 시기에 '하나의 중심, 두 개의 기본점'(一個中心 兩個基本點)의 기본노선을 확고부동하게 관철·집행하고, 중국특색의 사회주의의 길을 걷는 것을 견지하며, 개혁·개방의 발걸음을 빠르게 하고 경제건설을 제고해야 한다는 것이었다.

등소평은 남순강화를 과감한 개혁의 필요성에 대해 역설하고 생산력을 발전시키고 궁극적으로 공동부유(共同富裕)에 도달하게 하는 것이 사회주의의 본질이라고 정의함으로써 계획과 시장이 사회주의와 자본주의를 구별하는 본실석인 차이가 아니며, 따라서 시장요소가 과감히 도입되어야 한다고 역설하였다.[9] 이에 따라 1992년 10월 당 제14전대에서는 사회주의 시장경제의 건설이 새로운 과제로 천명되었다. 강택민(江澤民)은 당대회보고에서 "사회주의 발전단계의 문제에서 우리나라는 아직 사회주의 초급단계에 있다는 결론을 내렸습니다. ……경제체제개혁의 목표는 공동소유와 노동에 따른 분배를 주체로 삼고, 기타 경제요소와 기타 분배방식으로 이를 보완하는 기초 위에서 사회주의 시장경제체제를 건립하고 완성하는 일입니다"[10]라고 천명함으로써 사회주의 시장경제가 중국의 현실사회주의에서의 기본적인 목표임을 공식화하였다. 이후 사회주의 시장경제론은 1993년 3월 제8기 전인대에서 개정된 헌법에 명기됨으로써 중국의 경제체제개혁의 목표로 확립되었다. 1982년 헌법 제15조에 사회주의 공유제의 기초 위에서 계획경제를 실시하며 국가는 계획경제의 종합적 균형과 시장조절의 보조기능을 통하여 국민경제의 균형발전을 보장한다고 규정하고 있었던 것을 1992년 헌법에서는 사회주

---

9) 鄧小平, "在武昌, 深圳, 珠海, 上海等地的談話要點," 中共中央文獻編輯委員會, 「鄧小平文選: 第三卷」(北京: 人民出版社, 1993), pp.372-373; 中共中央辦公廳秘書處, "鄧小平的南巡强化," 「九十年代」, 1992年 4月號, pp.42-47; 「爭鳴」, 1992年 4月號, pp.23-27; 김소중 편역, 「중국특색의 사회주의」(서울: 대륙연구소출판부), pp.244-245.
10) 江澤民, "在中國共產黨第14次全國代表大會上的報告," 「人民日報」 1992. 10. 21.

의 시장경제를 실시한다고 수정하였던 것이다.[11]

중국공산당 14기 전대회에서 강택민은 중국이 수립하고자 하는 사회주의 시장경제를 사회주의국가의 거시적 통제 아래에서 시장이 자원배치의 기초적 역할을 맡게 함으로써 경제활동을 가치법칙에 따르게 하고 수요공급관계의 변화에 순응하도록 하려는 것이라고 정의하고, 구체적으로 그 내용을 다음과 같이 제기하고 있다.[12] 우선 소유제 구조에서 사회주의 시장경제는 사회주의 기본제도와 결합되어 있으며 전 인민적 소유와 집체소유를 포함한 공유제를 주체로 하고 개인경제, 사영경제, 외자경제를 보조적 소유제로 하여, 여러 경제요소를 장기간 발전시키면서 각기 상이한 경제요소들이 자발적으로 여러 가지 형태의 공동경영을 수행하게 하는 것이다. 물론 이 속에서 주도적 역할을 발휘하게 하는 것은 국가소유기업이다. 둘째, 분배제도에서 노동에 의한 분배를 주체로 하고 기타 분배방식을 보조적인 것으로 하면서 능률과 공정성을 고려하는 것이다. 즉 선진적이고 능률적인 것을 고무, 장려하면서도 양극분화를 방지하고 공동부유를 달성해야 한다는 것이다. 셋째, 거시적인 조절 통제에서 중국 사회주의에서는 인민의 단기적 이익과 장기적 이익, 제한적 이익과 전체적 이익을 결합시키고 계획과 시장 두 가지 수단의 장점을 함께 발휘시키는 것이다. 넷째, 사회주의 시장경제에 있어서 국가계획은 거시적 조절 통제를 위한 중요한 수단의 하나로 작동하여야 한다는 것이다. 국민경제와 사회발전의 전략적 목표를 합리적으로 확정하여 경제발전에 대한 예측, 총량에 대한 조절, 중요 산업구조와 생산력 배치에 대한 계획을 원만히 하고 필요한 자금과 물력을 집중하여 중점건설과 경제공간의 종합적 이용을 통하여 경제발전의 속도를 더욱 빠르게 한다는 것이다.

중국의 사회주의 시장경제와 자본주의 시장경제의 공통점은 자원배치의 시장화, 기업행위의 주체화, 기업자산권의 상품화, 간접적인 거시조정, 시장체계의 완비, 교역과정의 규범화, 시장관리의 법제화라는 면에서 그 공통점

---

11) 장공자, "제8기 전인대헌법의 특징," 「중국연구」, 1993년 여름, pp.14-15.
12) 「人民日報」, 1992. 10. 22.

을 찾을 수 있다. 그러나 자본주의 시장경제와의 이러한 공통점에도 불구하고 중국의 사회주의 시장경제는 자본주의 시장경제와의 본질적인 차이를 내포하고 있다고 주장한다. 그것은 첫째, 사회주의시장경제에서 시장행위의 주체는 개체기업, 사영기업, 3자 기업 등이 있지만 공유제기업(국유기업과 집체기업)이 주체적 지위를 점하고, 공유제 경제가 지배적 지위를 점하고 시장경제의 운행은 본질적으로 공유제경제를 강화하고 발전시키는 과정이라는 점이다. 둘째, 사회주의 시장경제의 전체 사회생산의 거시적인 목적은 인민의 날로 증대하는 물질, 문화생활의 수요를 만족시켜주는 일이다. 이는 자본주의 시장경제가 최대의 잉여가치를 추구하는 것과는 차별성을 갖는 것이다. 셋째, 사회주의 시장경제에서는 공유제를 통해 노동이 수입분배의 가장 일반적인 근거로 작용하게 하고 개인이익의 최대추구와 전 사회의 공동부유의 상호통일을 실현하는 기초가 된다. 넷째, 일부 사람과 일부 지역이 정당한 수단에 의존하여 먼저 부유해지는 것을 인정하며(先富論), 먼저 부유해진 자가 다른 사람을 도와서 공동부유를 실현해야 한다는 것이다. 나섯째, 사회주의 시장경제에시는 국가, 노동지, 기업 3자 사이에 이익의 차별과 모순이 존재한다. 그러나 이는 공유제가 결정하는 바에 의해서 3자의 근본적인 이익은 일치한다. 여섯째, 사회주의 시장경제에서는 국가는 노동인민의 총대표라는 점 등이 그것이다.[13]

한편 유국광(劉國光)은 현대시장경제는 시장메커니즘의 결함을 보완하기 위해 정부가 반드시 경제에 대한 거시적 관리와 계획적인 조정을 가지고 시장의 운행에 관여해야 한다는 입장 속에서 사회주의 시장경제와 자본주의 시장경제의 차이점을 정치경제적 측면에서 다음과 같이 분석하고 있다.[14] 자본주의 시장경제와 사회주의 시장경제의 차이점은 기본적으로 사회주의 제도의 기본적인 특징에 의해 결정된다는 것이다. 우선 정치제도면에서 살펴보면 공산당과 인민정부의 영도이다. 공산당과 인민정부는 일

---

13) 翟泰豊・李連仲, "社會主義市場經濟與資本主義市場經濟的異同,"「人民日報」, 1993. 2. 5.

14) 劉國光, "社會主義市場經濟略論,"「人民日報」, 1992. 10. 26.

부집단 혹은 사적인 이익을 도모하기 위한 것은 아니고 전체인민을 위해 봉사함을 종지(宗旨)로 삼고 있는 것이다. 경제제도 면에 있어서는 소유제 구조가 공유제(국유제와 집체소유제를 포괄)를 주체로 하고, 개체·사영·외자 경제를 보충으로 하며, 서로 다른 소유제는 서로 다른 형식으로 경영을 조합할 수 있고, 각종 경제성분과 경영형식의 기업이 모두 시장에 진입하여 평등하게 경쟁하고 공동으로 발전한다는 것이다. 사회주의 분배제도는 노동에 따른 분배를 주체로 하고 기타 생산요소의 분배를 보충으로 하며 효율과 공평을 고려하여 시장메커니즘의 합리적 운용으로 차이를 벌려 효율을 자극하며, 동시에 여러 종류의 조절수단을 운용하여 양극분화를 방지하고 단계적으로 공동부유를 실현한다는 것이다.

　따라서 중국 사회주의 시장경제론의 상품경제와 가치법칙의 문제에 있어서 사회주의경제와 자본주의경제의 구별은 상품경제의 존재 여부와 가치법칙의 적용 여부에 있는 것이 아니라 소유자의 상이함, 착취계급의 존재 여부, 어떠한 생산목적에 기여하는가, 전 사회적인 규모로 가치법칙이 자각적으로 작용할 수 있는가, 상품관계범위의 상이함 등에 있다고 할 수 있다.[15] 바꾸어 말하면 중국의 관심은 사회주의 공유제와 시장경제의 자원배치방식을 효율적으로 결합하기 위한 구체적인 모색이라고 할 수 있는 것이다.

---

15) 중국공산당 중앙위원회, "경제체제의 개혁과 중국식 사회주의," 유세희 편, 「오늘의 중국대륙: 정치·사회·경제·사상의 변동과 지향」(서울: 한길사, 1984), p.272.

<표 3-1> 계획경제, 사회주의 시장경제, 시장경제의 비교

	계획경제	사회주의 시장경제	시장경제
발전목표	정치구호로 경제발전을 추진하며 사회주의의 우월성 발휘	사상해방과 생산력발전으로 사회주의제도와 정권 강화	경제적 자유추구로 최고의 경제효율 발휘와 인민의 복지추구
자원배분	지령성계획에 띠라 행정명령으로 자원분배	국가의 거시조절 하에 시장이 자원분배에 대한 기초적 역할	공개시장에서 경제법칙에 따른 자원분배
정부의 역할	절대적 통제 및 정부와 기업일치	계획, 지도, 조정, 감독 기능의 정부 집행 및 정부와 기업의 분리	법령의 제정과 보호 및 판결 등의 소극적 역할에 한정
계획정도	지령성 계획	지도성 계획	경제계획
시장	자본주의의 존재로 인식 불허	시장경제의 육성을 중점적으로 추진	모든 경제활동의 시장화
경쟁	평균주의	제한적 적자생존	적자생존
가격	강력한 정부통제	시장가격 위주의 가격체계	시장결정
경제기조	선빈소유세	공유제	사유제
재산소유권	공유제	공유제	사유제
취업	국가안배	노동자의 자주적 결정	자유선택
기업의 위험부담	정부와 사회부담	기업과 개인부담	기업과 개인부담
부의 분배	평균주의	노동에 따른 분배를 이주로 하며 효율과 공정 고려, 선부를 허용	효율을 추구하며 빈부격차를 복지정책으로 개선
법률	인치 및 권력이 법에 우선	법제화 발전 추진	완비된 경제법규로 경쟁규칙 적용

자료: 邱宏輝, "對中共建立社會主義市場經濟之硏究," 「中共硏究」(臺北), 第26卷 11期, 1992年, pp.77-78, 허흥호, "경제개혁이론과 사회주의시장경제," 유희문 외, 「현대중국경제」(서울: 교보문고, 2000), p.104에서 재인용.

제4장 중국 개혁·개방정책의 실현과정과 성과

1. 개혁·개방 노선의 등장과 기본방향

중국의 개혁·개방 정책은 '중국특색의 사회주의(中國特色的社會主義)' 또는 '중국특색을 지닌 사회주의'(有中國特色的社會主義)라는 말로 한마디로 요약할 수 있다. 중국특색적 사회주의라는 용어는 1978년 12월 중국공산당 제11기 3중전회에서 '중국적 현대화'라고 불리운 데서 기인되었고, 1982년 9월 1일 등소평이 중국공산당 제12차 전국대표대회의 개막사에서 새 지도체제의 발전노선에 따른 중국의 사회주의를 '중국특색의 사회주의'라고 뚜렷이 밝히고 나섬으로써 현재까지 통용되고 있다.[16] 이 표현의 등장 시점에 대해서는 1978년 12월에 열린 중국공산당 제11기 중앙위원회 제3차 전체회의 이후의 중국사회주의에만 쓰는 것은 적절한 것이 아니라는 주장도 있으나 중국특색의 사회주의가 공식화된 시점을 위의 시기로 잡는 것은 일반적인 논의라고 할 수 있다.[17]

이러한 개혁·개방의 시작은 기본적으로 문화대혁명(이하 문혁)을 그 배경으로 하고 있다. 소위 '10년의 재난'이라고 불리는 문혁으로 인해서 중국은 정치를 비롯하여 모든 부문이 혼란스러운 지경에 이르게 되었다. 우선 정치적인 측면에서는 문혁의 혼란 속에서 유소기(劉少奇), 팽덕회(彭德懷) 등이 숙청되었다. 이 과정에서 파벌이 형성되어 임표사건(林彪事件), 비림비공운동(批林批孔運動)과 같은 분쟁이 발생하였으며, 이러한 파벌투쟁의 결과 주은래(周恩來)와 등소평이 시도했던 4개 현대화도 무산되었고 권력투

---

16) 吳振坤·王樹云, 「中國社會主義現代化建設問題」(北京: 中共中央黨校出版社, 1984), pp.337-338.

17) 이에 대한 자세한 논거는 서창호, "중국특색의 사회주의의 전개과정," 「한국정치학회보」, 제29집 제1호, 1995를 참조할 것.

쟁과 경제침체는 모택동이 사망할 당시까지 계속 되었다.[18] 경제적 측면에서 문혁의 영향은 더욱 크게 나타났는데 몇 가지 보기를 들면 다음과 같다. 첫째, 사회주의적 생산장려 임금제와 노동에 따른 분배를 '무산계급부식충(無産階級腐食蟲)'이라 하여 성과급과 장려제도를 전면적으로 부인하였으며, 분배에서 평균주의와 '큰솥밥'(大鍋飯)을 주장하였다. 둘째, 자력갱생의 기초 위에서 대외무역 경제발전을 도모하고 외국의 앞선 경험을 받아들이는 것을 '외국노예철학'(洋奴哲學) 혹은 '파행주의(跛行主義)'라고 비판하면서 대외적인 폐쇄주의를 주장하였다. 셋째, 생산수단의 단일공유제화 등으로 말미암아 경제구조가 인위적으로 단일화하였다. 그리하여 '소집체'가 '대집체'로 변하고 '대집체'가 '국영기업'으로 변했다. 따라서 생산이 막대한 지장을 받아 국민들의 생활수준이 저하되었다.[19] 이러한 경제에 대한 영향은 문혁의 좌경모험적인 사고에서 기인한 것으로 중국의 현실을 무시한 채 사회주의 원칙을 교조적으로 적용하려는 데서 비롯된 것으로 분석할 수 있다.[20] 한편 모택동이 사망하기 직전인 1976년 8월에는 엎친 데 덮친 격으로 북경에서 얼마 떨어지지 않은 하북 당산(河北 唐山)에서 엄청난 규모의 지진이 일어나 수십만 명이 사망하고 대형 공업도시 전체가 완전히 폐허로 변해버렸다.

문혁의 결과로 인한 이러한 정치경제적 혼란이 가중되고 있을 즈음, 모택동이 1976년 9월 9일 사망하였다. 모택동이 사망한 그 해 10월 중국공산당 중앙정치국은 이른바 4인방을 제거하였으며, 이어 1977년 7월 16일부터

---

18) 제임스 타운센드, "정치제도와 기구의 변천," 이병주 편, 『현대중국론: 건국에서 등체제까지』(서울: 청람, 1984), p.53.
19) 김춘송, "중국경제체제 변혁의 역사적 회고와 이론적 고찰," 『中蘇硏究』, 1989/90 겨울호, pp.168-169.
20) 이 결과 1974년부터 76년까지 손실은 공업총생산이 1,000억 원, 강철생산이 2,800만 톤, 재정수입이 400억 원 정도였다. 또한 76년 전국 공업기업의 자금이윤율이 65년의 절반밖에 되지 않았고, 손실기업이 1/3 이상이었으며, 손실금액이 73억 원이었다. 노동자의 실제임금은 10년간 오히려 6% 하락하였으며, 집체종사 농민의 수입도 소폭으로만 증가하였다. 薩公强, 『中共十年經改的理論與實踐』(臺北: 國立政治大學 國際關係硏究中心, 1991), p.8.

21일까지 열린 당 제10기 3중전회는 등소평이 중국공산당 부주석, 군사위원회 부주석, 국무원 부총리 등의 직위에 돌아올 수 있도록 '등소평동지의 직무를 회복하는 데 관한 결의'를 통과시켰다. 다시 말하면 문혁의 결과로 중국의 경제는 상당히 어려운 위기를 맞이하였으며 이에 인민의 개혁에 대한 수요가 증폭됨으로써 중국공산당 지도부는 개혁지향적인 등소평을 복권하기에 이르렀던 것이다. 이로써 중국은 이른바 본격적으로 개혁·개방 시대로 들어설 수 있었다.

등소평체제가 개혁·개방을 추진하는 과정에서 가장 중점을 두었던 것은 중국식 사회주의 구조와 문화의 근원으로 작용하면서 강력한 실천이데올로기로 군림해왔던 모택동사상의 영향으로부터 벗어나는 것이었다. 즉 등소평은 모택동식의 좌경급진노선이 중국사회의 역동적 발전을 위축시킨 결과를 초래하였다고 보았다. 그것은 모택동사상이 중국사회주의 건설에 커다란 이바지를 한 것은 사실이지만 변화하는 시대의 국가경영과정에서 발전이데올로기로서의 기능을 다하지 못했다고 판단한 것이다. 이에 따라 등소평은 1978년 제11기 3중전회에서 4개 현대화와[21] 개혁·개방을 통한 경제발전을 중국의 당면과제로 제기하였다. 즉 중국사회가 당면한 주요 모순은 계급 간의 모순이 아니라 경제생활의 향상을 바라는 인민의 욕구와 이에 부응하지 못하는 생산력의 저발전 간의 괴리에서 발생하는 모순이라는 것이다. 따라서 당과 국가의 최우선적인 목표는 중국경제의 낙후성을 극복함으로써 인민과 생산력 간에 발생하는 모순을 해결하고자 하는 것이며, 이를 위해서 계급투쟁을 지양하고 경제발전과 4개 현대화를 추진하고자 하는 것이다.

등소평의 노선에 따르는 중국특색의 사회주의의 기본구도를 구체적으로 살펴보면 다음과 같다. 첫째, 중국은 생산력수준이 낮고 기초가 박약하며 인구는 많고 경지는 적은데, 이는 중국특색의 사회주의건설의 기본적인 출발점이다. 둘째, 인민의 날로 증대하는 물질·문화생활의 수요와 낙후한 사

---

21) 농업, 공업, 과학기술, 국방의 현대화를 말한다.

회생산력 간의 모순은 중국특색의 사회주의 건설이 반드시 해결해야 할 주요 모순이며, 이 모순을 해결하는 정확한 길은 4개 현대화를 잘 건설하는 길이고 생산력을 크게 발전시키는 것이다. 셋째, 고도의 물질문명, 고도의 사회주의 정신문명과 고도의 사회주의민주는 중국특색의 사회주의 건설의 분투목표이며, 3자는 상호 연계되어 있어 어느 하나도 없어서는 안 된다. 넷째, 4항 기본원칙의 견지는 중국특색의 사회주의건설의 근본적인 보증이며, 이는 중국 4개 현대화 건설의 사회성질, 발전방향, 동력 및 따라야 할 길을 명확히 한 것이고, 또 정치적·사상적·조직적으로 4개 현대화 건설의 순리적인 진행을 보증하고 있다. 다섯째, 독립·자주·자력 갱생은 중국특색의 사회주의 건설의 근본점이다. 여섯째, 개혁은 중국특색의 사회주의 건설의 근본적인 길이며, 개혁하지 않으면 중국은 출로가 없게 된다. 일곱째, 대외개방의 방침을 견지한다. 여덟째, 당을 건전한 민주집중제를 지닌 당으로 건설해야 하고, 사회주의 현대화사업을 영도하는 굳건한 핵심으로 만들어야 한다.[22]

결국 중국특색의 사회주의를 한미디로 요약하자면 중국의 현실을 명확하게 인지하는 속에서 4항 기본원칙의 견지를 통해 뒤떨어진 생산력의 발전을 이룩하고 인민의 생활을 개선하여 고도의 물질문명과 정신문명을 이룩하자는 것이라고 할 수 있다. 따라서 중국특색의 사회주의는 중국의 현실과 마르크스주의의 보편적 진리를 바탕으로 하여 외국의 경험을 배우고 참고한다는 것을 기본전제로 하고 있다. 이와 같은 전제 속에서 등소평은 경제건설의 핵심적 과제로 4가지 주요업무를 제기하고 있다. 기구개혁과 경제체제개혁을 추진하여 간부대열의 혁명화·연소화·지식화·전문화를 실현하는 것, 사회주의 정신문명을 건설하는 것, 경제영역과 기타 영역에서 사회주의를 파괴하는 범죄활동을 근절하는 것, 신당장(新黨章)을 성실하게 학습한 기초 위에서 작풍과 조직을 정돈하는 것이 그것이다.[23]

---

22) 「人民日報」, 1978. 12. 25: 李源淵, "鄧小平是建設有中國特色的社會主義的總設計師," 金羽 主編, 「鄧小平的思想硏究」(北京: 人民出版社, 1991), pp.19-30; 김소중 편역, 「중국특색의 사회주의」(서울: 대륙연구소 출판부), 1994, pp.33-4.

다른 한편 등소평은 개혁·개방의 기본방향을 설정함에 있어서 중국의 개혁·개방이 중국 사회주의 노선의 포기나 사회주의체제에 대한 근본적인 수정을 추구하는 것이 아니라는 점을 명확히 하였다. 이 당시 등소평을 비롯한 중국의 지도부는 개혁·개방 정책은 정치적 이해관계나 이념적 성향이 다른 다양한 세력들로 구성되어 있었으며, 따라서 개혁의 범위와 속도에 대하여 개혁연합세력 내부의 견해차이가 존재하고 있었다. 더욱이 '북경의 봄'이라고 불리는 반체제지식인들의 민주화운동은 기존의 사회주의체제와 이념의 결함을 인정하고 대담하고도 근본적인 개혁과 변화를 모색하는 진보적 개혁파와 기존의 체제와 이념을 고수하는 범위 안에서 체제의 효율성을 제고하기 위한 개혁을 주장하는 보수적 개혁파 간의 갈등을 표면화시켰다.24) 이에 따라 등소평은 1979년 3월에 개최된 당의 이론화사업연구회(黨理論工作務虛會)의 "4항 기본원칙을 견지하자(堅持四項基本原則)"라는 제하의 연설에서 4개 현대화를 실현하는 기본적인 전제조건으로서 사회주의의 견지, 프롤레타리아 독재 견지, 공산당의 영도 견지, 마르크스-레닌주의와 모택동사상 견지 등 4항 기본원칙을 제시하였다.25) 따라서 등소평의 중국적 사회주의는 사상해방과 체제개혁, 그리고 문호개방으로 상징되었던 11기 3중전회의 정책노선과 등소평이 1979년에 제시한 4항 기본원칙을 모두 포함하는 것으로서 1982년 12차 당대회에서 등소평이 중국적 특색을 가진 사회주의를 공식화시키면서 더욱 구체화되기 시작하였다. 이때부터 등소평은 중국적 사회주의를 1개 중심(현대화와 경제발전), 2개 기본점(개혁·개방과 4항 기본원칙의 견지)으로 정의하였다. 이러한 기조 속에서

---

23) 鄧小平, "中國共産黨第12次全國代表大會開幕詞,"「鄧小平文選 一九七五-一九八二年」(北京: 人民日報社, 1983), pp.371-3.

24) 서진영, 「현대중국정치론」(서울: 나남출판사, 1997), pp.65-66.

25) 鄧小平, 「鄧小平文選: 一九七五-一九八二年」(北京: 人民日報社, 1983), pp.144-170. 黨理論工作務虛會는 1957-58년 사이의 整風運動에서 처음으로 조직된 것으로서 정책의 기본원칙을 논하는 실무지도자들의 회합이다. 따라서 이 회합은 정책의 기본원칙과 정치사상의 지도노선을 토론 연구할 뿐만 아니라 이것을 적용시키고 평가하는 역할을 한다. 즉 이 회합은 정책, 강령, 정치사상의 기본원칙을 연구·결정·적용·평가하는 데 있어서 가장 실무적인 지도집단이라고 할 수 있다.

추진된 중국의 경제개혁은 중앙지도부의 대형계획이 아니라 몇몇 지방정부의 주도하에 수행된 실험을 추인하고 보급하는 과정을 거치면서 전개되었다. 구체적으로 중국의 개혁은 농촌부문의 자유화, 경제특구의 개발, 국유기업개혁 등 3단계로 구분되어 전개되었다.

2. 농촌부문의 개혁

제1단계인 1978년부터 1982년까지는 농촌부문의 자유화로 특징지어지는데, 이는 인민공사(人民公社)를 폐지하고 생산책임제를 도입하는 것이었다. 책임제라고 하는 것은 생산대의 생산과정을 분할하여 소그룹(到組), 개별농가(到戶), 개인노동(到勞) 등에 도급함으로써 생산대 내에서 보다 효과적으로 생산에 대한 보상을 행할 수 있도록 하는 제도를 일컫는 것이다.[26] 책임제는 1978년 이후에 새롭게 등장한 것이 아니다. 이전에도 책임제가 부분적으로 실시된 경험이 있는데, 1956-57년의 절강성 온주시 영가현(浙江省 溫州市 永嘉縣), 1961-62년 안휘성 합비시(安徽省 合肥市) 등지에서 다양한 방식으로 책임전(責任田)이 운영된 적이 있다. 또 집단화가 이루어진 1956년 이후에도 자유지(自留地)라는 형식으로 개별경영이 부분적으로 허용되었다. 1958년 8월-1959년 봄과 같이 대약진운동이 절정에 달했던 기간을 제외하고는 합작사 내에서 1인당 경지면적의 5%를 넘지 않는 수준에서 축사를 개인적으로 건축하여 가축을 사육했으며, 소농구를 이용하여 채소밭, 과수원 등을 개별적으로 경영하였다. 농민에게 책임전은 자유지와 유사한 것으로 인식되고 있었다.

생산책임제의 도입에 따라 농업의 주체가 농가가 되었으며 농가는 노동력을 기준으로 국가로부터 토지를 분배받고 생산농산물을 국가에 판매할

---

26) 이일영, "농촌·농촌의 경제개혁," 유희문 외, 「현대중국경제」(서울: 교보문고, 2000), p.118.

때는 국가와 협의 하에 가격을 결정하고 자유시장에 출하할 때는 시장가격
으로 거래하게 되었다. 또한 영농자재의 개인소유 및 농기계의 구입도 허
용되어 실질적으로는 사경제로 운용되게 되었다.[27] 이러한 농촌지역에서의
소유형태의 변화는 인민공사의 해체가 결정적인 원인을 제공하였다. 이로
인해 농업생산활동에 있어 다양한 형태의 청부생산제가 도입되고, 청부생
산제의 도입으로 수입이 늘어난 농촌에서 비국유부문인 향진(鄕鎭)기업[28]
이 급속하게 발전하게 되었다.

　　개혁·개방 이전의 중국의 농업은 인민공사제도 하에서 생산수단의 집
단소유 및 농업 노동력의 집단적 조직화를 토대로 하여 경영되었다. 인민
공사는 향정부와 기존의 합작사 집행부가 융합하여 설립되었다. 인민공사
집행부의 위계는 인민공사, 생산대대, 생산대, 생산조의 순서로 설정되었다.
인민공사 하에서는 소수의 가축을 제외한 모든 생산수단이 인민공사의 소
유가 되었고, 공사 내에서 이루어지는 농·공·상·학·병 등 일체의 행위
에 대해 통일적으로 계획이 수립되고 진행되었다. 농촌의 인민대중들이 빈
곤하고 문화적인 수준도 낮지만 그렇기 때문에 더욱 혁명적 순수성을 지니
고 있다는 일궁이백(一窮二白)[29]을 주장함으로써 진행된 인민공사운동은
1958년 8월에 발표된 중공 중앙위원회의 "농촌에서 인민공사를 설립하는
문제에 관한 결의문"을 통해서 구체화되었다. 농촌경제의 비약적인 발전을
이룩하기 위해서는 대규모의 협력, 조직의 군사화, 행동의 전투화, 생활의
집단화가 대중의 행동지침이 되어야 하고, 이를 위해서는 농·공·상·
학·병이 상호 결합하는 정사합일(政社合一)의 인민공사를 건설해야 한다
는 것이다. 또한 모택동은 이와 같은 일대이공(一大二公)[30]의 원칙 하에

───────────────

27) 김태홍, 「중화인민공화국의 경제개혁과 경제정책」(서울: 한국경제신문사, 1987),
　　pp.136-7.
28) 향진기업이란 소유제를 기준으로 하는 기업분류개념이 아니고 농민이 설립한
　　모든 기업, 즉 농촌 비국유기업을 총칭하는 것이며 향촌기업뿐만 아니라 농촌
　　의 사기업까지 포함한다.
29) 모택동이 주장한 것으로서 대중들이 빈곤하고 문화적인 수준도 낮지만 그렇기
　　때문에 더욱 혁명적 순수성을 지니고 있다는 것을 말한다.
30) 인민공사는 클수록 좋고, 공유제는 최대한도로 시행되어야 한다는 것을 말한다.

설립된 인민공사와 같은 조직체의 이점은 농촌의 노동력과 자원의 최대이용, 통일적인 관리를 통한 농촌경제의 종합적인 발전도모, 자급자족의 이상실현이라고 주장했다. 이에 따라 인민공사는 노동력과 자원동원을 극대화하고자 하는 목적 하에서 평등주의적 기치가 강조되었고, 물질적 인센티브를 이념적, 정치적 인센티브로 대체함으로써 농민들이 소유하고 있던 토지, 농기구, 가축, 가옥, 그리고 합자사에 출자한 재산은 모두 인민공사에 헌납하여 공동소유로 하게 되었다.

(표 4-1)에서 보는 바와 같이 1958년 약 23,600여 개로 구성된 인민공사는 문화대혁명이 발발하기 전인 1965년에는 무려 약 75,000개에 달했으나 개혁·개방이 결정되던 해인 1978년에는 약 53,000여 개로 줄어든다. 각 인민공사에는 대개 2,000가구 10,000여 명의 농민들로 구성되있다. 이러한 인민공사의 실시는 노동생산성과 농민소득의 향상에 많은 제약을 가했고, 농업경영의 발전도 저해되었다. 구체적으로는 생활의 공동화, 집단화는 가족생활을 파괴하고 농민들의 생활의욕을 감퇴시켰으며, 부녀자의 동원을 위한 공동식딩제도는 식량의 낭비와 불편을 유발하였다. 또한 자급자족을 위한 공산품생산은 기술부족으로 조잡한 제품만 생산하게 되었고, 재산의 헌납과 각종 노력동원에 시달린 농민의 반발을 불러 일으켰으며, 생산의욕을 감퇴시켰다. 더욱이 1959년부터 3년간 계속된 홍수, 가뭄, 해충으로 인한 농경지의 황폐화는 농업생산량을 1951년 수준으로 되돌려 놓았다.

(표 4-1) 개혁·개방 이전 인민공사, 생산대대, 생산대수의 변화

	1958	1965	1970	1975	1978
인민공사	23,630	74,755	51,478	52,615	52,781
생산대대	648,000	643,000	677,000	690,000	710,000
생산대	5,412,000	4,564,000	4,826,000	4,816,000	5,662,000

자료: 國家統計局 農村經濟社會統計司, 「中國農村統計年鑑」(北京: 中國統計出版社, 1989), p.33.

이러한 인민공사의 부작용이 만연함에 따라 중국정부는 개혁·개방을 시작하면서 이러한 농촌지역의 비효율성을 타파하기 위해 제1단계로 기존의 집체적 소유인 인민공사제도를 해체하고 다양한 형태의 생산책임제(承包制)를 도입하였다. 생산책임제의 도입은 중국의 농업경제체제가 집단농체제에서 개인농체제로 복귀하게 되었음을 의미한다. 생산책임제는 당초에는 집단농업체제를 유지하는 기초 위에서 구상된 것으로써 실제 책임제의 도입 초기에는 토지 및 기타 생산요소를 개별 농가에까지 분할하여 주는 것이 금지되었다. 그러나 일부 생산대가 농가에 농장경영의 책임(토지, 기타 생산요소, 생산과제 등)을 도급하는 제도를 실험하기 시작했다. 생산대는 가구규모, 가구별 노동력, 인구－노동력의 비율 등에 따라 집단소유의 토지를 개별 농가에 분배하였으며, 일부토지는 생산대가 직접 경작하기 위해 남겨 놓았다. 생산대는 개별농가에 토지의 사용권을 넘겨주고 대신 생산량 중 일부를 국가에 대한 농업세와 생산대의 유보분으로 확보하는 계약을 체결하였다. 이러한 방식의 생산책임제는 1980-81년 사이에 전국적으로 확대되었으며, 마침내 1982년 4월에는 당국으로부터 정식으로 인정받게 되었다.[31]

1978년 이후 실시된 생산책임제는 크게 다섯 가지로 분류할 수 있다.[32] 첫째, 정액포공(定額包工)으로서 이는 평균 20-30호를 단위로 하는 생산대 규모의 집단경영 방식으로 농민이 생산대로부터 농작업을 청부받아 성과에 따라 정해진 기준을 바탕으로 노동점수를 획득하고 그것에 비례하여 생산대로부터 소득의 분배를 받는 것이다. 둘째, 연산도조(聯産到組)로서 이는 집단의 통일경영 하에 농림업, 목축업, 어업, 부업의 업종별로 10명 전후의 농민을 단위로 구성되고, 이 작업조가 생산대로부터 생산을 청부받아 작업

---

31) 이일영, "농업·농촌의 경제개혁," 유희문 외, 「현대중국경제」(서울: 교보문고, 2000), p.119.
32) 박정동, "중국의 경제체제개혁: 북한경제에 주는 시사점," 한양대학교 아태지역연구센터, 「中蘇研究」, 24권 2호, 2000, p.55: 홍익표·조명철, 「중국·베트남의 초기 개혁·개방 정책과 북한의 개혁방향」(대외경제정책연구원, 2000), 정책보고 00-12, pp.50-51.

하고 성과분배가 그 생산량에 연동되어 보수가 계산되는 제도이다. 이 제도에서는 작업조가 생산대로부터 노동점수에 의한 소득분배 외에도 생산고의 일정비율을 추가적으로 분배받았다. 셋째, 연산도노(聯產到勞)로서 이 제도에서는 각 농민이 직접 생산대로부터 생산을 청부받았기 때문에 그룹 내에서의 소득분배가 없어진다는 점이 연산도조와 다르다. 넷째, 포산도호(包產到戶)로서 이 제도 하에서 개별농가와 3-5년 단위로 계약하고, 개별농가는 일정 생산비 내에서 생산임무를 달성하여 노동점수를 취득하는 것이다. 개별농가가 생산책임을 초과하여 생산한 부분에 대해서는 추가 노동점수를 통해 더 많은 배분을 할당하고 책임을 완수하지 못한 농가에는 불이익을 가했다. 생산대는 개별농가로부터 수집한 총량에서 농업세와 집단유보분을 제외한 나머지를 노동점수에 따라 분배하였다. 개별농가는 경상투입재를 스스로 공급하여야 하지만 작부계획, 수리관계, 역축 및 기계의 이용은 생산대가 통제하였다. 다섯째, 포간도호(包幹到戶)[33]로서 이 제도 하에서 각 농가는 향정부와의 계약에 의거하여 경영을 완전하게 청부받은 후, 국가에 대한 의무는 국가수매용 농산물에 대한 공출 및 농업세 납부, 생산대에게는 공익금과 공적금을 현물로 납입하고 잉여는 모두 농가의 것이 된다. 개별농가에서 나온 수입을 계약에 따라 국가세수와 집단보유분을 제외한 후 나머지 잉여를 전부 개별농가에 귀속시키는 것이다. 화학비료, 농약, 종자, 농업용 비닐 등의 농업생산재 모두를 농가가 시장에서 구입하고 토지가 집단소유인 것을 제외하면, 이 제도는 자본주의사회에서 일반적으로 볼 수 있는 정액소작제와 형태 면에서 동일하다. 이에 따라 농가는 노동력을 스스로 편성하고 작부계획과 생산·투자까지 스스로 결정할 수 있는 제도인 것이다. 인민공사, 포산도호, 포간도호의 관리 및 재산관계는 〈그림 4-1〉과 같다.

---

33) 대포간(大包幹)을 말한다.

(그림 4-1) 인민공사, 포산도호 및 포간도호의 관리 및 재산관계 개요

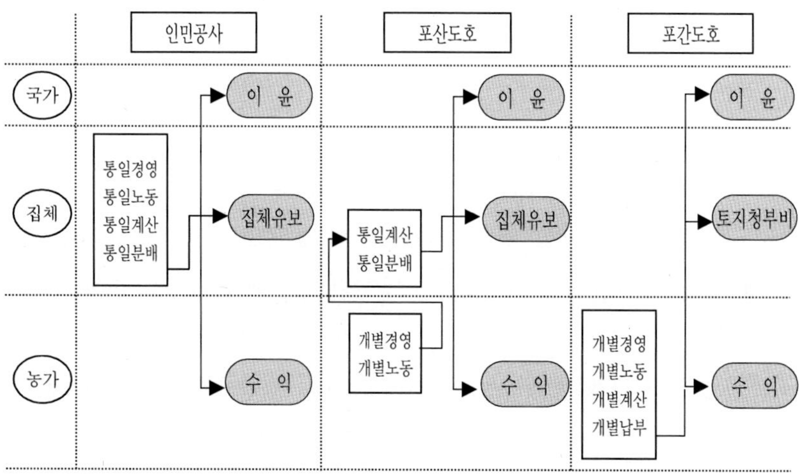

자료: 한국산업은행 조사부, 「중국의 개혁전략과 성과: 부문별 추진과정과 전망」, 2001. 11. p.87(인터넷 자료 page 기준).

이러한 생산책임제는 도입 이후 급속하게 중국 전역으로 확산되었다.[34] 1978년 11기 3중전회에서는 연산도조는 허용되었지만 포산도호는 금지되었다. 하지만 1979년 9월 4일 11기 4중전회에서는 포산도호도 예외적으로 용인되었다. 그리고 1980년 9월 중앙당은 포산도호를 벽지산간뿐만 아니라 후진지역에 대해서도 일반적으로 용인하게 되었다. 그 후 1982년 4월에는 전년 12월에 개최된 전국농촌공작회의의 결정이 중국공산당 중앙위원회에 의해 추진, 공포되었다. 이 결정에 의하면 농민들은 어떠한 농업생산책임제를 채택해도 좋게 되어 있었다. 나아가 1983년 1월 중국공산당 중앙위원회는 「당면의 농촌경제정책에 관한 제문제」(1983년 1호 문건)을 공표했다. 이 지침에서는 농촌의 개인경영의 공장, 상점 및 경작농민, 축산농가는 일꾼을 두 사람까지, 제자를 최고 5명까지 고용할 수 있게 하고, 농민 개인 또는

---

34) 박정동, "중국의 경제체제개혁: 북한경제에 주는 시사점," 한양대학교 아태지역연구센터, 「中蘇硏究」, 24권 2호, 2000, pp.56-57.

고용에 의한 소형 트랙터나 소형 동력선의 구입뿐만 아니라 대형·중형 트랙터, 트럭의 구입도 허가되었으며, 국가에 판매하고 난 후의 잉여농산물(면화는 제외)은 개인이 자유시장에 판매할 수 있게 되었다. 뿐만 아니라 현이나 성의 경계를 넘어서는 판매도 허용되었다. 기계화에 의한 가족농업, 고용노동, 농산물의 자유판매가 허용된 것이다.

1984년 중국공산당 중앙위원회의 1호 문건「1984년 농업공작에 관한 통달」에서는 농업생산책임제의 정착을 기초로 하여 대규모 상품생산을 발전시키기 위한 조치가 취해졌다. 가족경영의 생산규모 확대와 생산성 향상을 위해 토지 청부기간을 16년 이상으로 하는 것과 전업농가로의 토지의 집중을 장려하는 것 등이 강조되었는데, 특히 토지를 집단으로부터 청부받은 농민이 다시 그 토지를 다른 농민에게 임대할 수 있게 하는 토지의 전포(轉包)가 허용된 것은 주목할 만한 것이었다. 하청의 조건은 쌍방의 협의에 의하게 하였지만, 실시되고 있는 통일구매·판매제도의 조건 하에서는 하청자가 토지제공자에게 일정량의 반미(飯米)를 적정가격으로 제공하는 것이 허용됨으로써 소직료의 지불이 공인되었던 것이다. 이러한 제형식의 농업생산책임제는 1981년 6월까지는 정액포공과 연산도조가 주류를 이루었지만 그 후 급속히 개인 그리고 농가의 생산책임제로 이행해 1981년 10월에는 포간도호가 38%로 주류를 이루었고, 이후 1984년 말에는 포간도호가 전체 생산대의 99%를 차지했다. 〈표 4-2〉에서 보는 바와 같이 1985년에 들어서면서 인민공사는 완전히 해체되어 실질적으로 이 시점에서 개별농가에 의한 경영으로의 이행이 완료되었다고 할 수 있다.

(표 4-2) 인민공사 수의 변화와 해체과정

	정사미분리		정사분리	
	인민공사	생산대대	향진정부	촌민위원회
1982	54,352	0	0	0
1983	40,079	16,252	16,252	199,657
1984	249	91,171	91,171	926,439
1985	0	91,138	91,138	940,617

자료: 國家統計局, 「中國統計年鑑」(北京: 中國統計出版社), 1983-1986.

이러한 농촌에서의 개혁은 문제점 역시 적지 않게 발생시켰다. 대표적인 것이 식량생산의 정체인데, 이러한 현상은 농업투자의 정체, 농민의 노동투자 저하, 영세농의 발생 등이 원인이 되어 발생하였다.[35] 그럼에도 불구하고 중국의 농촌개혁은 두 가지 측면에서 중국경제개혁의 원동력으로 작용하였다. 우선 농촌개혁으로 인해 농민의 생산의욕이 급격히 상승하였고, 농업생산도 1978년에서 1984년까지 급속하게 증가하였다. 인민공사제도의 개혁에 따라 고도집중형 농촌경제체제는 1984년 말부터 1985년 초에 걸쳐 완전히 해체되었으며, 농촌지역에서의 토지의 소유권과 사용권은 완전히 분리되었다. 개별농가가 생산의 기본단위로 이루어졌으며, 농민은 기본적인 책임 할당량 또는 세금을 납부하면 생산의 자주권 및 경영의 융통성을 갖게 되었다. 또한 농업세 납부 또는 책임할당량 완수를 통해 농민들은 초과 농산물에 대한 최종처분권을 보유하게 되었으며 이로 인해 종래의 평균주의적 분배방식에서 탈피하게 되었고, 농가수입도 늘어나게 되었던 것이다.[36] 다음으로 농업생산활동의 변화에 따른 농촌수익의 증가는 농촌지역

---

35) 이에 대한 비교적 자세한 논의는 박정동, "중국의 경제체제개혁: 북한경제에 주는 시사점," 「中蘇研究」(한양대학교 아태지역연구센터) 24권 2호, 2000, pp. 58-59를 참조할 것.
36) 홍익표·조명철, 「중국·베트남의 초기 개혁·개방 정책과 북한의 개혁방향」 (대외경제정책연구원, 2000), 정책보고 00-12, p.51.

에서의 비국유부문, 즉 향진기업 발전의 유인으로 작용하였다. 농가수입에서 발생한 잉여자금은 농촌신용사와 농업은행에의 저축을 통해 향진기업에 대출되거나, 향진정부의 주도 하에 집자의 방식으로 모아져 향진기업에 투자되었다. 또한 농민들 개인에 의해 연호기업(聯戶企業)이나 개체기업의 설립 등에 사용됨으로써 초기 향진기업 설립의 가장 중요한 자금원천의 역할을 수행하였다.[37]

3. 대외개방정책의 전개와 경제특구의 설치

중국 개혁·개방 정책의 제2단계는 1979년부터 시작된 국제자본과 무역에 대한 개방정책으로서 경제특구의 개발을 주요 내용으로 한다. 중국은 1979년 7월 「중외합작경영기업법(中外合作經營企業法)」을 공포함으로써 외국인 직접투자를 유치하기 위한 첫걸음을 내딛는다. 경제특구는 중국의 개혁·개방 정책의 가장 앞선 실험지라고 할 수 있다. 중국의 경제특구는 외자와 선진기술을 도입하고 선진경영관리방식을 효과적으로 흡수·소화하는 데 그 목적을 둔 것으로 경제특구의 경제개발은 주로 외자를 이용하면서 경제체제는 사회주의 경제체제를 유지하고 있어서 복수 경제제도가 병존하고 있다는 점, 특구의 경제활동은 주로 시장메커니즘에 의해 조정된다는 점, 투자자에 대해서는 특별우대조치가 취해진다는 점, 특구에 대해서는 대폭적인 자주권이 부여된다는 점 등을 특징으로 하고 있다. 경제특구의 설치과정을 살펴보면 1980년 전국인민대표대회에서 국무원이 제출한 「광동성경제특구조례(廣東省經濟特區條例)」가 정식으로 비준되어 공개적으로 심천, 주해, 산두(汕頭), 하문(厦門)을 경제특구로 선포하고, 1980년도 중반 개혁을 농촌부문에서 도시·공업 부문으로 확대하면서 해안개방도시 등 개

---

37) 노철화·김창수·서석홍 공저, 「중국기업의 소유형태별 경영특성」(서울: 집문당, 1998), p.24.

방지역을 대폭 확대시켰다. 이어 1984년 해남도(海南島)를 성으로 승격시켜 1988년 경제특구로 지정하였고, 마지막으로 1992년 등소평의 남순강화 이후 개방지역을 내륙으로 확대하는 3단계로 진행되었다.

대외개방정책은 전통적 사회주의경제체제 하에서의 봉쇄적 혹은 반(半)봉쇄적 경제체제를 개방형 경제체제로 전환시키기 위한 정책의 일환으로 추진되었다. 중국식 표현을 빌리자면 '두 개의 시장과 두 가지 자원'(兩個市場 兩種資源)의 사용 효율성을 제고하여 생산요소의 국제적인 재배치를 가능하게 하고 국내외 비교우위를 상호보완적으로 활용할 수 있도록 함으로써 궁극적으로는 중국의 국가경제력을 강화시키는 전략이다.[38) 이러한 대외개방정책의 결정에는 대내외적으로 두 가지 중요한 요인이 작용하였다. 하나는 경제적 요인으로서 모택동식 전통사회주의의 자력갱생 발전모델로는 더 이상 체제 내부의 모순을 극복할 수 없을 뿐만 아니라 서방선진국은 물론 신흥개도국과의 발전격차를 좁히는 것도 어렵다는 판단이 작용한 것이다. 다른 하나는 정치적 요인으로서 중국·소련 간 국경분쟁의 앙금이 해소되지 않고 있는 상태에서 아프카니스탄 침공과 베트남의 전략기지화 등 당시 구소련의 남진정책으로 인한 것이었다. 소련의 남진정책은 중국을 압박하는 동시에 미국을 자극하게 되었고, 이에 대응한 미국이 새로운 냉전전략구도 하에서 중국과의 관계개선을 모색하게 됨으로써 중국·미국 간에는 새로운 협조관계를 모색할 수 있는 국제정치적 환경이 조성되었던 것이다. 이상의 두 가지 요인 가운데서도 경제적 요인은 중국이 주도적으로 경제개혁에 나서게 된 원인으로 작용하였으며, 정치적 요인은 대외개방을 추진할 수 있는 여건조성에 기여하였다고 할 수 있다. 다시 말하자면 중국의 대외개방을 이끈 주된 힘은 실질적인 경제발전을 이끌어 낼 수 있도록 하기 위한 내부로부터의 개혁·개방의 필요성이라고 할 수 있다.

이러한 속에서 중국은 개혁·개방의 구체적인 목표로서 첫째, 경제발전의 장애가 되는 체제상의 장애요인을 점진적으로 제거하고 둘째, 각 부문

---

38) 孫廣相, "對外開放是我國一項長期基本政策,"「國際商報」, 1988. 11. 5.

의 적극성을 도모하고 자금의 축적 및 사용방식을 효율적으로 개선하며, 셋째, 산업구조를 조정하고 개선하여 고도화하는 것을 설정, 추진하였다. 이러한 목표를 달성하기 위해서 중국은 경제특구(점), 연해개방도시(선), 내륙(전면 혹은 전방위)으로 확대되는 단계적이고도 진화론적인 개방정책을 채택 실시하였는데, 초기 중국의 개방정책은 동부 연해지역을 우선적으로 개방하는 지역경사정책으로 나타났다. 이어서 1992년부터는 1989년 천안문 사태로 야기되었던 서방의 대중국 경제제재가 완화되자 중국은 보다 전향적인 개방정책을 추진하면서 전방위개방정책을 추진하였다. 한편 이러한 중국의 개방정책은 2001년 WTO 가입으로 인해 거의 완성단계에 들어서고 있다고 할 수 있다.

중국의 개혁·개방 과정을 보다 구체적으로 살펴보면,[39] 우선 중국은 개혁·개방을 추진하면서 중앙정부 및 지방정부 차원에서 한정된 특정도시 혹은 지역을 설정하여 다양한 형식의 개방을 실험하고 촉진하는 지역경사 전략을 추진하였다. 지역경사정책은 중국이 개방 초기에 선택한 진화론적 지역개방정책의 표징이다. 중국은 전통적 사회주의체제로부터 개방체제로 이행하면서 국내경제에 대한 충격과 시행착오에 따른 비용부담을 최소화하기 위한 전략으로 채택하였다. 이는 동부 연해지역을 우선적으로 개방해 나간다는 원칙 하에 이 지역에 외국자본을 유치하고 시장경제체제를 구축하기 위하여 다양한 인센티브와 자원의 집중배분을 유도해 나간다는 내용을 골자로 하고 있다. 물론 이러한 전략은 단계적 발전전략이라는 총체적 지역발전전략의 하부전략으로 추진된 것이다. 이에 따라 이러한 특정지역의 범위는 추진 초기에 명확하게 정해진 것이 아니라 범위설정에 있어 보다 유연한 전략을 채택함으로써 실험적이고 유연한 대응방식으로 추진되었다. 이러한 지역은 도시 내의 일부 지역일 수도 있었고 보다 넓게는 몇몇 도시를 포함하는 광범위한 지역일 수도 있었다. 이러한 정책은 한정된 지

---

39) 이하 중국의 경제특구지정에 대한 자세한 내용은 백권호, "외자도입과 외국인 직접투자," 유희문 외, 「현대중국경제」(서울: 교보문고, 2000), pp.335-42를 참조할 것.

역에 제한된 자원을 효과적으로 투입하여 하드웨어는 물론 소프트웨어적으로도 최상의 기업환경을 제공함으로써 외국인 투자기업을 위시하여 생산력과 기술력을 보유한 수출 능력 및 국제경쟁력을 갖춘 기업들을 집중적으로 유치 지원하기 위한 것이었다.

점진적으로 추진된 중국의 대외개방은 제일 먼저 동남부 연해지역에 경제특구를 설치하고 실험적으로 개방하는 것으로부터 시작되었다. 중국은 광동성과 복건성(福建省)의 4개 도시를 경제특구로 지정하여 이 지역들을 중심으로 개혁·개방을 실험하기 시작하였다. 1979년에 광동성의 심천과 주해가 경제특구로 지정되었고, 이어서 1980년에 광동성의 산두와 복건성의 하문이 각각 지정되었다. 이들 지역을 우선적으로 경제특구로 지정한데는 지정학적·전략적 요인이 동시에 작용하였다. 우선 개방 초기단계에서부터 서방의 자본이 대거 몰려들어오지 않을 것이라는 점에서 홍콩, 마카오, 대만을 비롯한 동남아 화교자본의 유치를 염두에 두었다는 점이 고려되었다. 이러한 고려는 경제특구를 동남부 연해지역에 설치하게 하는 주요 요인으로 작용하였다. 다음으로 주변에 연계발전 내지 흡수발전이 가능한 충실한 경제력이 존재하고 있어야 한다는 점이다. 이러한 고려는 통일정책 차원에서 정치적 고려와 맞물려 홍콩, 마카오와 각각 접경한 심천, 주해 그리고 대만해협을 사이에 둔 하문을 경제특구로 선택하게 하였다. 그리고 마지막으로 산두는 역사적으로 남방의 무역 항구도시이자 동남아 화교의 고향이라는 점이 동시에 고려된 것이었다.

초기단계의 개혁성과와 지역개방의 효과에 고무된 중국은 1984년 도시 및 무역부문으로 개혁을 확대하는 데 발맞추어 개방지역을 14개 연안도시와 해남도(현 해남성)로 확대할 것을 발표하였다. 이들 연해 개방도시는 대련(大連), 진황도(秦皇島), 천진(天津), 연대(煙臺), 청도(靑島), 연운항(連雲港), 남통(南通), 상해, 영파(寧波), 온주, 복주(福州), 광주(廣州), 담강(湛江), 북해(北海) 등이다. 이들 14개 도시란 중국이 전통적으로 외국과 무역활동을 전개하였던 항구도시 전체에 해당한다. 이어서 1985년 2월에는 장강 하류 삼각주 지역의 소주(蘇州), 무석(無錫), 상주(常州)와 민강(岷江) 하류 삼각주 지역의 장주(漳州), 천주(泉州), 그리고 주강(珠江) 하류 삼각주 지역의 심천, 주해 경제특구 이외에 불산(佛山), 강문(江門)을 포함하는 경제개방구 설치를 발표하였다. 한편 1988년에 중국공산당 지도부가 연해발전전략을 제시하면서 대외개방정책은 그 깊이와 폭을 더해 갔다.[40] 이에 따라 중국은 1988년 4월에 개방지역을 동부 연안지방 전체로 확대할 것을 발표하였다. 구체적으로는 광동성, 복건성 전 지역과 요동반도 산동반도 지역을 모두 경제특구로 지정하는 한편, 해남도를 성으로 승격시켜 전 지역을 경제특구로 지정하였다. 이로써 중국은 한반도 면적의 약 2배에 달하는 42만㎢의 동부 연해지방을 전면 개방하게 되었다. 당시 당총서기였던 조자양이 제기한 이 연해지역 발전전략은 그 전략목표를 양두재외(兩頭在外)[41]와 대진대출(大進大出)[42]에 두었다. 이는 연해지역에 수출형 임가공 생산기지를 대대적으로 유치하여 대외무역을 대폭적으로 확대시킨다는 구상에서 비롯된 것이다. 중국의 지역개방이 동부 연안지역 전체로까지 확대되면서 대외경제 교류에 대한 지방의 권한도 크게 확대되었으며, 이에 따라 지역 간에 경쟁적인 외국인 투자 유치 붐이 일어나 지역단위의 외국인 투자환경, 소위 소기후가[43] 크게 개선되는 효과도 나타났다.

중국은 1992년 등소평의 남순강화 이후 중국공산당 14기 전국대표대회에서 사회주의 시장경제를 채택하면서 대외개방정책으로는 전방위개방을 발표했다. 전방위개방이란 좁은 의미로는 기존의 동부 연안지방을 중심으로 점진적, 제한적으로 추진해 온 지역개방을 전국적인 범위로 확장시킨다

---

40) 樊勇明,「中國的工業化與外國直接投資」(上海: 上海社會科學院出版社, 1993), 백권호, "외자도입과 외국인직접투자," 유희문 외,「현대중국경제」(서울: 교보문고, 2000), p.339에서 재인용.
41) 중국 국내에 원재료가 부족하기 때문에 원재료의 조달과 제품의 판매시장을 모두 해외에서 구하는 것을 말한다.
42) 수출을 증대하기 위해서는 원·부자재 수입규모를 확대해야 한다는 것을 말한다.
43) 중앙정부차원의 정책적 제도적 환경을 대기후(大氣候), 지방단위의 투자환경을 소기후(小氣候)라고 한다. 실제로 특정지역에 진출한 외국인기업들에게는 해당 지방정부가 제공하는 투자환경이나 자원 서비스가 더욱 직접적인 영향을 미치는 경우가 많다.

고 하는 소위 사연개방(四沿開放)을 뜻하였다. 사연개방이란 기존의 동부 연해지방개방의 심화(연해, 沿海), 상해에서부터 중경(重慶)에까지 장강유역에 이르는 개방(연강, 沿江), 연운항에서 난주(蘭州), 우루무치에 이르는 유라시아대륙 종단철도(소위 대륙교: 大陸橋, 혹은 CLB: China Land Bridge)를 따르는 개방(연선, 沿線), 서남부, 서북부, 동북부 지방의 변경지역에 있는 13개 국경도시 개방(연변, 沿邊) 등 4가지의 지정학적 특성에 따라 개방하는 정책을 말한다. 한편 넓은 의미로는 사회주의 시장경제체제 채택에 따른 시장개방 확대 및 제도개혁과 개선 조치까지 포함한다.

중국의 전방위개방정책이란 우선 사연개방으로 상징되는 중서부 내륙지역으로 확대된 개방확대전략으로 대표된다. 1991년 국경도시 개방발표로부터 시작된 사연개방정책은 1991년 5월 당중앙 제4호 문건으로 정식 확정되었으며, 같은 해 10월부터 사연개방이라는 전방위개방정책이 공식적으로 추진되기에 이르렀다.[44] 구체적으로는 아시아-태평양 협력시대에 대응하기 위한 기존 경제특구의 면적확대와 보세구 설치, 중국의 산업중심축으로의 개발을 위한 상해-장강 유역 28개 도시와 8개 현지역의 개방지역 지정, 국경지역 주변 국가 혹은 지역과의 지역경제협력 에너지 흡수를 위한 국경도시 및 내륙지역의 대외개방, WTO 가입을 위한 시장개방조치로서 내수시장의 단계적 개방, WTO 가입을 위한 시장개방조치로서 무역관리제도의 개선, 200여 품목관세 인하, 수입조절세 폐지 등이다. 중국이 전방위개방을 발표한 것은 1989년 천안문사건 이후 서방의 대중국 경제제재조치를 주도한 미국과의 관계회복을 추진하면서 GATT/WTO 가입을 보다 적극적으로 추진하기 위한 전략적 목적을 가지고 있었다. 따라서 전방위개방은 지역개방뿐만 아니라 업종개방과 체제 및 제도개혁까지 이어졌다.

구체적으로 우선 개방업종이 확대되었다. 1980년까지는 주로 제조업 위주의 개방이 추진되었으나 1990년대에 접어들면서 중국은 부동산, 금융, 유통, 무역업, 재산권 시장 등으로 투자 제한업종으로 개방을 확대하였다. 현

---

44) 사연개방에 대한 구체적인 내용은 김익수, 「중국투자론」(서울: 박영사, 1999)를 참조할 것.

대적 서비스부문에 대한 개방확대는 외국인 투자의 다양화와 지속적인 확대를 촉진하는 계기로 작용하였다. 체제개혁과 제도개혁을 통한 시장개방도 전방위개방의 중요한 내용이다. 중국은 사회주의 시장경제체제 채택을 천명하면서 시장경제체제로의 이행을 발표한 바 있다. 이에 따라 투자제한 업종의 추가적인 개방은 물론이고, 200여 수입상품에 대한 쿼터축소와 관세인하 위주의 관세·비관세 장벽의 완화 등과 같은 시장장벽을 낮추는 조치와 무역관리제도의 개선과 함께 법제화를 통한 시장의 투명성을 높이는 제도적 개선을 동시에 추진하였다. 이러한 제도적 개선은 다시 1994년에 환율 단일화와 국제수지상 경상거래에 대한 인민폐의 태환성 보장 및 내국세와 섭외세로 이원화되었던 조세체제의 통합화와 같은 국제시장과 중국 국내시장을 연계하는 시장개방조치로 이어져갔다. 중국은 2001년의 WTO 가입을 1978년 1차 대외개방에 이은 2차 대외개방으로 비유하면서 보다 적극적인 대응자세를 보이고 있다. 중국이 대외개방전략을 추진하면서 설치한 경제특구와 각종 개발구의 지정연대, 대상지역의 지정 특징, 주요 인센티브를 살펴보면 〈표 4-3〉과 같다. 중국은 경제개발구와 개방구, 경제특구를 비롯하여 연해개방도시(경제기술개발구), 연해경제개방구, 고신기술개발구, 경제개발구, 보세구로 구분하여 설치하고, 각각 지역의 실정에 맞게 주요 인센티브를 부여하고 있다.

(표 4-3) 중국의 경제특구와 각종 개발구의 비교

개발(방)구 명칭	지정연대	대상지역 지정 특징	주요 인센티브
경제특구	1979-80년 지정 해남성은 1988년 추가지정 (점 개방단계)	5개 지역으로 국한, 해남도는 1998년에 성으로 승격한 뒤 개방도시에서 경제특구로 편입	특구관련법에 의거 법인세 10-15%
연해개방도시 (경제기술개발구)	1984년 지정 (선 개방단계)	동부연안의 14개 전통적 무역항 도시, 도시 내 경제기술개발구 설치	법인세 12-30%, 경제기술개발구 내에는 10-30%
연해경제개방구	1985년 지정 (면 개방단계)	주강, 민강, 장강 삼각주, 요동반도, 산동반도 개방구	법인세 12-30%
고신기술개발구	1988년에 14개 지정한 데 이어, 1990년 총 27개, 1997년 현재 52개로 확대	연해지방 27개, 내륙지방 19개, 변방지역에 9개 등 전국 주요 대도시에 모두 지정	1991-1993년의 고신기술개발구 관련 규정, 과학기술촉진법 등에 의거 법인세 15-30%
경제개발구	1980년 중반 이후 각 지방정부들이 경쟁적으로 지정, 1993년 한때 전국에 2,000여 개 설치	지방정부 차원의 개발구 육성 추진, 개발구 과열로 중앙정부가 정리하기도 하였음	지방정부차원에서 다양한 인센티브 및 지원제도 제공. 법인세 15-30%
보세구	1990-91년 지정	상해 포동, 천진항, 심천, 대련, 광주, 하문, 장가항(張家港), 해구(海口), 복주, 청도, 영파, 산두 등 주로 특구 및 연해개방 도시지역에 지정	지정된 보세구역 내에서 보세통관 혜택으로 수출관련 생산, 무역대리, 물류, 금융, 기타 서비스 업무를 허용

자료: 백권호, "외자도입과 외국인 직접투자," 유희문 외, 「현대중국경제」(서울: 교보문고, 2000), p.338.

한편 중국은 WTO 가입을 제2의 경제개방으로 표현하면서 개방정책의 완성도를 높이는 데 있어 중요한 결절점으로 파악하고 있다. 중국은 1947년 GATT가 출범할 당시 23개 원체약국의 하나였다. 그러나 1950년 중국에서 공산당정권이 수립된 후 자연스럽게 GATT와 단절되게 되었다. 중국이 GATT를 탈퇴한 후 GATT와 가진 실질적인 첫 접촉은 1981년 다자간 섬유협상(MFA: Multifiber Arragement)에 참여하면서부터였다. 그 후 1982년에는 GATT의 옵저버 자격을 획득하였고 이때부터 중국은 본격적으로 GATT에 가입하기 위한 다각적인 접촉을 하기 시작하였다. 중국은 1950년 GATT에서 탈퇴한 것은 국민당정부에 의한 것이므로 유효하지 않다는 주장과 함께 1986년 GATT에 복귀(resumption)신청서를 제출하였는데, UR협상의 개시를 위한 각료선언에서는 중국이 GATT의 옵저버 자격으로 UR에 참여하는 것을 허용하였다.[45] 1987년 3월에는 중국의 GATT 가입을 위한 본격적인 실무단(Working Party)이 GATT 내에 설치되었고 1994년 12월 20일까지 19차례의 회의를 통해 협상을 지속하였다. 중국은 당초 WTO가 공식적으로 출범히는 1995년 이전에 가입을 완료하려는 목표를 세우고 다각적인 노력을 해온 바 있다.

중국은 중국의 시장개방정도에 대한 서방측의 불만을 해소하고 GATT/WTO 가입을 촉진하기 위해 1994년 7월 「사회주의 시장경제의 총체적 계획실시방안(建立社會主義市場經濟體制總體規劃實施方案)」을 작성하여 2000년까지 3단계 개방계획을 수립했다.[46] 이에 따르면 제1단계인 1994년-1995년간에는 상품시장을 지속적으로 개선하고 생산요소시장의 건설을 가속화하며 자본시장, 외환시장, 부동산시장을 확립하고, 제2단계인 1996년-1997년간에는 생산요소시장의 발육을 가속화하고 자본시장과 노동시장을 더욱 발전시키며 국유기업의 소유권을 대부분 사유화하고 국가의 거시적 통제는

---

45) Kim Chang-soo, "Terms of Endearment: The United States' China Policy and China's Accession to the World Trade Organization," *The Journal of East Asian Affairs*, Vol.X, No.1, winter/spring 1996, p.77.

46) 서헌제, "중국의 GATT/WTO 가입협상의 진행과 쟁점," 대륙연구소, 「중국연구」, 1995 봄, pp.23-24.

94

직접통제에서 간접조절기능으로 전환시킨다는 계획이다. 마지막 단계인 제 3단계인 1998-2000년간에는 완전한 통일시장체계를 형성하고 상품시장과 생산요소시장을 국제시장과 연결시키고, 국유기업제도의 개혁을 완성하고 기업제도와 거시조절체계를 확립한다는 것이었다.47)

　"중화인민공화국 국민경제와 사회발전 9·5계획과 2010년 장기 목표 요강(中華人民共和國國民經濟和社會發展"9·5"計劃和2010年遠景目標綱要)"을 보면 대외적인 문제에 있어서 직접적인 언급은 없지만 현재 추진하고 있는 WTO 가입문제와 관련한 전반적인 내용에 관심을 보이고 있다.48) 즉 WTO의 가입에 필수적인 경제관련 법규의 완비와 가입 이후 중국경제의 지속적인 발전을 보장할 수 있는 경쟁력의 확보 등이 그것이다. 뿐만 아니라 중국에 대한 외국자본의 투자유치를 위한 조건의 완비에도 많은 관심을 보이고 있다. 이는 중국의 경제발전이 외국자본의 개입 없이는 가능하지 않다는 기본적인 인식에 기초한 것으로 보인다.49) 1996년 4월 14일 중국국무원은 오는 2000년까지 5대 경제특구에 대한 세금특혜를 전부 취소하기로 결정하고, 이에 따라 1996년부터 2000년까지 5년간에 걸쳐 경제특구의 세금특혜들을 점차로 줄여나가기로 하였으며,50) 3월 30일에는 세계무역기구(WTO) 조기가입 노력의 일환으로 4월 1일을 기해 총 4,994개 상품에 대

---

47) 이러한 목표를 달성시키기 위해 중국은 1994년 7월 「대외무역법」과 「공사법」을 공포한 바 있다.
48) 「人民日報」, 1996. 3. 20.
49) 그러나 이러한 경제성장을 위한 기본적인 정책과 목표를 제시하고 있음에도 불구하고, 한편으로는 경제성장이 중국의 사회주의체제의 안정적인 체제변환과 동시에 이루어져야 한다는 입장을 보이고 있다. 즉 시장경제의 도입으로 인한 부패현상, 범죄율의 증가 등에 대한 경계와 사회주의 정신문명의 건설에 대한 강조에서도 보여지듯이 중국이 지향하고자 하는 경제개혁의 기본내용은 여전히 정치안정과 체제안정을 기초로 한 시장경제체제의 확대와 지속적 경제성장이라고 할 수 있을 것이다. "中華人民共和國國民經濟和社會發展"9·5"計劃和2010年遠景目標綱要," 「人民日報」, 1996. 3. 20.
50) 국무원 국가세무총국 부국장은 이 같은 조치는 세계무역기구(WTO) 가입과 시장경제확립 및 모든 기업들에 대한 동등한 대우인 이른바 '국민대우' 실시를 위해 취해진 것이라고 밝혔다. 「조선일보」, 1996. 3. 1.

한 수입관세를 평균 35.9%에서 23%로 대폭 인하하는 한편 176개에 달하는 주거래 품목에 대한 수입 쿼터를 폐지하기로 하였다. 이러한 관세 인하와 특혜 조정은 단기적으로는 수입급증, 무역적자, 투자위축 등 중국경제에 부담을 주지만 시장경제와 경쟁체제 구축과 국제시장진입 및 합리적 외국자본이용에 장기적이고 긍정적 영향을 주는 중대한 조치라고 할 수 있다.[51] 이러한 노력을 통해서 중국은 1995년 7월 11일 옵저버자격을 정식으로 인정받게 되었고, 이후 지루한 협상과정과 WTO 가입을 위한 중국의 노력은 2001년 1월 중국의 WTO 가입이 정식으로 승인됨으로써 마무리되었다. 이로써 중국은 약 20여 년의 노력 끝에 마침내 WTO의 정식회원국이 되었다.

개혁·개방 이전 중국에 있어 GATT는 경제에 있어 중국의 관심대상이 아니었다. 오히려 대반과 관련하여 국제사회에서 대만의 주권국가로시의 자격을 박탈하기 위한 주요한 수단으로서만 인식되었다. 그러나 개혁·개방을 추진하기 시작한 1978년 이후 중국이 경제적으로 세계시장으로의 편입이 불가피하게 됨으로써 GATT/WTO는 개혁·개방 정책으로 인한 경제직 문제를 극복하고[52] 지속적인 경제성장을 달성하기 위해서 반드시 이루어야 할 과제로 등장하게 된 것이다. 즉 중국의 경제성장이 세계시장으로의 적극적인 진출을 통해서 이루어져 왔다는 것을 감안할 때 변화된 세계경제질서에 능동적으로 대응해 나가지 않고서는 미래의 중국경제는 극복할

---

51) 「조선일보」, 1996. 4. 13.
52) Harding은 중국경제의 미래를 다음과 같이 분석하고 있다. 우선 중국경제발전의 긍정적인 요인으로 점차적으로 높아지고 있는 교육수준, 개인의 높은 저축률, 외국투자가들의 자본·기술 투자의욕, 세계시장에서 중국의 생산경쟁력의 증가를 들고 있으며, 부정적인 요인으로서는 인플레이션, 농민과 비농업노동자 간의 확대되는 소득격차, 국가의 채무를 악화시키는 비효율적인 국가부문(대표적으로 국영기업), 부패가 만연한 유가증권시장(regulated securities markets) 등이 그것이다. 또한 중앙정부에 의해서 악화되어 온 이러한 문제들은 (중국공산당이) 전복될 수 있는 위험이 아니라 중국공산당의 권위를 침식하고 있으며, 따라서 정책은 각 부서, 중앙과 지방정부, 지역 간, 국가와 사회, 군과 시민 간의 긴장을 해결하는 쪽으로 수행되어야 한다고 주장한다. Harry Harding, "One the Four Great Relation: The Prospects for China," *Survival*, Vol.32, No.4, summer 1994, pp.22-24.

수 없는 난관에 봉착할 수밖에 없다는 것이 중국이 GATT/WTO 가입을 추진하게 된 배경이 되었던 것이다.

WTO 가입은 중국식 표현으로 제2차 대외개방이라고 할 수 있으며, 전방위개방정책을 한 단계 끌어올려 개혁·개방의 완결을 촉진하는 요인으로 작용할 것이다. WTO 가입은 기본적으로 1978년 이후 진행된 개방전략으로 중국경제는 끊임없이 세계경제질서로 편입되어 왔고 현재에 이르러서는 WTO 가입을 통한 세계경제질서로의 전면적인 진입이 진행되고 있다는 것을 의미한다. 즉 중국이 WTO 가입을 2차 대외개방이라고 보는 것은 현재에 와서 중국경제의 발전동력과 요인이 국제적 조건에 의해 규정되고 있다는 것에 대한 인식이라고 할 수 있다. 즉 현재 중국경제는 대외적인 개방압력에 직면해 있고 국제사회의 중국시장에 대한 개방요구에 대해 만족할 만한 개방조건을 충족하지 못한다면 더 이상의 개방으로 인한 성과를 기대하기 어려운 상황에 직면해 있다. 이러한 상황은 중국으로 하여금 WTO에 가입함으로써 보다 안정적이고 지속적인 개방정책을 추구할 필요성을 제기하였던 것이다.

(표 4-4) 중국의 GATT/WTO 가입 주요 추진연혁 및 협상 진행과정

연 도	내 용
1948. 5	중국 국민당 정부에 의한 GATT 가입
1950. 5	중국(대만) 자의에 의해 GATT 탈퇴
1964. 3	대만 옵저버로 참여
1971. 10	중공의 UN 가입 및 대만 축출
1983. 10	중국, 옵저버 자격 획득
1986. 9	중국, Punta del Este 각료선언에 의거 UR 협상 참가
1986. 10	중국, GATT 가입(복귀) 공식신청
1987. 2	중국, 대외무역체제에 관한 각서 제출(각서 내용: 경제구조 및 외환제도 개혁, 대외개방정책 및 수출입상품 가격통제완화 등)
1987. 3	GATT 이사회, 중국의 GATT 가입을 검토하기 위한 작업반(Working Party) 설치
1989. 4	9차에 걸친 실무단회의를 개최하여 중국의 경제체제 및 대외무역제도에 관한 평가
1989. 6	천안문사건 발발로 실무단 활동 중단
1990. 9	실무단회의 재개, 주요 GATT 체약국은 중국의 개혁·개방정책이 후퇴하고 있다는 인식 하에 중국의 명확한 입장 제시를 요구
1991. 10	중국은 자국의 경제무역제도 전반에 대한 개혁 진전 상황과 향후의 시장접근 약속을 포함한 설명자료를 실무단에 제시
1992. 2	중국은 자국의 경제, 무역제도 외에 GATT 가입의정서에 대한 논의 개시
1992. 9	GATT 이사회에서 독립관세 영역자격으로 대만의 GATT 가입 실무단 구성 결정(대만에 앞선 중국의 우선 가입문제는 결정되지 않았으나 GATT 체약국 간의 대체적인 양해가 성립된 상태)
1992. 10	제11차 실무단회의 개최
1992. 12	제12차 실무단회의 개최(실무단 의장 주요 이슈에 대한 non-paper 작성)
1995. 7	WTO 11일 중국의 옵저버 가입 승인
1999. 4	주용기 총리 방미 중국·미국 간 WTO 가입협상 (중국의 서비스분야 개방 및 관세 인하 폭에 대한 의견 차이, 미국의 중국산 섬유 수입쿼터제 적용기간 연장요구에 대한 중국의 반대 등으로 결렬)
1999. 11. 15	중국·미국 간 WTO 가입협상 타결
2001. 12. 11	WTO 가입 정식 승인

　중국이 WTO 가입을 제2의 경제개방으로 인식하는 배경을 좀 더 구체적으로 살펴보면, 우선 개방압력이 작용함에 있어 내부적인 요인이 중요한 요인으로 작용하였는가의 문제와 외부적 압력이 중요한 요인으로 작용하였는가의 문제이다.[53] 1978년의 1차 개방은 국제적 환경이 하나의 요인으로 작용한 것이 사실이지만 근본적으로는 사회주의 경제체제에 내재하고 있는 모순과 이를 극복하기 위한 체제 내부의 압력이 보다 주요한 요인으로 작용했기 때문이다. 이에 비해 2차 개방은 세계화라는 외부로부터의 압력이 세계적 산업구조조정의 가속화, 제품 수명주기의 단축, 신기술 노하우의 끊임없는 발전 등을 통하여 중국 경제발전의 도전 요소로 작용하는 데 따른 능동적인 대안이라는 점에서 차이가 있다. 특히 동아시아 금융위기 이후 세계자본시장의 급속한 통합화 현상으로 촉발된 가속적인 세계화는 중국으로 하여금 대외개방에 따른 새로운 정책적 접근을 요구하고 있다.

　다음으로 개방의 내용과 정도에서의 차이를 들 수 있다. 1차 개방이 일종의 포지티브 리스트 방식의 개방이었다면 2차 개방은 네거티브 리스트 방식의 개방이라고 할 수 있다. 이러한 판단의 근거는 우선 국제규범을 준수하겠다는 국제적인 약속이라는 점이다. WTO 체제에의 참여는 기본적으로 시장개방이라는 원칙에 합의한 것을 전제로 한다. 지난 1차 개방을 거치면서 중국은 앞서 언급한 소위 전방위개방을 추진하는 단계까지 개방을 확대하면서 투자환경 면에서 과감히 개선을 추진하였다. 그러나 국제규범과 비교하면 여전히 미흡하다는 것이 서방의 시각이었다. 무엇보다도 제도 및 관리 면에서 개혁이 필요하며, 현재의 관련 규정의 투명도, 연속성, 예측가능성 등에서 아직까지 크게 미흡하다는 것이 서방국들의 평가이다. 또한 정부의 간섭도 여전히 문제가 되고 있다. 지적재산권을 비롯한 산업재산권 보호가 보다 강화될 필요가 있다. 따라서 중국이 WTO에 가입하여 WTO의 투명도, 공정, 행정불간섭에 관한 기본원칙들이 중국시장 규범에도 적용될 경우, 중국의 시장제도와 메커니즘이 안고 있는 이러한 문제점들이

---

53) 백권호, "외자도입과 외국인직접투자," 유희문 외, 「현대중국경제」(서울: 교보문고, 2000), pp.341-2.

법제적으로 크게 개선될 것이다. 이러한 속에서 중국 기업들과 은행들의 대외신인도 상승과 국제 자본시장에서 차관도입 등이 용이하게 됨으로써 경제발전 가속화의 발판을 마련함과 동시에 국내경제와 무역체제를 국제수준화로 이끌고, 개혁·개방의 가속화를 이루어낼 수 있을 것이다. 뿐만 아니라 무역투자 장벽의 완화로 인한 중국시장의 재분할, 내륙지방으로 개방 효과의 확산, 제10차 5개년계획(2001-2005년)과 서부대개발의 추진과 함께 상승효과 등을 기대할 수 있을 것이다. 한편 미국을 비롯한 서방 선진국과의 무역에서 중국의 아킬레스건으로 작용했던 최혜국대우의 문제에 있어서도 미국, EU 등 주요 무역대상국들로부터 WTO상의 최혜국 대우를 받게됨으로써 수출 급증이 기대된다. 이에 따라 일반적으로 교역규모에서 최소한 매년 약 10%의 증가 효과가 나타나고 GDP 성장률은 약 0.5%-2%가 증가할 것으로 예상되며, 외국 투자자의 對중국 투자 증가와 화교경제권의 영향력 증대를 기대할 수 있을 것이다.

마지막으로 국내시장을 개방하겠다는 약속이라는 점이다. 2차 국내시장의 개방은 통신서비스, 금융·보험, 법률자문, 대리점업 등을 포함한 주요 기간산업에 대한 추가적인 시장개방 확대로까지 이어져 국제경제질서에의 참여가 더욱 가속화될 것으로 전망된다. 특히 세계생산의 1/3, 무역의 2/3, 그리고 해외 직접투자 및 기술 이전의 2/3을 차지하고 있는 다국적 기업들의 세계적인 글로벌 생산 및 마케팅 네트워크에 연계됨으로써 이러한 시장연계의 효과가 더욱 커질 것으로 예상된다. 이러한 시장개방이 외국기업에 의한 국내시장 잠식이라는 위협요소로도 작용하겠지만 중국 내에서 만들어진 제품의 국제시장 확대의 기회도 동시에 제공할 것이라는 점에서 중국은 능동적인 대응을 준비하고 있다. 중국의 이러한 능동적 대응은 지난 20여 년간의 개혁·개방의 성과와 경험을 바탕으로 하는 자신감이 깔려 있다.[54]

---

54) 다른 한편 WTO 가입으로 인한 부정적 효과 역시 예상된다. 중국의 WTO 가입은 실업의 증가, 빈부격차의 심화, 농업과 유치산업에 부정적 영향을 줄 수 있으며, 농촌의 잉여인력과 경쟁력이 약한 국유기업의 도산, 정리해고로 실업자가 4천만 명까지 증대할 것으로 예상된다. 또한 농업에 있어서도 중국의 농산물이 가격에 있어 경쟁력이 있기는 하지만 면화, 밀, 옥수수, 콩 등 일부 상

4. 국유기업개혁

중국에서 기업은 국유기업, 집체소유제기업, 사기업으로 나눌 수 있다.[55] 국유기업은 국가 또는 전 인민이 소유한 기업으로 정의된다. 전통적으로 전민소유제 기업 혹은 국영기업으로 불려왔지만 1992년 10월 이후에는 소유와 경영의 분리를 강조하는 의미에서 국유기업이라는 명칭을 일반적으로 사용했다. 실질적으로 국유기업은 여러 급의 정부기관이 관할하는 것으로서 그 등급에 따라 중앙기업과 지방기업으로 나뉜다. 중앙기업은 다시 국무원 직속기업, 중앙부처 직속기업, 기타 중앙기관 소속기업으로 나누어지며, 지방기업은 성, 시, 현 소속기업으로 나누어진다. 중국에서는 시기에 따라 기업의 소속등급이 변화하기도 하였다. 집체소유제기업은 해당지역 혹은 단위의 소속원들이 동일한 권리를 갖고 집단적으로 소유하는 기업으로 정의된다. 그러나 실제 중국에서는 대부분 말단의 지방정부가 관할하는 기업이다. 도시집체기업은 도시 호구를 가진 노동자들을 모집하여 설립한 것으로 도시의 말단 행정조직인 구(區), 가도(街道), 거민위원회(居民委員會) 혹은 국유기업 산하에 설립된 것이다. 경영에 대한 국가의 통제가 적으며 종업원대우가 낮다는 점 외에는 국유기업과 유사하다. 농촌집체기업은 개혁 이전 인민공사 체제하에서 인민공사나 생산대대가 조직한 사대기업(社隊企業)을 모체로 한 것이며 농민호구를 가진 종업원으로 운영되는 것이다.

품들은 국제가격보다 높기 때문에 장기적으로 이 부분에서는 수입국이 될 가능성이 높으며, 농업관세율을 2004년까지 17%까지 낮추어야 하므로 농촌에 상당한 타격을 가져다 줄 것으로 보인다. 공업부문에서는 비교 우위를 가진 방직, 의류 등은 경쟁력을 계속 유지하겠지만 보호 속에서 지내왔던 자동차, 철강, 화학, 의약품 등은 타격을 받을 것으로 예상된다. 서비스산업의 개방으로 인해 아직 초기단계에 머물고 있는 은행, 보험, 소매, 통신, 관광, 법률, 회계 등 역시 상당한 타격을 받을 것으로 예상된다. 이에 대한 자세한 내용은 "중국의 WTO 가입이 우리 경제에 미치는 영향," KDB 조사정보, No.99-22, 1999를 참조할 것.

55) 김시중, "국유기업개혁의 전개," 유희문, 「현대중국경제」(서울: 교보문고, 2000), pp.144-5.

농촌의 말단 행정조직인 향, 진 산하의 향판기업(鄕辦企業)과 촌민위원회 산하의 촌판기업(村辦企業)을 중심으로 한다. 사기업은 거의 소멸되었다가 개혁 이후 다시 등장하고 있는 순수한 민간기업을 말한다. 중국에서는 종업원 8인 미만의 개인기업(개체호, 個體戶)과 8인 이상의 사영기업으로 나뉜다.

개혁·개방 이전의 중국은 국유기업이 상공업생산의 대부분을 담당하는 구조를 갖고 있었다. 개혁이 시작된 1978년의 경우 공업총생산액의 약 78%를 국유기업이, 나머지 약 22%를 집체소유제 기업이 생산할 뿐 사기업은 거의 존재하지 않았다. 이러한 구조는 생산수단의 공유를 원칙으로 하는 사회주의 경제의 한 요소이기는 하지만 중국의 경제여건과 모순되는 중공업 중심의 경제발전전략을 채택한 결과로 이해될 수 있다. 즉 자본과 기술이 부족한 상황에서 중공업을 육성하기 위하여 저금리, 저환율, 저임금, 저농산물가격 등 가격을 왜곡하는 정책이 불가피하였고, 이러한 가격구조에서 나타나는 수요공급의 불균형을 해소하고 전략부문에 각종 자원을 우선적으로 배분하기 위히여 중앙계획체제가 형성되었다. 또한 이러한 구조에서는 개별 생산조직도 독자적 이해관계와 자율성을 갖지 않는 국유기업의 형태를 취할 수밖에 없었다. 그러나 (표 4-5)에서 보는 바와 같이 국유기업개혁이 본격적으로 진행된 1990년대에 들어서면서 국유기업이 중국경제에서 차지하는 비중은 급격하게 감소하기 시작한다. 이에 따라 중국의 국유기업개혁이 거의 완성단계에 진입했다고 판단할 수 있는 1999년 중국의 공업총생산에서 국유기업이 차지하는 비중은 약 28%로 중국경제에서의 주요 역할이 국유기업을 제외한 여타 기업에 의해 대체되고 있음을 보여주고 있다.

(표 4-5) 중국경제에서의 국유기업의 비중 추이

(억 위엔)

	공업총생산	국유 및 국유주식	집체기업	개체기업	기타 기업
1978	4,237 (100.0)	3,289 (77.6)	948 (22.4)	-	-
1980	5,154 (100.0)	3,916 (76.0)	1,213 (23.5)	-	24 (0.5)
1985	9,716 (100.0)	6,302 (64.9)	3,117 (32.1)	180 (1.9)	117 (1.2)
1990	23,924 (100.0)	13,064 (54.6)	8,523 (35.6)	1,290 (5.4)	1,047 (4.4)
1995	91,894 (100.0)	31,220 (34.0)	33,623 (36.6)	11,821 (12.9)	15,231(16.6)
1999	126,111 (100.0)	35,571 (28.2)	44,607 (35.4)	22,928 (18.2)	32,962(26.1)

주: 1999년도 「국유 및 국유주식」 및 「기타 기업」 부문은 중복 부분이 있음.
자료: 한국산업은행 조사부, 「중국의 개혁전략과 성과: 부문별 추진과정과 전망」,
    2001. 11, p.126(인터넷 자료 page 기준).

이와 같은 경제체제 하에서의 국유기업은 투자·생산 등에 정부가 할당한 계획지표를 수행하는 존재로서 모든 수입을 재정에 상납하고 필요한 지출은 정부로부터 할당받는 제도 하에 있었다. 이에 따라 기업은 국가계획에 따라 할당된 종업원과 원부자재를 이용하여 생산하고 생산물을 지정된 상대로 인도하는 활동을 수행할 뿐 신기술·신제품 개발, 마케팅·신시장 개척 등의 경영활동은 거의 하지 않았다고 할 수 있다. 또한 국유기업의 경영자에서 미숙련공에 이르는 모든 종업원은 평생고용의 조건 하에서 각급 정부관리에 상응하는 직급을 부여받고 직급에 따른 격차가 미미한 고정임금을 지급받았다. 또한 대중형 기업들은 종업원에게 주택, 의료, 자녀교육, 연금은 물론 치안, 오락기능까지 제공하는 하나의 사회를 형성하였다. 또한 문화혁명의 여파로 기업 내 공산당조직이 경영조직에 비해 우월한 영향력을 행사하는, 곧 효율보다는 이데올로기를 우선시하는 체제였다. 중국은 이와 같은 전통적 체제를 장기간 유지하면서 생활수준의 정체, 산업구조의 왜곡 등과 같은 문제가 형성되었고, 기업수준에서도 종사자들의 창의성과 적극성이 상실된 결과 저생산성과 비효율이 만연하게 되었던 것이다.[56] 이러한 속에서 중국 상공업의 대부분을 담당하는 국유기업개혁이 중국 개혁·개방 정책의 중심에 대두된 것은 당연한 일이라 할 것이다.

1980년대 초반 방권양리(放權讓利)[57]를 주요 내용으로 하는 국유기업개혁에 착수한 중국은 많은 논의를 거쳐[58] 1980년대 후반 계약경영책임제(승포제, 承包制)와 공장장책임제(창장부책제, 廠長負責制), 내부계약제를 골격으로 하는 중국식 기업모델을 기본적으로 완성하였다. 그 후 중국은 계약경영책임제를 확대 실시하면서 동시에 세금과 이익의 분리(세리분류, 稅利分流)와 주식제 등 여러 가지 시험모델을 시험해왔고 또 시험하고 있으며, 이러한 경험을 바탕으로 1992년 등소평의 남순강화 이후 「전민소유제 공업기업 경영메커니즘 전환조례(全民所有制工業企業經營機制轉換條例)」를 공포함으로써 국유기업의 경영메커니즘에 시장기제를 과감하게 도입하여 왔다. 이어 93년 11월에 개최된 14기 3중전회에서는 「사회주의 시장경제체제의 건립에 있어서의 몇 가지 문제에 관한 결정」에서 국유기업개혁 및 현대기업제도건립을 최우선 과제로 제시함으로써 향후 중국 경제개혁의 목표를 명확히 한 바 있다. 또한 동년 12월에는 「중화인민공화국 공사법(中華人民

---

56) 김시중, "국유기업 개혁의 전개," 유희문, 「현대중국경제」(서울: 교보문고, 2000), pp.142-143.

57) 권한의 하방과 이익의 양도를 말한다.

58) 다까하라(高原明生)에 의하면, 중국에서는 80년대 전반부터 경제정책을 둘러싸고 중앙통제파, 생산중시형 개혁파, 재정금융중시형 개혁파의 3대 정책집단이 존재하고 있다. 이들 정책집단의 중심기구는 국무원 내의 국가계획위원회, 국가경제무역위원회, 국가경제체제개혁위원회가 있다. 통상 보수파로 지적되는 중앙통제파는 시장경제의 도입을 반대하지는 않지만 계획경제와 중앙의 통제를 보다 중시하고 경제의 고도성장보다는 균형발전을 주장하는 입장이다. 개혁파는 생산력의 증대와 경제성장을 중시하는 생산중시형 개혁파와 경제효율 및 경제안정을 중시하는 재정금융형 개혁파로 나누어진다. 그러나 현재에는 현대기업제도의 건립이라는 국유기업개혁의 방향에 대체적으로 합의가 이루어졌다고 할 수 있다. A. Takhara, *The Politics of Wage Policy in Post- Revolutionary China*(London: Macmillan, 1992): 高原明生, "權力鬪爭 新局面 - 第8期 全人大第1會議以降 中國政治," 「중국경제」, JETRO, 1993년 6월호, 조현태·이민형·김홍석, 「중국의 국유기업개혁과 시사점」, 산업연구원, 1994, pp.24-6에서 재인용.

共和國公司法)」을 제정하여 국유기업개혁을 본격적으로 추진하고 있다. 뿐만 아니라 1995년 북경에서 열린 중국공산당 경제공작회의와 1996년 전국경제체제개혁회의에서 국유기업개혁문제를 최우선정책과제로 선정하였으며 1997년 제8기 전인대에서는 국유기업의 활성화를 위한 6가지 방안을 제시한 바 있다. 뿐만 아니라 1997년 9월에 열린 제15대와 1998년 3월에 열린 제9기 전인대에서 국유기업개혁이 핵심정책과제로 제시되었다.

중국의 국유기업개혁과정은 크게 3단계로 나눌 수가 있다. 제1단계는 개혁·개방이 시작된 1979년부터 87년까지로 경영자 자주권확대 및 기업의 이윤유보제 도입을 기본 골자로 하고 있고, 2단계는 1987년부터 92년까지로 경영청부제 실시 등이 개혁의 기본 골자를 이루고 있으며, 3단계는 1992년부터 현재까지로 국가와 기업의 관계, 즉 기업의 소유권과 경영권의 분리를 제도적으로 규정하고 있다는 점에서 소유권개혁이 그 주요 골자라고 할 수 있을 것이다. 따라서 1, 2단계에서는 기본적으로 경영자 및 노동자에 대한 인센티브를 강화하는 데 초점이 맞춰졌으며, 3단계에서 기업의 소유관계에 대한 개혁이 시작되었다고 할 수 있다.[59] 중국의 국유기업개혁의 진행과정에 대해서는 기존의 많은 연구들이 이루어져 있다.[60] 따라서 편의상 위에서 언급한 3단계의 개혁과정을 경영자 자주권의 확대 시기, 제도화시기, 두 단계로 나누어서 살펴보면 다음과 같다.

우선 경영자 자주권의 확대(1979-1992년) 시기로서 개혁·개방 이전의 중국의 기업관리체제는 기본적으로는 중앙집권의 골격이 유지되는 가운데 중앙집권과 지방분권의 형태가 반복되는 방식으로 전개되어 왔다.[61] 1949년 건국당시 중국은 모택동의 신민주주의노선에 따라 공유와 사유를 인정

---

59) 오태헌, "중국 국유기업개혁의 필요성과 향후 과제," 대외경제정책연구원, 「지역경제」, 1997년 4월호, p.46.
60) 이에 대한 주요 연구는 조현준, 「중국 국유기업 민영화의 전개와 전망」(대외경제정책연구원), 1996, 조현태, 이민형, 김홍석, 「중국의 국유기업개혁과 시사점」, 산업연구원, 1994 등이 있다.
61) 이에 대한 간략한 설명은 조현태, 이민형, 김홍석, 「중국의 국유기업개혁과 시사점」, 산업연구원, 1994, pp.8-20을 참조할 것.

하였으나 1951년부터 소위 삼반오반운동(三反五反運動)[62]을 추진하면서 기업들을 합병하여 집체소유의 합영기업으로 전환시켰다. 55년부터는 본격적으로 합영제가 국유제로 전환되었으며 70년대 말까지 중국에는 기본적으로 전민소유제와 집체소유제의 두 가지 형태의 기업만이 존재하게 되었다. 이러한 중국의 기업관리체제는 78년 개혁·개방을 시점으로 하여 사회주의적 계획경제의 개혁을 중심으로 하는 정부와 기업의 분리(정기분개, 政企分開)와 소유권과 경영권의 분리(양권분리, 兩權分離)의 원칙 하에 방권양리를 주요 내용으로 하는 개혁을 추진해 왔다고 할 수 있다. 이 시기 중국의 국유기업개혁은 초반의 실험기간을 거쳐 1984년 당 12기 3중전회 이후 본격화되었다. 1978년 11기 3중전회로부터 1984년 12기 3중전회까지 중국은 인민공사의 해체와 같은 농촌개혁에 중점을 두었으나 공업부문에 있어서도 다양한 소유형태의 출현을 방임하고 기업자주권 확대와 공업경제책임제, 이윤유보제 실시 등 방권양리로 요약되는 개혁실험에 착수하였다.

중국에 있어서 기업개혁은 기업자주권의 확대로부터 시작되었다고 할 수 있다. 즉 국영기업에 대한 권한을 생산현장에 대한 접근이 용이한 지방정부에 하방하게 된다면 지방정부와 기업 간의 이익관계가 긴밀해지고 효과적인 기업관리가 이루어질 수 있을 것이라는 기대감 때문이었다. 이러한 기업자주권의 확대는 1978년 사천성(四川省)에서 조자양 당시 성 당서기의 주도로 시범 실시된 이후 11기 3중전회 이후 전국적으로 확대되기 시작하였다. 이러한 속에서 국무원은 1979년 7월 「국영공업기업 경영관리 자주권 확대에 관한 약간의 규정(關于擴大國營工業企業經營管理自主權的若干規定)」, 「국영기업이 이윤유보를 실현하는데 관한 규정(關于國營企業實行利潤留成

---

62) 삼반은 당·정·군 각 기관의 오직(汚職), 낭비, 관료주의를 반대한다는 것이고, 오반은 당정군의 부정부패와 관료주의를 조장하는 자본가의 오독(五瀆)행위(뇌물 증여, 탈세, 국가재산의 탈취, 협잡, 경제기밀 누설)를 척결하자는 운동이다. 이러한 삼반오반운동은 초기에는 단순히 관료의 오직과 낭비, 그리고 사영기업가, 자본가들의 불법행위를 적발하기 위한 것이었으나 전개과정에서 반혁명잔재의 청산, 계급투쟁 등 사회주의사회 건설을 위한 기초운동으로 발전되어 갔다.

的規定)」등 5가지 문건을 하달하여 국영기업에 대한 자주권 확대와 이윤유보제 실시 등에 관한 정책적 지침을 마련하였다. 그러나 이러한 지침에 규정된 기업의 권한은 전국적 규모에서 보면 대부분 실행에 옮겨지지 않았고 실행된 것은 이윤유보제 뿐이었다. 그러나 이러한 이윤유보제 역시 기업의 자금에 대한 권한을 확대하는 조치로 상당한 효과를 거두기도 하였지만 시행과정에서 공평성의 문제가 제기됨으로 인하여 큰 성과는 거두지 못하였다. 이러한 지침이 하달될 당시 이윤은 적으나 잠재력이 크고 종업원이 많은 기업은 이윤증가 가능성이 높아 유리하였던 반면에, 이윤이 크고 종업원이 적은 기업은 이윤증가 가능성이 적어 기업유보율이 낮아 불리하였던 것이다.

이에 따라 1980년 국무원은 「국영공업기업 이윤유보제 시험적 실시방법(國營工業企業利潤留成試行辦法)」을 제정하여 이윤유보를 차별화하고 1981년에는 공업경제책임제를 실시하였다. 그러나 이 역시 이윤유보 비율이 너무 낮아 재정수입에 문제가 생김으로써 1983년부터는 이윤분배체계를 이윤상납에서 세금납부방식으로 변경하는 이개세(利改稅)개혁을 실시하게 되었다. 이러한 속에서 1984년 12기 3중전회 이후 1988년까지의 시기에는 국가와 기업, 직공 간의 권한, 책임, 이익분배관계로서 이개세개혁을 거쳐 계약경영책임제(승포제)가 확립되고 기업 내부의 지도체제로서 공장장책임제가 실시되는 등 중국식 기업모델이 기본적으로 완성되었다. 이에 따라 1987년 이후 계약경영책임제와 임대제 등이 정착되면서 정부와 기업 간의 관계는 과거의 수직적 종속관계에서 벗어나 계약관계로 발전하였다. 이어 1988년 당 13기 3중전회부터 1991년까지는 치리정돈과 함께 각종 개혁이 중단되거나 속도가 현저히 완화되었으며, 지방과 기업에게 이양되었던 권한이 다시 중앙으로 회수되었다.

다음으로 제도화 시기(1992년-현재)로서 이 시기에는 사회주의 시장경제체제의 건설이라는 확고한 목표를 설정하고 1980년대까지 추진해 왔던 양권분리에서 출자자의 소유권과 법인재산권의 분리로 부분적인 정책조정에서 종합적인 기업제도 자체의 개혁으로 진전되고 있다. 이에 따라 1992년

10월 14대 이후에는 사회주의 시장경제가 개혁모델로 채택된 이래 국유기업의 경영메커니즘의 전환이 대대적으로 추진되었고 1993년 11월 14기 3중전회의 결정과 동년 12월말 「중화인민공화국공사법」의 제정으로 국유기업의 공사화가 추진되면서 법인재산권의 확립을 주요 내용으로 하는 기업제도 자체의 개혁이 이루어지고 있다. 1992년 5월 15일 체제개혁위원회, 국가계획위원회, 재정부, 인민은행, 국무원생산판공실은 공동으로 「주식제 기업 시험적 실시방법(株式制企業試點辦法)」을 공포하였고, 체제개혁위원회는 단독으로 「주식유한공사 규범의견(株式有限公司規範意見)」과 「유한책임공사 규범의견(有限責任公司規範意見)」을 공포하여 주식제 개혁에 대한 전체적인 정책과 제도의 골격을 마련하였다. 이후 1993년 제8차 전인대 상무위원회 제5차 회의에서 「중화인민공화국공사법」이 통과되어 공포됨으로써 주식제시행에 관한 법적 근거가 마련되게 되었다.

그러나 이러한 주식제 개혁은 아직까지도 실험단계에 있다고 할 수 있다. 또한 중국의 주식제 기업은 공유주의 압도적인 비중과 집단주의 존재 등 서빙기업과는 다른 특징을 갖고 있고 배당방식에 있어서도 여전히 사회주의적 요소가 남아 있다. 이것은 단순히 주식제를 시행함으로써 중국의 국유기업이 직면하고 있는 문제점을 극복한다는 것은 많은 어려움이 따른다는 것을 반증하는 것이라고 할 수 있다. 따라서 중국에서의 주식제도입은 도입에 필요한 환경정비와 경제체제전환까지도 고려해야 하는 서방국가들과는 다른 복잡한 문제를 가지고 있다는 것을 알 수 있는 것이다. 이것은 중국에서는 아직까지 지주로서의 권리와 기업의 법인재산권이 명확히 구분되지 않고 있고, 국가를 대표하여 국유주의 권리를 행사하는가에 대한 명확한 규정이 없다는 데서 기인한다. 뿐만 아니라 주식제에 관련된 전문인력의 부족으로 인하여 주식제를 효과적으로 수행할 수 없다는 점도 중국이 주식제를 시행하는 데 있어 큰 어려움으로 작용하고 있다.

중국은 이러한 문제점들을 해결하기 위하여 현재 여러 가지 방향에서 주식제개혁을 추진하고 있는데 그것은 첫째, 주식제의 실시와 관련한 법제도의 정비이다. 이미 앞에서도 밝힌 바 있듯이 중국은 1992년 이후 다양한 주식제관련 법제도를 설치하여 효과적이고 성공적인 주식제개혁을 위한 정부차원에서의 노력을 경주하고 있다. 다음으로 주식제와 관련한 전문인력의 육성과 관련제도의 정비이다. 이에 따라 중국은 새로운 회계제도를 도입, 정비해 나가고 있으며, 회계전문가 양성을 위해 노력을 기울이고 있다. 마지막으로 공유제의 견지, 만성적자에 시달리고 있는 기업의 현실, 주식제 실시에 있어서의 기술적인 문제 등으로 인하여 현재 중국은 주식제도입에 있어서 점진적으로 이러한 문제를 해결해 나가는 가운데 주식제를 도입하는 방식을 취하고 있다.

(표 4-6) 소유제 다원화 유형

경제유형	분　　　　　야	비　고
국유경제	생산수단을 국가소유로 한 경제유형: 중앙·지방의 각급 국가기관, 사업단위, 사회단체 등이 소유한 국가소유자산을 투자하여 설립한 기업	전민소유
집단경제	생산수단을 공민이 집단으로 소유하는 경제유형: 집단의 투사로 설립한 도시와 농촌의 모든 기업, 일부 개인자금으로 설립하였으나 자의로 소유권을 포기하고 법률에 따라 공상행정관리국에 집단소유로 인정된 기업	대집단소유
사영경제	생산수단을 개인소유로 하고 고용노동에 기초한 경제유형: 모든 사영독자기업, 사영합작기업, 사영유한책임회사 포함	사유
개체기업	생산수단을 노동자 개인소유로 한 개인노동을 기초로 하며 노동성과를 노동자 개인이 점유·지배하는 경제유형: 개체공상호와 개인공동경영이 포함됨	사유
연영경제 (聯營經濟)	생산제를 달리하는 기업 간 또는 기업·사업 단위 간에 공동투자로 새로운 경제실체를 구성한 경제유형: 법인의 조건을 갖춘 긴밀제휴형의 연영기업만이 포함됨	혼합
주식제 경제	모든 등록자본을 주주 전원이 주식형태로 공동출자하여 설립한 경제유형: 주식유한회사와 유한책임회사의 2가지 형태가 있음. 전민집단, 연영, 사영기업 등의 경제유형은 주식제 형식으로 운영되더라도 주식유한공사나 유한책임공사로 등록하지 않는 경우 원래의 소유형태로 분류	혼합
외상투자경제 (外商投資經濟)	외국투자자가 중국의 관련 법률·법규에 따라 합자·합작·독자 방식으로 중국 내에 설립한 경제유형: 중외합자경영기업, 중외합작경영기업, 독자경영기업으로 분류	외자계
홍콩/마카오 /대만 투자경제	홍콩·마카오·대만 지역의 투자자가 합자·합작·독자 방식으로 중국 내에 설립한 경제유형: 중외합자경영기업, 중외합작경영기업, 독자경영기업으로 분류	외자계
기타 경제	상기 8종으로 분류되지 않는 경제유형	

자료: 한국산업은행 조사부, 「중국의 개혁전략과 성과: 부문별 추진과정과 전망」, 2001. 11, p.116(인터넷 자료 page 기준).

110

한편 지금까지 진행되고 있는 국유기업개혁의 핵심은 현대기업제도의 건설이라고 할 수 있다.[63] 즉 1993년 개최된 14기 3중전회에서 채택된 「사회주의시장경제체제 건립에 있어서의 몇 가지 문제에 관한 결정(中共中央關于建立社會主義市場經濟體制若干問題的決定)」[64] 이후 중국은 소위 현대기업제도의 수립이라는 목표 하에 재산권의 유동화와 개편, 국유자산의 재구성을 강조하는 방향으로 기업개혁을 진행해 왔다.[65] 이 결정에서 현대기업제도는 공유제를 주체로 하는 사회주의 시장경제체제의 기초라고 정의하고 있다. 이 문건에서 현대기업제도는 시장경제요구에의 적응, 명확한 재산권, 명확한 권리와 책임, 정부와 기업의 분리, 과학적인 관리를 특징으로 하는 기업제도로 규정되고 있다. 이러한 속에서 중국정부는 최근 경제전반의 구조조정, 특히 국유경제의 구조조정 측면을 강조하고 있다.

이에 따라 중국공산당은 1995년 14기 5중전회에서 조대방소(抓大放小)[66] 방침을 제시한 바 있다. 큰 기업에 역점을 둔다는 중국공산당의 의지는 힘을 집중해 업종별로 선도적인 기업을 만들고 산업정책에 부합되면서도 상당한 경제규모를 갖춘 우수기업을 육성하는 데 노력을 기울여야 한다는 것으로 파악할 수 있다.[67] 뿐만 아니라 중국지도부는 96년 말 중앙경제공작회의, 전국계획회의, 전국경제무역공작회의를 개최하여 국유기업정책의 중점을 구조조정에 둘 것을 명확히 한 바 있다.[68] 큰 것에 역점을 두는 방침은 구조조정의 측면에서 중요한 의미를 가진다. 조대방소의 방침은 산업구조나 업종분포의 측면에서 국유자본을 일반 경쟁업종으로부터 점차 퇴출시켜 기초, 기간산업이나 전략사업, 성장주도 산업, 신흥산업, 첨단산업 등의

---

63) 중국정부는 기업개혁의 심화가 곧 현대기업제도의 수립이라는 점을 명확히 하고 있다. 徐匡迪, "深化企業改革加快建立現代企業制度," 「求是」, 1995年 20期, p.10.
64) 「人民日報」, 1993. 11. 17.
65) 「經濟日報」, 1996. 11. 22.
66) 큰 기업에 중점을 두고 작은 기업에 대해서는 자율성을 보장하여 풀어준다는 정책이다.
67) 吳邦國, "加强領導, 總結經驗加快現代企業制度建設," 「求是」, 1996年 2期, p.56.
68) 「經濟日報」, 1996. 12. 9.

업종으로 집중시킴으로써 국가가 관건적인 업종을 틀어쥐고 일반적인 업종을 풀어 놓으려는 것으로 파악할 수 있는 것이다. 중국지도부가 목표로 하고 있는 것은 업종에 관계없이 우수한 핵심국유기업을 중심으로 대형기업 또는 기업집단을 육성함으로써 국유제 주도의 체제를 유지함으로써 사회주의체제의 안정과 정치안정을 도모하고자 하는 것으로 이해할 수 있다.

5. 중국 개혁·개방 정책의 특징과 성공요인

중국은 개혁·개방 이래 시장경제체제로의 전환을 부문별, 단계별로 진행해 왔는데, 이는 계획경제와 시장경제를 병행시키면서 점차적으로 시장경제의 비중을 확대해나가는 방식으로 진행되었다. 이와 같은 개혁 스타일은 현재까지 중국이 개혁·개방을 진행해 오는 과정에서 중국의 정치적 안정성과 경제발전을 유지하는 하나의 기반으로서 작용해 왔다. 즉 등소평체제에 의해 추진되기 시작한 개혁·개방은 중국의 생산력발전에 조응하는 생산관계를 개혁하고 상부구조를 개조해 나가는 데 있었으며, 계획에 의한 규제와 시장메커니즘의 유기적 결합에 의한 계획경제모델을 통해 지속적인 경제발전을 도모하는 데 있었다.

중국의 경제개혁의 내용과 특징을 간단히 요약하면, 우선 계획의 작성과 집행에 영향이 적고 통제가 용이함으로 인해 개혁으로 인한 충격을 최소화할 수 있는 농촌을 개혁의 출발점으로 하여 점차적으로 도시로 개혁의 범위를 확대한 것이다. 다음으로 개방을 진행하는 데 있어 동남연해 일대를 먼저 개방하고 그 경험을 통해 여타 연해, 연변 및 내륙지역으로 개방지역을 확대하였다. 전방위적인 개방이 체제혼란을 가져올 소지가 크고, 그 결과에 따라서는 체제위기로도 전이될 수 있다는 위험성 때문에 중국은 일정한 지역에 국한하여 개방실험을 실시하고, 그 결과를 토대로 점진적으로 그 영역을 점, 선, 면으로 확대해 나가는 개방방식을 채택하였다. 마지막으로 소유제개혁과 국유기업개혁에 있어 소유제개혁은 먼저 국유경제에 대하여 조정을 진행하되 그 조정과정에서 비국유경제부문이 발전하도록 하였고, 국유기업개혁에 대해서는 방권양리 등 정책조정을 채택한 후 다시 기업제도 및 국유경제의 구조조정을 실행하였다.

이러한 중국의 개혁·개방 정책은 표면상으로는 당이 결의하고, 실행한 위로부터의 개혁이라는 성격을 가지고 있지만 내용에 있어서는 생산력의 저발전에 따른 인민의 궁핍화와 이에 따른 경제체제의 위기 속에서 그 출발점을 찾을 수 있다. 개혁·개방 당시 중국의 초기 여건은 30여 년간의 소련식 경제발전모델의 채택으로 중국농촌은 피폐화되었고 농민의 생활은 궁핍화되어 있었다. 뿐만 아니라 지방, 도시 노동자층의 생활도 최저생활수준을 유지하는 정도에 그치고 있었으며, 그 결과 국민 각계각층의 불만이 누적되어 있었다. 그러나 문화대혁명을 거치면서 중국공산당은 이데올로기 혹은 사상 위주의 통제방식에 한계를 드러냈으며, 좌파의 오류에 대한 인민의 경험은 생산력발전을 위한 개혁·개방에 대한 인식적 전환을 가져오는 중대한 계기로 작용하였다. 문혁의 폐해에 대한 인민의 경험과 모택동의 사망, 4인방의 축출 등으로 야기된 인민의 인식전환으로 인해 더 이상 종래의 방식으로는 인민에 대한 사상적 억압이 불가능해졌고, 이에 따라 중국은 개혁·개방의 길로 접어들 수밖에 없었던 것이다.

중국은 개혁·개방 이후 20여 년간 경제적으로 상당한 성과를 올려왔다.[69] GDP 성장률에서 보면 1958~1978년까지의 20년간 연평균 성장률은 6.1%였지만 개혁후인 1978~2000년까지의 약 20여 년간의 평균성장률은 9.5%로 상승하였다. 실물생산 면에서도 1978년 식량확보량[70]은 3.1억 톤에 불과하였으나 2000년 말에는 5.1억 톤에 달하여 세계 1위의 곡창이 되었다 또한 석탄, 철강, 원유, 시멘트, 전력 등 주요 원재료와 돼지고기, 쇠고기

---

69) 경제개혁의 성과와 관련한 통계는 한국산업은행 조사부, 「중국의 개혁전략과 성과: 부문별 추진과정과 전망」, 2001. 11, pp.30-31(인터넷 자료 page 기준)을 참조할 것.
70) 식량생산량 + 식량수입량 − 식량수출량

등 식육류에서도 비약적인 생산의 증가가 이루어졌다. 공업생산에서는 경공업을 우선으로 중공업 구조조정정책을 추진한 결과 공업총생산액은 1978년의 4천억 元에서 2000년에는 12조 6천억 元으로 30배 이상 증가하였다. 농업의 발전에 따라 농민생활도 상당부분 개선되었다. 1978년의 농민의 연간 순수입은 134元에 그쳤으나, 2000년에는 2,253元으로 증가하였으며, 노동자 평균임금은 615元에서 9,371元으로 증가하였다.

한편 경제체제개혁에 있어 중국경제의 생산시스템도 많은 변화를 보이고 있다. 소유관계를 보면 개혁 이후 집단소유형태의 향진기업이 현저히 발전하고 아울러 개인경영, 사영기업, 합자기업, 외자기업 등의 다양한 소유형태가 등장하여 국민총생산액의 상당부분을 점하게 되었다. 1978~1999년까지의 20여 년간 전국공업총생산액 중 국유기업의 비중은 77.6%에서 28.2%로 감소하였고, 집단소유제경제는 22.4%에서 35.4%로 상승하였으며, 개인경영, 사영기업, 합자기업 및 외자기업은 44.4%%에 이르러 비약적인 발전을 기록하였다. 공업생산부문에서 시장경제적 요소가 도입되어 국가계획위원회의 직접계획관리물자는 개혁 후 20여 년간 120종류 이상에서 12종으로 감소하였고, 통제를 받는 소비재도 256종에서 5종으로 감소하였다. 이러한 수치는 계획 분야가 크게 축소되어 그만큼 시장경제의 비중이 증대되었다는 것을 의미한다. 고정자산투자 면에서는 1981년에 자기자금을 제외한 총투자액 428억 元 중 재정지출이 63%, 은행대출이 28.5%이었으나, 1999년에는 각각 19.3%, 59.7%로 역전되었다.

중국이 개혁·개방을 추진함으로써 이러한 성과를 올릴 수 있었던 요인은 대략 네 가지로 정리할 수 있을 것이다.[71] 첫째, 중국은 오랜 시간 동안의 홍(紅)과 전(專)을 넘나드는 정치체제의 변동[72]을 통해 개혁적 지도부가 등장하였고, 이러한 이유로 인해 당내에서의 개혁·개방에 대한 갈등을 최소화할 수 있었으며 당통합을 통한 강한 국가를 유지하였다는 것이다.

---

71) 이에 대해서는 권만학, "탈국가사회주의의 여러 길과 북한: 붕괴와 개혁," 「한국정치학회보」(한국정치학회), 35집 4호, 2001, pp.254-6를 참조.
72) 중국정치체제의 변동과 관련해서는 제10장을 참조할 것.

이는 이미 앞서 밝힌 바 있듯이 개혁·개방을 추진하는 데 있어 진화론적 추진방식을 선택하고, 개혁·개방의 성과를 극대화할 수 있는 국가능력의 보유를 의미하는 것으로 결과적으로 개혁·개방의 성공에 가장 중요한 요인으로 작용하였다.

둘째, 사회주의로부터 자본주의로 이행하는 방식에 있어 실용주의와 진화론적 접근방식의 선택은 당내 갈등을 최소화하는 양상을 보임으로써 지속적이고도 강력한 개혁·개방 추진의 밑거름이 되었다. 중국공산당은 경제발전이라는 원칙에는 합의하였지만 방법론에 있어 구체적이고 장기적인 청사진을 가지고 출발한 것은 아니었다. 등소평을 중심으로 하는 중국공산당 개혁파는 정치로부터 경제를 분리시키고 효율적인 경제발전을 위한 이른 바 흑묘백묘론(黑猫白猫論)으로 표현되는 실험적이며 실용주의적인 접근방법을 시도했던 것이다. 이러한 실용주의적 접근방식은 문혁 이후 기본적으로 당내에 존재하고 있던 보수파의 견제로 인한 균형유지를 위해 제시된 것이기는 하지만 역설적으로 이러한 구체적인 계획의 부재는 양 파벌의 병존과 공생을 가능하게 하는 결정적인 요인으로 작용했던 것이다. 당내에서 개혁·개방과 관련하여 지속적으로 갈등과 논쟁이 지속되었기는 하지만 구체적인 개혁·개방 방법론에 대한 이념논쟁을 피해감으로써 기본적으로 개혁·개방의 방향은 유지될 수 있었던 것이다. 이러한 속에서 중국공산당은 필요에 따라 사회주의적 규제를 해제하고 시장의 영역을 점진적으로 점에서 선으로 선에서 면으로 확대해갔으며, 시장의 작동에 필요한 제도와 규칙을 안정적으로 정비해 나갈 수 있었던 것이다. 사유화 과정에서도 급진적인 방식보다는 소유제도의 다양화를 통해 사적부문을 확대하고 여기서 창출된 시장의 압력을 적절하게 활용함으로써 국유기업을 점진적으로 사유화하였고 급진적 사유화에서 오는 정치, 경제, 사회적 혼란을 상당부분 피해갈 수 있었다.

셋째, 중국공산당이 사회주의에 대해 유연한 태도를 견지하고 개혁·개방에 대해 실험적이고 실용주의적 정책을 전개해 나가는 동안 지방정부는[73] 적극적으로 시장경제 요소들을 받아들이면서 개혁·개방정책의 견인차 역할을 하였다. 이에 따라 중앙정부는 지방정부에 대해 경제를 조직하고 통제할 수 있는 자율성을 제공하였고, 지방정부는 향진기업을 수단으로 경쟁체제를 극대화할 수 있었다.

넷째, 지속적이고 폭발적인 고도성장은 중국 개혁·개방 정책에 있어 정당성을 부여하였고, 자본주의적 요소를 받아들이는 데 있어 추동력으로 작용하였다. 노동력의 70% 이상을 차지한 농업부문의 개혁이 성공함으로써 중국인구의 대부분을 차지하던 농촌 빈곤층은 1978년 75.5-100%(5억 9,600만 명-7억 9천만 명)에서 1996년 6.7-13.2%(5,700만 명-1억 1,400만 명)로 줄었다.74) 또한 경제특구에 부여된 행정적 자율권과 해외자본을 끌어들일 수 있는 투자환경은 경제특구를 단지 실험실로서의 위치로서만이 아니라 최신 관리기법과 기술을 유입할 수 있는 창구의 역할을 하게 만들었다.

마지막으로 경제발전을 위한 유리한 대외환경의 조성에 성공적이있다는 점이다. 1972년 닉슨의 전격적인 중국방문과 이를 통한 양국 간의 국교수립은 서구자본이 중국으로 유입되는 데 결정적인 역할을 하게 되었다. 대외환경의 정비가 해외 투자 유인의 결정적인 역할을 할 때 이는 중국 개혁·개방 정책의 싱공에 핵심적인 요인으로 작용한 것으로 풀이할 수 있다.

---

73) 지방정부의 역할과 위상을 강화한 것은 중앙정부의 관료주의를 공격할 기회를 제공했던 문혁이었다고 할 수 있다.
74) Sunjie Yao, "Economic Development and Poverty Reduction in China over 20 Years of Reforms," *Economic Development and Cultural Change*, April 2000, p.447.

제5장 북한의 개혁·개방의 구조적 요인과 기조

북한의 개혁·개방정책은 세계질서의 변화에 대한 적응노력과 북한 내부의 위기극복의 일환으로 진행되고 있다고 할 수 있다. 북한의 개혁·개방전략은 경제적 위기로 인한 체제붕괴를 막기 위해서 개혁·개방의 필요성을 인정하고는 있지만, 보다 근본적으로는 우리식 사회주의라는 체제유지를 위한 부분적인 개방과 경제개혁을 시도하고 있는 것이다. 이러한 속에서 북한의 개혁·개방정책은 체제 내적인 개혁정책보다는 체제 외적인 대외개방전략을 채택하고 있다. 물론 7월 조치를 비롯한 소유형태나 경제활동의 자유화, 시장인프라 구축 등에 있어서 북한의 개혁이 전무한 것은 아니지만 현재까지 진행된 이러한 개혁들을 시장경제요소의 도입을 통한 적극적인 개혁이라고 보기는 어렵다. 또한 대외개방을 통한 서방의 투자를 유인하지 않은 상태에서는 실질적으로 북한의 경제발전에 도움을 주기도 어렵다는 점에서 북한의 개혁·개방정책은 대외개방정책이 중심이 되어 진행되어왔고 진행되고 있다.

한편 대외경제개방정책은 경제난을 극복하기 위해서는 대외적인 개방이 불가피하다는 인식 아래 외국의 투자를 유인하는 전략을 채택, 추진하기는 하였지만, 이러한 전략이 우리식 사회주의체제의 유지에 위협이 되지 않는 수준에서 진행되어야 한다는 이중적인 전략을 채택하고 있다. 북한의 이러한 개혁·개방의 기조는 북한이 개혁·개방정책을 전개해 나가는 데 있어서 실질적인 생산력의 향상과 비효율적인 경제체제의 개선이라는 거시적 목적을 달성하는 데 주력하기보다는, 우리식 사회주의로 표현될 수 있는 북한 사회주의체제에 흠집을 내지 않는 범위 내에서의 제한적 개혁과 개방을 추진한다는 것이다. 이러한 개방전략은 김일성 정권에서부터 김정일 정권에까지 일관되게 유지되어 오고 있다.

1. 북한의 개혁·개방 배경의 구조적 요인

북한이 개혁·개방을 추진하게 된 것은 주지하다시피 여타 사회주의국가의 체제전환의 배경과 마찬가지로 생산력의 저발전에 따른 경제적 위기가 그 출발점이라고 할 수 있다. 그러나 북한이 개혁·개방을 추진하게 된 배경을 규명하는 데 있어서 이러한 일반성 외에도 북한체제가 가지고 있는 특수한 조건들을 고려하지 않고서는 현재 북한이 개혁·개방을 추진하게 된 배경을 제대로 파악할 수 없다는 것은 자명한 사실이다.

기본적으로 북한의 개혁·개방은 경제적 위기를 비롯하여 체제 내적인 위기에서 출발했다. 여타 사회주의국가들과 마찬가지로 북한도 낙후된 생산력과 저발전의 문제, 이로 인한 정치적, 사회문화적 위기의 극복이라는 차원에서 개혁·개방을 진행해왔다. 그러나 비교사회주의적 맥락에서 보면 혁명적 사회주의를 표방하는 모든 국가들은 공산주의라는 이념적 목표를 구현해 나가는 과정에서 각각 역사적인 결정요소들과 현대적 특징들에 영향을 받으면서 상호간에 유사성과 차별성을 띠어왔다고 할 수 있다. 북한체제의 위기 역시 앞서 밝힌 바와 같이 근본적으로는 인민의 욕구를 충족시켜줄 수 있는 생산력의 발전과 사회주의체제의 제도화 실패에 따른 여타 사회주의국가의 위기와 마찬가지로 생산력의 저발전에 따른 경제적 위기가 그 출발점이라고 할 수 있다. 그러나 본질적으로 북한체제의 위기는 우리식 사회주의라고 표현될 수 있는 북한체제에 내재된 특수성이 사회주의체제의 근본적인 모순과 맞물려 위기발생에 중요한 요인으로 작용했다는 것은 주지의 사실이다. 따라서 북한이 개혁·개방을 추진하게 된 배경을 살펴보는 데 있어 북한체제 내부에 특수하게 내재되어 있는 원인과 성격을 규명하지 않고서는 과학적인 분석을 수행할 수 없다.

1) 지배이데올로기의 경직성

이미 밝힌 바와 같이 1980년대와 90년대 구사회주의국가가 직면한 이데올로기 위기의 본질은 복합적 상호의존성과 기술력에 기초한 경제질서가 지배하는 현대 국제질서 속에서 마르크스-레닌주의가 줄 수 있는 해답의 한계가 드러났다는 것이다. 이러한 이데올로기 위기는 이데올로기의 고유한 기능인 체제의 정당화가 실패함으로써 야기된 것으로 특정이데올로기의 이론적 타당성을 떠나 구체적인 역사적·사회적 현실에 관련한 타당성과 긴밀한 관계를 갖고 있다. 구소련의 결정적인 지원과 한국전쟁 당시의 중국의 지원으로 정권을 수립한 김일성 정권은 중국·소련 양국의 간섭에서 벗어나고자 1950년대부터 대내적으로는 주체의 확립과 대외적으로는 자주노선을 선언함으로써 유일사상체계의 형성에 박차를 가하였다. 북한에서 주체문제가 거론되기 시작한 것은 1955년 혁명세력들 간의 사회주의 건설과 관련한 노선투쟁에서 소련식, 중국식이 아닌 우리식 사회주의 건설이 강조되면서부터이다. 이는 유일사상체계 형성(1955-1967), 당의 유일사상체계 확립(1967-1974), 후계체제 구축(1974-1980), 후계체제의 공고화(1980-1994)로 이어지면서 주체사상(우리식 사회주의)을 유일사상으로 한 수령과 지도자 중심의 유일지도체제로 발전되었다. 주체사상을 바탕으로 한 수령제 정치체제는 김일성이 종파투쟁을 거치면서 유일적 영도체계를 확립하고 이어서 갑산파를 축출함으로써 수령으로서의 위치를 확보하여, 1972년 12월 최고인민회의 제5기 1차 회의에서 사회주의 헌법을 개정함으로써 법적·제도적으로 공식화하였다. 이어 혁명위업과 혁명전통의 대를 잇기 위한 후계자 문제가 대두되고, 김정일이 공식적인 후계자로 확정되어가는 가운데 유일사상체계와 유일지도체계를 확립하고 실질적인 통치를 행하기 시작하였다.

김일성 중심의 북한의 지도집단이 중소이념분쟁과 당내 파벌로부터의 자율성을 확보한다는 명분으로 시작한 유일체계의 형성에 있어서 김일성 부자 및 그 일족의 권력독점을 위한 권력투쟁적인 요인들이 작용했던 것은 사실이다. 그러나 포위된 대외환경과 당면한 국가건설과제의 과중함이 체제존립의 위기요인으로 인식되었고, 이를 돌파할 수 있는 방법이 당시 북한으로서 대내적 통일과 단결이 유일하였다는 점을 고려한다면, 대내적인 요인과 대외적인 요인이 중첩적으로 결합되어 유일체계의 형성을 가져왔다고 보는 것이 바람직할 것이다. 이러한 수령제 정치체제는 자격 있는 수령의 존재, 유일적 사상·지도 이론의 존재와 유일사상체계의 확립, 수령으로 집중되는 유일지도체계의 확립, 사상의식무장과 높은 수준의 조직화, 집체성과 대중성 등을 그 특징으로 한다. 수령제 정치체제의 구조는 3개의 층으로 구성되어 있다. 우선 그 구조의 사상적·이론적 토대를 이루는 주체사상이다. 그것은 사상－이론－방법, 즉 주체사상과 그에 의거한 혁명이론, 영도방법의 전일적 체계이다. 다음은 수령의 혁명사상을 실현하고 수령의 영도를 관철하기 위한 정치조직으로서의 당이 정책 및 노선의 대망(路線大網)을 제시함으로써 혁명과 건설의 모든 부문·단위와 노동계급의 모든 조직들의 활동을 통일적으로 장악, 지도하는 당적 영도이다. 마지막으로 정치생활체계이다. 이는 사회정치적 생명체론에 의헤 그 사상적 기초가 더욱 확고해졌다. 수령론이 권력의 공간적 구조를 설명하는 논리라면 사회정치적 생명체론은 시간적 측면을 설명하는 것이라고 할 수 있다. 위의 사상과 당적 영도를 하향적인 것이라고 하면, 정치생활체계는 상향적 측면을 지닌 것이라고 할 수 있다.[1]

　이러한 유일체제의 형성은 북한식 사회주의체제의 유지에 있어 상반된 두 가지의 영향을 주었던 것으로 분석된다. 하나는 사회주의체제의 이데올로기 위기와 유사한 측면으로서 이론과 현실의 괴리라는 측면에서 파악될 수 있다. 당과 정부의 정책노선에 있어 전략적 구호로 인민들에게 제시한 "이밥에 고기국을 먹고 기와집에 산다"는 구호는 현실과의 철저한 괴리를 보여주고 있으며 가능한 시점을 기약할 수 없는 지경에 이르고 있다. 이러한 이론과 현실의 괴리는 정부와 체제에 대한 인민의 불신으로 연결되고

---

1) 수령제 정치체제의 형성과 발전, 구조와 특성에 관련해서는 김광용, 「북한 '수령제' 정치체제의 구조와 특성에 관한 연구」, 한양대학교 정치학 박사학위논문, 1995를 참조할 것.

있으며, 북한에서 심각한 문제로 대두하고 있는 탈북자의 급속한 증가로 나타나고 있다.

그러나 한편으로 북한의 유일체계의 형성과 여타 사회주의국가에서의 붕괴에서 나타났던 이데올로기의 위기와는 차별성이 존재하고 있다. 이러한 유일체계의 형성은 북한이 대내외적으로 처한 정치경제적 압력과 위기에 효율적으로 대처해 나갈 수 있는 효율적인 기제로 작용하였다는 점이다. 북한은 사회주의체제의 붕괴 속에서도 사회주의를 고수하고 있는 몇 되지 않는 국가 중의 하나이다. 앞에서도 밝힌 바와 같이 북한에서 주체의 확립과 유일체계의 성립은 대외적으로는 사회주의 강대국인 소련과 중국의 압력, 대내적으로는 파벌투쟁의 종식이라는 체제위협적인 요인에 대항하여 형성되었다. 이러한 유일체계의 성격은 북한이 사회주의 붕괴, 경제 3난으로 인한 체제붕괴의 위기, 미국과의 대립으로 인한 군사안보적 위기 등의 체제위협적 상황에 적극적으로 대처할 수 있는 바탕이 되었다.

소련과 동유럽에서 민주화가 진행되고 사회주의체제가 붕괴되는 1990년대 초반까지 북한은 인민에 대한 철저한 정보통제와 함께 우리식 사회주의의 우월성을 강조함으로써 대중으로부터 체제 수호의지를 불러일으킬 수 있었다. 또한 1994년 김일성의 갑작스런 사망으로 또 한번의 위기를 맞은 북한은 수령의 사망이라는 큰 충격에도 불구하고 주체사상에 입각한 유훈통치를 통해서 북한 주민의 이데올로기적 공황을 막아내며, 뒤를 이은 김정일은 '붉은기사상'을 통해 김일성의 서거로 인해 발생할 수 있는 이데올로기적 공황을 극복한다.

수십 년 동안 주체사상이라는 유일이데올로기를 고수하던 북한에서 1996년 초부터 1998년까지 "붉은기사상"이라는 새로운 사상을 강조한 것은 한편으로는 북한체제의 이데올로기적 위기를 반영하고 있으며, 다른 한편으로는 사회주의체제의 붕괴와 지속되는 경제의 위기로 인한 체제 내부의 동요와 갈등을 막기 위한 새로운 이데올로기가 필요했음을 의미한다. 구소련의 해체로 인한 러시아로부터의 원조중단과 중국으로부터의 지원감소는 북한의 대외무역을 위축시켰고, 그 결과 북한경제는 1990년대 이후 마이너스 성장을 거듭하게 된다.[2] '붉은기사상'이 경제위기가 지속되는 속에서 1995년의 가뭄으로 인한 식량난으로 경제위기가 가속화된 시점에서 공식화되었다는 것은 주목할 만하다. 경제위기가 본격적으로 심화되는 과정 속에서 김정일을 위시한 북한지도부는 인민에 대해 우리식 사회주의의 우월성만을 강조하는 것으로는 당면한 위기를 돌파하는 데 한계에 다다랐음을 인식했던 것으로 추론할 수 있는 것이다. 수령사망으로 인한 북한인민의 사상적 공황상태를 극복하고 자신감이 아닌 사상무장을 통한 인내의 집단적 의지에 대한 강조가 요구받게 된 것이다.

물론 '붉은기사상'이 북한체제의 작동원리인 주체사상을 부정하는 것이 아니라 주체사상의 시의성을 반영한 변용된 형태라는 것은 주지의 사실이다. 북한은 붉은기철학이 "주체사상의 요구대로 오직 자기 힘을 믿고 자기 식대로 살아나가며, 자기운명을 개척해 나가는 자주와 창조의 철학"이며, "자주성을 끝까지 실현하려는 인민대중의 리념이 담겨진 주체의 혁명철학이야말로 세계를 움직이는 지레대이고 혁명과 건설을 추동하는 기관차이며 시대의 앞길을 밝혀주는 영원한 횃불"이라고 설명하고 있다. 또한 "령도자와 인민이 사상과 지향도 하나, 리상과 포부도 하나, 감정과 정서도 하나인 위대한 혼연일체를 실현하게 한다"고 주장한다.[3] 붉은기철학이 주체의 혁명철학이고 일심단결의 철학이며 신념의 철학이라는 북한의 주장은 주체사상을 기본으로 하면서 김정일을 중심으로 동요 없이 단결할 것을 요구하는[4] 주체사상의 변용된 담론이라고 할 수 있다. '붉은기사상'은 1998년 4월 하순을 지나면서 공식적 언급이 사라지게 된다.

북한언론에서 '붉은기사상'이 사라지게 된 배경에 대해서 북한의 공식적인 설명은 없으나 북한의 대내외적 상황을 고려하여 그 배경을 짐작할 수 있다. 우선 40년 이상 다듬어지고 내용이 풍부해진 주체사상을 아직까지

---

2) 「북한문제의 이해 1999」(서울: 통일교육원, 1998), p.154.
3) 「로동신문」, 1996. 1. 9.
4) 북한은 "붉은기철학의 위대성은 그 창시자인 경애하는 김정일장군님의 위대성"이라고 지적하고, "당도 정권도 군대도 붉은기철학으로 건설하고 온 사회를 붉은기철학으로 일색화"할 것을 강조하고 있다. 「로동신문」, 1996. 1. 9.

이론적으로 정교화되지 않은 '붉은기사상'으로 대체할 경우 득보다는 실이 많을 수 있다는 것이다. 다음으로 1998년에 들어 북한이 이전까지 가지고 있던 위기의식을 어느 정도 떨쳐버릴 수 있는 대외환경의 변화도 북한지도부로 하여금 위기극복의 담론이었던 '붉은기사상'을 중도 폐기하도록 이끌었을 가능성이 있다. 1997년 말 남한이 외환위기를 계기로 IMF의 경제관리체제 하로 들어가고 커다란 경제위기에 직면한 사실은 북한의 지도부로 하여금 남한에 의한 흡수통일의 가능성에 대한 우려를 씻을 수 있는 기회를 제공하였다. 또한 1998년에 출범한 김대중정부가 대북정책의 3원칙으로서 북한의 무력도발 불용과 함께 북한에 대한 남한의 흡수통일 배제 및 남북한간의 화해와 협력 추진을 천명함으로써 북한은 생존체제에 대해 더욱 자신감을 갖게 되었을 것으로 추정해 볼 수 있다.[5] 한편 1998년 들어서면서 '붉은기사상'에 대한 공식적인 언급이 자취를 감추고 1998년 하반기에는 혁명에 대한 보다 낙관적 담론인 '강성대국론'이 '붉은기사상'을 대체한다. 물론 '붉은기사상'에 대한 공식적 언급은 사라졌지만 붉은기정신에 대한 언급은 계속되고 있다. 북한이 현재 당면하고 있는 위기가 단기간 내에 해소될 성질의 것이 아니라는 점에서 위기극복을 위해 당과 군과 인민이 "사회주의에 대한 필승의 신념"을 가지고 수령을 결사옹위할 것을 강조하는 붉은기 담론의 유용성은 계속 존재하는 것이다.[6]

이렇듯 북한의 유일사상체제는 이론과 현실의 괴리, 체제경직성으로 인한 능동적이고 적극적인 대외환경의 적응 실패와 같은 체제안정에 있어서의 부정적인 요인들을 양산했지만, 다른 한편으로 북한이 전체적인 사회주의체제의 붕괴에도 불구하고 사회주의체제를 고수하고 여타의 방법으로 위

---

5) 정성장, "김정일체제의 지도이념과 성격연구: '붉은기사상'과 북한체제의 변용을 중심으로," 「국제정치논총」(국제정치학회), 제39집 3호, 1999, p.313.

6) 북한은 붉은기철학과 붉은기정신을 구분하고 있다. 즉 붉은기철학이 주체철학처럼 일정한 내용을 담보하고 있는 철학으로 간주되고 있다면, 붉은기정신은 삶과 투쟁에 관련된 일정한 태도의 의미로 사용되고 있다. '붉은기사상'은 붉은기의 상징성에 대한 강조를 통해 이데올로기의 모습으로 발전한 것이라고 할 수 있다. 정성장, "김정일체제의 지도이념과 성격연구: '붉은기사상'과 북한체제의 변용을 중심으로," 「국제정치논총」(국제정치학회), 제39집 3호, 1999, p.309.

기의 극복을 꾀할 수 있는 중요한 단초를 제공했다. 물론 이러한 이데올로 기적 기반을 토대로 한 사회주의체제의 고수는 북한체제의 위기를 더욱더 곤경에 처하게 하는 요인으로 작용했다는 주장도 타당성을 가지고 있지만, 북한이 기존의 사회주의체제에서 보여지는 것과는 상이한 이데올로기체제 를 갖추고 있다는 것은 북한체제가 향후 체제위기에 대응하여 어떠한 방향 으로 가닥을 잡을 것인가에 대한 중요한 하나의 변수로 작용할 것이라는 점은 의심할 여지가 없다.

2) 우리식 사회주의의 비효율성으로 인한 자력갱생의 한계

경제위기는 여타 사회주의국가들의 위기에서와 마찬가지로 북한이 개 혁·개방을 추진하게 된 가장 중요한 요인이라고 할 수 있다. 그러나 북한 의 경제위기는 사회주의경제체제의 모순에서 발생하는 생산력의 저발전이 라는 사회주의 위기의 일반성을 보임과 동시에, 우리식 사회주의로 인한 북한고유의 경제노선과 경제구조적인 측면, 자연재해의 문제, 미국을 중심 으로 한 대외적인 경제적 압력 등의 측면에서 여타 사회주의국가와는 상이 한 면을 보이고 있다. 북한경제체제의 기본적인 성격은 다른 사회주의국가 들과 마찬가지로 생산수단의 사회적 소유와 중앙계획당국에 의해 통제되는 사회주의 경제체제라는 점을 들 수 있다. 그러나 한편으로 북한은 사회주 의체제의 건설 초기부터 북한 나름의 사회주의경제체제를 발전시켜 왔으 며, 이에 따라 여타 사회주의체제와는 상이한 경제체제의 형성을 보여주고 있다. 이러한 요인으로 인해 북한은 사회주의경제체제의 전체적인 붕괴 속 에서도 상대적 독립성을 유지할 수 있었다.

북한경제체제의 특징을 한마디로 요약하면 주체사상에 입각한 자립적 민족경제라는 점을 들 수 있다.[7] 북한경제는 주체사상에 입각한 자립적 민

---

7) 홍익표·조명철, 「중국·베트남의 초기 개혁·개방 정책과 북한의 개혁방향」(대 외경제정책연구원, 2000), 정책보고 00-12, pp.39-43.

족경제의 건설과 경제·군사 노선의 병진이라는 노선을 채택하고 있다. 자립경제건설의 기본정신이 되고 있는 자력갱생에 대하여 북한은 "혁명과 건설에서 나서는 모든 문제를 자신이 책임지고 자체의 힘으로 해결해 나가는 립장과 정신"[8]이라고 정의하고 있다. 따라서 자력갱생의 원칙에 입각한 북한의 자립적 민족경제 건설노선은 대외교역 확대와 선진기술 및 해외자본의 도입을 통한 경제적 이익창출을 어렵게 함으로써 북한경제의 폐쇄성과 낙후성을 초래하고 있다. 다시 말하면 이러한 자립적 민족경제 건설노선은 폐쇄적 대외경제관계 하에서 양적 투입과 양적 산출의 비교에 기준하여 경제성장을 평가하는 외연적 축적양식에는 적절하지만, 세계적 시장경제 하에서 기술혁신과 경영혁신에 기초하여 내포적 축적양식을 형성해 나가야 하는 현실적 요구를 만족시키기에는 적합하지 못한 노선인 것이다.[9]

좀 더 구체적으로 북한경제의 특징을 살펴보면 북한경제는 생산수단의 사회적 소유를 골간으로 하고 있다. 북한은 생산수단에 대한 사회주의적 개조를 1946년에 착수하여 12년만인 1958년에 기본적으로 완수하였다. 따라서 북한에서는 생산수단의 소유형태가 국가소유(전인민적 소유)와 사회협동단체 소유로 이루어져 있다. 국가소유는 나라의 경제발전에서 주도적 역할을 하는 부문을 포괄하고 있는데, 자연자원, 철도, 항만, 운수, 체신기관과 중요 공장 및 기업소, 은행 등이 포함된다.[10] 사회협동단체도 생산수단을 소유할 수 있는데, 사회협동단체는 나라의 경제발전에서 주도적 역할을 하지 않는 부문의 생산수단, 즉 토지, 농기계, 배, 중소공장 및 기업소 등을 소유할 수 있다. 따라서 오늘날 북한은 여타 사회주의국가보다도 개인소유의 범위가 극히 제한되어 있다.[11] 이러한 구조적 요인으로 인하여

---

8) 「백과전서」 제4권(평양: 과학, 백과사전출판사, 1983), p.160.
9) 고유환, "북한의 생존전략과 국제협력," 동국대학교 안보연구소, 「북한의 변화와 신동북아질서」, 1996, p.41.
10) 이에 대한 보다 자세한 내용은 고승효, 「현대북한경제 입문」(서울: 대동, 1993)의 제2장을 참조할 것.
11) 북한 사회주의 헌법 제21조, 22조 참조. 사회협동단체는 사회단체와 협동단체 두 가지 형태를 모두 포괄한다. 주요 사회단체는 노동당, 직업동맹, 부녀동맹, 김일성 사회주의청년동맹 등이 있으며, 협동단체의 대표적인 형태는 협동농장이다.

생산성 향상에 대한 개인의 관심과 의욕은 극도로 제한될 수밖에 없었고, 이러한 개인의 생산성 하락은 현재 북한경제 위기의 중요한 요인으로 작용했다는 것은 자명한 사실이다.

다음으로 북한경제는 계획수립을 비롯한 모든 경제적 의사결정과 이에 대한 필요한 정보의 흐름이 중앙당국에 집중되어 있으며, 하부조직은 중앙의 명령에 절대적으로 복종하도록 되어 있는 중앙집권적 계획경제체제라는 특징을 가지고 있다. 이러한 명령형 계획경제는 소위 형식적 계획과 계획의 무정부성으로 특징지어지는 '계획의 역설'로 인해 경제체제 전반에 걸쳐 자원배분의 효율성 저하를 가져왔다.12) 무계획성 혹은 계획의 붕괴로 표현되는 이러한 현상은 정치적·군사적 목표에 경제적 합리성을 종속시키는 북한체제의 속성으로 인해 더욱 심화되었다.13) 뿐만 아니라 수령의 직할관리체제라는 북한의 생산관리체제는 경제계산에 기초한 과학적 관리보다는 인격적 관계에 의거한 관리가 우위를 차지하게 만들었으며, 경영단위 혹은 생산단위에서 창의력이 발휘될 수 있는 가능성을 미리부터 봉쇄하고 말았다. 아울러 생산의 양적 확대를 위해 현지지도와 사상동원에 기초하여 생산을 독려하는 속도전적 생산방식은 각급 경영·생산 단위들이 자신들에게 적절한 생산계획을 세우고 자원을 동원할 수 있는 자율성을 파괴하였으며, 기술·경영 혁신을 통한 생산성향상을 불가능하게 하였다.

북한은 정권수립 초기 소련의 국가사회주의를 충실히 수용하여 경제발전모델로서 스탈린주의의 4대 원칙인, ① 소비재공업과 농업을 희생한 중공업 우선정책,14) ② 모든 경제부문의 지령형 계획화, ③ 의사결정의 엄격한 중앙집권화, ④ 경제운영에서의 행정적 수단의 중시 등의 정책을 실시했다.15) 이에 따라 북한은 전후 복구사업으로 중공업의 우선적 성장과 농

---

12) 김연철, 「북한의 산업화과정과 공장관리의 정치(1953-70): 수령제 정치체제의 사회경제적 기원」, 성균관대학교 정치학 박사학위논문, 1996, p.283.
13) 이종석, 「현대 북한의 이해」(서울: 역사비평사, 1995), p.154.
14) 한정된 자원을 중공업과 같은 한 분야의 산업에 집중적으로 배분하여 단기간 내에 괄목할 만한 성장을 가능하게 할 수 있는 반면, 자원배분의 편중에 의해 전반적인 경제효율성이 낮아져 경제적으로 침체의 늪에 빠지게 된다.

업과 경공업의 동시적 발전을 당 경제정책의 기본테제로 설정하고, 원시적 사회주의 축적과 사회주의적 농업개조를 위해 1958년 전면적인 농업집단화를 완료하였다.[16] 스탈린이 이데올로기가 권력체제를 정당화시켜 주는 주요하고 불가피한 수단이라는 것을 알고 사회주의적 이데올로기를 자신의 경제체제의 틀에 맞추었듯이, 1950년대 중반 이후 김일성을 중심으로 한 북한의 지도부도 주체이데올로기를 내세우면서 그 자신의 권력강화와 자력갱생 원칙에 입각한 자립적 민족경제 건설노선을 추진하였다.

북한은 1950년대 중반 이후부터 중소분쟁이 격화되고 두 대국의 내정간섭이 심화되자 두 사회주의 대국을 믿을 수 없다고 보고, 1962년 10월 쿠바위기의 소용돌이 속에서 열린 당중앙위원회 제4기 5차 전원회의에서 경제건설과 국방건설을 병진시키는 방침을 결정하였다. 구체적으로 ① 전군의 간부화, ② 전군의 현대화, ③ 전 인민의 무장화, ④ 전국의 요새화 등 4대 군사노선을 정함으로써 자주방위와 군사강경노선을 추진하였던 것이다. 정권수립 이후 작은 스탈린으로 여겨질 만큼 스탈린의 정책을 추종했던 김일성은 소련에서의 스탈린 격하에 충격을 받고 중소이념분쟁을 적전분열로, 흐루시쵸프의 평화공존론을 제국주의에 대한 항복으로 간주하고 쿠바사태 당시 소련의 무기력, 중국 홍위병의 김일성 비난, 그리고 자본주의체제의 사회주의 진영과 북한에 대한 포위압력 등에 대응하여 자주노선을 선언하고 군사강경노선을 추진하게 되었다. 이에 따라 북한은 1965년 주체사상을 공식화하고,[17] 경제에서의 자력갱생의 원칙과 자립적 민족경제

---

15) 실비우 브루칸 저, *World Socialism at Crossroads: An Insider's View*(New York: Praeger, 1987), 이선희 역, 「기로에 선 사회주의」(서울: 푸른산, 1990), pp.78-9.

16) 고유환, "북한사회주의체제의 구조적 위기와 김정일정권의 진로," 「한국정치학회보」(한국정치학회), 30집 2호, 1996, p.223.

17) 1965년 4월 14일 김일성은 인도네시아의 알리 아르함 사회과학원에서 「조선민주주의인민공화국에서의 사회주의건설과 남조선혁명에 대하여」라는 강의에서 "사상에서의 주체, 경제에서의 자립, 국방에서의 자위, 이것이 우리 당이 일관되게 견지하고 있는 입장"이라고 말하고 이것이 주체사상이라고 최초로 공식 표명했다. 고유환, "북한사회주의체제의 구조적 위기와 김정일정권의 진로," 「한국정치

건설의 노선을 밝히면서 일부 나라들이 경제협조와 국제분업을 구실로 다른 나라 경제의 자립적·종합적 발전을 가로막고 예속화시키려고 하고 있다고 주장했다. 이러한 속에서 북한은 당시 제3세계의 여러 나라들이 겪고 있던 경제적 종속문제를 지적하고 탈종속대안으로 자립갱생을 강조함으로써 종속이론가들의 주장과 유사한 제3세계 모델을 발전시켰다.

북한은 발전된 사회주의(developed socialism)를 자처했던 소련의 수직적 국제분업 압력과 중국과 소련의 내정간섭, 그리고 자본주의체제로부터의 편입 압력 등을 거부하고 자력갱생의 원칙에 입각한 자립적 민족경제 건설 노선을 추진함으로써 대외의존과 종속은 피할 수 있었다. 그러나 세계적 노동분업구조 속에서 누릴 수 있는 기술혁신과 지식의 유입이 차단되어 구조적이고 만성적인 경제난을 겪을 수밖에 없었다.[18] 북한은 자립적 민족경제 건설노선을 통해 대외의존과 종속의 탈피라는 긍정적인 효과를 거둘 수 있었으나 결과적으로는 변화하는 국제경제환경에 적응하지 못함으로 인해 구조적이고 만성적인 경제난을 자초했다고 평가할 수 있다. 북한은 유일체제 확립과 힘께 사회주의혁명과 건설사업에서 정치·사상 사업 우선, 자력갱생, 경제건설과 국방건설의 병진, 속도전을 비롯한 대중동원, 강력한 농업집단화와 집단적 소유(협동적 소유와 전인민적 소유) 등을 추진함으로써 경제발전의 동력을 상실하고 침체의 길로 접어들게 되었던 것이다.

이와 같은 경제적 특징을 보이고 있는 북한경제는 1970년 중반까지는 나름대로 착실한 경제성장 기조를 유지해왔으나 1980년대 중반 이후부터는 급격하게 침체현상을 보이기 시작했다. 1990년대 들어서면서 사회주의권의 붕괴와 함께 북한경제는 국제적으로 고립되기 시작했고, 이에 따라 북한경제의 사정은 더욱 악화되었다. 북한이 체제의 생존마저 위협받을 정도로 심각한 경제위기에 처하게 된 것은 중앙집권식 명령경제의 구조적인 문제점과 함께 사회주의 붕괴로 인한 사회주의국가들 간의 무역저조, 우호가격

학회보」(한국정치학회), 30집 2호, 1996, p.234.

18) 고유환, "북한의 생존전략과 국제협력," 동국대학교 안보연구소 국제학술회의 자료집, 「북한의 변화와 신동북아질서」, 1996, p.41.

등과 같은 경제적 지원의 단절, 몇 년간 계속된 냉해와 수해 등과 같은 자연재해 등이 그 원인이라고 할 수 있다.

북한의 경제규모를 살펴보기에 앞서 북한은 자본주의국가와는 달리 국민총생산에 관한 총량 경제지표로서 '사회총생산물'(GSP: Gross Social Product)과 '국민소득'(NMP: Net Material Product)이란 개념을 사용하고 있다.[19] 그러나 우리나라를 비롯한 국제 정보·군사 분야 연구기관 등은 여러 가지 현실적 필요에 의하여 자본주의적 개념에 부합하는 북한의 총 GNI(Gross National Income)와 1인당 GNI를 추계하고 있다. 우리 정부는 1990년부터 UN의 국민계정체계(SNA: System of National Accounts)에 따라 북한의 국민소득을 추정·발표하고 있는데, 그 추이는 (표 5-1)과 같다. 구체적으로 북한의 경제규모 및 경제구조는 지난 10여 년간 계속된 경제난으로 인해 상당한 변화가 초래되었다. 우선 경제규모는 계속된 마이너스 성장으로 크게 위축되어 2000년 현재 1990년도 경제규모의 약 73%에 불과하다가 조금씩 개선되어 2004년 현재 208억 달러를 기록하였는데, 이는 1990년도 경제규모의 약 89% 수준이며, 같은 해 남한 경제의 1/33에 불과한 것이다.[20]

---

19) 북한에 따르면 '사회총생산물'이란 "일정한 기간 동안 사회의 모든 생산부문들에서 창조된 물질적 부를 전사회적 범위에서 개괄한 총량"을 말한다. 그리고 '국민소득'은 "사회총생산 중에서 소비된 생산수단을 보상하고 그 나머지 부문, 즉 그 해에 새로이 창조된 가치"라고 정의하고 있다. 「경제사전」, 제1권(평양: 사회과학출판사, 1995), p.754. 그러므로 북한의 국민소득 개념에는 자본주의국가와는 달리 비생산적 서비스부문이 포함되지 않는 것으로 보아야 한다.
20) 남북한 국민소득 규모의 비교는 제12장 (표 12-5) 남한과 비교된 북한의 국민소득 추이를 참조할 것.

(표 5-1) 북한의 국민소득 추이

구 분	명목 GNI(억 달러)	1인당 GNI(달러)	경제성장률 (%)
1990	231	1,142	-3.7
1991	229	1,115	-3.5
1992	211	1,013	-6.0
1993	205	969	-4.2
1994	212	992	-2.1
1995	223	1,034	-4.1
1996	214	989	-3.6
1997	177	811	-6.3
1998	126	573	-1.1
1999	158	714	6.2
2000	168	757	1.3
2001	157	706	3.7
2002	170	762	1.2
2003	184	818	1.8
2004	208	914	2.2

자료: 통계청, 「남북한 경제사회상 비교」, 각 년도: 자료: 한국은행, 「남북한의 주요 경제지표 비교」, http://www.bok.or.kr/index.jsp(2005. 11. 14 검색).

산업구조는 1990년 이전까지 광공업부문이 전체의 40%를 상회하였는데, 특히 1970년과 1980년에는 광공업의 비중이 60%에 육박하고 있다. 그러나 1990년대 중반에 들어서면서 계속된 원자재 부족과 에너지난, 설비노후화 등으로 설비가동률이 현저히 떨어지면서 2004년 현재 전체 산업에서 차지하는 비중이 27.2%로 농림수산업의 26.7%와 비슷한 비중을 보이고 있으나 아직까지 1990년대 수준으로 회복되는 데 많은 시간이 필요할 것으로 보인다.[21] 그 결과 식량, 생필품, 원유 및 공업용 원부자재의 부족난이 심화되었다. 이러한 물자부족현상은 경제순환과정에서 나타나는 병목현상과 결합하여 북한의 제조업 가동률을 낮추었다.

---

21) 북한의 산업구조와 관련해서는 제7장(표 7-4) 북한의 산업구조 추이를 참조할 것.

3) 교역규모의 감소로 인한 경제위기

북한의 무역규모는 1960년 3.1억 달러, 1970년 7.4억 달러, 1980년 34.5억 달러, 1988년 52.4억 달러로 1980년대 말까지 꾸준히 증가하는 추세를 보여 왔다. 그러나 1990년대 들어와 구소련을 비롯한 사회주의권과의 교역이 중단되거나 급락하면서 1998년 14.4억 달러까지 내려갔다. 그러나 1999년부터 회복조짐을 보이고 있으며, 2000년에는 19.7억 달러로 증가하였고, 이 추세는 2001년에도 지속되고 있는 것으로 나타나고 있다.[22] 이러한 무역규모는 사회주의체제의 붕괴 직전과 비교할 때 현격한 차이를 보이는 것이다. 실제로 사회주의체제의 붕괴 이후 교역구조가 1990년대 들어 계속 악화되면서 1999년 교역 총액이 14.8억 달러를 기록하였는데, 비록 전년도에 비해서는 조금 늘어났지만 최고치를 기록했던 1990년 47.2억 달러의 1/3의 수준에 불과한 것이다. 더욱이 국제사회의 지원과 남북경제교류의 활성화 등으로 회복조짐을 보이고 있는 2000년의 교역규모 역시 1990년의 1/2 수준에 불과하다. 또한 수출입의존도에 있어서도 북한은 자립적 민족경제노선으로 인해 9.4%로 매우 낮은 수준을 유지하고 있다.[23]

북한의 대외무역이 이렇게 1999년도 소폭 증가에서 2000년부터 대폭 증가하는 추세를 보이는 것은, 첫째 금강산관광 등 남북경협사업에서 벌어들인 외화가 수입결제에 투입되었고, 둘째 북한에 대한 국제사회의 원조가 계속되었으며, 셋째 기계류 등 산업인프라 정비를 위한 설비투자 수요가 증가한 데 기인한 것으로 보인다.[24] 이러한 증가추세는 한마디로 북한 자체의 산업생산력이 회복되어 외화가득률이 높아져서가 아니라, 해외부문으

---

22) KOTRA에 따르면 상업베이스만으로 볼 때 북한의 대외교역은 수출이 6억 달러 수준, 수입은 15억 달러 수준으로 적자폭이 2000년 5.9억 달러에서 9억 달러로 크게 증가된 것으로 나타나고 있다고 한다.
http://www.kotra.or.kr/main/info/nk/trade 참조.
23) 홍익표・조명철, 「중국・베트남의 초기 개혁・개방정책과 북한의 개혁방향」(대외경제정책연구원, 2000) 정책보고 00-12, p.44.
24) 대한무역투자진흥공사, 「1990~2000 북한의 대외무역동향」, 2001, p.14.

로부터의 무상원조 및 지원성 경제협력의 역할, 그리고 이에 기초한 공장 설비의 수입 증대 등이 북한의 무역증대를 초래함으로써 나타난 것이라고 할 수 있는 것이다. 실제로 (표 5-2)를 보면 북한의 대외무역 증가를 주도 한 것은 수출이 아닌 수입임을 보게 된다. 즉 대외무역이 증가하기 시작한 1999년 전년 대비 수출증가율은 -7.9%이고, 2000년도의 경우 8.0%이지만, 수입증가율은 가가 9.3%, 46.4%로 나타나고 있다. 2001년에 들어서면서 수입과 수출은 증감률에 있어서 상당부분 균형을 이루게 되는데, 수출의 증가요인은 비금속류 및 수산물 등의 대중 수출증가, 주요 국가에 대한 섬유제품의 수출증가 등으로 풀이되며, 수입 증가요인은 중국 및 러시아로부터의 에너지 자원 수입 급증, 비금속 및 기계·전기 전자 제품의 수입증가에서 기인한 것으로 보인다.[25]

(표 5-2) 북한 대외무역 추이

(단위: 백만 달러, %)

구 분	수 출		수 입		합 계	
	금액	증감률	금액	증감률	금액	증감률
1994년	858	-13.3	1,242	-25.0	2,100	-20.6
1995년	736	-14.2	1,316	6.0	2,052	-2.3
1996년	727	1.2	1,250	-5.0	1,977	-3.6
1997년	905	24.5	1,272	1.8	2,177	10.1
1998년	559	-38.2	883	-30.6	1,442	-33.8
1999년	515	7.9	965	9.3	1,480	2.6
2000년	556	8.0	1,413	46.4	1,969	33.0
2001년	650	14.9	1,620	15.2	2,270	2.6
2002년	736	13.1	1,524	-5.9	2,260	-0.4
2003년	777	5.5	1,614	5.9	2,391	5.8

자료: KOTRA, 「북한의 대외무역」,
　　　http://www.kotra.or.kr/main/trade/nk/research/sub10__1.jsp(2005. 11. 14 검색).

---

25) KOTRA, 「북한의 대외무역」,
　　　http://www.kotra.or.kr/main/trade/nk/research/sub10__1.jsp(2005. 11. 14 검색).

1990년대 들어와 북한의 대외무역 감소를 처음 주도한 것은 구소련과의 교역 감소였다. 1990년 25.7억 달러로 전체 북한 교역의 절반 이상을 차지하고 있던 구소련과의 교역은 양국간 교역이 경화결제로 전환되고 무역협정이 폐기된 1991년도에는 전년 대비 약 1/5 수준에 불과한 4.6억 달러로 줄어들었다. 이후 계속 감소추세를 보여 2000년에는 4천여만 달러 수준까지 떨어졌다. 구소련은 원유, 코크스 등 에너지, 기초 원자재의 주된 공급원이었을 뿐만 아니라 북한과의 장·단기 경제협정을 통하여 북한경제와 밀접한 관련을 맺고 있었기 때문에 양국간 교역의 부진은 단순한 무역감소 이상의 충격을 북한경제에 미쳤다.

(표 5-3) 북한의 구소련 및 중국과의 교역 현황

(단위: 억 달러)

구 분	구소련 (러시아)			중 국		
	총무역	수 출	수 입	총무역	수 출	수 입
1990	24.70	10.50	15.20	-	-	-
1991	4.60	1.80	2.80	-	-	-
1992	3.20	0.70	2.50	6.90	1.50	5.40
1993	3.50	0.50	2.90	9.00	2.90	6.00
1994	1.50	0.40	1.10	6.20	1.90	4.20
1995	0.80	0.10	0.60	5.40	0.60	4.80
1996	0.60	0.20	0.40	5.60	0.60	4.90
1997	0.84	0.17	0.67	6.50	1.20	5.30
1998	0.65	0.57	0.08	4.10	3.50	0.57
1999	0.50	0.01	0.49	3.70	0.40	3.30
2000	0.46	0.04	0.42	4.88	0.37	4.51

자료: 중국, 「해관통계」, 각 년호 및 KOTRA 해외무역관 보고.

반면 북한과 중국의 교역은 1990년대 초반에도 증가추세를 나타내었다. 1993년의 경우 북한의 대중국교역은 9억 달러로 전년대비 28.6%가 증가하였다. 또한 중국은 당시 북한 원유도입량의 77.2%, 곡물도입량의 68%를 공급하고 있어서 구소련과의 교역감소에 따른 충격을 어느 정도 완화시켜 준 것으로 나타나고 있다. 그러나 북한측 교역물자의 부족으로 1994년도부터 대중국 교역도 감소하기 시작하여, 1999년도에는 3.7억 달러까지 하락하다가 2000년에는 북한의 경제회복조짐에 따라 전년도에 비해 31.9% 증가한 4억 8천여만 달러로 나타나고 있다. 중국은 구소련과의 무역관계가 급락한 이후부터 최근에 이르기까지 북한의 제1의 교역상대국으로서(2000년 북한 대외무역의 24.8% 차지) 북한이 도입하는 식량, 원유 등의 주요 공급원이 되고 있을 뿐만 아니라 경제회복에 필요한 기계설비 등의 주요 수입처가 되고 있는 실정이다.

한편 최근 북한의 대외무역 추세를 살펴보면 이러한 회복조짐과 더불어 무역상대국의 비중 변화 조짐도 나타나고 있다. 1990년대 들어와 북한의 대외무역은 과거 구소련, 중국에 편중되어 있었던 것과 달리 최근에는 중국, 일본에 2/3 가까이 집중되어 있다. 특히 중국은 1위의 수입 대상국, 일본은 1위의 수출 대상국으로 자리 잡고 있다. 그러나 1998년도부터는 대중국 교역이 감소하기 시작하는 대신 인도, 홍콩, 싱가포르, 태국 등 동남아시아국가들의 교역 및 남북경협의 비중이 증대하는 추세를 보이고 있다.[26] 특히 남북경협은 민족 내부 거래이기 때문에 일반적으로 북한의 대외무역에 편입하여 계산하지는 않지만, 만일 같이 가산할 경우 2000년도에 3위의 비중을 차지한 것으로 나타나고 있다. 이로 인해 최대 무역수지 1위의 흑자국이 일본으로부터 남한으로 전환하는 현상도 나타나고 있는 실정이다. 결국 최근 북한의 대외무역회복 추세는 무역다변화를 위한 북한 당국의 노력과 남북경협 활성화도 한 몫을 한 것으로 볼 수 있다고 하겠다. 이러한 현상은 2002-3년 국별 무역량에서도 보이고 있는데, 수출입 점유율 면에서 볼 때 중국, 일본, 태국, 인도, 러시아 순으로 나타나고 있다.[27]

---

26) 보다 상세한 내용은 KOTRA, "2000년 상반기 북한의 대외무역 현황과 특징," 「북한뉴스레터」, 2000년 11월호 참조.

27) 이러한 최근 북한의 대외무역의 변화는 몇 가지 중요한 의미를 지닌다. 첫째,

(표 5-4) 2003년도 북한의 주요 무역상대국

(단위: 백만 달러, %)

순위	국가	북한의 수출		북한의 수입		수출입계		점유율(%)	
		2002	2003	2002	2003	2002	2003	2002	2003
1	중국	271	395	467	628	738	1,023	32.6	42.8
2	일본	234	174	135	92	370	265	16.3	11.1
3	태국	45	51	172	204	217	254	9.6	10.6
4	인도	5	2	187	158	191	159	8.5	6.7
5	러시아	4	3	77	116	81	118	3.6	4.9
5개국 합계		558	624	1,038	1,196	1,596	1,820	70.6	76.1
계		736	777	1,524	1,614	2,260	2,391	100.0	100.0

자료원: KOTRA 해외무역관 보고,
　　　http://www.kotra.or.kr/main/trade/nk/research/sub10_1.jsp(2005. 11. 14 검색).

급격한 교역규모의 감소와 함께 북한의 경제난이 1990년대 후반에 들어 최악의 상태로까지 치닫고 있었다는 사실은 북한이 이 시기를 어떻게 규정하고 있는지를 살펴보면 알 수 있다. 북한은 1995-97년까지를 스스로 '고난의 행군시대', 1998년을 '사회주의 강행군의 해'라고 명명하고 경제난의 극

1994년 이래 대외무역 총액이 최고치에 달해 고난의 행군 이전 수준에 상당히 근접하고 있다는 점이다. 이는 북한이 대외무역의 중요성을 인식하고 수출 확대를 통한 외화 획득에 박차를 가하는 한편, 필요한 물자를 해외로부터 도입하는 데 주력하고 있음을 보여준다고 하겠다. 둘째, 북한의 대중국 무역 의존도가 심화되었다. 북중 교역의 규모나 증가량이 전체 교역액에서 차지하는 비중을 고려할 때, 2003년 전체 교역의 증가는 북중 교역 증가와 밀접한 관련이 있다. 2002년 이후 악화된 북일 관계로 인해 북한의 대일 어패류, 섬유 등의 수출은 지속적으로 감소하고 있는 반면 동 품목들의 대중 수출은 증가하고 있다. 셋째, 식량 및 에너지 자원의 도입이 증가하였는데, 이는 90년대 중반 이후 지속된 내부 식량난 및 에너지난과 관련되어 있다. 특히 북한은 2003년 들어 러시아로부터의 정제유 도입함으로써 대러 교역량이 급증하였는데, 이는 KEDO의 대북 중유 공급 중단과 관련된 것으로 보인다. 한편, 중국으로부터 도입된 코크스는 비금속 제품의 수출증가로 이어진 것으로 평가된다. KOTRA 해외무역관 보고, http://www.kotra.or.kr/main/trade/nk/research/sub10_1.jsp(2005. 11. 14 검색).

복을 위한 분투의 노력을 한 바 있다. 이에 따라 1998년 김정일체제가 공식 출범한 이후 북한은 경제정책의 우선순위를 완충기(1994-96) 경제목표인 농업, 경공업, 무역제일주의에서, 중공업을 선행 발전시키면서 농업, 경공업을 동시에 발전시키는 방향으로 정책을 수정하였다. 이는 완충기 경제전략이 경제난 극복에 실효성이 없다는 점과 공장가동률 제고, 기간산업의 선행회복이 북한경제의 회생에 필수적이라는 인식에 기초한 것으로 보인다. 따라서 최근 북한 에너지, 기간산업 등 산업인프라에 대한 투자를 강화하는 등 경제의 자생력 회복에 노력하고 있다.

4) 식량사정의 급격한 악화

한편 북한의 경제위기 중 가장 심각한 것 중의 하나가 식량난이다. 최근에 들어서는 국제사회에서의 인도적 지원과 남한의 지원으로 인해 식량문제가 상당부분 호전된 것으로 알려져 있지만, 1990년대 중후반 북한의 식량난은 체제의 생존을 위협할 정도로 심각한 상황까지 악화되었다. 북한당국은 "먹는 문제에서부터 수요에 의한 분배를 실현한다"고 하면서 "쌀은 곧 공산주의다"라는 구호를 제시하고 1992년을 '대농의 해'로 정했다. 뿐만아니라 1993년 12월 조선로동당 중앙위 제6기 21차 전원회의에서 제3차 7개년(1987-1993) 계획에 대한 총화를 발표한 3대 제일주의(농업, 경공업, 무역제일주의)에서 농업제일주의를 표방했다. 아울러 북한 지도부는 최고인민회의 제9기 7차 회의(1994. 4. 6-8)에서 경제조직사업 강화와 경제관리 철저, 국가와 경제기관 지도일꾼의 책임성과 역할 제고, 구체적인 집행대책의 정무원 위임을 결정하였다.[28] 그러나 이러한 새로운 경제전략이 실질적 성과를 가져오기도 전에 김일성이 사망하고 1995년과 1996년 두해에 걸쳐 수해가 발생함으로써 북한의 경제위기는 체제생존의 위협으로까지 발전하

---

28) 박순성, "김정일정권의 경제정책 전망," 「통일연구논총」(민족통일연구원), 3권 2호, 1994, pp.34-35.

게 되었다.

식량문제를 해결하기 위한 북한의 이러한 노력에도 불구하고 북한이 식량난을 극복하지 못하고 만성적인 식량난에 시달리면서 식량공급의 많은 부분을 국제사회의 지원에 의존해야 하는 것은 대내외적인 구조적 요건에서 그 원인을 찾을 수 있다. 북한이 식량난에 직면한 대내적인 요인으로는 농업집단화와 집단적 소유 등 사회주의 경제체제의 모순에서 비롯된 비효율적인 영농구조와 다락밭 개간정책의 실패, 비료와 농약부족, 가뭄·냉해·우박·홍수 등의 자연재해로 인한 흉작이 계속된 데 그 원인이 있다. 특히 1994년 우박피해와 1995년 수해는 북한체제의 생존을 위협할 정도로 식량난을 가중시켰다. 다음으로 대외적인 요인으로서는 사회주의체제의 붕괴로 인한 국제시장의 상실을 들 수 있다. 국제시장의 상실은 자력갱생 위주의 경제노선을 추진해 온 북한으로 하여금 식량의 수입을 위한 외화 취득의 통로를 봉쇄하였고, 이에 따라 북한은 식량난 극복을 위한 더 이상의 해결책을 강구할 수 없었던 것이다.

(표 5-5)에서 보는 바와 같이 1990년대 들어 북한의 식량부족난은 개선될 조짐을 보이지 않고 있으며, 체제의 안전을 위협할 수 있는 매우 심각한 수준에 이르고 있는 것으로 파악할 수 있다. 북한의 식량 생산량은 소위 '고난의 행군' 시기인 1995-8년 동안 가장 낮은 생산량을 보이다가 최근에는 다소 회복세를 보이고 있다. 1999년부터 국제농업기구를 비롯한 남한 정부 및 민간단체의 비료, 종자, 농기구 등의 지원에 힘입어 회복추세를 나타내고 있고, 이에 식량난도 완화되는 조짐을 보이고 있는 것이다. 특히 2002년 이후부터는 양호한 기상조건, 남한의 지속적인 비료지원, 식량문제 해결을 위한 북한 당국의 노력 등으로 곡물생산량이 400만 톤대 수준으로 회복되고 있는 것으로 나타나고 있다. 그러나 정상배급을 기준으로 한 총수요량 대비 부족량은 여전히 200만 톤대로서 식량부족문제는 여전히 구조적인 문제로 잔존하고 있는 실정이다.

(표 5-5) 연도별 북한식량 부족량

(단위: 만 톤)

연도	1992	1993	1994	1995	1996	1997	1998	1999	2000	2001	2002	2003	2004
수요량	650	658	667	672	673	670	639	650	606	613	626	632	639
공급량	443	427	388	413	345	369	349	389	422	359	395	413	425
부족량	207	231	279	259	328	301	290	261	184	254	231	219	214

주: 수요량은 정상배급 추정치이고, 공급량은 전년도 곡물 수입량임.
자료: 농촌진흥청.

이러한 구조적 식량문제의 해결을 위해 북한 당국은 우선 1996년 분조관리제를 개선하여 협동농장의 최종 작업단위인 분조규모를 20명에서 7-10명 단위로 축소하고 계획생산량의 감소를 통한 잉여생산물의 자유처분권을 부여해주고 있다. 둘째, 2002년 '7·1 경제관리개선조치' 이후 개인이 경작하는 텃밭의 규모를 30평에서 400평까지 확대해주고 있을 뿐만 아니라 일부지역에시는 중국이 초기 개혁·개방 당시 도입한 농가생산책임제와 비슷한 가족영농제도 실험적으로 도입하고 있다. 셋째, 협동농장의 독립채산제 강화와 더불어 협동농장 지배인을 농민들이 직접 선출할 수 있도록 하는 분권화조치를 내리고, 물질적인 인센티브 제도도 강화하여 평균주의적 분배주의를 수정해 나가고 있다. 넷째, UNDP가 세운 농업재건계획 하에 약 10만여 정보가 넘는 경작지에서 이모작을 실시하거나, '사이그루 재배법'을 도입하여 그간의 식량위주 단작체계를 수정하고 있다. 특히 1999년도부터는 적기적작(適期適作) 및 적지적작(適地適作)을 강조하며 그동안 오직 식량위주의 작물체계로 경작해왔던 주체농법에 대한 수정을 시도하고 있다. 또한 감자농사혁명을 강조하여 옥수수경작으로 인해 지력이 고갈된 밭작물 대체작업도 벌이고 있는 것으로 알려져 있다.29) 그러나 북한의 이러한 조치들은 개별농가에 안정적인 토지이용권과 더불어 생산 및 경영권의 이양,

---

29) 이에 대한 자세한 내용은 통일부, 「북한이해」, 2004, pp.152-3을 참조할 것.

농업생산물의 자율판매권까지 부여해 주었던 중국의 농가생산청부제보다는 낮은 수준의 개선조치들로 평가할 수 있으며, 이에 따라 북한의 구조적인 식량문제를 해결하는 데는 여전히 미흡한 수준이라고 할 것이다.

5) 제2경제영역의 확산과 계획경제의 위기

북한 사회주의체제의 위기를 보여주는 또 다른 경제적 위기현상은 비사회주의적 경제영역에 해당하는 제2경제의 확산이다. 1990년대 들어와 연속적으로 진행된 마이너스 경제성장으로 인해 계획경제기능이 마비됨에 따라 계획부문이 포섭할 수 없는 사경제(private economy) 내지는 암시장(black market)이 발달하고 있는 것이다. 즉 생산력과 자원배분의 효율성의 저하, 중공업 우선전략으로 인한 생필품의 부족은 제2경제의 확산을 가져오게 되었다. 계획의 무정부성으로 인해 계획경제의 통제가 무너짐으로써 국민경제 전체가 계획의 통제 하에 놓여질 수 없는 조건하에서 식량과 생필품의 부족이 지속되고 있다. 이러한 상황은 불법적, 합법적, 그리고 관용의 범위 내에서 유지되는 제2경제가 주민의 물질생활을 유지시켜 주는 중요한 기반으로 작용하게 하였다. 심지어 개별 주민의 차원에서 식량배급체계와 상품공급체계의 혼란 때문에 나타나기 시작한 제2경제가 자재공급체계의 혼란으로 인해 개별 공장차원의 흥정으로까지 발전하기도 하였다.[30] 실제로 주민들은 식량을 포함한 일상 생활용품의 50-90%를 이미 비공식부문에서의 물물교환 혹은 현금구입의 경로를 통해 얻고 있는 것으로 알려져 있다.[31] 더구나 암시장에서 생필품 가격은 1997년까지 급상승했으나 1998년 들어 다소 하락하는 양상을 보여 시장이 물자공급의 주요한 인센티브 기제로 작

---

30) 김연철, 「북한의 산업화과정과 공장관리의 정치(1953-70): 수령제 정치체제의 사회경제적 기원」, 성균관대학교 정치학 박사학위논문, 1996, pp.53-6.
31) 오승렬, 「북한경제의 변화와 인센티브구조: 비공식부문의 확산에 따른 개혁 전망」(통일연구원), 연구총서 99-09, 1999, p.58.

동하기 시작한 것이 아닌가 하는 추정을 낳기도 한다.[32]

1990년대 이전 북한경제에 있어서 비계획경제부문은 장마당을 중심으로 한 유통경제부문에 한정되어 계획경제의 한계를 보완하는 역할을 하고 있었다. 그러나 1990년대 들어와 심각한 경제난으로 계획경제 자체가 마비되면서 비계획경제부문은 유통경제부문 외에 생산경제, 금융경제부문에서도 등장하고, 나아가서 불법적으로 뿐만 아니라 합법적인 행위로도 등장하고 있는 실정이다.[33] 그 결과 현재 북한의 경제상황은 비계획경제부분이 아주 비대해져 1999년 4월 「인민경제계획법」을 제정할 정도로 악화되었다. 심지어 이러한 상황은 제2경제가 계획경제를 대체할 우려도 낳고 있는 실정이다. 북한경제에 있어서 비계획경제부문이 어느 정도 비중을 차지하고 있는지는 경험론적으로 알려지는 자료 외에는 구체적인 사료가 없기 때문에 추측하기 어렵다. 그러나 북한이 「인민경제계획법」을 제정하고, 최근 계획부문의 정상화를 노동신문 등을 통해 계속해서 강조하고 있음을 볼 때 상당한 비중을 차지하고 있을 것으로 추측된다. 2002년 전격적으로 시행된 소위 '7월조치'는 이러한 제2경제의 발달이 좌시할 수 있는 수준을 벗어났다는 것을 단적으로 보여주는 것이다.

이러한 제2경제 혹은 암시장의 확대는 앞서 밝힌 바와 같이 중앙집중식 경제체제를 잠식하고 공식이데올로기에 대한 내면화 수준의 저하와 인민들에 대해 의식의 이중성을 형성하게 함으로써 인민들의 사회주의에 대한 정체성 상실을 유발할 수 있다는 점에서 체제위기의 중요한 동인으로 작용한다. 제2경제가 사회주의경제에서 가지는 의미는 경제작동의 기본원리에서 벗어난 비공식적 경제영역이 확대되고, 경제의 실질적인 분산화(de facto decentralization) 현상을 낳는 것이라고 할 수 있다.[34] 경제체제에 있어서

---

32) 오승렬, 「북한경제의 변화와 인센티브구조: 비공식부문의 확산에 따른 개혁 전망」(통일연구원), 연구총서 99-09, 1999, pp.64-5.

33) 자세한 내용은 김연철, 「북한의 배급제 위기와 시장개혁 전망」(삼성경제연구소), 1997. 10; 최수영, 「북한의 제2경제」(민족통일연구원), 1998. 3 등을 참조할 것.

34) Gregory Grossman, "The Second Economy of the USSR," *Problems of Communism*, Vol.26, September/October, 1977, p.40; Barbara Sands, "Decen-

140

이중성의 심화와 분산화는 크게는 정치체제의 분열과 동요를 가져오고, 작게는 엘리트가 통제할 수 없는 사적영역의 확대와 체제전체의 결속을 저해하는 원심력을 증대시킴으로 인해 사회주의체제의 붕괴에 중요한 동인으로 작용한다는 점에서 그 심각성이 있다.

북한 경제구조에는 이러한 비계획경제부문 외에도 이원적인 계획경제부문이[35] 존재하고 있다. 북한경제체제는 중앙집권적 계획경제체제로서 중앙계획당국에 의해 전체 인민경제에 필요한 물자의 생산과 소비, 수요와 공급이 결정된다. 북한의 경제사전에서는 계획경제를 "유일적인 국가계획에 따라 계획적으로, 균형적으로 발전하는 사회주의경제"[36]라고 정의하고 있다. 수많은 협동농장과 도·시·군에 존재하는 기관·기업, 건설조직, 유통조직들의 생산량은 물론 기술자 및 과학자들의 연구개발까지도 거대한 국가적 계획의 한 부분으로 위로부터의 지시 또는 명령에 의해 이루어지도록 되어 있다. 각 생산단위들은 이 명령(노르마)에 따라 생산활동을 하고 이에 의거하여 소비활동을 하도록 되어 있다. 따라서 경제주체들의 모든 경제활동과 국가의 전체 산업편제는 당의 정책방향에 따라 경제계획을 수립하고 그 집행을 감독하는 국가계획위원회에 일원적으로 예속되어 지시를 받지 않으면 안 되도록 되어 있다.

그러나 북한의 경제구조를 거시적으로 관찰해 보면 "통일적으로 지도·관리되는 경제"[37]라는 북한의 주장과는 달리 이원화된 구조로 되어 있음을 보게 된다. 이는 군수산업부문이 내각 산하에 있는 국가계획위원회가 아닌

---

tralizing an Economy: The Role of Bureaucratic Corruption in China's Economic Problems," *Public Choice*, Vol.65, No.1, 1990, pp.85-91.

35) 한편 북한경제구조를 이렇게 계획기구적 측면에서 보지 않고 경제운용의 측면에서 살펴보면 당경제부문이 있음을 보게 된다. 당경제란 김일성사회주의체제 유지를 위해 운용되고 있는 경제부문으로서 중앙당 재정경리부인 제39호실에 의해 운용되고 있는 경제부문이다. 여기에는 김일성부자의 권력유지와 위세, 생활유지에 필요한 기업소, 협동농장, 외화벌이 기관 등이 따로 소속되어 운용되고 있다. 타마키 모토이 외, 감종우 역, 「김정일의 북한 내일은 있는가」(서울: 청정원, 1999), pp.155-9.

36) 「경제사전」 제1권(평양: 사회과학출판사), 1985, p.324.

37) 「경제사전」 제1권(평양: 사회과학출판사), 1985, p.325.

「제2경제위원회」라는 독자적인 계획기구에 의해 생산과 소비, 수요와 공급 등 전체 계획이 결정되어 자체적으로 경제활동이 이루어지는 구조로 되어 있기 때문이다. 국가계획위원회가 내각의 한 기관으로서 노동당 중앙인민위원회의 지도관리하에 당의 정책을 반영하는 경제계획을 수립·진행하고 있다면, 「제2경제위원회」는 북한의 최고 권력기관인 국방위원회의 산하 기구로서 군수산업과 관련된 계획, 생산, 재정, 원자재공급, 소비까지 독자적으로 담당하고 있다. 따라서 북한의 경제구조는 민수산업의 계획을 담당하는 「제1경제위원회」(1차 경제)와 군수산업의 계획을 담당하는 「제2경제위원회」(2차 경제)로 분리된 이원적 구조로 되어 있다고 할 수 있다. 그리고 일부 민수산업 생산기업소 중 군수산업과 연관되어 있는 기업은 '일용분공장', '일용공장'이라는 명칭 하에 '제2경제위원회'가 지시한 군수생산품도 생산함으로써 결국 두 개의 계획기관으로부터 별개의 노르마를 달성하지 않으면 안 되도록 되어 있다. 북한경제구조에서 군수경제부문인 2차 경제부문의 과다한 비중은 1970년대 이후 북한이 발표하는 재정지출에서 군사비 지출이 17%에서 11% 시이를 오가고 있지만, 실제로는 매년 북한 GNP의 25-30% 정도가 군사비 지출로 들어가는 것으로 예측되고 있음을 볼 때, 북한경제 침체의 주요 요인이라고 할 수 있다.[38]

북한은 유일체제 확립과 함께 사회주의혁명과 건설사업에서 정치·사상 사업 우선, 자력갱생, 경제건설과 국방건설의 병진, 속도전을 비롯한 대중동원, 강력한 농업집단화와 집단적 소유(협동적 소유와 전인민적 소유) 등을 추진함으로써 경제발전의 동력을 상실하고 침체의 길로 접어들게 되었다. 최근 북한은 강성대국 건설의 기치 하에 경제회생에 주력하고 있으며, 이는 김정일 총비서의 경제부문 현지지도가 현저히 증가한 사실로도 알 수 있다. 이러한 노력과 국제사회의 지원 등에 힘입어 북한경제는 1998년을 고비로 하여 점차 회복기미를 보였다. 특히 농수산업, 광공업 및 건설부문 등의 회복에 힘입어 1999년도 북한의 경제성장률은 6.2%를 기록하여 1990

---

38) 이 때문에 북한경제구조는 3중 경제구조라고도 말해지고 있다.

년 이후 처음으로 플러스 성장을 기록하였고, 2000년에도 1.3%의 플러스 성장을 보여주고 있다. 그러나 이와 같은 성과는 주로 국제사회의 지원에 따른 일부 공장의 가동률 증가와 유휴노동력을 활용한 건설부문의 외연적 성장의 결과로서 침체된 실물경제가 회생되었다고 보기에는 무리가 따른다. 특히 산업 비중이 높은 중화학공업은 계속되는 생산부진에서 완전히 벗어나지 못하고 있으며, 식량난 및 에너지난도 대부분 외부지원에 의존하고 있기 때문이다.

6) 경제고립으로 인한 국제적 위기

북한의 개혁·개방 추진을 가져온 중요한 동인은 국제적 위기에서도 찾아볼 수 있다. 현재 북한이 당면하고 있는 국제적 위기는 국제적 연결효과로 인해 정치경제적 위기를 가져왔다는 점에서 여타 사회주의국가가 직면한 국제적 위기와 유사한 양상을 띠고 있다. 그러나 다른 사회주의국가의 국제적 위기가 사회주의체제의 연결효과와 함께 자발적인 세계시장과의 연결 속에서 발생한 데 반해서, 북한의 국제적 위기는 사회주의체제의 파생으로 인한 경제적 위기의 도래와 함께 미국을 중심으로 하는 서방국가들의 북한에 대한 직접적인 정치경제적 압박이 더욱 큰 원인으로 작용했다는 점에서 여타 사회주의국가들과 구분된다. 사회주의체제와의 연결효과와 관련한 북한의 국제적 위기는 사회주의 경제권의 붕괴로 인한 국제시장의 상실이 가장 커다란 영향을 미쳤다고 할 수 있다. 그 결과 외환조달을 위한 수출시장이 사라짐으로 인해서 새로운 기술과 필요한 자원, 에너지 구입을 위한 자본이 사실상 불가능해졌다. 북한의 외환부족은 앞에서 살펴 본 바와 같이 수입에 의존하는 무역구조, 외채의 상환을 위한 차관의 도입으로 인한 외채의 함정, 상환능력의 부족으로 인한 국제사회의 신용도 실추, 자립경제노선의 추구 등이 맞물리면서 지속적으로 악화되어 왔다. (표 5-6)에서 보는 바와 같이 북한의 외채규모와 명목 GNI대비 외채의 비중은 1990

년 이후 지속적으로 증가하고 있다.

<표 5-6> 북한의 외채규모 추이

(단위: 억 달러, %)

구 분	1990	1991	1992	1993	1994	1995	1996	1997	1998	1999	2000
외 채	78.6	2.8	7.2	103.2	106.6	118.3	120.0	119.0	121.0	123.0	124.6
외채/명목GNI	34.0	0.5	6.0	50.3	0.3	53.0	56.1	7.2	6.8	77.8	74.2

자료: http://bok.or.kr/, 2002년 11월 30일 검색.

또한 그동안 북한에게 유리한 우호가격 구조가 파괴됨으로써 원자재, 에너지를 구입하는 데 있어 국제시장가격을 기준으로 하여 지불해야 함으로써 추가로 새로운 비용부담을 안게 되었다. 반면에 물물교환체계가 불가능해지고 경화결제 요구가 많아짐으로 인해 경화에 대한 필요성은 더욱 증가하였다. 또한 소련 등 외국으로부터의 차관 및 지원이 불가능해짐으로써 경제계획 수행에 심각한 차질을 빚었다. 이러한 속에서 원유도입대금을 조달하는 것이 여의치 않게 되고, 이에 따라 심각한 에너지난에 봉착하게 되었다. <표 5-7>에서 보는 바와 같이 원유도입량은 우호가격제가 폐지되고 경화결제가 요구되었던 1990년대 들어 급격한 감소추세를 보이고 있다. 1994년 북미 간의 제네바합의가 이루어지고 1995년 미국의 대북경제제재 완화조치가 있었던 1995년에는 일시적으로 원유도입량이 증가하는 추세를 보였으나, 1996년 북미 간 미사일협상이 결렬된 후부터 다시 급감하였다.

<표 5-7> 북한의 에너지 공급 추이

(단위: 만 톤, %)

구 분		1989	1990	1991	1992	1993	1994	1995	1996	1997	1998	1999	2000	2001	2002
석 탄	양	3,508	3,315	3,100	2,920	2,710	2,540	2,370	2,100	2,060	1,860	2,100	2,250	2,310	2,190
	증감률	6.3	-23.4	-6.4	-5.8	-7.2	-6.3	-6.7	-11.4	-1.9	-9.7	12..9	7.1	2.7	-5.6
원유 도입	양	-	252.0	189.0	152.0	136.0	91.0	110.0	93.6	50.6	50.4	31.7	39.0	57.9	59.7
	증감률	-	-25.0	-19.5	-10.5	-33.0	20.8	-14.6	-46.2	-1.2	-36.6	23	48.5	3.1
발전량	양	294.0	277.4	263.0	247.0	221.3	231.3	230.0	212.7	192.7	169.5	185.7	194.0	201.5	190.4
	증감률	4.2	4.2	-5.0	-6.1	-10.5	4.5	-0.4	-7.4	-9.4	-11.9	9.2	4.5	4.1	-5.7

자료: 통일부, 「북한이해」, 2004, pp.154, 한국은행.

북한의 에너지 공급문제는 현재 북한의 산업가동률을 30% 이내로 떨어뜨리게 한 직접적인 원인으로서 최근에는 오히려 식량난보다도 더 심각한 문제로 대두되고 있다. 북한의 공업구조가 에너지 다소비형인 중화학공업 중심으로 구성되어 있기 때문에 이러한 에너지의 급격한 감소는 당연히 북한경제를 단시일 내에 빈곤의 함정으로 유도할 수밖에 없었다. 이러한 총체적인 에너지 부족문제를 해결하기 위해 북한은 1998년도에 들어서면서 "전기문제가 풀려야 쌀도 나오고 문제가 풀린다"며 총력을 기울이고 있다. 이에 대체연료의 개발이나 조수력, 풍력, 하천의 낙차를 이용한 중소형 발전소 건설과 더불어 대형 수력발전소 건설로 해결하려 하고 있다. 그러나 중소형 발전소는 산업경제 정상화에 필요한 전력난 해소에 큰 도움을 주지 못하고 있고, 최근 준공되고 있는 안변청년2호 수력발전소나 태천 수력발전소는 강우량이 일정하지 않고 갈수기에는 완전 가동이 어렵다는 점에서 당장의 전력난 해소에 큰 도움을 주지 못하고 있는 실정이다. 또한 기존 발전소들은 노후화를 넘어 물리적 수명이 다된 설비들로서 대대적인 시설 보수 내지는 교체가 요구되는 현실에 놓여 있어 근본적인 대책을 요구하고 있는 실정이다.

이에 북한 당국은 2003년 「에너지문제 해결 3개년 계획」('03-'05), 「3단계 전력증산계획」 중 1단계('03-'05) 계획의 실시, 「2차 과학기술발전 5개년 계획」('03-'07) 등을 세우고 노후화된 설비들의 교체나 보수, 전력 및 석탄생산에의 자본·노동력·수송 등의 집중 배분 등의 노력을 동원하면서 해외 기업 및 외국과의 협력을 모색하고 있다. 그러나 내부예비자원의 동원이 이미 한계에 봉착해 있고, 외부와의 전력협력문제도 주변정세로 인해 쉽게 해결되지 못하고 있는 형편이어서 북한의 에너지문제는 당분간 지속될 것으로 전망되고 있다.[39]

북한 산업시설의 가동률을 떨어뜨리는 요인 중의 하나는 원부자재의 부족을 들 수 있다. 원부자재의 부족은 무엇보다도 에너지 부족으로 인한 공장가동률 저하에 기인함으로 결국 에너지난과 맞물려 있다고 할 것이다. 북한의 원자재난은 에너지 공급의 감소로 인한 산업생산의 전반적인 위축이 주요 원인이라고 할 수 있지만, 사회주의경제권의 붕괴로 인해 그동안 원자재공급원 역할을 해주었던 외부조달자원이 축소된 것도 주요한 원인이라고 할 수 있다. 주요 원자재 공급은 〈표 5-8〉에서 보는 바와 같이 1990년대 들어 급감하는 추세를 보이고 있다. 주요 원자재의 공급은 다소 공급량이 늘어난 2000년을 보더라도 1991년을 기준으로 할 때 철광석은 약 1/2, 비철금속은 약 1/2.5, 강철은 약 1/3, 비료는 약 1/2에 머물고 있다.

〈표 5-8〉 북한의 주요 원자재 공급 추이

(단위: 만 톤)

구 분	1991	1992	1993	1994	1995	1996	1997	1998	1999	2000	2001	2002
철 광 석	816.8	574.6	476.3	458.6	422.1	344.0	291.0	289.0	378.6	379.3	420.8	407.8
비철금속	22.7	17.8	16.4	16.0	15.4	11.6	10.8	9.7	11.7	9.6	9.2	8.7
강 철	316.8	179.3	185.9	172.8	153.4	120.8	101.6	94.5	124.3	108.6	106.2	103.8
시 멘 트	516.9	474.7	398.0	433.0	422.0	379.0	334.0	315.0	410.0	460.0	516.0	532.0
비 료	108.1	104.3	121.2	99.3	91.0	72.1	58.0	52.7	77.0	53.9	54.6	50.3

자료: 한국은행, 「북한의 GNP 추정결과」, 각 년도: 통일부, 「북한이해」, 2004, pp.157.

---

[39] 통일부, 「북한이해」, 2004, pp.153-6.

이러한 사회주의체제 붕괴에 따른 북한의 경제위기는 미국의 대북경제제
재 조치로 인해 더욱 심각한 상황을 맞이하게 되었다. 미국은 직접적인 경제
제재 조치를 통하여 북한에 대해 경제적 압박을 가하여 왔다.40) 미국은 지
난 1950년 12월 「적성국교역법」(Trading with the Enemy Act)에 따라 북
한을 적성국으로 지정한 후 지금까지 수출입, 투자, 재정적 거래 등 제반 경
제행위를 금지해 왔다. 실제로 미국은 북한에 대해 무역 및 금융거래의 실질
적 금지, 미국 내 북한자산의 동결, 경제적 지원 및 원조금지, 최혜국대우의
부정, 북한과의 무기거래 및 군수산업관련 수출입금지 등으로 현실화되어
왔다.41) 이러한 경제제재조치의 구체적인 내용은 미국이 북한을 적성국가,
공산국가 내지는 마르크스－레닌주의국가, 국제테러국가, 국제원자력기구
(IAEA: International Atomic Energy Agency) 안전협정을 위반한 핵무기
비보유국가, 인권침해국가, 미사일기술 국가활동국가로 규정함에 따라 각각
결정된다. 미국이 북한에 경제제재를 가할 수 있게 하는 관계법령은 적성국
교역법 외에도 「외국자산통제규정」(Foreign Assets Controls Regulation),
「수출관리법」(Export Administration Act) 등이 있다. 이 같은 경제행위의
금지는 소재지에 관계가 없는 것으로 미국기업이나 이들 기업의 해외 현지
법인 모두에 적용된다.

미국은 예외적으로 1989년 책자, 필름, 레코드 등 일부 정보물자(informa-
tional materials)의 대북 수출입과 인도적 기본수요를 충족시키기 위한 물품
(식량, 약품 등)을 상업적으로 북한에 수출하는 것을 허용했을 뿐이다. 한편
1994년 10월의 북미 제네바합의에 따라 1995년 1월 미국은 무역, 금융거래,
통신 및 정보 등 4개 부문에 합의하였다. 구체적인 내용으로서는 ① 통신 및
정보와 관련한 북미 간 전화통화 및 통신연결을 위한 거래 허용, 개인여행
및 관련 신용카드 사용 허용, 언론인들의 사무실 개설 허용, ② 금융거래와

---

40) 남궁영, "북한투자환경연구: 시장성 및 정치적 안정성을 중심으로," 「中蘇研究」
    (한양대학교 아태지역연구센터) 통권 92호, 2001/2002, pp.169-70.
41) Congressional Research Service, *Korea: Procedural and Jurisdictional
    Question Regarding Possible Normalization with North Korea*(Washington
    D.C.: The Library of Congress, November 29, 1994), pp.21-36.

관련한 미국에서 발생 또는 종결되지 않는 거래의 청산을 위한 북한의 미국 금융기관 거래 허용, 북한정부에 귀속되지 않는 자산의 동결 해제, ③ 기타 무역과 관련한 북한산 마그네사이트의 수입 허용, ④ 기본합의문 이행을 위한 기타 단계적 조치로서 워싱턴과 평양 간 연락사무소 개설과 활동을 위한 거래 허용, 미국기업의 대북경수로 지원·대체 에너지 공급·사용 후 핵연료 해체 등의 사업 참여에 대한 적용법규에 따른 사안별 검토 등이다.[42] 그리고 1999년 9월 베를린 북미고위급 회담 결과 북한이 추가적인 미사일 시험발사 유보를 시사함에 따라 일련의 대북한 경제제재 완화조치를 취하였다.

미국정부는 이 조치와 관련, 북한물품, 천연자원 및 민감하지 않은 물품 용역 수출, 농업 광업 목재 시멘트 운송 사회간접자본 관광 분야의 투자, 대북송금, 승인된 화물 운송, 북미 간 항공 운항 등을 허용하는 추가 해제 조치 의사를 표명하였으나, 이는 전면적인 규제 철폐와는 거리가 먼 것이었다. 한편 미국무부는 북한의 창광신용회사에 「이란 비확산법 2000」(Iran Non Proliferation Act of 2000)[43] 위반을 이유로 2002년 4월 6일까지 적용되는 경제제재 조치를 취하였다. 북한의 창광신용회사 및 산하의 모든 계열회사에도 적용되는 미국의 제재조치 내용은 미국의 모든 정부기구 및 기관의 동 회사에 대한 원조관련 행위금지이다.[44]

이러한 경제제재 조치뿐만 아니라 미국의 군사안보적 포위와 고립이 지속되는 상황 속에서 군사부문에 대한 과도한 투자도 북한체제의 위기에 중요한 요인으로 작용하였다. 즉 국제정치환경이라는 측면에서 보면 북한의 군사안보적 지지세력이었던 소련을 위시한 사회주의권이 붕괴되고, 핵·미사일 문제를 중심으로 국제적인 고립과 포위가 강화되는 속에서 체제의 생

---

42) U. S. Department of State, *Easing Sanctions Against North Korea*, January 20, 1995.
43) 이 법은 이란에 핵, 미사일, 생화학 무기 및 이를 개발할 수 있는 물질이나 기술을 제공했다는 신뢰할 수 있는 정보가 있을 경우, 해당 국가 및 기업에 대해 미국 대통령이 제재를 가할 수 있도록 한 것으로 2000년 1월 24일에 발효되었다. 「연합뉴스」, 2001. 1. 30.
44) 「美연방관보 공공발표문」 3539호, 「연합뉴스」, 2001. 1. 30.

존 및 자위의 필요성은 그 어느 때보다도 커지게 된 것이다. 이는 군사부
문에 대한 투자를 최소한 현상유지 내지는 증대시켜야 한다는 것을 의미했
지만 군사부문지출을 감소하지 못하는 이유로 인해 결국 이러한 군사부문
의 부담은 경제에 대한 질곡으로 작용했다. 뿐만 아니라 북한은 국제적인
고립과 포위가 진행되는 속에서 체제위기를 돌파하기 위한 수단으로 소위
'벼랑끝 외교전술'(brinkmanship tactics)이라는 핵과 미사일의 개발 및 수
출을 택하게 되고, 이에 대한 미국과 국제사회의 압력과 제재가 가중됨으
로써 북한의 체제위기는 더욱 악화되는 악순환 현상을 보였다.

2. 개혁·개방정책의 기조와 내용

북한은 1958년 사회주의적 생산관계를 완전히 구축하고 본격적으로 사
회주의 경제건설을 해나가는 1960년대 초까지만 하더라도 대외경제관계를
별로 중요시하지 않았다. 북한의 전후복구와 경제건설에 필요한 원자재가
소련을 비롯한 사회주의국가들로부터 무상원조로 유입되고 있었기 때문이
다. 따라서 북한 당국은 대외무역을 사회주의국가들과의 친선관계 발전을
통해 경제개발에 필요한 물자를 조달하는 정도로 인식하고 있을 뿐이었다.
이러한 인식은 1960년대 들어와 구소련을 비롯한 사회주의국가들로부터의
무상원조가 줄어들면서 차관으로 대체되고, 본격적으로 사회주의적 계획경
제 건설에 따라 대외경제관계의 확대가 현실적 차원에서 요구되는 상황에
서도 크게 달라지지 않았다. 대외무역이란 "현 단계에 있어서 우리가 자체
의 힘으로 생산하기 어렵고 또한 생산할 수 있다 하더라도 많이 요구되지
않은 수요품을 당장에 생산하기 위해 거액의 투자와 노력을 허비할 필요는
없습니다. 우리는 이러한 수요품을 언제나 민주시장(사회주의시장)에서 구
입할 수 있으며 또한 그 시장에 반드시 의거하여야 할 것입니다"라고[45] 김

---

45) 김일성, "소련 중화인민공화국 및 인민민주주의 제 국가들을 방문한 조선민주

일성 주석이 주장했던 것처럼, 자립경제건설과정에서 불가피하게 국내에서 생산될 수 없거나 부족한 국내공급을 충당하는 차원에서 활용되어야 하는 '보완적 경제수단'으로 간주될 뿐이었다.

한마디로 북한당국은 1960년대까지만 해도 대외무역을 국내경제 발전을 위한 수단이 아니라 각 나라가 지니고 있는 자연적·인위적 여건에 의해 불가피하게 발생하는 경제적 현상, 그리고 구소련을 중심으로 한 사회주의 국가들과의 경제교류를 발전시키는 정도로만 인식해 왔던 것이다. 그러나 중국과 소련 간의 등거리 외교에 의해 필요한 경제원조를 얻으려는 정책이 중소분쟁으로 실효를 거두지 못하고, 중국의 문화대혁명 때문에 중국으로 부터의 유상원조도 중단되면서 사회주의국가 일변도의 대외경제교류정책은 재고되지 않으면 안되었다. 그리고 북한의 경제규모 확대에 따른 '내포적 공업화'(Intensive Industrialization) 추진을 위해 보다 선진적인 자본설비 및 기술도입이 절실해짐에 따라 서방국가와의 대외경제관계가 확대되어 나갈 필요성이 제기되었다. 이에 북한은 1970년대에 들어오면서부터 서방 선진국가와의 경제협력관계를 추진하기 시작하었디. 이에 김일성은 "우리는 또한 우리나라와 좋은 관계를 맺으려하며 조선반도의 남과 북에 대하여 침략적 성격이 없는 균등한 정책을 실시하는 자본주의 나라들과도 평화공존의 5개 원칙에서 국가적 및 정치, 경제, 문화적 관계를 맺기 위하여 노력할 것입니다"라고 강조하면서 1970년대 들어오면서부터는 서방선진국가와의 경제협력관계를 추진하기 시작하였다.[46]

북한은 1984년 「합영법」을 계기로 본격적인 대외개방정책을 시도하기 시작했지만 본격적으로 새로운 무역체계를 도입하기 시작한 것은 1991년 김일성 주석의 「변화된 환경에 맞게 대외무역을 발전시킬 데 대하여」라는 연설을 통해서이다. 김일성 주석은 이 연설을 통해서 "변화된 환경은 우리

주의공화국 정부대표단의 사업경과 보고," 「최고인민회의 자료집」 제1집(서울: 국토통일원, 1988), p.634.

46) 권영경, "북한경제의 현황과 변화전망," 통일부, 「북한의 이해」, 2001, p.123(통일부 인터넷 자료 page 기준).

로 하여금 세계 자본주의시장에 대담하게 진출하며 대외무역에 전환을 일으킬 것을 요구하고 있습니다"[47]라고 밝히면서, "자본주의나라들과의 무역은 개별적인 자본가들을 대상하여 하기 때문에 위원회, 부들이 제각기 무역회사를 가지고 무역을 하는 것이 좋다"[48]고 밝힘으로써 북한의 개방정책에 하나의 전기를 마련하게 되었다. 또한 김일성 주석은 중앙인민위원회와 정무원 연합회의에서 행한 「현시기 정무원 앞에 나서는 중심과업에 대하여」라는[49] 연설을 통해 "나라의 경제를 발전시키려면 다른 나라들과도 무역도 하고 경제합작과 합영도 하여야 합니다. 그렇다고 하여 우리 일꾼들이 경제를 자본주의적 방법으로 운영할 생각을 하여서는 안 됩니다. 경제 분야에서 자본주의적 방법을 받아들이는 것은 결국 망합니다"라면서, "우리가 다른 나라들과 합영과 합작을 하려고 하는 기본목적은 다른 나라의 기술과 자금을 리용하려는 데 있습니다. 그러므로 다른 나라와의 합영, 합작은 다른 나라에서 기술과 자금을 대게 하고 기업관리는 우리가 하는 방향에서 하여야 하며 ……"라고 밝히고 있다. 뿐만 아니라 동 연설에서 사회주의체제의 붕괴와 관련한 북한경제위기의 타개 방안에 대해서도 "우리는 지난 시기에는 사회주의시장을 기본대상으로 하여 무역을 발전시켜왔는데…… 사회주의시장을 기본대상으로 하던 무역정책을 자본주의시장을 대상으로 하는 무역정책으로 전환시켜야" 한다고 밝히고 있다. 김일성의 이러한 주장은 사회주의체제는 유지하되 사회주의시장의 붕괴라는 정세변화를 반영하여 자본주의국가들로부터의 자본과 기술을 유치하겠다는 것이다.

이와 같이 1990년대에 들어오면서 북한은 자력갱생의 한계를 인식하고 발전전략의 수정을 모색한 것으로 보인다. 세계체제론적 시각에서 보면 김일성의 1991년 11월부터 1994년 7월 사망 직전까지 추진했던 이러한 정책변화 추구는 자력갱생식 상향이동 발전전략의 실패를 자인하고 외국자본의

---

47) 「김일성 저작집」 제43권(평양: 조선로동당출판사, 1996), p.231.
48) 「김일성 저작집」 제43권(평양: 조선로동당출판사, 1996), pp.235-6.
49) 「김일성 저작집」 제44권(평양: 조선로동당출판사, 1996), pp.15-6.

유치를 통한 개발촉진전략으로 수정, 혹은 외연적 성장전략으로부터 내포적 성장전략으로의 이행을 위한 시도라고 할 수 있다. 그러나 정치개혁을 수반하지 않은 외자유치 및 대외무역 확대노력은 성공을 거둘 수가 없었고, 북한의 이러한 한계는 김정일정권으로 하여금 다시금 개혁·개방 정책에 대한 부정적인 태도로 회귀하게 하는 주요한 배경이 되었다.[50]

김일성이 사망 이후 북한의 권력구조가 김정일체제로 이동하면서 권력관계를 반영하는 이데올로기적 변화가 나타나기 시작했다. 중국의 경험으로 미루어 볼 때 개방적 성격의 새로운 지도체제와 권력엘리트에 의해 개방의 효율성을 기대하기 위하여 추진하였던 개혁의 일차적 대상은 기존 체제의 모순에 연관되어 있었던 이데올로기를 변화시키는 것이었다. 주체사상이 사회운용의 원리로 작동하고 있는 북한에서 이데올로기와 현실은 상호 융합되어 있다는 점에서 현실에 영향을 미치는 정책노선의 변화는 이데올로기의 변화를 의미한다고 볼 수 있다. 정책의 한계는 이데올로기의 이론적·실천적 한계를 의미한다고 볼 수 있기 때문이다. 따라서 김정일에게는 북한체제의 강력한 결속력의 구심점으로 작용하여 왔던 주체사상의 이론적·기능적 저하현상에 직면하여 이데올로기의 재조정이 반드시 필요한 과제의 하나라고 볼 수 있다. 김정일의 이념적 지향성은 1994년 「사회주의는 과학이다」라는 문건을 통해 북한 사회주의의 성패가 과학적 운용에 달려 있다는 것을 주장하였다는 점에서 향후 북한이 정치, 경제, 문화 제반부문에서 실용주의로 전환할 것임을 상징적으로 보여주었다.[51]

그러나 현재 개혁·개방에 대한 북한의 입장은 김정일 위원장의 몇몇 논문과 「로동신문」의 사설에서 드러난 바와 같이 표면적으로는 상당히 부정적인 측면을 보이고 있다. 김정일 위원장이 지난 1992년에 발표한 「사회주의건설의 력사적 교훈과 우리 당의 총로선」이라는 담화에서 드러나고 있는 바와 같이, 사회주의 경제제도는 사회주의정권을 떠나서는 유지될 수

---

50) 고유환, "북한의 권력구조 개편과 김정일정권의 발전전략," 「국제정치논총」(국제정치학회) 38집 3호, 1988, pp.142-4.
51) 오병훈, "김정일체제의 대외경제정책전망," 「통일경제」 제4호, 1995, p.65.

152

없다는 점과 인민대중의 사상의식 강화를 중요한 과제로 제기하고 있다. 따라서 당의 영도적 역할과 사회주의국가의 통일적 지도기능을 약화시키고, 자본주의적 소유관계와 경제관리방법을 받아들이면서 사회주의를 개혁하거나 개편하는 것은 사회주의의 변질과정을 더욱 촉진하게 된다는 점을 강조하고 있다. 현재 사회주의체제에서 나타나는 위기현상들은 사회주의제도 자체의 문제가 아니며, 또한 이러한 문제들을 해결하기 위해 자본주의적 방식을 도입할 경우 체제의 위기가 가중될 수도 있음을 지적하고 있다. 이러한 내용은 북한의 우리식 사회주의 고수 및 사상 중시경향과 그 맥을 같이하는 것이다.[52] 또한 김정일 위원장이 1997년에 발표한 「혁명과 건설에서 주체성과 민족성을 고수할 데 대하여」에서도 혁명과 건설과정에서 항상 자기식의 방법과 방도를 찾고 이에 따르는 것이 중요하다는 점을 지적하고 있다.

뿐만 아니라 1998년 9월 17일 「로동신문」과 「근로자」의 공동논설이라는 이례적인 형식으로 발표된 논설에서는 북한은 자립적 민족경제 건설노선의 정당성을 강조하고 중공업 우선주의의 경제발전 노선을 밝히면서 외세의존 경제 및 세계경제의 일체화에 대한 강한 거부감을 표출했다. 이 논설에서 북한은 "자립적 민족경제는 자기 나라의 자원과 기술, 자기 인민의 힘에 의거하여 제발로 걸어나가는 경제이다. 이것은 자립적 민족경제가 자체의 잠재력과 온갖 가능성을 남김없이 동원하여 생산과 건설을 최대한으로 다그쳐 나갈 수 있는 우월한 경제라는 것을 말하여 준다"라고 하여 국제적인 경제협조와 선진적인 것의 적극적인 수용을 거부하고 내부자원의 동원을 통한 중공업우선의 자립적 민족경제건설을 표방하고 있다. 이에 대해 좀 더 자세히 살펴보면 동 사설에서는 "우리는 특수한 경제구조를 허무는 것을 추호도 용납할 수 없다. 인민생활을 높인다고 하면서 대외무역에만 추진하는 것은 옳은 해결방도로 될 수 없다. 물론 현실적인 발전요구에 맞게 경공업도 발전시키고 대외무역도 확대해 나가야 한다. 그러나 이 모든 사

---

52) 김정일, "사회주의건설의 력사적 교훈과 우리 당의 총로선"(1992년 1월 3일 조선로동당 중앙위원회 책임일꾼들과 담화 내용).

업은 자립적인 중공업을 발전시키는 기초 위에서만 가능하다"면서, "우리
는 앞으로도 중공업을 우선적으로 발전시키면서 경공업과 농업을 동시에
발전시킬데 대한 사회주의 경제건설의 기본노선을 튼튼히 틀어쥐고 나감으
로써 우리식 경제구조의 위력을 끊임없이 강화해 나갈 것이다"고 밝히고
있다.

한편 세계경제의 전지구화와 관련해서도 "제국주의의 세계경제일체화책
동의 본질은 모든 나라의 경제를 서방화, 미국화하여 세계경제를 통째로
저들의 지배권안에 넣는데" 있고, "원래 서방식, 미국식이라는 것은 양육강
식의 원리를 가장 철저히 구현하고 있는 자본주의적 방침의 전형"이라고
주장하면서 자본주의에 대한 강한 거부감을 보이고 있다. 뿐만 아니라 이
러한 자본주의 진영의 공세에 대한 북한의 대응으로서 "제국주의자들이 몰
아오는 개혁·개방 바람을 물리치는 위력한 방도는 경제사업의 모든 분야
에서 사회주의원칙을 지키는 것"이며, "우리에게는 이제와서 새삼스럽게
더 개혁할 것도 없고 개방할 것도 없다"고 밝히고 있다.

이러힌 김정일 위원장의 입장을 반영하듯이 북한은 1998년 9월 9일자
로동신문 사설에서는 "위대한 수령님의 혁명사상, 주체사상을 우리 공화국
의 영원한 지도사상, 지도리념으로 틀어쥐고 나가며 조국번영을 위한 모든
사업을 철두철미 수령님의 뜻대로 수령님식으로 해 나가야 한다"고 하면
서, 우리나라 사회주의를 더욱 발양시키는 것을 북한정권이 언제나 튼튼히
틀어쥐고 나가야 할 전투적 기치이며 혁명과 건설의 귀중한 교과서라고 주
장하고 있다.53) 뿐만 아니라 "혁명과 건설에서 주체성과 민족성을 확고히
고수하며 사회주의건설을 철두철미 우리식, 주체의 식으로 해나가야 한다"
고 주장하고, "강성대국건설에서 새로운 진격로를 열어놓기 위해서는 우리
식의 혁명방식을 철저히 구현해 나가야 한다"라는 입장을 밝힘으로써 북한
이 급진적인 개혁·개방을 추진하지 않을 것임을 분명히 하고 있다.54) 이
와 같은 김정일의 담화나 논문, 로동신문의 논설들을 살펴보면 북한의 개

---

53) 「로동신문」, 1998. 9. 9.
54) 「로동신문」, 1998. 9. 9; 「로동신문」, 1999. 1. 1 공동사설.

혁·개방에 대한 기본적인 인식은 개혁·개방의 실시는 자본주의적 요소의 북한으로의 유입을 가져오게 되고, 이는 우리식 사회주의의 체제안정을 위협하는 중요한 요인으로 작용한다는 것이다.

김정일 위원장과 북한의 입장이 부분으로나마 변화를 보이기 시작한 것은 1998년 김정일체제가 어느 정도 공고화되고 강성대국 건설을 본격적으로 추진하면서부터이다. 북한이 최초로 강성대국 건설을 언급한 것은 1998년 8월 22일자 「로동신문」에서이다. 북한은 1998년 9월 5일 최고인민회의 10기 1차 회의에서 김정일 비서가 공식적으로 국방위원장으로 추대된 이후 정권수립 50주년 기념 「로동신문」 사설을 통해 강성대국 건설이 김정일시대의 국가목표임을 분명히 했다. 또한 2000년 1월에 공동사설형태로 발표된 북한의 신년사에서는 1999년 강성대국 전환의 해에서 2000년은 강성대국 건설에서 결정적 진전을 이룩해 나가는 총진격의 해로 규정하였다. 이러한 강성대국의 기치 아래서 북한은 스스로 사상과 군사강국은 이미 달성된 것으로 평가하고 현 시기 최대과제로서 경제강국 건설을 설정하고 부분적인 변화의 바람을 보여주고 있다.

김정일체제 이후 북한경제에서의 실용주의 흐름은 과학기술 개발과 대외개방의 적극적인 추진이라는 측면에서 두드러지고 있다. 특히 7월조치와 신의주 특별행정구의 추진은 이러한 북한의 변화를 단적으로 보여주고 있는 것이라고 할 수 있다. 그러나 분명한 것은 개혁·개방에 대한 북한의 인식은 개혁·개방이 비록 북한의 경제난과 이로 인한 체제위기 극복의 현실적인 대안이기는 하지만 이러한 개혁·개방이 체제안정에 영향을 미치지 않는 경우에서 가능하며, 체제안정에 영향을 미치지 않는 범위 내에서 추진하고 있다는 점이다. 뿐만 아니라 북한의 개혁·개방 추진에 있어서 성패 여부는 대외적인 경제적 압력의 감소와 정치논리로부터 시장의 해방이라는 거대변수가 존재함으로 인해 김정일의 이러한 파격적인 조치들이 성공을 거둘 수 있을 지는 여전히 미지수로 남아 있다.

제6장 북한 개혁·개방 정책의 전개과정과 한계

1. 「합영법」 제정 이전

북한은 해방 이후부터 1948년 조선민주주의인민공화국 창설까지 구소련의 군정 하에 있었고 1991년 소련의 붕괴 이전까지 경제적인 면에서 소련과 최대의 경제관계를 유지해 왔다. 1950년대 들어 북한은 기본적으로는 사회주의 진영에 속하는 국가와의 친선 및 상호원조관계를 강화하고 주로 이들 국가들로부터 경제개발에 요구되는 물품을 수입하는 정책을 유지했다. 그러나 다른 한편으로는 대외무역에 대해 보다 현실적으로 접근하면서 대외무역을 발전시키기 위해서는 사회주의 시장과의 연계를 더욱 강화하고 자본주의시장과도 무역관계를 확대하려는 경향을 보였다.[55] 1960년대 들어서는 중국과 소련 간의 이념분쟁의 발발과 중국 문화혁명의 여파로 인해 무상원조의 완전중단과 유상원조의 감소라는 어려움에 처하게 되었다. 이에 따라 북한은 한편으로는 자력갱생에 기초한 대내지향적 공업화정책을 추진하는 동시에 다른 한편으로는 해외시장을 통한 무역상대국의 다각화와 서방국가로부터의 기술 및 자본도입 등 대외지향적인 정책을 추진하기 시작했다. 즉 자립경제 건설이라는 북한 고유의 경제발전전략을 추진함과 동시에 사회주의국가들과의 관계 재정립, 선진 자본주의국가와의 관계개선을 지향하는 대외경제정책을 모색하게 되었던 것이다.

1967년 12월 16일 최고인민회의 4기 1차 회의를 통해 북한은 소련에 의존하지 않는 경제적 기반을 확보하는 것을 대외경제정책의 기본으로 삼았다. 김일성이 "조선민주주의인민공화국 정부는 자력갱생의 깃발 아래 자기

---

55) 임강택, 「북한 대외무역의 특성과 무역정책의 변화 전망」, 연구보고서 98-11 (서울: 민족통일연구원, 1998), p.8.

의 역량과 국내의 자원을 최대한 동원해 자립적 민족경제를 건설하는 노선을 계속 견지하면서, 프롤레타리아 국제주의의 원칙과 완전한 평등, 그리고 호혜의 원칙에 의거해 외국과의 경제관계를 맺고 대외무역을 발전시키지 않으면 안된다"고 주장함에 따라 북한은 대외무역에 있어 자본주의국가와 '유무상통의 원칙'으로[56] 무역할 것을 밝혔다. 또한 1972년 12월에 열린 최고인민회의 5기 1차 회의에서 김일성은 평화공존의 5개 원칙에서 자본주의국가들과도 국가적 및 정치·경제·문화적 관계를 맺기 위하여 노력할 것임을 밝힘으로써 자본주의국가와의 관계개선 의지를 분명히 했다.

이러한 북한의 대외경제정책에서의 전환은 중공업위주의 경제성장전략이 한계에 부딪히고, 주요 경제적 지원국이었던 사회주의국가들로부터의 재원조달이 감소됨으로써 새로운 기술과 설비를 서방선진국들로부터 도입할 필요성이 제기됨으로써 이루어진 것이다. 또한 1970년대 국제정치환경의 화해무드의 조성은 일본과 호주를 비롯한 다수의 서방선진국들이 북한과의 무역거래를 확대하고 중단기적 신용장을 연장시키는 등 북한에 대한 태도를 변화시킴으로써 북한으로 하여금 서방선진국과의 무역을 확대하고,[57] 이들 국가들로부터 상당한 규모의 차관을 도입할 수 있는 계기를 마련해 주었다. (표 6-1)에서 보는 바와 같이 1970년대 이전 차관이 소련, 중국을 위시한 사회주의국가에서 전액 도입된 것에 비하여, 북한이 자본주의국가와의 관계개선을 표명한 1970년대 이후 차관도입은 OECD국에서 도입한 차관의 비중이 57.8%로 소련과 중국에서 도입한 차관의 비중을 크게 상회하고 있음을 볼 수 있다.

---

56) 북한에 없거나 부족한 물건을 자본주의국가에서 수입하고, 북한에서 남는 물건을 수출한다는 것이다.
57) 1951년 유엔이 북한에 대해 통상금지를 부과하는 안을 채택한 이후 서방국가들은 거의 20년 동안이나 평양과 정상적인 교역을 발전시키는 것을 거부해왔다. Alexander Popov, "북한의 경제침체와 대외경제관계," 황의각 외, 「북한 사회주의경제의 침체와 대응」(서울: 경남대학교 극동문제연구소, 1995), p.140.

(표 6-1) 북한의 국가별 무상원조 및 차관도입 실적(1961-76년)

(단위: 만 달러)

연 도	소 련		중 국		기타 사회주의국		OECD국		합 계
	무상원조	차관	무상원조	차관	무상원조	차관	무상원조	차관	
1966-1969	-	19,668 (58.4%)	-	10,500 (31.2%)	-	3,500	-	-	33,668
1970-1976	-	90,600 (41.5%)	-	160 (0.7%)	-	-	-	124,200 (57.8%)	214,960

자료: 국토통일원, 「북한경제통계집」, 1986.

한편 서방선진국과의 관계개선을 표방한 북한과 1970년대의 국제정치환경은 북한과 서방선진국의 교역량을 급격하게 증가시키는 요인으로 작용했다. 1972년 전략무기제한협정(SALT: Strategic Arms Limitation Talks)과 ABM(Anti-Ballistic Missile)협정으로 상징되는 미소 간의 데탕트의 전개와 닉슨정권의 핑퐁외교를 통한 중미관계 개선은 국제경제체제에서 이데올로기 장벽을 완화시켰다. 뿐만 아니라 일본과 중동 석유자원국가들을 중심으로 한 OPEC 국가들, 즉 비서방국가늘이 세계적 자원에서 중요한 경세행위의 주체로 등장하였다. 이에 따라 북한은 1971년부터 제1차 6개년 계획(1971-76)에 착수하면서 자본재와 기계·설비 및 기술들을 일본을 위시한 서방국가들로부터 차입하기 시작했다. (표 6-2)에서 보는 바와 같이 1975년을 기점으로 해서 북한의 서방선진국들과의 대외무역은 급격하게 증가되기 시작한다. 1970년 전체무역거래액에서 14.7%에 불과하던 북한의 서방선진국과의 대외무역거래액 비율은 제1차 6개년 계획의 후반기에 접어들면서 35.1%에 달함으로써 이 시기 북한의 대외경제정책의 변화를 극명하게 보여주고 있다.

(표 6-2) 북한의 대외무역동향(거래액의 비율)

연 도 국가 및 국가집단	1960	1965	1970	1975	1980	1985	1988	1992[3]
소련[1]	38.2	9.1	47.6	27.0	24.6	38.2	49.0	11.8
코메콘 국가들(소련제외)[2]	15.5	8.6	12.4	-	10.7	12.5	13.1	-
중국	33.1	26.7	12.3	28.5	21.6	15.6	7.9	28.2
선진공업국가들	3.2	13.3	14.7	35.1	27.2	22.0	19.2	30.7
기타 국가들	10.0	12.3	13.0	-	15.9	11.7	10.8	29.3
전 체	100.0	100.0	100.0	100.0	100.0	100.0	100.0	100.0

1. 1992년부터는 러시아와 CIS국가들.
2. 폴란드, 동독, 체코슬로바키아, 불가리아, 루마니아, 헝가리, 몽골, 베트남, 쿠바임.
   이들 국가는 1992년부터는 기타 국가들에 포함.
3. 추정치.
자료: *Foreign Economic Relation of USSR: A Statistical Report*(Moscow, 1991):
   Direction of Trade(N. Y.: IMF, 각 연도별): N. Bazahnova, *Foreign Relation
   of the DPRK*(Moscow, 1993), p.57, Alexander Popov, "북한의 경제침체와 대
   외경제관계," 황의각 외, 「북한 사회주의경제의 침체와 대응」(서울: 경남대학교
   극동문제연구소, 1995), p.141에서 재인용.

그러나 대외경제관계에 있어서 북한의 서방의 자본과 기술 등을 이용한
발전전략은 얼마가지 않아 그 한계를 드러내기 시작했다. 1970년대 이후
노정된 문제점은 대략 두 가지로 요약할 수 있는데, 우선 서방국가와의 교
역에서 무역적자의 급증과 북한의 서방신용장에 대한 지불의무의 실패가
그것이다.[58] 1974년을 기준으로 하여 대서방 무역적자는 북한의 총무역적
자액 6억 6,700만 달러의 약 80%를 차지했고, 이러한 무역적자는 곧바로
외채의 증가로 이어짐으로써 북한경제를 압박하는 요인으로 작용했다. 이
러한 외채의 증가와 함께 북한이 서방신용장에 대해 지불의무를 수행하는
데 실패함으로써 북한의 대외경제정책의 실패를 촉진하는 요인으로 작용하

---

58) 북한은 1970-75년 동안에 총 21억 4,000만 달러의 차관을 도입했는데, 이 가운
   데 58%에 해당하는 12억 4,000만 달러가 서방 선진국들로부터의 차관이었다.
   국토통일원, 「북한경제통계집」, 1986, pp.809-10.

였다. 다음으로 1970년대 불어닥친 오일파동은 서방경제의 침체를 가져왔고 원자재에 대한 수요를 감퇴시켜 북한의 주 수출품인 광물질과 금속류의 국제시장가격을 하락시켰다는 점이다. 이는 북한의 수출에 결정적인 타격을 가했으며 수출을 통한 외화획득을 사실상 불가능하게 만들었다.[59)]

이러한 속에서 서방으로부터의 차관의 전면중단과 함께 1976년 북한은 서방에 대한 채무불이행(default)사태를 겪게 되고, 외채에 대한 원리금과 이자 상환을 위해 다시 새로운 외채를 도입해야 하는 소위 외채함정(debt trap)에 빠지게 되었다. 따라서 비록 서방 선진국들이 장래성 있는 교역대상국이었고, 북한의 경제발전에 상당한 가치가 있는 현대적 기술을 가지고 있으며, 수출을 통한 외화의 획득과 이들과의 교류를 통한 국제사회에서의 신용획득을 위한 매력적인 교역대상국이었음에도 불구하고 상기한 요인으로 인하여 북한의 대외경제정책 전환은 실패로 돌아갈 수밖에 없었다. 결과적으로 북한은 서방 선진국들과의 무역 및 경제관계의 확장과 기반 마련에 실패함으로 인해서 다시금 사회주의국가들과 교류를 통한 경제발전에 의지할 수밖에 없는 상황에 직면하게 되었다. (표 6-2)에서 보는 바와 같이 1975년 이후 소련과 코메콘 국가들을 제외한 선진공업국가들을 비롯한 기타 국가들과의 무역거래액의 비중이 급격하게 감소하고 있는 것은 이러한 사실을 잘 보여주고 있다.

2. 「합영법」 제정에서 사회주의체제 붕괴 이전까지

1970년대 이후 만성적인 무역적자와 외채가 증가하는 상황에서도 북한의 대외경제정책은 사회주의국가와의 경제관계를 유지하는 동시에 자본주의국가와의 경제관계를 개선하고자 수출증대를 통한 외화획득과 이를 통한

---

59) 연하청, "북한의 무역 및 대외경제협력," 이태욱 편, 「북한의 경제」(서울: 을유문화사, 1990), p.188.

외채문제의 해결이라는 경제정책을 유지하게 된다. 이와 같은 기조는 1979년 김일성 신년사에서 잘 드러나 있다. 김일성 주석은 신년사에서 "우리나라의 대외관계가 매우 넓어지고 경제의 규모가 비할 바 없이 커진 오늘의 현실은 대외무역을 더욱 발전시킬 것을 요구"하고 있으며, "인민경제 모든 부문에서 수출품을 우선적으로 생산하며 그 질을 높이고 납입기일을 어김없이 지켜야 할 것"임을 강조하고 있다. 그러나 이와 같은 북한의 의도는 폐쇄경제체제에 따른 자본과 기술의 부족, 경영관리의 비능률성과 경직성 등의 국제경쟁력 부족과 1970년대 말의 제2차 오일파동으로 인한 세계경제의 전반적인 침체로 인해 다시금 실패로 돌아갈 수밖에 없었다.

이러한 속에서 김일성 주석은 1984년 1월 26일 최고인민회의 7기 3차 회의에서 "우리와 외교관계를 맺고 있는 구라파자본주의 나라들과 여러 분야에서 기술교류와 경제합작을 널리 발전시켜야 하며, 북한과 아직 외교관계가 없는 자본주의 나라들과도 경제관계를 발전시켜야" 할 것을 강조한다. 이러한 교시의 구체적인 실행형태가 바로 동년 9월에 제정된 「합영법」이었다. 「합영법」은 상환부담이 없는 외국인의 직접투자를 유도하기 위해 외국과의 합영사업을 통해 경제발전의 기반을 조성하고자 하는 것이었다. 또한 수출산업을 육성함으로써 무역의 다각화와 다양화를 추진하고자 했던 것이다. 그러나 「합영법」을 제정하게 된 보다 직접적인 원인은 상기와 같은 대외경제정책의 실패로 인해서 서방국가들로부터 차관의 도입이 불가능해졌기 때문이다. 1970년대 초반에 도입한 차관에 대한 원리금 상환의무를 이행하지 못한 북한이 선택할 수 있는 방법은 외국과의 합작투자가 유일한 대안이었기 때문이다. 이로써 경제합작을 외국에의 경제종속이라는 인식을 가지고 자력갱생의 원칙과 인민경제의 주체화를 주장했던 북한은 1984년 9월 외국인의 직접투자를 유치하기 위한 26개 조항의 「합영법」을 제정 공포하였다. 그러나 「합영법」 역시 별다른 성과를 거두지 못하고 말았다.[60]

---

60) 남궁영, 「북한 경제개방정책의 변화와 성과: 외자유치정책을 중심으로」(서울: 민족통일연구원, 1998), p.9. 합영계약 제1호로 1985년 프랑스와 공동 추진했던 양강도 호텔 건설사업은 건설과정에서의 북한의 의무 불이행으로 프랑스가 중

「합영법」에 따른 서방자본의 유치가 불가능해지자 북한은 조총련 자본을 끌어들이는 방향으로 외국인 투자정책을 전환하였다. 조총련과 합영이 어느 정도 이루어지자 북한은 1988년 11월 정무원 산하에 합영공업부를 신설하고 이제까지 조총련과의 합영사업 추진의 창구역할을 해 온 조선국제합영총회사를 합영공업부의 한 부서로 흡수하였다. 그러나 외국인 투자유치실적이 부진함에 따라 합영공업부는 1990년 5월에 폐지되고 대외경제사업부의 합영공업총국이 합영사업을 관장하게 되었다. 실제로 합영법 제정 이후 외국인 투자건수는 매년 약 20여 건에도 미치지 못함으로 인해 합영법은 북한의 해외자본 유치에 별다른 기여를 하지 못했다. 조총련계의 투자도 취약한 자금사정 및 신용상의 문제로 인해 대부분 소액투자가 이루어짐으로 인해서 북한경제에의 기여는 극히 낮은 편이었다. 합영사업의 추진에 있어서도 경영, 소유, 인사권이 극히 제한됨으로 인해 외국자본의 투자를 유인하지 못했다.[61]

합영사업이 성공하지 못한 이유는 정책적 의지와 기술적·제도적 장치의 미비에 따른 것으로 파익힐 수 있다. 우선 정책적 의지와 관련해서는 북한당국의 경제협력에 대한 소극적인 태도가 절대적인 원인이었다. 합영기업의 활성화를 위해서는 기업경영에 있어 시장경제적 방식의 채택이 절대적인 조건이라고 할 수 있다. 그러나 북한은 이러한 경영방식이 북한의 정치적 원칙에 위배됨을 근거로 허락하지 않았다. 제도적 장치와 관련해서는 투자보장이나 과실송금, 기타 영업활동을 보장할 수 있는 법적·제도적 미비점, 북한의 낮은 국제신용도 및 홍보부족, 수송 및 통신체계와 같은 북한의 열악한 사회간접자본도 주요한 장애요인으로 작용했다.

도 포기하였으며, 일본과의 합영사업도 대일채무문제로 불발에 그치고 말았다.
61) 대한무역진흥공사, 「북한투자실무」, 1993, p.137.

3. 사회주의 붕괴와 경제특구의 설치

　1980년대 말부터 진행된 동유럽국가들과 소련의 붕괴는 사회주의의 이념과 이에 상응하는 이들 국가의 정치체제의 몰락을 가져왔을 뿐만 아니라 외부세계와의 경제적 관계에 대한 재평가를 시도하게 하였다. 결과적으로 코메콘은 1991년에 해체되었고,[62] 북한은 다른 사회주의국가와의 교역에서 달러와 세계시장가격으로 교역대금을 지불하는 결제시스템을 도입하였다. 이에 따라 북한과 소련은 11월 2일 무역결제를 국제가격 및 경화로 결제할 것을 합의하였다. 이러한 속에서 북한경제는 더욱 커다란 난관에 봉착하게 되었고, 북한으로서는 구사회주의국가와의 관계 유지 외에도 자본주의국가들과의 관계를 개선하고, 그들의 자본을 북한으로 끌어들일 수 있는 방안을 모색하지 않으면 안 되었다. 이에 따라 북한은 1991년 12월 28일 정무원 명령으로 나진·선봉 자유무역지대 설치를 발표하고, 이 지역에서의 외국인 투자활동을 보장하기 위한 적극적인 홍보활동을 벌였다.[63] 이어 외국의 자본과 기술유치를 법적으로 뒷받침할 수 있는 외국인 투자의 법적 근거조항을 사회주의 개정헌법에 신설하는 한편, 이와 관련된 각종 외자유치 관련법규 및 시행규정을 제정·개정하여 법적 투자환경을 개선했다.

---

62) 실제적으로 코메콘은 1990년도에 이미 그 기능이 정지되었다. 1990년 1월 9일 열린 코메콘 제45차 총회는 종전의 루블결제를 경화결제로 이행할 것을 결정하고, 소련은 6월 2일 코메콘 가맹국에 대해 이를 실시할 것을 통고했다.
63) 나진-선봉지구에 대한 외국인 투자유치를 위한 사전작업으로서 북한의 조선아시아무역촉진회는 1991년 4월 일본의 동아시아연구회와 일조무역회 대표단을 초청하여 소련과의 무역방식변경이 북한경제에 엄청난 영향을 미치고 있기 때문에 앞으로 일본을 비롯한 아시아 국가들과의 경제관계를 수립하고 싶다는 의사를 전달하고 나진·선봉지구에 경제특구를 설치할 계획이 있음을 알린 바 있다.

(표 6-3) 북한의 대외개방관련법규 정비실태

발표 일자	주요 외자 법규
1984. 9. 8	합영법
1991. 12. 18	나진 - 선봉지역을 자유경제무역지대로 지정
1992. 4. 9	외국인 투자법, 외국인기업법, 합작법, 합영법 시행세칙(개정)
1993. 1	외국인 투자기업 및 외국인 세금법, 외회관리법, 자유경제무역지대법
1993. 10-12	토지임대법, 외국투자은행법, 세관법, 자유경제무역지대 외국인출입 규정, 외국투자기업 노동규정
1994. 1-12	개정 합영법, 자유경제무역지대 외국기업 상주대표사무소 규정, 세금법 시행규정, 외국인기업법 시행규정, 자유무역항 규정, 민사소송법, 외국인체류 및 거주 규정, 외화관리법 시행규정, 토지임대법 시행규정, 외국투자은행법 시행규정
1995. 2-7	대외경제계약법, 자유경제무역지대 세관규정, 합영법 시행규정, 자유경제무역지대 중계짐 임대자 대리업무규정

출처: 민주평화통일자문회의, 「북한의 오늘」, p.132: 「국방논집」 제43호, 1998년 가을, p.124에서 재구성.

북한의 외국인 투자는 크게 세 가지로 구분되는데, 북한은 그들이 제정한 외국인 투자법에서 외국투자기업의 형태를 합영기업, 합작기업, 외국인기업 세 가지로 규정하고 있다. 합영기업(equity joint venture)은 투자당사자들이 출자한 지분에 따라 경영권을 갖고 이윤과 손실을 분배하게 되며, 출자한도 내에서 책임을 지는 유한회사를 말한다. 합영기업의 등록자본규모에 관하여 1984년 「합영법」에는 제한이 없으나 1994년 개정 「합영법」에는 투자규모에 따라 총투자액의 30% 내지 70% 이하로 제한하고 있다. 또한 재일조선상공인을 비롯하여 해외에 거주하는 조선동포들도 투자가능하게 하여 소위 '조조'(조선, 조총련) 합영을 목표로 하였으나 개정 「합영법」에서는 공화국 영역 밖에 거주하고 있는 조선동포들과도 합영기업을 창설·운영할 수 있다고 규정함으로써, 사실상 한국기업의 투자도 가능하게 하고 있다.

합작기업(contractual joint venture)은 일종의 생산분여방식 또는 기술공

여계약에 의한 투자기업으로서 합작계약의 조건과 형식, 출자형태 등에 따라 매우 다양하고 유연한 조직형태를 취할 수 있는 것이 장점이다. 북한의 경우 합작기업을 북한측 투자가와 외국 측 투자가가 공동으로 투자하고 북한측이 생산과 경영을 하며, 합작계약조건에 따라 상대측의 투자 몫을 상환하거나 이윤을 분배하는 기업으로 정의하고 있다. 외국인기업(wholly foreign-enterprises)은 외국 측이 100% 전액 출자하여 설립되는 기업으로 자유경제무역지대 내에 창설 운영할 수 있으며, 경영권은 전적으로 외국 측에 있다. 1984년 「합영법」에서는 외국인 투자기업의 대상은 공업, 농업, 건설, 운수, 체신, 과학기술, 관광, 유통, 금융을 비롯한 업종선정기준이 명확했다. 그러나 개정 「합영법」에서는 첨단기술을 비롯하여 현대적 기술을 도입하는 대상이나 국제시장에서 경쟁력이 높은 제품을 생산하는 대상, 하부구조, 건설대상, 과학연구 및 기술개발대상들에 대한 외국인 투자를 장려하였으며, 수출가능한 상품의 투자를 주요 투자 대상으로 하였다.[64]

---

64) 박형래, "북한의 투자관련 제도와 대북투자 결정요인 분석에 관한 연구," 「통일문제연구」(강릉대학교 통일문제연구소) 제13집, 1997. 2, p.106; 이의규, "북한의 대외개방정책," 황의각 외, 「북한 사회주의경제의 침체와 대응」(경남대학교 극동문제연구소, 1995), p.238.

〈표 6-4〉북한의 외국인 투자기업 형태와 내용

기업 형태	구 분	내 용
합영기업	출자지분	합의에 따라 결정
	계약기간	10년이 원칙, 그 이상도 가능
	관세면제	수입관세 면제
	토지사용	최고 50년간 임대, 양도 가능
	고용, 해고	노동기관을 경유
	원자재 구입	국내구입 불가능시 대외구입. 국내구입 시 국제가격 기준 외화 지급
	감자제한	등록자금, 출자총액 감자 불가
	내수판매	합영자재상사를 통해 판매. 판매대금을 자재대금, 임금 등으로 지출
합작기업	조직형태	북한의 법인(합영, 외국인기업도 동일)
	경영형태	북한 측 단독 운영
	이윤분배	투자 상환, 이윤분배는 합작제품으로 하는 것이 원칙
	재산소유권	규정 없음
외국인기업	설립지역	자유경제무역지대
	설비요건	규정 없음
	고용, 해고	노동행정기관과 계약
	노동조합	직업동맹조직 활동 보장
	감자제한	등록자본 감자 불가

자료: 이의규, "북한의 대외개방정책," 황의각 외, 「북한 사회주의경제의 침체와 대응」(경남대학교 극동문제연구소, 1995), pp.241-2에서 재구성.

한편 개방전략을 수행하는 데 있어서 다음의 조치로 북한은 대외경제를 담당하는 부서를 통폐합하여 개방의 주체를 대내적으로 분명히 했다.[65] 1992년 12월 11일 최고인민회의 제9기 4차 회의에서는 정무원 산하의 대외경제 관련부서 중 「무역부」와 「대외경제사업부」를 「대외경제위원회」로 통

---

65) 박재규, 「북한의 신외교와 생존전략」(서울: 나남, 1997), pp.165-6.

폐합시킴으로써 모든 대외경제업무를 「대외경제위원회」로 단일화시켰다. 또한 위원회 내에는 북한과 공식적인 통상관계가 없는 국가와의 무역 및 경제협력을 촉진하는 창구역할을 수행하는 기구로서 「조선대외경제협력추진위원회」와 「조선국제무역촉진위원회」를 두고 있다.[66] 나진－선봉을 중심으로 하는 모든 대외경제활동과 대서방 경제활동은 바로 「조선대외경제협력추진위원회」를 통해서 이루어지고 있다.

(표 6-5) 나진－선봉경제특구와 심천 경제특구 비교

구 분	북한 나진·선봉 경제무역지대	중국 심천 경제특구
위 치	함북 북동부 러시아 접경	홍콩 인근 광동성
인 구	30만 명	7백만8천여 명
면 적	746㎢	391.7㎢
지정일	1991년 12월	1980년 8월
법적 근거	정무원 결정 84호	광동성 경제특별구역 조례
정치제도	무역성과 나선시 인민위원회가 통치하는 중앙정부 소속 행정기관 중앙정부 직접 통제 속에 외국자본 유치 노력	중국 정부와 광동성 지방정부 소속 정치적 독자권 없음
경제적 위치	동해에 인접, 러시아 교역에 유리 화학·철강 등 중공업 중심	외국자본 및 기술 유치를 위한 수출 산업단지 홍콩과 마카오에 인접 컨테이너 교역규모 세계8위 전자·방직·경공업·기계 산업 중심

자료: 통일부, 「신의주특별행정구 지정 관련 설명 자료」, 2002. 9에서 재구성.

나진－선봉지구에서의 경제관리가 갖는 의의는 북한 전지역에 걸친 계획경제식 관리체계 속에서 유일하게 이곳에서만 시장경제식 관리체제가 운영된다는 점이다.[67] 북한당국은 자유경제 무역지대의 선포 이후 각종 법적

---

66) 통일원, 「'95 북한개요」(통일원 정보분석실, 1995), p.235.

장치를 마련하는 한편 단계별 개발전략과 함께 지역별 개발전략을 수립하였을[68] 뿐만 아니라, 전례 없이 대외적으로 외국의 투자를 유치하기 위한 적극적인 홍보활동도 전개하여 왔다. 1992년 2월 정무원에서는 「대외무역에서 혁명적 전환을 일으킬 데 대한 결정」을 채택하면서 무역을 전면적이고 대대적으로 발전시키기 위해 인민경제의 모든 부문, 모든 단위에서 수출대상을 최대한 찾아내어 시장을 널리 개척하며 대외수출을 획기적으로 늘릴 것과[69] 수출지향적 대외무역정책에 역점을 둘 것을 결정하였다. 이것은 북한의 경제를 내수지향적인 경제구조에서 수출주도형 대외경제구조로 재편해야 한다는 것을 의미하는 것이다. 또한 이 결정은 생산자들이 대외무역을 대외경제위원회에서만 하게 하는 것이 아니라 생산을 담당한 위원회, 부들과 도행정경제위원회들에서 무역관리부서와 무역회사를 두고 자기 부문, 자기 지방에서 생산한 수출품들을 직접 내다팔고 필요한 제품들을 직접 사다 쓰게 하는 무역체계와 방법을 의미하는 것이었다.[70]

북한이 이러한 나진–선봉자유경제무역지대의 설치를 추진한 배경을 살펴보면 나음과 같다. 우선 대내적인 요인으로시 첫째, 심각한 경제침체의 문제이다. 즉 1984년 9월에 발표한 「합영법」이 실효를 거두지 못하였고, 북한이 경제회생을 위해 다각적인 방안을 마련하면서 추진해왔던 제3차 7개년 경제계획(1987-1993) 동안의 연평균 경제성장률이 -1.7%에 머물렀던 것이다. 구체적으로 국민소득이 목표대비 61% 수준, 연평균 대외무역실적은 52.5%, 그리고 주력산업부문의 목표수행률은 20-50% 수준에 머무르는 것으로 나타났다.[71] 뿐만 아니라 (표 6-6)에서 보는 바와 같이 제3차 7개

---

67) 백학순, "북한정권의 생존전략과 전망," 「남북한 이질화의 현황과 통합모델의 모색」, 세종연구소 주최 남북한 통합모델 학술회의 발표 자료집, 1995. 8. 25, p.9.

68) 북한은 이 지역을 동북아지역에서의 국제화물 중계기지, 수출 가공기지 및 국제적 관광기지로 개발하기로 결정하고 미국, 일본, 네덜란드, 독일 등 서방의 각국에서 투자유치를 위한 설명회를 개최하였다. 이에 대해서는 북한 대외경제협력추진위원회, 「황금의 삼각주: 나진·선봉」, 1993을 참조할 것.

69) 「민주조선」, 1992. 2. 26.

70) 리신효, "새로운 국제무역체계의 본질적 특징과 그 우월성," 「경제연구」, 1992. 4, p.30.

년 경제계획(1987-1993)의 성과는 애초에 수립했던 주요 목표에 훨씬 못 미치는 수치를 기록하고 있다. 그 결과 북한경제는 1990년대 들어서면서 연속적으로 마이너스 성장률을 기록할 정도로 더욱 악화되었다. 대외무역의 경우도 1990년대에 들어와서는 국민총생산이 10% 내외의 부진한 실적에 그치고 말았다. 이에 따라 1993년 국가운영에 대한 총괄적인 책임을 지고 있는 노동당에서는 전원회의를 통하여 그동안의 정책실패를 자인하고 향후 추진해야 할 당면과제를 "농업, 경공업, 무역제일주의"에 입각한 경제정책의 추진으로 결정하였다.

둘째, 이러한 경제특구의 설치는 일부지역에 한정된 경제개방정책으로서 동구와 같이 전면적인 개방을 수행하는 경우에 수반되는 정치체제변화의 위험성을 최소화할 수 있는 방법인 것이다. 개혁·개방 정책이 정부와 당의 통제 하에 점진적이고 단계적으로 추진된다고 하더라도 소규모 경제의 경우에 개혁·개방정책의 여파가 전체 국가로 확산되는 속도는 중국과 같은 대규모경제인 국가보다는 매우 빠르게 진행될 가능성이 높다. 경제규모가 적은 북한의 경우 적극적인 개혁·개방 정책을 시행할 경우 개혁·개방의 과정에 나타날 수 있는 체제안정과 관련된 문제들을 효율적으로 통제하기가 어렵다는 것이 그것이다.

---

71) 「북한의 제3차 7개년계획 종합평가」(서울: 통일원, 1994) 참조.

(표 6-6) 북한 7개년 계획(1987-1993)의 주요 목표와 결과

부 문	단 위	목 표	실제 결과(1992)
전 력	10억 kwh	100.0	28.0
철 강	만 톤	10.0	3.2
석 탄	만 톤	120.0	42.0
비철금속	만 톤	1.7	0.3
시 멘 트	만 톤	22.0	6.8
곡 물	만 톤	15.0	4.3
비 료	만 톤	7.2	*3.7

*1991년

자료: I. Bogdan, "North Korea: Economy at the Cross-road," *The Problems of the Far East*(Moscow, 1993), No.2; Kap-Young Jeong, "The North Korean Economy: Structure, Performance and International Comparison," Alexander Popov, "북한의 경제침체와 대외경제관계," 황의각 외, 「북한 사회주의경제의 침체와 대응」(서울: 경남대학교 극동문제연구소, 1995), p.153에서 재인용.

대외적 요인으로는 첫째, 중국의 경제특구 성공사례가 외화부족과 만성적인 경제부진의 어려움에 처한 북한에 영향을 주었다고 할 수 있다. 둘째, 나진-선봉지구에 자유경제무역지대의 설치는 1990년 7월 장춘(長春)에서 열린 동북아 지역개발회의에서 중국이 발표한 혼춘(琿春)개발계획에 대응한다는 의미가 강하다.[72] 즉 중국의 훈춘개발이 가속화되고 두만강지역개발에 대한 주도권을 중국이 갖게 될 경우 중계무역기지로서의 잠재력이 큰 나진, 청진이 제대로 활용되지 못할 뿐만 아니라, 중국에게 동해로의 출로만을 열어주게 되어 사회간접시설의 확충을 위한 외자유치 면에서도 불리하게 될 것이라는 인식에서이다.[73]

---

72) 북한은 1993년 11월 8-10일 서울에서 열린 「제2차 두만강지역 산업자원 협력 워크숍」에서 자유경제무역지대에 대하여 외자·내자를 합해 2010년까지 총 70억 달러 규모를 투자하는 개발계획을 발표하기도 했다.

73) 남궁영, "남북한 경제력 비교평가," 한국비교경제학회, 「남북한의 경제체제와 통합」(서울: 박영사), 1995, pp.56-92; 남궁영, "동북아 경제협력과 북한의 대외개방정책," 현대경제사회연구원, 「통일경제」 제16호, 1996. 4, pp.111-3.

　1991년 12월 자유경제무역지대가 설치된 후 북한에 실제적인 투자가 진행된 것은 1994년 10월 「북미기본합의문」이 조인된 후라고 할 수 있다. 「북미기본합의문」에 따라 미국이 북한으로 중유제공을 시작한 후 그리스의 스포라스 홀당사가 원유 가공공장에 투자할 의향을 표명했고, 영국의 셀태평양사가 10만 톤 규모의 원유 저장, 공급시설 건설을 위해 자유경제무역지대에 10만 헥타르의 땅 임대와 200만 달러의 선행투자를 결정했다.[74] 또한 이 기본합의문에 따라 통신분야와 금융분야에 대한 투자는 1995년 1월 20일 미국의 제재완화조치 발표 이후 조선국제보험회사와 네덜란드 국제은행과의 합영으로 400만 달러를 투입, 노스이스트뱅크 설립계약이 체결되었다. 동년 2월 27일에는 조선대성은행과 홍콩의 페레그린투자신탁회사와의 합영으로 1,500만 달러 초기투자로 페레그린대성개발은행 설립계약이 체결되었다. 통신분야에서는 1995년 9월 29일에 태국의 록슬리사가 합영으로 자유경제무역지대에서의 전화사업에 관한 계약을 체결했다. 사회간접자본건설부문에서는 홍콩의 신동북아 주식회사가 선봉국제공항과 나진의 헬리포트 건설 합영사업, 홍콩의 다이슨사가 650만 달러 투자로 자유경제무역지대에서 도로건설에 참가하는 것과 나진항에 10만 톤 규모의 시멘트공장을 건설하는 것, 대만기업이 나진항에서 화물통과능력 확대에 참가하는 것 등이 있다.[75]

　나진·선봉지역이 북한의 의욕적인 정책적 추진에도 불구하고 뚜렷한 성과를 내지 못한 원인은 우선 풍부하지 못한 노동력, 개방정책을 추진함에 있어서 정치적 논리의 적극적인 개입, 핵위기와 같은 대외적인 긴장관계의 조성, 내수시장의 고갈 등과 같은 초기여건의 불리함으로 인한 것이었다. 뿐만 아니라 나진·선봉 지구가 중국의 경제특구와는 달리 매력적인 투자조건을 갖추고 있지 못하였으며, 여러 가지 측면에서 기업경영의 환경이 열악한 것도 실패의 중요한 원인으로 지적될 수 있다.

---

74) 「조선중앙통신」, 1995. 3. 23; 「조선중앙통신」, 1995. 9. 14.
75) 「조선중앙통신」, 1995. 10. 14; 「조선중앙통신」, 1996. 2. 21.

4. 신의주 특별행정구 지정 이후

북한의 대외개방정책은 나진·선봉 지구 경제특구의 설치를 계기로 급진전되었으나 별다른 성과를 보이지 못하다가 앞서 밝힌 바와 같이 북미간의 핵문제에 대한 공동합의가 이루어짐에 따라 비로소 활기를 띠기 시작했다. 그러나 상당한 진척을 보이던 특구에 대한 투자는 1997년 여름부터 시작된 동아시아 외환위기를 기점으로 다시 움츠러들기 시작했다. 북한 대외교역의 약 75%는 동아시아 국가에 집중되어 있으며, 이들 국가의 경기침체는 북한교역에 직접적인 영향을 미칠 수밖에 없었던 것이다. 1998년 북한의 교역규모는 전년에 비해 약 34%가 감소한 14억 4천만 달러에 불과했으며, 북한의 수출은 35.8%나 감소했다.[76] 나진·선봉지구에 대한 투자도 급격하게 줄어든 것으로 알려져 있다.

이러한 북한의 대외개방정책의 실패는 외국투자자에게 있어서 정치적 환경이 결정적인 요인으로 작용하고 있는 북한체제의 특수성이 가장 기본적인 원인이라고 할 수 있다. 1993년 북한핵무기 개발 의혹, 1994년 김일성 주석의 사망, 그리고 1995년과 96년 두해에 걸친 수해와 냉해는 북한의 개방노력을 실패로 돌아가게 하는 중요한 역할을 하였다. 북한의 경제제일주의에 입각한 정책추진은 1993년 IAEA에 의해 북한핵무기 개발의혹이 제기되면서 대외환경이 극도로 악화되는 사태에 직면하였다. 북한의 핵무기 개발의혹은 남북한관계의 경색은 물론이고 한반도에서의 군사적인 긴장고조와 대북 경제제재와 압력을 가중시키면서 전면적인 고립을 초래하였다. 더욱이 1994년 김일성의 갑작스런 사망은 북한체제의 존립기반을 더욱 악화시키면서 북한은 김정일정권 출범 이래 최악의 총체적 위기에 직면하게 되었다.[77] 뿐만 아니라 북한은 대외개방을 자주노선의 보조수단으로 사용

---

76) 한국은행, 「1998년 북한 GDP 추정결과」, 1999.
77) 북한은 김일성의 사망에 따른 충격에도 불구하고 김정일을 새로운 지도자로 추대하면서 정국안정의 구심점을 유지했다. 김일성 이후의 정국운영의 방침도

했기 때문에 대외개방을 추진한 이후에도 주체식 계획경제의 근간으로 작
용하고 있는 경제제도나 발전전략의 측면에서 근본적인 변화를 이루지는
못했다.

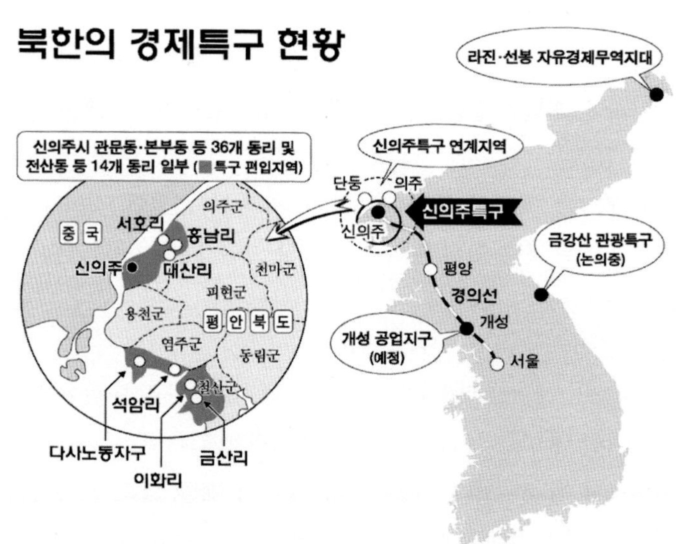

(그림 6-1) 북한의 경제특구 현황

자료: 통일부, 「신의주특별행정구」 지정 관련 설명 자료, 2002. 9.

이러한 경제특구의 실패는 북한으로 하여금 경제난을 극복하기 위한 대
안의 부재라는 심각한 문제를 제기했으며, 북한에게는 외자유치의 절실함
과 이를 위한 획기적인 개혁·개방 정책의 수립 필요성이 제기되었다. 북
한은 정치체제가 본격적으로 새롭게 정비되는 1998년부터 새로운 경제발전

김일성의 유훈을 계승하여 김일성시대의 정책노선을 그대로 견지해 나간다는
입장을 천명했다. 김정일은 "김일성동지께서 생전에 밝히신 자주, 평화, 친선은
우리 당과 공화국정부가 일관되게 견지하고 있는 대외정책적 리념이며 대외활
동의 원칙이다"라는 것을 강조하고 대외활동에 있어서 연속성을 유지하겠다는
입장을 표명했다. 「로동신문」, 1994. 1. 1.

전략으로 '과학기술중시정책'을 제시했었다. 이는 공장가동 정상화를 위해 기초에너지 및 원자재가 필요하지만, 첫째 외부로부터의 지원 및 자본이 도입될 때까지 어떻게든 경제회복 문제를 자체적으로 해결해야 하고 대체 에너지 및 원료라도 개발하여 공장가동을 시도해야 하기 때문에, 둘째 21세기는 첨단과학시대로서 그 변화에도 쫓아가야 하기 때문에, 그리고 김정일시대를 새롭게 열어 가는 시대상으로 '강성대국론'을 제시함에 따른 것이라고 할 수 있다.[78]

이러한 전략에 따라 북한 당국은 1999년을 '과학기술의 해'로 정하고, 과학기술관련 예산도 1999년도에 전년비 6.3%, 2000년도에는 5.4%나 증액시켰다. 또한 "우리에게 간절한 문제는 현대적 과학기술에 튼튼히 의거 경제강국, 과학기술대국을 세우는 것"이라고 하면서, 과학기술육성에 토대를 둔 강성대국 건설을 강조하고 있다. 김정일 국방위원장은 "공장이 멈추더라도 과학기술 개발에는 예산을 우선 배정할" 것을 강조하고 있으며, 심지어 "과학기술을 하지 말자는 것은 사회주의혁명을 하지 말자는 것이다"라고까시 하면서 과학기술의 육성을 깅조하고 있다. 북힌은 1999년 11월에 전자공업성을 신설하고, 2000년도에는 강성대국 건설의 3대 기둥(사상, 총대, 과학기술)의 하나로 과학기술을 설정하기도 하였다.[79]

이러한 북한의 개혁·개방 의지는 2001년 10월에 발표한 경제관리 지침에서도 드러난다.[80] "사회주의 원칙에 맞게 경제관리를 잘하여 부흥강국을 건설하자"라는 제하의 이 지침에서 김정일 위원장은 사회주의원칙의 고수

---

78) 북한이 내걸고 있는 과학중시노선은 첫째, 강성대국에서 나서는 모든 문제를 과학기술에 의해 풀어나가야 하기 때문에, 둘째, 붉은기를 끝까지 고수하려는 혁명철학을 지켜야 하기 때문에, 셋째, 군사강국건설에서도 커다란 작용을 하기 때문에, 넷째, 일시적으로 시련을 겪고 있는 북한의 경제를 활성해야 하는 당면 실정 때문에 혁명전략 노선으로 제기된 것이라고 밝히고 있다. 김재호, 「김정일 강성대국 건설전략」(평양: 평양출판사, 2000), pp.31-7.

79) 「로동신문」, 2002. 1. 23. 이러한 북한 당국의 경제회복전략은 과학기술육성이 곧 IT산업 육성으로 표명되고 있으므로 실행적으로는 IT산업의 집중육성을 통한 경제도약전략으로 나타나고 있다.

80) 「로동신문」, 2002. 10. 22.

와 실리보장을 강조하고 있다. 보다 구체적으로는 ① 사회주의경제는 집단주의 원칙 하에 사회주의적 방법으로 관리·운영할 것, ② 사회주의 경제관리의 기본원칙은 나라와 인민에게 실제적인 이익을 주는 것, ③ 과학기술의 발전과 수용, ④ 경제부문 일꾼들의 사상관점과 사고방식, 사업기풍에서 혁명적 전환 등이 그것이다. 이어 김정일 위원장은 2002년 7월 국가가 무료, 혹은 저렴한 가격으로 제공해 오던 재화와 서비스의 종류를 최소화하는 것을 개혁의 골자로 하는 소위 「7월조치」를 발표·시행함으로써 지금까지 답보상태에 머물러왔던 북한체제 내부로의 자본주의 시장경제 요소의 도입에 물꼬를 텄다. 이 조치는 지금까지 북한이 행해왔던 평균주의적 분배방식을 폐기하고 능력에 따른 차등지급 방식을 도입함으로써 북한의 시장경제체제의 도입의지를 보여주는 것이라 하겠다.[81]

이렇듯 부분적 개혁과 개방을 추진해오던 북한이 뚜렷한 개혁·개방의 경향을 보이기 시작한 것은 1990년대 말에 들어서면서부터다. 김대중정부의 출범 이후 시행된 햇볕정책에 힘입어 북한은 보다 적극적인 개방정책으로 선회하기 시작했으며, 남북정상회담을 계기로 북한은 외자를 끌어들이는 데 보다 적극적인 자세를 보이고 있다. 2001년 신년공동사설에서는 신사고를 강조하면서 "올해를 21세기 경제강국건설의 새로운 진격의 해로 빛내이자"라며 강성대국의 강조를 경제에 집중하고 있으며, 김정일 국방위원장은 2001년 1월 상해를 방문하여 중국식 모델의 도입가능성을 보여준 바 있다. 뿐만 아니라 북한은 자본주의 경제관리기법의 습득을 위하여 경제연수단, 시찰단을 호주, 싱가포르 등 서방국가에 파견한 바 있으며, 동년 7-8

---

81) 이러한 평균주의적 분배방식의 폐기는 이미 2001년부터 자주 언급된 바 있다. 즉 북한은 2001년 4월 5일 최고인민회의 제10기 4차 회의에서 "평균주의를 근절하고 일한만큼 보수를 지급하는 분배원칙"을 촉구했고, 이후 북한 매체들은 사회주의 분배원칙을 개선하여 집단을 위해 더 많이 일한 사람이 더 많은 몫을 차지할 수 있도록 할 것을 강조했다. 2002년 들어서도 3월 27일 최고인민회의 제10기 5차 회의에서 홍성남 내각총리는 '경제부문의 실리추구'를 강조하면서, "모든 경제지도 일꾼들이 변화 발전하는 현실의 요구에 맞게 경제관리에서 가장 큰 실리를 보장하는데 주력해야 한다"고 강조한 바 있다. 「연합뉴스」, 2002. 7. 24.

월에는 러시아를 방문한 바 있다.

이러한 급진적인 경향의 개혁을 추진할 수 있었던 배경에는 가장 기본적으로 북한에서의 김정일체제의 구축과 이에 따른 이데올로기적 변화가 그 중심에 서 있다고 할 수 있다. 김정일이 김일성체제를 움직여 나가는 실질적인 지도자로 부상하면서 김일성체제에서는 점차적으로 김정일 위원장이 지도적 역량을 강화할 수 있는 권력구조의 변화가 동반되어 왔다. 김일성체제가 김정일체제로 이동하는 과정에서 나타난 권력구조의 변화는 한마디로 김일성 중심의 혁명원로세대가 퇴조하고 체제 내 혁명을 주도해 왔던 김정일세대로의 세대교체현상으로 요약할 수 있다. 1960-70년에 걸쳐 격렬한 권력투쟁의 과정을 거친 이후 북한의 권력구조는 본격적으로 김정일의 후계체제를 구축할 수 있는 인물로 충원되면서 섬진적인 세대교체가 이루어져 왔다. 1970년대 이후 20여 년간에 걸친 상층 권력구조 내에서의 세대교체과정의 결과, 1994년 김일성의 사망 전후로 한 시점에 이르러서는 당·정·군의 주요 요직에 김일성세대에 해당하는 인물은 거의 자취를 감추고 김정일의 후계체제를 공고화힐 수 있는 권력기빈이 구축될 수 있었다.

이러한 과정을 거치면서 형성되어 왔던 김정일의 후계체제는 종래의 김일성체제와 비교해 볼 때 다방면에 걸쳐 각 분야의 핵심적인 요직에 전문적인 지식을 겸비한 실용주의적인 실무형 전문기술관료들을 대거 등용하여 이념형적인 권력구조의 성격이 크게 약화되었음을 볼 수 있다.[82] 특히 개방경제를 운영할 수 있는 전문경제관료들이 차지하는 비중이 지속적으로 확대되어 왔다는 점에서 김정일체제에서는 다른 무엇보다도 경제문제에 역점을 두고 있다는 것을 알 수 있다. 이러한 양상은 김정일체제가 대내외적으로 체제의 존립기반이 위협받는 사태에 직면하여 생존력을 증대시키기 위한 방안으로 발전주의체제로 전환되고 있음을 보여주는 것이라고 할 수 있다.[83]

---

82) 김판석, "북한의 권력구조 및 권력엘리트의 변화," 「통일문제와 국제관계」(인천대학교 평화통일연구소) 제7집, 1996, pp.17-9.
83) 김정일체제 정치지도부 변화에 대한 구체적인 내용은 제10장 정치체제의 폐쇄

이러한 북한의 개혁·개방 의지는 2002년 9월 19일에는 신의주를 '특별행정구'로 지정함으로써[84] 북한이 중국식 개혁·개방 모델의 수용을 적극적으로 검토하고 있는 것이 아닌가 하는 추측을 낳게 하고 있다. 북한은 정치, 경제, 문화, 주민의 권리·의무, 기구, 구장(區章)·구기(區旗) 등 총 6장 101조로 구성된 「신의주특별행정구 기본법」을 발표했는데,[85] 이 기본법에 따르면 신의주특별행정구는 평안북도 신의주시를 중심으로 의주군, 염주군, 철산군의 일부를 관할하며, 특수행정단위로서 중앙에 직할된다. 신의주 특구지정은 지난 7월 조치 이후 그 연장선상에서 북한 당국의 개혁개방에 대한 의지를 보여주는 대목이라고 하겠다. 이 기본법에 따르면 신의주 특구에 입법, 행정, 사법권을 부여하는 한편, 외교업무를 제외하고 국가가 특구사업에 일체 관여하지 않도록 했다. 중앙집권적인 북한식 행정체계의 비효율성을 제거하고 기업활동의 자율성을 최대한 보장하겠다는 의미로 해석되는 내용이다. (표 6-7)에서 보여지는 바와 같이 「신의특별행정구 기본법」은 북한이 대외개방에 대한 필요성과 절박성에 대해 어느 정도의 인식을 가지고 있는지를 여실히 보여주고 있다.[86]

성과 이데올로기 지형의 일원성을 참조할 것.

84) 신의주 특구지정은 입지조건과 시기적 배경 등에서 나진·선봉 자유무역지대 지정 당시에 비해 유리한 것으로 평가된다. 신의주는 방대한 중국시장과 가깝고 경공업 중심의 주력산업이 자리 잡고 있는 데다 공항, 항구 등 교통이 편리한 점 등이 일찍부터 특구지정 최적지로 주목되어 왔었다.

85) 통일부, 「신의주특별행정구」 지정 관련 설명 자료, 2002. 9.

86) 물론 대외개방에 대한 인식과 실제적인 대외개방정책의 수립·실행이 반드시 일치하는 것은 아니다. 실제로 북한의 신의주특구에 대해 많은 전문가들은 북한이 실제적인 추진보다는 대외적인 선전효과에 더 주력하고 있다는 분석을 내놓고 있다. 그러나 기본적으로 신의주특구 기본법은 북한이 대외개방 없이는 현재의 경제난과 체제위기를 극복할 수 없다는 인식을 보여주고 있다는 데는 이견이 없을 것이다.

<표 6-7> 신의주특별행정구 기본법 요지

구 분	내 용
정 치	·국가는 행정구에 입법권, 행정권, 사법권 부여 ·향후 50년간 행정구 법률제도 불변 ·중앙은 외교사업을 제외한 특별행정구 사업에 불관여 ·행정구 명의로 대외사업, 여권 발급가능
경 제	·국가는 행정구에 토지 개발·이용·관리권 부여 ·국제 금융, 무역, 상공업, 첨단과학, 오락, 관광지구로 개발 ·행정구 토지 임대기간을 2052년 12월 말까지 ·국가는 행정구에 유리한 투자 환경과 경제활동 조건 보장 ·행정구 내 기업은 북한의 노동력을 채용
문 화	·국가는 문화 분야의 시책을 실시하여 행정구 주민의 창조적 노력과 문화정서직 요구를 충족 ·첨단 과학기술 수용, 새로운 과학기술 분야 개척
주민의 권리·의무	·주민은 성별, 국적, 민족, 인종, 언어, 재산·지식정도, 정견, 신앙에 따라 차별 없음 ·외국인도 주민과 같은 권리와 의무 부여 ·다른 지역 및 외국으로의 이주, 여행은 행정구에 위임
기 구	·입법회의가 입법권 가짐 ·입법회의 의원은 주민권을 가진 외국인도 포함 ·입법회의 의장, 부의장은 입법회의에서 선거 ·장관은 행정부의 책임자이자 대표 ·장관은 행정부 및 구검찰소장 인사권 가짐 ·검찰은 구검찰소, 지구검찰소 관할 ·재판은 구재판소, 지구재판소 관할
구장, 구기	·행정구는 국가의 상징물 외에 독자적인 구장, 구기 사용 ·행정구에는 공화국 국적, 국장, 국기, 국가, 수도, 영해, 영공, 국가 안전에 관한 법규 밖의 다른 법규를 적용치 않음

자료: 통일부, 「신의주특별행정구」 지정 관련 설명 자료, 2002. 9에서 재구성.

　　이러한 북한의 움직임을 당장 전면적인 중국식 개혁·개방정책의 수용이
라는 측면으로 분석하기는 어렵지만 적어도 나진·선봉지구의 실패를 극복
하고 북한경제의 위기를 극복할 수 있는 방안으로서 중국식 개혁·개방정

책이 실험적으로 채택되었다는 사실은 부정할 수가 없다. 향후 50년간 토지 임대 기간을 보장하고 특구의 법률제도를 이 기간에 손대지 못하도록 하는 등 외자유치를 위한 배려와 특구의 독자적인 외교업무 및 여권발급 허용 등 외교권의 일부를 넘기고 입법의회와 행정·사법권을 갖는 장관직을 설치하는 등 자본주의적 요소를 가미한 국가형태를 갖추도록 한 것에서는 북한이 장기적으로 홍콩과 비슷한 지위의 일국양제(一國兩制)를 도입, 자본주의 실험을 본격화하겠다는 생각을 엿볼 수 있다. 특히 신의주 특별행정구 행정장관에 중국 부호인 영빈(楊斌) 구아(歐亞)그룹 회장을 내정한 것은 신의주가 홍콩식 개발모델과 유사한 방향으로 갈 수 있다는 것을 의미하는 것으로 개혁·개방에 대한 북한당국의 의지를 보여주는 대목이라 하겠다.

<표 6-8> 북한·중국 특별행정구 비교

구분	북한(신의주 특별행정구)	중국(홍콩 특별행정구)
위치	평북 북동부 중국접경	중국 대륙 남동부
인구	34만 명	6백78만2천여 명
면적	1백32㎢	1천91㎢
지정일	2002년 9월	1997년 7월
법적 근거	최고인민회의 상임위원회 정령 (신의주 특별행정구 기본법)	홍콩 특별행정구 기본법
정치 제도	·입법·사법·행정권 보장 ·토지 임대기간 50년 보장, 자체여권 발급 ·중앙정부가 임명하는 장관이 자율적 통치	·일국양제: 중국의 사회주의 속에 자본주의 인정 ·입법, 사법, 행정 자율권 보장 ·임기 5년의 행정장관이 독자적으로 영도 ·정치적 독자권 소유
경제적 위치	·서해에 인접, 중국 교역에 유리 ·금융, 유통, 첨단과학기술, 서비스산업 예상	·무역, 가공산업, 금융 중심지 ·의류, 전기기기 및 부품, 통신·음향기기 중심 ·컨테이너 교역규모 세계 1위(2001년 기준)

자료: 통일부, 「신의주특별행정구」 지정 관련 설명 자료, 2002. 9에서 재구성.

북한이 발표한 「신의주특별행정구 기본법」에 담고 있는 특징들을 살펴 보면 다음과 같다.[87] 첫째, 시장원리에 입각한 국제 금융·유통 및 첨단 과학기술 도입을 위한 '경제개방구' 개발 방식을 채택하고 있다는 점이다. 북한은 특구의 신속하고 탄력적인 관리운영을 위해 자체적인 개발·이용· 관리권, 대외사업권·여권발급권 등 행정구에 대해 전례 없는 독자성을 부 여히고 있다. 또한 입법·행정·사법 등 3권을 부여하고, 독자적 구장·구 기를 사용, 내각, 중앙기관의 국가 간섭 배제 등 자치권이 크게 제고할 수 있도록 규정하고 있다.

둘째, 동 기본법은 중국의 홍콩, 상해, 심천의 경제개방 경험을 선별 수 용하여 북한의 나진-선봉 자유무역지대와는 다른 방식을 적용하고 있다는 것이다. (표 6-8)에서 보는 바와 같이 특구가 중앙직속기관 실정, 외교권 제외, 50년 기한 설정 등 1990년 「홍콩특별행정구 기본법」과 용어 및 내용 이 상당부분 일치함으로써 중국의 홍콩·심천·상해 등 중국의 경제개방 관련 지역의 제도를 선별적으로 모방·원용한 것은 사실이다. 또한 상해 포동 지역이 외자유치를 통해 금융, 무역·유통 및 정보통신 기술단지로 육성되어 왔다는 점에서나, 단동을 신의주특별행정구의 배후지로 삼을 수 있다는 점에서 홍콩을 배후지로 삼았던 심천 특구와도 유사하다는 점도 가 지고 있다. 그러나 신의주 특구가 심천·상해와 같은 성숙된 사회주의 시 장경제 기반 없이, 특별행정구를 새로이 지정하고 있다는 점에서 차이가 있다. 이러한 점에서 신의주 특구는 중국식 특구의 모델을 그대로 수용한 것이 아니라, 단동을 배후지로 하여 북중 접경무역 전체의 70% 정도 점유 하고 있는 신의주를 특별행정구로 지정함으로써 홍콩의 정치·행정적 제도 와 심천·상해의 경제개방경험을 선별 수용하여 병합한 '북한식 개방 모델' 로 설명할 수 있을 것이다.

셋째, 중앙은 특별행정구를 대표하는 '장관'에 대한 인사권 행사와 독자 성 부여로 행정구를 탄력적으로 통제·관리 한다는 점이다. 중앙은 장관을,

---

87) 통일부, 「신의주특별행정구」 지정 관련 설명 자료, 2002. 9.

장관은 행정부 성원과 구검찰소 소장 등을 임명·해임하도록 규정함으로써 중앙의 직접통제가 가능하게 했다. 특히 「기본법」상 장관임기 조항이 없어 중앙은 필요 시 장관 교체를 통해 행정구를 통제할 수 있다. 국방권(제7조), 외교권(제8조) 및 비상사태 선포권(제11조), 토지·자연부원 소유권(제12조) 등과 수상운수업·항공운수업 승인권(제30조) 등과 같은 국가의 배타적 권한을 제외하고는 행정구에 입법·행정·사법 등 3권을 부여하는 등 자율적 독자성을 제고시킴으로써 중앙은 일정한 정도에서만 탄력적으로 영향력을 행사하게 하였다.

이러한 신의주특구가 성공적으로 운영된다면 외자 유치, 수출 촉진, IT 기술 도입 등을 통한 외화 획득 및 선진과학기술의 도입 창구로 기능할 가능성이 높아 보인다. 또한 경제관리개선조치의 성과를 위해 신의주지역을 경제적으로 개방, 국제적 차원의 금융·유통·첨단과학기술 및 서비스산업 중심지로 개발함으로써 부족한 물자공급 문제해결에 기여할 것으로 보인다. 그러나 양빈 장관의 구속으로[88] 특구의 개발이 실질적으로 불가능해진 가운데,[89] 특구의 개발은 특구개발이 정상적으로 진행된다고 하더라도 대내외적으로 상당한 문제점을 안고 있다는 것이 일반적인 평가다. 우선 경제적 조건으로서 신의주는 지리경제적으로 아시아의 중심부 및 금융·교역지와는 거리가 너무 먼 변방이어서 북한경제를 일으켜 세우는 데는 한계가 있을 수밖에 없다는 지적을 받고 있다. 또한 향후 남측 자본을 비롯한 외자 유치에 실패할 경우 외국 자본의 유입이 거의 없는 나진·선봉 경제특

---

88) 양빈 장관의 연행은 세금탈루, 주식거래, 그리고 불법 부동산개발 등과 관련된 것으로 알려져 있다. 「연합뉴스」, 2002. 10. 27.

89) 북한 신의주에 홍콩과 같은 도시를 건설하겠다는 양빈 장관의 꿈이 좌절된 가운데 북한은 신도(북한 지명 주라단도) 특구설립을 위한 준비작업에 본격적으로 나선 것으로 알려졌다. 한편 양빈 장관 문제와 관련하여 중국은 북한에 대해 양빈 장관 연행으로 인한 피해에 상응하는 경제적 원조를 실시하기로 약속했으며, 북한이 건립하는 특구에 대해서도 지원을 아끼지 않기로 합의했다. 이에 따라 최진수 북경주재 북한대사 등 일행 8명은 최근 김정일 위원장의 지시에 따라 중국 경제특구의 성공 경험을 배우기 위해 주해와 심천을 시찰했다. 「香港經濟日報」, 2002. 10. 27.

구의 복사판이 될 우려도 흘러나오고 있다. 즉 북한이 투자여건을 개선하기 위해서는 합영·합작 기업에 대한 북한 당국의 경영권 침해 개선, 노동시장의 유연성과 인력관리의 자율성 보장, 행정서비스 개선, 각종 인프라 시설 구축 등이 필수적이라는 점에서 단기간에 북한이 이러한 점을 개선해 나갈 수 있는 의지와 실천이 이루어질 수 있을 지에 대해서는 불투명하다는 것이다. 따라서 북측이 외자유치의 발목을 잡았던 법령을 향후 어떻게 개정하고 외국기업들에게 얼마만큼의 혜택을 주느냐가 향후 신의주 특별행정구의 승패를 가늠하는 단초가 될 것으로 보인다.

한편 「개성공업지구법」 및 「금강산관광지구법」의 경우 신의주처럼 완전히 독자적인 행정구역은 아니지만 남한기업가들의 자유로운 경제활동 및 수익보장을 규정해 놓고 있다. 북한 최고인민위원회 상임위원회는 2002년 11월 20일 개성공업지구법을 채택하였다. 11월 27일 평양방송을 통해 보도된 개성공업지구법은 모두 5장 46조와 부칙 3조로 구성되어 있다. 개성공업지구는 공화국의 법에 따라 관리·운영하는 국제적인 공업, 무역, 상업, 금융, 관광지역(개성공입지구법 제1조)이라는 규정은 신의주를 공회국주권이 행사되는 특수행정단위라고 규정한 것과는 근본적인 차이를 갖는다. 요컨대 신의주가 독자적인 입법·행정·사법 권한을 지닌 홍콩식 행정특구인데 반해, 개성은 경제활동의 자율성만이 인정되는 일반적인 경제특구인 것이다. 경제분야에 있어서도 신의주의 경우 건설 총계획만 중앙정부의 승인을 받고 화폐금융정책과 예산편성 및 집행, 세제, 상품검사 등을 특별행정구 행정부가 자체적으로 결정, 집행할 수 있는 반면, 개성은 중앙공업지구 지도기관이 개발업자의 지정, 공업지구 관리기관의 사업에 대한 지도, 개발사업에 대한 지도, 대상건설 설계문건의 합의, 공업지구 법규의 시행세칙의 작성, 노동력·용수·물자의 보장, 세무관리 등을 담당(22조)하게 되어 있어 중앙정부의 영향력이 신의주에 비해 훨씬 강하다.

개성공단은 금강산 관광특구와 더불어 그동안 비제도적 차원에서 진행되어왔던 남북경협을 제도적으로 공식화시켰다는 점에서 기본적인 의의를 담고 있다. 우선 제3조 공업지구에는 남측 및 해외동포, 다른 나라의 법인, 개인, 경제조직들이 투자할 수 있다는 규정, 부칙 2조 개성공업지구와 관련하여 북남 사이에 맺은 합의서의 내용은 이 법과 같은 효력을 지난다는 규정에서 보여지듯이 남한을 주요 협력대상으로 하고 있다는 점에서 그 의의를 가지고 있다. 다음으로 남북 간의 직교역체제가 정비될 수 있다는 점에서 그 의미를 찾을 수 있다. 지금까지의 남북교역 투자사업은 물자만 인천 - 남포 항로를 통해 직접 오고 갔을 뿐, 기업인 방북 및 북한 현지와의 통신 대금결제 등 모든 것들이 중국경유라는 간접방식으로 이루어져 왔다. 이러한 간접방식은 추가비용의 발생과 유통시간의 지연 등은 많은 문제점을 노출하였다. 개성공업지구법의 제정으로 이러한 문제들을 상당부분 해결할 수 있을 것으로 보인다. 마지막으로 기존의 교역중심의 남북경협이 본격적인 투자단계로 진입할 수 있는 전기가 마련되었다는 점이다. 기업차원의 대북경협은 단순교역과 위탁가공사업, 투자사업(합작·합영·단독)으로 이루어진다. 그러나 남한에서 시도한 투자사업은 북한의 모기장식 개방으로 인해 수익모델이 창출되지 못했다. 그러나 투자사업이 활성화되지 않는 한, 교역만 가지고 남북경협의 양적 확대와 남북한 간 경제적 상호의존도 제고를 통한 경제공동체 기반구축이라는 과제를 달성할 수 없다. 이러한 맥락에서 볼 때, 개성특구는 대북투자사업의 본격적인 실험장이 될 것이며, 개성특구가 성공할 경우 남북경협은 교역중심에서 투자중심단계로 발전할 가능성이 높다.[90]

금강산 관광사업은 1989년 1월 고 정주영 현대그룹명예회장의 북한 방문 시「금강산 관광개발 의정서」를 체결하면서 시작되어, 1998년 11월 18일에 첫 유람선이 출항하면서 시작되었다. 북한은 2002년 11월 25일 금강산지역을 '관광지구'로 지정하고,「금강산 관광지구법」을 발표, 금강산 지역을 사실상 관광특구로 명문화했다. 특구지정은 관광객 감소와 합의사항 이행 지연 등으로 2001년 6월에 관광대가 조정과 특구 조기 지정, 육로관광 허용 등에 합의함으로써 계획이 구체화된 것으로 판단된다. 더욱이「금강산 관광지구법」의 발표 이후 2003년 10월에는 육로관광이 시작되면서 특구

---

90) 신지호, "개성공업지구법 분석: 경제적 타당성을 중심으로," KDI 정책포럼, 제162호, 2002. 12. 3, pp.3-5.

정책은 더욱 활기를 띠게 되었다.

<표 6-9) 나진·선봉, 신의주, 금강산, 개성 경제특구 비교

	나진·선봉	신의주	금강산	개성
성격	자유경제무역지대	홍콩식 특별행정구	관광특구	공업단지
발전 목표	무역 및 중계수송과 수출가공, 금융, 봉사 지역	국제적인 금융, 무역, 상업, 공업, 첨단과학, 오락, 관광지구	국제적인 관광지역	국제적인 공업, 무역, 상업, 금융, 관광지역
사업 지도 기관	중앙대외경제기관과 자유경제무역지대 당국	신의주 특별행정구	중앙관광지구 지도기관	중앙공업지구 지도기관
자유 활동 보장	투자자는 지대 안에서 기업관리와 경영방법의 사유로운 선택권을 가짐	거주민의 선거권, 노동권과 언론출판 집회 시위, 신앙의 자유 보장	관광객 개인의 차량 또는 도보 이용한 자유로운 관광 명문화	법에 근거하지 않은 체류자 구속 체포 및 가택 수사 금지. 우편, 전화, 팩스 자유 이용
관세	특혜 관세	특혜 관세	무관세	무관세
기업 소득세	결산이윤의 14%, 예외적 감면조항 있음	특혜적인세금제도, 세율은 특별행정구가 결정	개발업자의 관광개발과 영업활동에는 비과세	결산이윤의 14%, SOC, 경공업, 첨단과학기술 분야는 10%
유통 화폐	북한 원	독자적 화폐금융정책	전환성 외화	전환성 외화 및 신용카드
외화 반출입	국외 송금가능	제한 없이 반출입	자유 반출입	자유 반출입
외국인 참여	단독, 합영, 합자 형식으로 기업 설립운영, 투자허용	행정장관을 신의주특구 주민으로 규정해 외국인 참여 허용	관리기구 구성원에 남측 및 해외개발사업자 추천받음. 외부인도 참여가능	금강산과 동일
임대 기간	구체적 기간 명시 없음. 임대기관의 승인 하에 임차기간 연기 가능.	50년. 2052년 12월 31일로 종료시한 명시	구체기간 명시 없음. 현대아산이 50년간 토지 이용증을 발급받은 상태.	50년. 토지이용증 발급일로부터 50년.
토지 이용권	관련 규정 없음	양도, 임대, 재임대, 저당가능	양도, 임대가능	양도, 재임대 가능
환경 보호	국가가 정한 환경보호 한계기준을 초과하는 투자금지·제한 가능	환경오염 방지 명문화	오염물질의 배출기준 등의 환경보호 보장	환경보호를 저해하는 투자금지 명시

자료: 신지호, "개성공업지구법 분석: 경제적 타당성을 중심으로," KDI 정책포럼, 제162호, 2002. 12. 3, p.6.

5. 북한 개혁·개방의 특징과 문제점: 부분보완적 개방전략

상술한 바와 같이 북한의 개혁·개방은 그 추진배경과 내용에 있어 여타 사회주의국가와는 많은 차별성을 보이고 있다. 우선 북한의 개혁·개방을 추진하게 된 배경은 사회주의권의 체제전환 배경에서 목도할 수 있는 사회주의에 내재해 있는 모순의 일반성과 함께 우리식 사회주의라는 북한 특유의 사회주의의 발전단계와 진행과정에서 나타나는 모순이 중첩적으로 결합되어 형성된 것이라 할 수 있다. 이러한 위기의 유사성과 상이성은 기본적으로 북한체제가 추진하고자 하는 개혁·개방의 진로에 심대한 영향을 미칠 것이며, 아울러 북한의 정치·경제·사회 문화적 조건에 맞는 개혁·개방 모델을 개발하는 데 있어서 필수적인 조건이 될 것이다. 북한체제의 위기와 사회주의체제의 위기에 있어서 유사성은 마르크스-레닌주의의 한계를 통해서 나타난 이데올로기의 위기와 리더십의 위기, 경제위기, 국제적 위기를 통해서 살펴볼 수 있다. 또한 상이성은 사회주의체제의 붕괴에 주요한 동인이 되었던 리더십 및 제도적 위기, 사회문화의 위기를 중심으로 살펴볼 수 있을 것이다. 그러나 앞서 분석한 바와 같이 체제의 위기 동인 중에서 유사성과 상이성이 반드시 뚜렷한 경계선을 가지는 것은 아니다. 상기한 체제위기의 요인들에는 유사성과 상이성이 혼재하여 있다.

우선 이데올로기적 위기에 있어서 1980년대와 90년대 구사회주의국가가 직면한 이데올로기 위기의 본질은 복합적 상호의존성과 기술력에 기초한 경제질서가 지배하는 현대 국제질서 속에서 마르크스-레닌주의가 줄 수 있는 해답의 한계를 드러냄으로써 시작됐다는 점에서 유사성을 갖는다. 이러한 이데올로기 위기는 이데올로기의 고유한 기능인 체제의 정당화에 실패함으로써 야기되었고, 특정이데올로기의 이론적 타당성을 떠나 구체적 현실과 관련한 타당성을 상실함으로써 발생되었다는 것이다. 다음으로 경제적 위기의 측면에서 보면, 북한경제체제의 기본적인 성격이 다른 사회주의국가들과 마찬가지로 생산수단의 사회적 소유와 중앙계획당국에 의해 통제되는 사회주의 경제체제라는 점을 들 수 있다. 생산수단의 국유화, 중공업중심의 발전전략, 중앙집중식 계획경제로 대표되는 사회주의 경제체제의 기본적인 모순으로 인해 북한경제의 위기가 발생했다는 점에서 사회주의체제의 경제위기와 유사성을 찾아볼 수 있을 것이다. 마지막으로 국제적 위기라는 측면에서 북한체제 위기의 동인이 된 국제적 위기는 국제적 연결효과로 인해 정치경제적 위기를 가져왔다는 전에서 여타 사회주의국가가 직면한 국제적 위기와 유사한 양상을 띠고 있다. 사회주의 경제권의 붕괴로 인한 국제시장의 상실이 가장 커다란 영향을 미쳤으며, 그 결과 외환조달을 위한 수출시장의 상실, 이로 인한 새로운 기술과 필요한 자원, 에너지구입을 위한 자본 부족, 우호가격 구조의 파괴, 이로 인한 원자재, 에너지를 구입하는 데 있어 추가 비용부담 등의 문제가 발생함으로써 북한경제에 심대한 영향을 미쳤던 것이다.

이데올로기적 위기라는 면에서 북한은 상술한 사회주의체제와의 유사성에도 불구하고 유일체제의 형성이라는 차별성이 존재한다. 이러한 유일체제의 형성이라는 이데올로기직 배경은 북힌체제 폐쇄성의 기장 기본적인 원인으로 존재함으로써 개혁·개방 추진의 근본적인 배경으로 작용함과 동시에, 북한이 대내외적으로 처한 정치경제적 압력과 위기에 효율적으로 대처해 나갈 수 있는 효율적인 기제로 작용함과 동시에 억제 요인으로도 작용하고 있다는 점에서 사회주의 제제전환의 이데올로기적 동인과는 차별성을 보여준다. 북한은 사회주의체제의 붕괴 속에서도 사회주의를 고수하고 있는 몇 되지 않는 국가 중의 하나이다. 앞에서도 밝힌 바와 같이 북한에서 주체의 확립과 유일체제의 성립은 대외적으로는 사회주의 강대국인 소련과 중국의 압력과 대내적으로는 파벌투쟁의 종식이라는 체제위협적인 요인에 대항하여 형성되었다. 이러한 유일체제의 성격은 북한이 사회주의 붕괴, 경제난으로 인한 체제붕괴의 위기, 미국과의 대립으로 인한 군사안보적 위기 등의 체제위협적 상황에 적극적으로 대처할 수 있는 바탕이 되었다.

북한경제의 현황을 경제적 악순환구조로 설명한다면 식량난, 외화난, 물품난이 생활조건의 악화(노동의욕 상실), 기계설비의 낙후(기술수준 저하),

가동률 하락, 생산성 하락을 가져오고, 이는 다시 제품품질 저하, 국제경쟁력 저하를 통한 식량난, 외화난, 물품난을 가중시킨다고 할 수 있다.[91] 동시에 제2경제의 확산과 계획경제의 이중성은 상기한 요인들과 함께 북한경제의 어려움을 가중시키고 있다. 이러한 면에서 북한경제의 위기는 사회주의 경제체제의 모순에서 발생하는 생산력의 저발전의 문제라는 사회주의 위기의 일반성을 보임과 동시에, 우리식 사회주의로 인한 북한고유의 경제노선과 경제구조적인 측면, 자연재해의 문제, 미국을 중심으로 한 대외적인 경제적 압력 등의 측면에서 여타 사회주의국가와는 상이한 면을 보이고 있다.

한편 북한이 사회주의체제의 건설 초기부터 발전시켜온 우리식 사회주의경제체제는 사회주의경제체제의 전체적인 붕괴 속에서도 상대적 독립성을 유지할 수 있는 기제로 작동하였다. 또한 주체사상에 입각한 자립적 민족경제의 건설과 경제·군사 노선의 병진이라는 노선이 북한경제의 위기에 한 요인으로 작용하였다는 점에서도 그 차별성을 볼 수 있다. 자립적 민족경제 건설노선은 폐쇄적 대외경제관계 하에서 양적 투입과 양적 산출의 비교에 기준하여 경제성장을 평가하는 외연적 축적양식에는 적절하지만, 세계적 시장경제 하에서 기술혁신과 경영혁신에 기초하여 내포적 축적양식을 형성해 나가야 하는 현실적 요구를 만족시키기에는 적합하지 못한 노선인 것이다. 뿐만 아니라 수해와 냉해와 같은 자연재해 역시 북한의 경제위기를 심화시켰고, 특히 심각한 식량난을 발생시킴으로써 경제의 위기가 북한체제 위기의 중심에 자리하는 데 결정적인 역할을 하였다는 점에서 차별성을 볼 수 있다.

국제적 위기는 국제적 연결효과로 인해 정치경제적 위기를 가져왔다는 점에서 여타 사회주의국가가 직면한 국제적 위기와 유사한 양상을 띠고 있다. 그러나 다른 사회주의국가의 국제적 위기가 사회주의체제의 연결효과와 함께 자발적인 세계시장과의 연결 속에서 발생한 데 반해, 북한체제의 국제적 위기는 사회주의체제의 파생으로 인한 경제적 위기의 도래와 함께 미국을

---

91) 한국산업은행, 「남북한산업의 구조 비교: 북한산업의 구조적 문제점을 중심으로」, 1994, p.83.

중심으로 하는 서방국가들의 북한에 대한 직접적인 정치경제적 압박이 더욱 큰 원인으로 작용했다는 점에서 여타 사회주의국가들과 구분된다.

마지막으로 북한체제의 위기와 사회주의체제의 위기 사이에 가장 뚜렷하게 관찰되는 것은 북한체제에서는 반체제 지식인의 증대로 인한 사회문화적 위기를 구체화하기는 힘들다는 것이다. 앞서 밝힌 바와 같이 현실사회주의국가에서의 사회문화의 위기는 기본적으로 사회문화를 주도하는 지식인의 양적 증대와 이에 따른 체제비판적인 지식인 증가에서 발생했다. 흔히 시민사회의 부활이라고 불리우는 반체제 지식인중심의 비공식부문의 성장은 창조성과 자율성을 부정하고 획일성을 강조하는 마르크스-레닌주의로부터 탈피하려는 요구에서 비롯된 것으로 사회주의체제에 대한 하나의 저항문화를 구축하는 데 많은 역할을 했던 것이다. 북한사회도 사회주의관리체제로 진입하고 경제적으로 공업화과정을 거치면서 테크노크라트 출신의 엘리트가 양적으로 질적으로 상당히 증대되었다. 이들은 현대적 과학·기술에 이해가 깊고 외국 특히 서유럽 자본주의국가의 상황에 대해 풍부한 지식을 가지고 있으며, 합리주의적 인식태도를 보여주기도 한다. 그러나 북한은 여타 사회주의국가들과는 구별되는 특징을 가지고 있다. 즉 관료사업에 있어 기술·기능보다는 유일사상을 앞세워 얼마나 혁명화·주체화되어 있는가를 최우선시하고 있다. 이러한 이유로 인해 북한체제는 사상적 차이가 개별적으로는 존재가 가능하나 조직적인 반체제적 성격의 집단이 존재하는 것은 불가능한 체제이다. 물론 최근에 들어 북한의 엘리트들의 탈북 움직임도 있는 것이 사실이다. 그러나 북한체제의 위기에서 사회문화적 위기의 요인으로 꼽을 수 있는 것은 이러한 소수 엘리트들의 체제 이탈보다는 오히려 북한주민의 대량 탈북사태라고 할 수 있다.

<표 6-10> 북한의 개혁·개방 배경의 사회주의체제 전환 배경과의 비교

	북한 개혁·개방 배경의 유사성	북한 개혁·개방 배경의 상이성
이데올로기적 배경	·체제 정당화의 실패 ·이론과 현실의 괴리	·유일체제 형성으로 체제유지의 기제로 작용: 경제적 위기의 주요 동인임과 동시에 국제적 위기에 대한 독립성 유지의 기제로 작용하는 이중적 성격을 보임
리더쉽 및 제도적 배경	·체제의 경직성으로 인한 현실변화에 대처 능력 부족	·관찰하기 어려움
경제적 배경	·사회주의경제체제의 기본적인 모순으로 인한 생산력의 저발전 ·효과성에 비해 효율성이 떨어짐	·자립경제노선의 폐쇄적 경제체제 ·경제·군사노선의 병진 ·자연재해 등으로 인한 식량난이 체제위기의 중심에 위치
사회문화적 배경	·체제이탈자의 존재	·지식인을 중심으로 한 저항 움직임을 포착하기 어려움. ·시민사회존재가능성 부재
국제적 배경	·사회주의붕괴와 이에 따른 국제적 연결효과로 인한 체제위기의 가속화	·북미관계의 악화로 인한 정치, 경제, 군사안보적 압박이 중요한 요인으로 작용 ·사회주의체제 붕괴로 인한 연결효과 외에 미국을 위시한 서방자본주의국가들의 경제제재

이러한 개혁·개방 추진 배경과 함께 추진된 북한의 대외개방정책의 특징을 요약하면 다음과 같다. 우선 경제적 측면에서 볼 때 경제시스템과 관련한 것으로서 대외무역관리체제의 시스템 구축이 미비하다는 것이다. 북한의 지속적인 신무역체계 도입에도 불구하고 단위 무역기업들 및 합작·합영 기업소들은 여전히 중앙에 있는 당·정 조직의 통제를 받기 때문에 개별 기업활동의 자율성이 극히 제한되어 있다. 따라서 외국과 합작·합영 및 단순교역을 하는 기업들은 아무런 권한을 보유하지 못하고 경제논리가 아닌 중앙과 닿아 있는 개별적 인맥의 유무 여부에 따라 성공 내지는 실패의 기업성과를 보이게 되어 있다. 또한 정치개혁 및 경제시스템 개혁에 의

해 뒷받침되지 않음으로써 외국인 투자기업의 유치 및 외화획득을 위한 수출산업의 육성을 어렵게 하고 있다. 또한 열악한 SOC사정 및 내수시장과의 연계성 부족도 들 수 있다. 외국인 투자기업들이 특정지역에 진출할 때, 풍부한 저임금 노동력을 이용한 생산기지로서의 활용뿐만 아니라 소비시장의 성숙에 따른 내수시장 선점도 하나의 목적으로 둔다. 이러한 점에서 북한은 현재 오랫동안의 마이너스 경제성장으로 소비자 구매력 자체가 고갈되어 있고 생산기지로서의 활용밖에 없기 때문에 외국인 투자 기업의 적극적인 진출에 한계가 있다. 더욱이 북한은 SOC 분야의 낙후와 산업연관관계의 연결고리도 일부 단절되어 있는 상황으로 중간재를 생산하면 소비재 시장이 부재하고 소비재를 생산하려면 중간재가 없는 현실에 처해 있음으로 인해 생산기지로서의 활용도 어렵게 하는 요인이다.

다음으로 정치적 측면과 관련하여 정치와 시장의 미분리로 인한 개혁·개방에 대한 마스터플랜이 없다는 것이다. 앞서 밝힌 바와 같이 북한은 경제난을 극복하기 위해서는 대외적인 개방이 불가피하다는 인식 아래 외국의 투자를 유인하는 전략을 채택, 추진하기는 하지만, 이러한 전략이 우리식 사회주의체제의 유지에 위협이 되지 않는 수준에서 진행되어야 한다는 이중적인 전략을 채택하고 있다. 북한의 이러한 개혁·개방의 기조는 북한이 개혁·개방 정책을 전개해 나가는 데 있어서 실질적인 생산력의 향상과 비효율적인 경제체제의 개선이라는 거시적 목적을 달성하는 데 주력하기보다는 우리식 사회주의로 표현될 수 있는 북한 사회주의체제에 흠집을 내지 않는 범위 내에서의 제한적 개혁과 개방을 추진한다는 것이다.

이러한 기조에서의 개방전략은 북한의 개방전략이 장기적이고 거시적인 계획 하에서 체계적으로 전개되는 것이 아니라 하나의 부분적인 개방정책이 실패할 경우 다른 개방정책을 추진하는 이른 바 '부분보완적 개방전략'을 취해왔다는 데서 그 특징을 찾아볼 수 있다. 즉 1970년대 서방선진국과의 교류확대가 실패로 돌아가자 「합영법」 제정을 통한 개방정책을 추진하였고, 이 역시 실효를 거두지 못하자 나진-선봉 경제특구를 통한 개방정책을 추진하였다. 또한 이번 신의주특구에서도 나진·선봉 지구의 개발에

서 보여준 모기장식 개방전략을 그대로 채택함과 동시에 부분적으로 나진
-선봉지구에서의 문제점을 보완하는 계획을 밝힘으로써 북한의 부분보완
적 개방전략을 여실히 보여주고 있다. 이는 북한의 개방전략이 일차적으로
체제위협적 요소들에 대한 경계 속에서 진행된다는 것을 의미하는 것으로,
이러한 제한적이고 부분적인 개방전략은 개방으로 인한 체제위협적 요소들
의 확산을 막고 북한이 개방의 속도를 조절하는 데 유리하다는 정치적 이
점이 있기는 하지만 경제적 효율성을 저해함으로써 결과적으로 개방정책의
실패에 핵심적인 요인으로 작용하였다.

또 다른 하나는 개혁·개방을 진행함에 있어서 이데올로기적인 내부통
제와 동시에 개혁·개방이 진행되었다는 것이다. 이미 앞에서 밝힌 바 있
듯이 1998년 9월 17일 「로동신문」과 「근로자」의 공동논설에서 북한은 자립
적 민족경제 건설노선의 정당성을 강조하고 중공업 우선주의의 경제발전
노선을 밝히면서 외세의존경제 및 세계경제의 일체화에 대한 강한 거부감
을 표출했다. 세계경제의 전지구화와 관련해서도 제국주의의 세계경제 일
체화 책동의 본질은 모든 나라의 경제를 서방화, 미국화하여 세계경제를
통째로 저들의 지배권 안에 넣는 데 있다고 주장하면서 자본주의에 대한
강한 거부감을 보이고 있다. 그러나 다른 한편으로 북한은 1998년 9월 5일
최고인민회의 10기 1차 회의에서 김정일 비서가 공식적으로 국방위원장으
로 추대된 이후 정권수립 50주년 기념 「로동신문」 사설을 통해 강성대국
건설이 김정일시대의 국가목표임을 분명히 하고 현 시기 최대과제로서 경
제강국건설을 설정함으로써 개혁·개방에 대한 필요성을 표현한 바 있다.
실제 북한에서 개혁·개방에 대한 본격적인 움직임이 감지된 것도 이 시기
이다. 이는 기본적으로 북한이 현 시기 체제위기를 극복하기 위해서는 개
혁·개방이 불가피하다는 것을 인지하고 있으나, 이로 인한 체제불안정 요
소의 확산을 사전에 방지하고자 하는 것을 보여주는 사례라고 할 수 있다.

지금까지 살펴본 바와 같이 북한은 경제난 해결을 위해 대외개방을 제
한적으로나마 추진하고 있으며, 비록 많은 한계를 노정하고 있음으로 인해
그 성과는 미미한 실정이지만 적어도 법체계의 정비와 '신의주특별행정구'

의 지정, '금강산관광특구' 지정 등에서 보여지는 바와 같이 북한지도부의 개혁·개방 필요성에 대한 인식은 상당한 것으로 보인다. 물론 북한의 이러한 개방전략이 정권 내부에서 완전한 청사진으로 제시되어 있고, 외국투자를 위한 완벽한 제도적 장치를 보장하고 있다고는 말할 수가 없다. 위에서도 지적하였듯이 북한에 있어서 외국투자는 아직까지 정치상황의 변화에 따라 결정될 수 있고, 개방정책의 성공적인 진행을 위해서 해결해야 할 대외적인 문제 역시 산적해 있는 것이 사실이다. 그러나 한 가지 분명한 것은 북한은 이미 경제난 극복에 있어서 대외개방전략을 선택했다는 점이고, 향후 이러한 개방전략을 점차적으로 확대, 발전시켜 나갈 수밖에 없을 것이라는 점이다.

제2부 대안으로서 중국식 개혁개방 모델의 한계

일반적으로 북한체제를 바라보는 접근방법은 대개 북한체제의 내부적 역동성을 무시한 채 단순히 외부적 영향만을 받는 종속변수로 다루는 기존의 국제정치학적 발상에 입각해서 북한을 바라보는 것이 일반적이었다.[1] 최근 국내외에서 북한의 개혁과 개방에 대한 관심이 집중되는 것도 이러한 사실과 무관하지 않다고 할 수 있다. 그러나 북한에서 김일성시대가 지속되는 동안 김일성에 의해 사회주의체제를 건설하는 원칙으로 강조되기 시작한 주체사상은 생성초기에는 국제적 요인을 고려한 것이기보다는 당시의 내부갈등이라는 국내사정을 해결하는 데 주된 관심을 둔 것이었다.[2] 북한이 대외개방을 추진하려는 정책노선도 단순히 개방화시대의 일반적인 흐름에 대해 적용하려는 과정에서 도입된 것이라기보다는 그들의 생존력을 해결하기 위한 방편으로 선택한 결정이라고 할 수 있다. 이러한 점에서 북한체제는 갈퉁(Johan Galtung)의 표현대로 대외적인 요인보다는 내부적 요인에 반응하도록 조직되고 운영되는 일종의 자기폐쇄적인 체제의 성격을 띠고 있다고 볼 수 있다.[3]

일반직으로 국가직 차원에서 추진하는 정책을 결정하고 집행하는 과정에 영향을 미친 요인들은 한마디로 환경이라는 개념으로 요약되고 있는데, 브레쳐(Michael Bretcher)는 각국의 정책환경에 해당하는 요인들을 크게 대내외적 환경의 두 가지 범주로 분류하면서 특히 대내적 환경에는 심리적 요인(psychological factors)들과 조작적 요인들(operational factors)에 해당하는 요인이 영향을 미치는 것으로 분석하고 있다.[4] 결국 사회주의국가들의 체제적 특성이나 정책노선의 선택과정에서 다수의 요인들이 복합적으로 영향을 미치고 있으며, 그러한 과정의 이면에는 환경에 적응하거나 순응하려는 양

---

1) 이종석, "북한연구방법론: 비판과 대안,"「역사비평」, 1990 가을, p.76.
2) 이정식·스칼라피노, 한홍구 옮김,「한국공산주의운동사 3」(서울: 돌베게, 1987), p.629.
3) 이삼성, "냉전체제의 본질과 제2차 냉전의 발전과 붕괴,"「현대세계체제의 재편과 제3세계」(서울: 경남대학교 극동문제연구소), p.98.
4) Michael Bretcher, *The Foreign Policy System of Israel: Setting, Images, Process*(New Haven: Yale Univ. Press, 1972), pp.1-20.

상과 함께 도전하고 극복하려는 경향도 내재되어 있다는 점이 고려되어야
할 것이다.

개혁·개방에 대한 관점에 있어서 북한은 중국에 비해 상대적으로 부정
적인 인식을 가지고 있으나 북한이 현재 처해 있는 경제적 위기라는 현실
적인 불가피성으로 인해 소극적인 개혁·개방 정책을 취해왔다. 그러나 중
국의 개혁과정을 감안할 때, 경제권한의 하방이나 가격 자유화, 금융 및 재
정개혁 등 시장기구 메커니즘의 도입 없이 부분적인 대외개방만으로 당면
한 경제의 비효율성과 경제발전에 성과를 거둘 수 없다는 것은 이미 경험
적으로 입증되었다.[5] 결국 이러한 한계성은 7월 조치와 신의주 특별행정구
지정이라는 파격적인 조치로까지 이어졌다.

북한체제에 비추어 파격적이라고 할 수 있는 이 같은 조치는 기본적으
로 중국의 특구제도를 참고한 것으로 파악할 수 있다. 이러한 파격적인 조
치는 2001년 중국의 상해특구를 방문한 뒤 경제개혁을 지휘하고 있는 김정
일 국방위원장의 의지와 1990년대에 시도한 나진·선봉경제 무역지대의 중
앙통제식 관리체제가 성공적인 것이 아니었다는 경험적 판단을 반영한 것
이다. 또한 북한의 경제위기를 극복하기 위한 체제개혁을 더 이상 미룰 수
가 없을 정도로 심각한 상황에 직면해 있다는 사실을 단적으로 보여주는
것으로서 이러한 개혁을 위한 현실적인 대안이 중국식 개혁·개방이 유일
하다는 것을 보여주는 대목이기도 하다. 그럼에도 불구하고 이러한 북한의
일련의 움직임들이 중국식 개혁·개방 모델의 전면적인 수용이라고 보기에
는 아직 이른 감이 없지 않다. 즉 북한이 중국식 모델을 수용하는 데는 정
치·경제·사회 문화적인 측면의 조건에서 많은 차이점과 제약요인이 존재
하고 있기 때문이다.

북한과 중국은 이념적 동류성과 정책노선의 유사성을 바탕으로 하여 일
국적 차원에서 사회주의건설을 시도하는 과정에서 대외개방을 수용하여 사

---

5) 프리드만은 중국의 성공가능 요인을 국제환경의 이점, 내부경제적인 요인, 화교
   의 역할 등 세 가지로 지적하고 있다. Edward Friedman, *National Identity and
   Democratic in Socialist China*(New York: M. E. Sharp, 1995).

회주의체제의 생존력을 증대시키려는 입장을 고수하고 있다. 그럼에도 불구하고 북한에서는 중국과는 달리 대외개방이라는 변수가 악화일로를 거듭하고 있는 경제사정의 개선에 별다른 도움을 주지 못하고 있을 뿐만 아니라 체제변화의 규모나 속도도 매우 더디게 진행되고 있다는 차별성을 보여주고 있다. 이는 북한에서는 대외개방이 경제적으로나 정치적으로도 새로운 변화를 기대해 볼 수 있는 진보적인 요인으로서의 역할을 담당하고 있지 못하고 있음을 말해주고 있다. 북한지도부가 생존력 증대를 위한 전략적 선택으로서 대외개방을 지속적으로 진행하려는 시도를 하고 있음에도 불구하고 중국과 같은 정치경제적 성과를 내고 있지 못한 것은 경제적·비경제적 요인들과 대외적·대내적 요인들의 복합적 작용에 의해 비롯되고 있는 것으로 볼 수 있다.

2부에서는 북한이 중국식 개혁개방 모델을 적용, 발전시키는 데 있어서 경제적·비경제적 조건의 상이성을 분석함으로써 그 가능성은 타진해보고자 하는 것이다.

제7장 경제규모·구조에서의 초기여건 차이

초기여건과 관련해서 북한의 경제체제는 소유구조에 있어서 국유부문이 절대적 비중을 차지하였고, 중앙의 계획당국에 모든 권한이 집중되어 있는 중앙집중식 사회주의 계획경제체제라는 점에서는 중국과 유사한 구조를 가지고 있었다. 또한 북한경제는 자력갱생에 기초한 자립적 민족경제노선을 추구하면서 사회주의 국제분업체계에서 이탈하였다는 점에서도 중국경제와 유사한 점을 가지고 있다.[1] 그러나 북한과 중국은 국내경제의 규모나 구조 면에서, 그리고 대외경제적 환경 면에서 많은 차이를 보여주고 있으며, 이러한 요인들은 북한이 중국식 개혁·개방 정책을 전면적으로 수용하는 데 있어 주요한 제약요인으로 작용할 것으로 보인다.

1. 경제규모의 차이

경제규모에 있어 북한이 소규모경제라는 점은 북한의 개혁·개방에 중국의 개혁·개방 정책을 적용하는 데 제약요인으로 작용할 수 있다. 경제규모는 주지하다시피 개혁·개방의 속도와 상당한 관련을 가지고 있다. 이는 정부와 당의 개혁·개방에 대한 통제능력의 여부를 가늠하는 데 중요한 기준이 될 수가 있는 것이다. 즉 개혁·개방 정책이 정부와 당의 통제 하에 점진적이고 단계적으로 추진된다고 하더라도 소규모경제의 경우에 개혁·개방 정책의 여파가 전체국가로 확산되는 속도는 중국과 같은 대규모경제인 국가보다는 매우 빠르게 진행될 가능성이 높다. 중국은 앞서 살펴

---

1) 홍익표·조명철, 「중국·베트남의 초기개혁·개방 정책과 북한의 개혁방향」(대외경제정책연구원), 정책보고 00-12, p.45.

본 바와 같이 경제특구를 지정하고 그 성공적 경험을 일부 동부연해지역에서 내륙지역으로 단계적으로 확대하였고, 그 기간도 10년 이상이 걸렸다. 이는 중국의 개혁·개방정책이 중국공산당의 통제 하에 이루어질 수 있었다는 것을 의미한다. 즉 개혁·개방의 시행으로 인해 발생할 수 있는 체제안정과 관련된 문제들이 경험적으로 검증되고 정치적으로 제어될 수 있었다는 것을 의미한다. 그러나 경제규모가 작은 북한의 경우 이러한 개혁·개방정책의 시행에는 많은 한계가 따를 것으로 보인다. 즉 소규모경제 하에서 여타 지역과 분리된 경제특구를 장기간 운용하는 것이 쉽지 않으며, 적극적인 개혁·개방정책을 시행할 경우 개혁·개방의 과정에 나타날 수 있는 체제안정과 관련된 문제들을 효율적으로 통제하기가 어렵다는 것이 그것이다.

한편 이러한 경제규모는 내수시장의 규모와 이에 따른 외자도입의 규모를 결정할 수 있다는 데서 개혁·개방정책의 성패를 결정할 수가 있다. 중국의 개혁·개방정책이 성공할 수 있었던 요인 중의 하나는 거대한 내수시장이 존재하고 있다는 점을 빼놓을 수 없다. 즉 거대한 내수시장의 존재는 막대한 외자의 유입을 자연스럽게 이루어낼 수 있었고, 이에 따라 도시지역에서의 비국유경제 분야를 창출할 수 있는 가장 중요한 조건으로 작용했던 것이 사실이다. (표 7-1)에서 보는 바와 같이 중국경제는 1952-78년 기간동안 경제성장과 공업화를 달성하는 데 상당한 성과를 거두었다. 이 기간동안 불변가격을 기준으로 중국의 주요 거시경제지표를 보면 국민총생산의 연평균 성장률은 약 8.7%였으며, 이는 세계평균수준을 상회하는 것이었다. 특히 2003년 이후 연평균 성장률도 매년 9%를 상회함으로써 향후 지속적인 경제성장 가능성을 수치로 보여주고 있다고 하겠다. 또한 1955년과 비교해볼 때 1978년의 국내 총생산액은 910억 원에서 3624.1억 원으로 약 4배 가량 증가하였고, 1인당 GDP도 150원에서 379원으로 2.5배 이상 늘어났다. 특히 1978년과 비교할 때 2004년 국민총생산액은 13만 6,515억 원으로 액 40배 가량 증가하여, 50여 년 동안 약 160배에 달하는 놀랄만한 경제성장을 보여주고 있다.

(표 7-1) 중국의 GDP 성장률 현황

	국내총생산(GDP: 원)	성장률(%)	1인당 GDP(元)
1955	910	6.8	150
1960	1,457	-0.3	218
1965	1,716	17.0	240
1970	2,253	19.4	275
1975	2,997	8.7	327
1976	2,944	-1.6	316
1977	3,202	7.6	339
1978	3,624	11.7	379
1985	8,964	13.5	853
1990	18,548	3.8	1,634
1995	58,478	10.5	4,854
1997	74,463	8.8	6,054
1999	82,067	7.1	6,547
2000	89,404	8.0	7,063
2001	95,933	7.3	7,517
2002	102,398	8.0	7,972
2003	116,694	9.1	9,079
2004	136,515	9.5	10,561
2005. 1-6	67,422	9.5	-

자료: 「中國統計年鑑」 각 년호; 「中國統計摘要」 각 년호:
http://www.kotra.or.kr/main/trade/country/ 등을 참조하여 작성.

북한경제는 본래 1970년대 상반기까지만 해도 상대적으로 고도성장을 해왔다.[2] 그러나 1970년대 중반 이후부터 '속도전'과 같은 김일성식 경제정

---

2) 북한은 자본주의국가와는 달리 국민총생산에 관한 총량 경제지표로서 사회적 총생산물(GSP: Gross Social Product)과 국민소득(NMP: Net Material Product)이라

책 및 사회주의 계획경제의 모순에 의한 경제의 비효율성이 누적되면서 서서히 저성장, 경제침체의 길로 들어섰다. 1990년대 이후부터는 사회주의국가들의 시장경제체제 전환에 따른 대외경제관계 단절로 1998년도까지 연평균 -4.3%의 성장률을 나타냈다. 그러나 최근에는 1997년에 저점을 통과한 후 1998년도에 전년대비 5.7% 성장, 그리고 1999년도부터는 드디어 마이너스 경제성장의 터널을 통과한 이후 5년 연속 플러스 성장을 보이고 있다. 다만 2000년도 성장률이 1.3%로서 전년도에 비해 4.9% 하락한 것은 곡물 수확량이 1999년에 비해 15%나 큰 폭으로 감소했기 때문에 둔화된 것으로, 광업, 건설업, 제조업, 서비스업 등의 산업생산은 계속 증가추세에 있다. 북한의 이러한 플러스 성장 추세는 2001/2002년에도 지속되었던 것으로 나타나고 있다. 북한은 2001년 최대 경제건설과제로 '현존 경제토대의 정비'와 '국가경제력 강화'를 강조하고 경제회복에 총력을 기울여 왔다. 그 결과 농업생산이 여타 부문에 비해 상대적으로 호조를 보이는 가운데, '기술개건사업'(技術改建事業)과 공장·기업소의 보수·정비에 주력한 광공업 및 건설업부문에서도 소폭의 플러스 성장을 한 것으로 추산되고 있다.[3]

 그러나 북한경제의 지속적인 플러스 성장은 1998년 김정일정권의 공식 출범에 따른 체제의 안정화와 더불어 외부로부터의 대규모 무상지원, 그리고 금강산관광사업 및 남북경협의 확대에 의한 외화의 유입이 일부 공장가동을 정상화하였기 때문으로 파악할 수 있는 것으로 전산업이 정상화된 것으로 평가하는 것에는 무리가 따른다. 아래 표에서 보여지듯이 1999년 이

 는 개념을 사용하고 있다. 사회총생산물이란 일정한 기간동안 사회의 모든 생산부문들에서 창조된 물질적 부를 전사회적 범위에서 개괄한 총량을 말한다. 그리고 국민소득은 사회생산 중에서 소비된 생산수단을 보상하고 그 나머지 부문, 즉 그 해에 새로이 창조된 가치라고 정의하고 있다. 「경제사전」 제1권(평양: 사회과학출판사, 1995), p.754.
3) 통일부, 「금년도 북한경제 종합평가와 전망」, 보도자료, 2001. 12. 21. 최근 몇 년 북한의 이러한 경제회복 추세는 김정일정권의 정식 출범에 따른 체제 안정화와 더불어 경제정상화를 위한 재정지출의 확대, 1998년도 이후 대규모로 지원되고 있는 외부로부터의 무상원조, 금강산관광사업에 따른 외화의 유입 등이 일부 공장가동의 정상화를 초래했기 때문인 것으로 판단되고 있다.

후 나타나고 있는 북한의 플러스 성장세는 농업, 경공업 및 건설업 등의 분야가 주도함에 따른 것으로 정부부문을 비롯한 서비스 및 중공업 분야는 여전히 부진을 나타내고 있기 때문이다. 일부 지방공장의 활성화와 더불어 남한으로부터 꾸준히 유입되는 비료가 농업분야의 생산증가로 나타났고, 1998년부터 시작된 대규모 토지정리사업 및 수력발전소 건설사업, 남포-평양 간 고속도로 건설, 개천-태성호 물길공사 등 노동력을 대거 동원하여 이루어지는 건설분야의 호조에 힘입어 플러스 성장을 이룬 것으로 평가할 수 있다. 반면에 중화학공업은 심각한 전력난 및 원자재 부족의 지속으로 여전히 부진한 상태를 면치 못하고 있는 것으로 보이며, 사회간접자본부문의 생산내용을 나타내는 서비스부문도 여전히 부진을 면치 못하고 있는 것으로 나타나고 있다.

(표 7-2) 북한의 주요 산업 및 GNI 성장률 추이

	1998	1999	2000	2001	2002	2003	2004
농 림 어 업	29.6	31.4	30.4	30.4	30.2	27.2	26.7
광 공 업	25.6	25.6	25.4	26.0	25.7	26.8	27.2
광 업	6.6	7.3	7.7	8.0	7.8	8.3	8.7
제 조 업	19.0	18.3	17.7	18.1	18.0	18.5	18.5
경 공 업	6.4	6.1	6.5	6.7	6.9	7.0	6.7
중화학공업	12.6	12.2	11.2	11.4	11.0	11.5	11.8
건 설 업	5.1	6.1	6.9	7.0	8.0	8.7	9.3
서 비 스 업	35.6	32.4	32.5	31.8	31.6	32.8	32.3
정 부	25.3	22.8	22.6	22.2	22.0	22.9	22.6

출처: 한국은행, http://www.bok.or.kr/index.jsp(2005년 12월 검색).

북한은 최근 몇 년 사이 경제건설의 최대과제로 현존 경제토대의 정비와 국가경제력 강화, 인민경제의 현대화, 인민경제생활의 향상 등을 강조하고 경제회복에 총력을 기울이고 있다. 그러나 북한 내부에 성장을 위한 투입변수(inject variables)가 거의 존재하지 않고, 전력부분을 비롯한 중화학

공업부문의 설비들이 에너지 다소비형으로 거의 노후화, 낙후화되어 있는 현실이기 때문에 북한경제의 정상화를 섣불리 점치기는 어려운 실정이다. 뿐만 아니라 앞서 살펴 본 바와 같이 북한의 교역도 주로 대외적인 지원에 의해 소규모의 성장을 이루어왔고, 전반적으로 경제성장에서나 내수시장의 규모를 형성할 수 있는 1인당 GDP의 규모는 외국의 투자를 유인하는 수준에 미치지 못한다고 할 수 있다. 즉 북한에는 영토의 협소함과 함께 외자를 유인할 수 있는 정도의 내수시장도 존재하고 있지 않다는 것이다. 현재 북한의 개혁·개방이 외자의 도입 없이는 불가능하다는 점을 고려한다면 이러한 조건 하에서 중국식 개혁·개방 정책의 채용을 통한 선진기술과 자본의 도입은 사실상 어려운 실정이다.

2. 경제구조의 차이

한편 경제구조의 차이라는 면에서 중국의 경제발전 수준이 농업중심의 후진형인 데 비해 북한은 공업화가 상당히 진전된 사회주의 중진국이라는 점에서 동유럽과 유사하다. 중국은 상기한 경제성장을 바탕으로 농업부문을 경제의 주체로 하는 기초 위에서 각종 공업부문을 비교적 완비한 공업체계를 건설하였고, 2차와 3차 산업의 비중이 점차 높아지면서 산업구조도 고도화 추세를 유지해왔다. 또한 산업구조도 (표 7-3)에서 보는 바와 같이 1952년의 경우 1차 산업이 50.5%, 2차 산업이 20.9%(이 중 공업이 17.6%), 3차 산업이 28.6%를 각각 차지하였다.

(표 7-3) 개혁·개방 이전의 중국의 산업구조 현황

(단위: %)

연 도		1952	1955	1960	1965	1970	1975	1976	1977	1978
산업 구조 비중	1차 산업	50.5	46.3	23.4	37.9	35.2	32.4	32.8	29.4	28.1
	2차 산업	20.9	24.4	44.5	35.1	40.5	45.7	45.4	47.1	48.2
	3차 산업	28.6	29.3	32.1	27.0	24.3	21.9	21.7	23.4	23.7

자료: 「中國統計年鑑」, 2000.

특정 국가경제의 경제발전 및 정책의 성과는 산업구조와 공업구조에서 반영되어 나타난다는 사실은 재론의 여지가 없다. 북한의 산업구조를 보면 (표 7-4)에서 보는 바와 같이 농업보다는 공업중심의 산업구조를 보이고 있다. 물론 최근 북한의 공업생산이 에너지 및 원자재 부족 등으로 인해 설비가동률이 상당히 떨어진 것은 사실이지만 북한경제가 점차 정상화될 경우 공업부문의 비중도 1990년 수준인 43% 수준으로 회복될 것으로 보인다. 따라서 이러한 산업구조의 차이는 개혁·개방의 중점을 중국과 같이 농업부문에서 시작하여 도시와 공업부문으로 확대하는 방식을 북한에 적용하는 데 제약요인으로 작용할 것으로 보인다. 즉 북한경제는 구조상 기업부문, 특히 중대형 국유기업과 기간산업이 정상화되지 않으면 경제회복이 어렵다는 것을 의미한다.

(표 7-4) 북한의 산업구조 추이

(단위: %)

구 분	1956	1960	1970	1980	1990	1995	1999	2000	2001	2002	2003	2004
농림수산업	26.1	28.9	21.5	20.0	26.8	27.6	31.4	30.4	30.4	30.2	27.2	26.7
광 공 업	40.1	41.3	57.3	60.0	42.8	30.5	25.6	25.4	26.0	25.7	26.8	27.2
SOC·서비스 (정부, 기타)	33.8	29.8	21.2	20.0	30.4	41.9	43.0	44.2	43.6	44.0	32.8	32.3

자료: 한국은행, 「북한 GDP 추정결과」, 각 년호.
주: SOC·서비스(정부, 기타)의 2003/2004년 수치는 서비스(정부, 기타)만을 표기한 것임.

북한이 1994-96년까지 농업, 중공업 중시 및 무역제일주의의 완충기 정책이 별다른 효과를 거두지 못한 반면 1997년 이후 중화학 공업 등 기간산업의 정상화에 중점을 둔 정책이 효과를 보고 있다는 점은 이러한 사실에 대해 시사하는 바가 크다. 물론 최근 북한경제의 회생이 실물경제의 회복이나 산업정상화보다는 국제사회의 지원과 남북경협에 따른 일시적인 효과라는 지적이 있을 수 있지만, 북한의 경제구조가 중국의 개혁·개방을 그대로 적용하는 데 상당한 걸림돌이 될 수 있다는 것은 명확한 사실이라고 할 것이다. 또한 개혁에 따르는 비용을 전적으로 외자도입에 의존해야 한다는 점도 북한당국이 개혁·개방을 추진하는 데 걸림돌이 될 것이다.

북한의 중국식 개혁·개방의 추진가능성은 북한의 재정을 통해서도 파악할 수 있는데, 북한 재정의 중요한 기능은 계획경제 운영에 대한 자원배분 기능, 경제주체들에 대한 통제 기능, 소득재분배 기능을 담당하고 있기 때문이다. 북한의 재정은 자본주의국가들보다 총 GNI에서 차지하는 비중이 월등히 높다. 이는 일반적으로 사회주의국가의 경우 국가가 개별기업의 자본형성 빛 투사 외에 운엉사금까지 부담하고 의료, 교육, 주택 등 '사회직 소비'(social consumption)를4) 전적으로 책임지고 있기 때문이다. 북한의 경우는 다른 사회주의국가에 비해서도 이 비중이 매우 높은 것으로 알려져 있다.

---

4) 북한은 이를 자신들의 예산지출 항목에서 '사회적 시책비'로 부르고 있다.

(표 7-5) 북한의 재정규모 추이

연 도	달러표시(억 달러)	원화표시(억 원)	대미환율(원)
1988	143.9	316.6000	2.20
1990	163.7	355.2000	2.17
1992	185.0	394.0000	2.13
1993	187.0	402.0000	2.15
1994	191.9	414.4215	2.16
1995	(157.8)	(323.4974)	2.05
1996	(118.0)	(252.5220)	2.14
1997	91.3	197.1195	2.16
1998	91.0	200.1521	2.15
1999	92.2	200.1821	2.17
2000	95.7	209.5530	2.19
2001	97.6	215.7080	2.21

주: 1) 1995년, 1996년 수치는 1994년 이후 연평균 감소율 -21.9%에 의거한 추정치.
　　　 1997년 통계는 한국은행 추정결과임.
　　2) 모든 연도 결산규모이나 2001년도는 예산규모임.
자료: 통일부, 「북한의 이해」, 2004, p.146(통일부 인터넷 자료 page 기준).

　북한은 매년 4월에 개최되는 최고인민회의에서 '재정보고'라는 형식으로 내각의 재정상(장관)이 전년도 및 당해 년도 국가예산규모를 발표해 왔다. 그러나 경제난이 심각해지면서 1994년 제9기 최고인민회의 제7차 회의에서 1994년도 예산규모를 발표한 이래 5년간 재정상황을 발표하지 않다가, 1999년 4월 8일 제10기 최고인민회의 제2차 회의에서 다시 재정규모를 공개하고 있다. (표 7-5)를 보면 2001년 북한의 재정규모는 97.6억 달러로 재정규모가 가장 컸던 1994년 191.9억 달러의 약 50%에 불과하다. 북한의 발표에 따르면 북한의 재정규모는 1994년도 이래 1997년도까지 연평균 21.9%씩 감소된 것으로 되어 있다. 1998년도 재정규모는 1994년도에 비해 52.6%나 감소한 것으로 나타나고 있다. 이는 경제난에 따라 국가재정활동이 축소되었음을 반영한 것인데, 이러한 재정규모 축소는 곧바로 자본투자 위축으로 연결되어 지난 9년간 마이너스 성장을 유도하는 한 요인이 되기도 하였다.

한편 2001년도 북한의 재정예산은 미화로 97.6억 달러로서 전년도 결산 규모보다 약 2.0% 높게 편성되어 있다. 북한의 이러한 재정규모는 남한의 약 1/8 규모이지만 남북한 대비 GNI비율 1/27에 비해 보면 상당히 높은 수준이다.[5] 예컨대 남한의 경우 2000년도에 그 비율은 17.2%이었지만, 북한의 경우는 57.1%로 나타나고 있다.[6] 최근 북한 재정을 보면, 과거 균형재정을 운영해왔던 것과 달리 1999년도부터 연속 적자재정을 운용하고 있는 특징을 볼 수 있다. 그리고 경제회복을 위한 이른바 5대 선차부문, 즉 전력, 농업, 석탄, 금속, 철도·운송 부문과 과학기술부문 등에 대한 예산편성이 계속 증가추세에 있는 특징도 보게 된다.[7]

---

5) 남북한 대비 GNI비율과 관련해서는 제12장 (표 12-5) 남한과 비교된 북한의 국민소득 추이를 참조할 것.

6) 통계청, 「남북한 경제사회상 비교」, 2001. 12, p.65. 남북한의 GNI대비 재정규모 비율을 비교함에 있어서 통계상 약간 어긋나는 문제가 있다. 즉 북한통계의 경우 GNI통계는 우리 한국은행이 추계한 수치인 반면, 재정규모는 북한이 발표한 것으로 서로 상치된다. 그러나 남북한 비교의 의미를 얻고자 함에 있어서 크게 무리가 없을 것으로 보인다.

7) 권영경, "북한경제의 현황과 변화전망," 통일부, 「북한의 이해」, 2001, pp.111-2 (통일부 인터넷 자료 page 기준).

제8장 유사 화교경제권의 부재: 외자유치의 불안정성

　북한의 중국식 개혁·개방 모델 수용에 있어 어려움으로 작용할 수 있는 요인으로서는 대외경제적 조건의 차이로서 화교경제권의 존재를 들 수 있다. 중국의 개혁·개방 정책이 성공할 수 있었던 가장 중요한 요인 중의 하나는 중화경제권의[1] 존재라고 할 수 있다. 중화경제권의 존재는 중국 개혁·개방 정책의 성공에 두 가지의 의미를 갖는다. 하나는 초기 중국 개혁·개방 정책의 성공에 관건이 되는 조건이 외자도입의 용이성이라고 할 때 이를 안정적으로 보장해줄 수 있었던 것이 바로 막대한 자금력을 가지고 있는 중화경제권의 존재였다는 점이다. 즉 신속성과 적극성을 동시에 보여줌으로써 중국의 개혁·개방이 시작됨과 동시에 제도적 제약이나 협약과 같은 번거로운 절차 없이 중국으로의 자본이동이 가능했다는 점이다. 이러한 자본이동의 용이성 및 적극성은 중국정부의 일방적인 제도적 개선만으로도 화교자본은 언제든지 중국으로 이동할 수 있는 여건을 조성하였다. 다른 하나는 서구자본의 유입에 따른 이질적 문화와 이데올로기의 전파를 우려했던 중국 내 보수파들을 설득하는 데 있어 혈연관계의 화교자본이 서방 자본주의국가의 자본보다는 훨씬 강한 명분을 가지고 있었다는 점이다. 마지막으로 중국이 아시아국가들이 공통적으로 직면하고 있는 외연적 성장을 통한 경제성장의 한계와 국가경제의 형성 및 세계경제의 압력이라는 이중적 구조조정의 문제에 직면해 있는 상황에서 국민경제로의 이전과 세계경제로의 편입에 중화경제는 완충적·보호적 역할을 할 수 있었다는 것이다.

---

1) 중화경제권은 EU, NAFTA와 같이 제도적 실체로 경제통합을 이룩한 상황은 아니지만 이 지역의 총생산과 외환보유고가 타 지역과 비교하여 최대인점과 교역중심지로서의 역할과 지역 내의 경제통합수준을 감안한다면 그 규모와 영향력은 지대하다고 할 수 있다. 따라서 중화경제권은 공식적인 경제통합기구가 아니라 연관된 경제권 사이의 연계망 개념으로 이해하는 것이 바람직하다.

1. 화교와 대중화 경제권

'중화사상' '중화주의'에서 중화란 자신을 중심으로 세계를 인식하는 일종의 자민족 중심의 세계관이다. 그리하여 정치적으로는 주변국에 대한 중국의 팽창주의를 의미하며, 문화적으로는 중화중심주의를 의미하는 상징성을 전통적으로 지니고 있다.[2] 중화경제권의 개념은 등소평 정권이 등장, 본격적인 대외경제개방정책을 추진하기 시작하던 80년대 초부터 거론되기 시작한 것으로 알려졌다.[3] 그러나 중국 본토에서 발의된 것이 아니라 홍콩의 사회학자인 황지련(黃芝連)의 「중국인공동체(中國人共同體)」, 「중국인경제집단(中國人經濟集團)」이라는 용어로 구체화되기 시작한 것으로 초기에는 대만-홍콩-마카오-싱가폴-중국 본토를 연결하는 중국인 공동시장(Chinese Common Market)의 개념으로 출발했다.[4] 그 후 중국과 홍콩, 대만 간의 경제교류가 급속히 증가되면서 현실감을 갖추게 되고, 이 용어에는 여러 의미가 부여되어 활용되었는데 '공동체' '경제권' '공동시장' '자유무역구' 등의 4개 개념으로 확대되었다.

한편 그 대상지역 및 통합의 중점에 따라 그 명칭 또한 다양하게 나타났다. 대중화경제권, 화인(華人)경제권, 중국경제통일체, 아시아 화인공동시장, 화남(華南)경제공동체, 남중(南中)국경제공동체, 중화협력체계 등이 그것이다.[5] 그 명칭을 두고 관련국 학자들의 회합이 잦아지면서 논의가 활발하게

---

2) Harry Harding, "The concept Of Greater China: Themes, Variations and Reservations," *China Quaterly*, No.136, December, 1993, pp.660-86. 한편 이 중화주의는 근대 개항기에 서방국가들의 침탈에 대응한 동도서기론(東道西器論), 중체서용론(中體西用論) 등의 사상적 기초를 제공했으며, 오늘날의 중국이 지향하는 '중국적 특색을 지닌' 사회주의라는 개념형성에 사상적 토대를 제공해주고 있다.

3) 이문봉, "세계최고의 상인: 중국인과 유태인," 「삼성세계경제」, 1994년 6월호, p.75.

4) 黃芝連, 「美國203年: 對美國關係的歷史與未來學的分析」(香港: 中流出版社, 1980), p.924.

5) 중국은 화교자본 외에도 인접국가들과의 경제협력을 구상하고 있는 바, 환동해

이루어졌는데, 대만의 숙만장(蕭万長) 경제부장이 1991년 가을 「대중화경제구상」을 발표함으로써 그 명칭이 「대중화경제권」으로 정착되기에 이르렀다.[6] 대중화경제권은 이른바 중국인들[7]의 경제협력을 위한 광범위한 네트워크이다. 이는 중국대륙과 홍콩, 대만 간의 경제통합은 물론, 여기에다 동남아 각국의 화교자본과의 연계를 포함하는 국경을 초월한 중국인들의 경제협력 구도를 의미한다.

이러한 중화경제협력체계의 범위에 관해서는 여러 가지 견해가 존재하고 있다. 첫째, 광동성, 복건성, 광서장족자치구(廣西壯族自治區), 해남성 등 4개 省과 홍콩, 마카오, 대만을 포함하는 것이다. 둘째, 중국 전체와 홍콩, 마카오, 대만을 포함하는 것이다. 셋째, 중국 전체와 홍콩, 마카오, 대만 및 화교가 경제주체가 되는 동남아 일대의 국가를 포함하는 견해이다. 이에 대해 중국은 홍콩, 대만, 마카오는 원래 중국의 영토이나, 단지 현실적으로 정치적인 통일이 실현되지 못한 것으로 간주하는 까닭에 이들과의 경제적 통합을 새로운 경제권의 창설로 간주하는 것은 부당하다는 입장을 보인다.[8] 넷째, 구미 각국을 포함하여 세계 각지에 분포하고 있는 화교를 포함하는 견해가 있다. 여기서는 중국 전체와 홍콩, 마카오, 대만을 포함하고 동남아의 화교자본을 포함하는 개념으로 이해한다.

통상적으로 북미지역에 거주하는 화교자본의 경우 동남아화교자본의 경우와 대비해 아직은 그 규모가 작고, 투자액 및 건수도 소규모로 진행되어

경제권 또는 동북아경제권에 관한 모색이 그것이다. 이 구상은 일본, 러시아 극동지역, 중국의 동북 3성, 남한, 북한, 몽골지역을 대상으로 하는 것으로 최근 두만강유역개발이라는 소규모 프로젝트를 중심으로 구체화되고 있다. 그러나 이것이 확대되어 환동해경제권으로 발전해 나가기까지는 수많은 정치적 난제들을 해결하는 것이 전제인 까닭에 상당한 시간을 요한다. 田中壽雄 저, "華僑と中國の經濟," 「貿易と關稅」, 1994년 7-9월호, 이상두, "화교와 중국경제," 「삼성세계경제」, 1994년 12월호, p.76에서 재인용.

6) 이상두, "화교와 중국경제," 「삼성세계경제」, 1994년 12월호, p.75.
7) 여기에는 중국대륙의 공민, 홍콩·대만의 중국동포, 해외에 거주하되 중국국적을 보유한 화교, 외국국적을 보유한 중국인 등을 모두 포함한다.
8) 居三元, "중국의 화교정책과 재외화교기업의 중국대륙투자," 「中蘇研究」(한양대학교 中蘇研究所), 20권 1호, 1996 봄, p.100.

포함시키지 않고 있다. 특히 동남아화교들의 거주국에 있어서의 영향력과 대비해 북미지역에 거주하는 화교들의 영향력은 거의 미미한 수준에 불과한 까닭에 언급되지 않는 경향이 있다. 그러나 북미거주화교들의 대중투자는 등소평의 미국방문이 이루어졌던 1979년부터 시작되었다는 점, 최근 왕안(王安)의 컴퓨터기업, 당중영(唐仲英)의 규소강기업 등 대자본이 출현하기 시작했고, 앞으로도 그 성장속도가 클 것이라는 점에서 주목할 필요가 있다. 아직까지는 별도의 통계가 작성되지 않아 확인이 곤란하다. 한편 유럽거주 화교들의 경우 아직은 무시할 만한 수준이다.

이러한 대중화경제권의 형성이 모색된 데에는 다음과 같은 몇 가지 요인이 작용했다.9) 먼저 중국대륙과의 지리적 인접성이다. 홍콩, 대만, 마카오는 물론이고 동남아지역 국가들도 역사적으로 중국과 밀접한 관계를 유지해왔다. 이러한 의미에서 중화경제는 지역경제권이라고 볼 수가 없다. 이는 제도적 장치를 갖춘 공식적인 경제공동체가 아니기 때문이다. 경제권의 개념은 참가주체 및 동기에 따라 지역화(regionalization)와 경제통합(economic integration)으로 구분된다. 지역화는 개별기업의 이윤동기에 의해 국경을 초월한 경제활동이 주가 되는 기능적 통합을 의미한다. 이에 반해 경제통합은 NAFTA나 EU와 같이 참가주체들이 상호합의에 의해 협력의 조건과 형태를 결정하는 제도적 장치를 전제로 하는 통합을 의미한다. 일반적으로 경제통합의 구체적 형태는 자유무역지대, 관세동맹, 경제동맹 및 완전한 경제통합 등으로 설명되는 발라싸(B. Balassa)의 구분에 따르고 있다. 이러한 경제통합의 형태는 본질적으로 시장의 통합을 전제로 하고 있으며, 그러한 통합의 메커니즘이 작용하고 있어야 하는데 중화경제는 시장기능이 결여되어 있는 사회주의 계획경제권을 포함하는 국가 간 다각협력체적 의미의 경제협력권을 의미한다.10)

---

9) 유세희·김광용, "냉전체제 이후 국제정치·경제질서와 대중화경제권," 이재유 편, 「대중화경제권과 21세기 아태경제」(서울: 한양대학교 출판부, 1999), pp.31-6.
10) 남광규, "중화경제: 지역화(regionalization)를 통한 중국경제의 확대," 「국제지역연구」, 제2권 3호, 1997, p.72.

일반적으로 서구형 경제통합에서 경쟁촉진으로 인한 동태적 이익이 강조되므로 관련 국가 간 경제구조의 유사성이 중요한 시장확대형 경제통합의 모습을 보여주고 있으나 중화경제는 경제구조의 상호보완성이 통합조건의 요인으로 작용하고 있는 특징을 보여주고 있다.[11] 따라서 중국을 중심으로 하는 광의의 중화경제협력으로 볼 때, 중화경제는 제도적인 형태의 경제통합보다는 국가 간 협정이 따로 필요치 않은 특징을 가진 기능적 통합을 중심으로 하는 지역경제의 특징인 화남경제권과 비공식 네트워크로 현재의 중국현실에 오히려 잘 연결될 수 있는 특징을 가진 화교자본의 구성을 보이고 있다. 화교자본이 비공식적인 채널을 통해 움직인다는 것도 오히려 자본을 비롯한 중국 내 투자 유치에 있어서 중국정부의 융통성을 넓혀준다는 점에서 유리하게 작용하였다.

둘째, 종족적 정체성과 귀소본능이 강한 화교와 이들 자본의 존재이다. 중국이 초기 개혁·개방을 추진하는 데 있어 자본의 지속적이고 안정적인 공급원이 절실했다는 것은 주지의 사실이다. 중국경제의 문제점으로 지적되는 것 가운데 하나가 사회간접자본의 부족이다. 홍콩과 결합된 광동성만 하더라도 도로망의 부족이 성장에 걸림돌이 되었다. 이 외에도 지속적인 경제성장을 위해서는 막대한 투자자본이 소요되는 바, 국내저축으로 충당될 수 있는 원시자본이 절대적으로 부족한 상황에서 모두 해외로부터 충당하는 수밖에 없다. 그런데 외국으로부터의 자금유입에는 많은 조건과 제약이 따르며, 특히 중국을 견제하려는 속성이 있는 서방국가로부터의 자금유입은 종종 어려움을 겪었다. 이를 대신할 수 있었던 것이 바로 화교자본이다. 따라서 화교들 자체가 모국을 떠난 기간이 얼마 되지 않는데다가 종족적 정체성과 귀소본능이 강하다는 중국인의 특성, 그리고 거주국에서 막대한 부를 축적한 화교의 자본력은 중국이 개혁·개방을 추진하는 데 안정적이고 지속적인 외자의 공급원이 되었던 것이다.

셋째, 최근 대두되고 있는 민족주의이다. 그동안 중국은 일견 자본주의

---

11) 손병해, 「동북아경제협력권 형성을 위한 선형자유무역지대 구상과 그 기대효과」, (대외경제정책연구원, 1992), pp.17-24.

적인 것이라 보일 만큼 체제개혁을 진행해가는 가운데서도 정치적으로 여전히 사회주의국가임을 천명하고, 4항 기본원칙을 지속적으로 역설하고 있다. 그러나 이는 원칙이라기보다는 중국의 분열을 사전에 예방할 수 있는 효율적인 통치제도라는 인식이 우선하고 있는 것으로, 중국 내부에서도 대체적인 합의를 유지하고 있다. 1996년 강택민이 「정치를 강화할 데 대하여(關于講政治)」를 발표하고 대대적인 캠페인을 벌인 것도 이러한 맥락에서 해석될 수 있다.[12]

중국 국가주석 강택민의 이 연설문은 1996년 3월 3일 중국공산당 창당 75주년을 맞이하여 중국공산당 중앙위원회 간부회의석상에서 행한 것이다. 정치와 사상에 대한 강조를 주요 내용으로 담고 있는 이 연설은 당기관지인 「구시(求是)」에는 물론, 「북경일보(北京日報)」, 「해방일보(解放日報)」, 「광명일보(光明日報)」 등에도 일제히 게재되었다. 그러나 개발전략으로 채택한 사회주의 시장경제체제는 이미 기존의 사회주의적 질서를 그 토대부터 동요시키고 있다. 특히 선부론, 시장경제질서의 도입은 물질만능주의, 배금사상(拜金思想)을 사회에 광범위하게 확신시켰다. 그리하여 이제 더 이상 사회주의적 원칙이나 도덕이 일반 대중들의 삶을 규정하고 있지 못하며, 중국공산당 자체도 초급조직이 붕괴되어 중·상층 조직만으로 꾸려가고 있는 실정이다. 이러한 상황을 종합해보면 중국이 향후 개방개혁을 후퇴시킬 가능성은 거의 없다고 볼 수 있다. 따라서 앞으로 사회주의적 원칙을 천명하거나 강조할 경우가 있다 하더라도, 그것은 그 효용이나 기대효과를 고려한 다분히 전략적인 선전차원의 것이지, 실질적인 정책의지를 시사하는 것은 아니라고 볼 수 있다. 따라서 사회주의의 이념적 효용성은 상당 정도 사라졌다 할 것이다.

문제는 사회주의 대신 중국이 취할 수 있는 이념적 선택이다. 대중을 동원, 결집시키는 이념적 수요는 항시적으로 존재할 것인 바, 현재 사회주의 대신 활용 가능한 것은 민족주의로 보인다. 이미 그것은 맹아를 드러내고

---

12) "關于講政治," 「人民日報」, 1996. 7. 1.

있는 바, 국시로 제시되고 있는 '중국적 특색'을 지닌 사회주의에서의 접두어가 한 가지 사례이다. 이는 중국의 고유한 방식에 기초해 짧은 순간에 비약적인 성장을 달성할 수 있었다는 데 대한 자부심을 의미한다. 특히 거의 비슷한 시기에 개혁·개방 정책을 추진했던 소련이 체제개혁에 실패함으로써 국가 자체가 붕괴되고, 소련을 계승한 러시아마저도 미증유의 혼란을 계속하고 있는 현실과 대비해서 그 자부심은 증폭되었다.

이러한 요소는 당지도부는 물론 일반 대중들까지 자신들은 현재 사회주의사상과 자본주의의 효율적 요소, 중국의 전통적인 정신문화를 독자적으로 결합시킴으로써 「신중국의 황금시대」,13) 「대중국」을 건설하고 있다고 생각하게 하는 것이다. 이러한 자부심은 정치지도자들 뿐만 아니라 기업인, 일반대중들에까지 널리 확산되어 있는 것으로 보인다. 한편 대중들을 통합하고 당의 지도력을 유지하는 수단으로서 민족주의가 갖는 효용은 매우 크다. 통상적으로 민족주의의 효용성을 제고하는 방법으로 고려되는 것은 민족대단결의 구호를 제창하고 그 정체성을 명확하게 하기 위해 외부에 주적을 설정하는 일이다. 전자는 대중화경제권 형성의 사상적 배경으로 작용하고 있고, 후자는 미국 및 일본과의 대립구도의 설정으로 나타나고 있다.

넷째, 위와 관련하여 중국이 대중화경제권을 구상하게 된 데에는 아시아지역에서의 일본과의 지역경제 패권을 둘러싼 싸움에서 유리한 고지를 점령하고, 세계적 지역화 추세에 대한 적극적인 대응방안 모색을 위한 고려도 작용했다. 우선 중화경제권의 형성은 단순한 경제권 형성에 그치는 것이 아니라, 아시아의 중국인이 단결, 협력하여 일본의 경제적 지배를 배제하려는 동아시아에서의 일본과 중국 간의 지역패권을 다투는 경쟁적 성격을 지니고 있는 것이다. 여기에는 중장기적으로 일본의 경제지배를 벗어나고자 하는 동남아국가들을 활용하고자 하는 중국의 전략적 구도도 작용하고 있다.

---

13) 이는 중국의 웅영호·김남호 역, 「신중국의 황금시대」(서울: 사월회, 1992)의 책제목에서 따온 것으로, 중국인들 자체가 스스로 새로운 중국을 건설하고 있다는 인식을 보여주는 대표적 사례이다.

이는 일본의 군사대국화 경향과 맞물려 증폭되고 있다. 일본과 아시아국가들의 문제점은 대일역조 및 대일무역의존도가 계속해서 확대, 심화되고 있다는 점으로, 결과적으로 일본은 이들 지역에 대한 경제·산업·기술 협력을 통해 막대한 이익을 얻어왔다. 1990년대에 들어서는 일본은 무역·직접투자·개발원조 분야에서 1위를 차지하고 있으며, 엔화로 결제되는 무역 기레가 1991년 현재 51%를 넘어 기축통화로 자리 잡기에 이르렀다.[14] 일본 또한 향후 최대의 위험은 중국으로부터 올 것임을 인식하고, 그에 대비해서 일련의 조치를 취하고 있다. 물론 중국을 꼭 집어서 대응책을 마련한다기보다 국제무대에서 경제력에 상응하는 정치력의 확보, 새로운 세계질서 형성에의 기여라는 명분을 통해 전개되고 있다.

예컨대 미·일 간의 안보분담을 복표로 한 「미일 신안보공동선언」, 안보리 상임이사국 피선 추진, 유엔 평화유지군 파견, 평화헌법 개헌, 군사예산 증액 등의 조치들이 그것이다. 특히 일본의 경우 필요에너지를 전량 수입해야 하는 까닭에 해외 석유자원 개발 및 운송로 확보는 일본에게 치명적인 중요성을 지니고 있다. 최근 남사군도(南沙群島, Spratlys) 및 조이대(釣漁臺) 문제가 돌출되는 배경에는 이러한 일본의 우려가 작용하고 있다. 이러한 속에서 중국은 유럽의 EU, 북미의 NAFTA, 그리고 아태지역의 APEC 등 범세계적으로 대두되고 있는 지역주의화 추세에 대응하여, 동아시아경제에 강력한 영향력을 가진 화교사회의 결속을 바탕으로 대중화경제권을 최대한 활용하고자 하는 것이다.

중국 정부는 아직까지 대중화경제권에 대해 어떤 공식적 입장이나 태도를 표명하고 있지 않다. 대중화경제권에 대해 그것이 갖고 있는 정치적 민감성 때문에 파장을 최소화하고자 중국은 최대한 신중한 자세를 보여주고 있는 것이다. 즉 대중화경제권의 형성은 공식적으로 제도화된 기구나 조직을 통해 진행되고 있는 것은 아니며, 오히려 중국정부는 공식적으로 이 용어를 기피하고 부정한다. 이는 중국이 주변 국가들이 느낄 수 있는 위기의

---

14) 박건영, "미국－라틴아메리카, 일본－동아시아 정치경제관계의 탈냉전적 동학과 전망," 「동아시아 신질서의 모색」(경남대 극동문제연구소, 1996), pp.187-8.

식 내지는 경계심을 낮추기 위해서라고 할 수 있다. 그러나 내부적으로는 적지 않은 관심을 갖고 있는 것으로 보인다. 실제로 최근 들어 동아시아 경제성장의 견인차로 불리워지는 중국과 동남아국가의 화교자본 간에는 무역과 투자의 증대를 통하여 이들 간에 초국가적 경제통합을 달성하려는 움직임이 감지되고 있다.

최근 중국국가계획위원회 국제경제연구센터의 황범장(黃範章) 부소장의 발언이 한 예이다. 황범장 부소장은 사견임을 전제로 중국이 단기적으로는 화남경제권과, 중·장기적으로는 동남아국가들과의 경제협력을 모색해야 한다고 발언한 바, 이는 대중화경제권과 거의 같은 맥락의 것으로 간주할 수 있다.[15] 다른 한편 지역경제협력에 관한 구상들이 내부적으로는 활발하게 논의 중이나 아직 종합적이고 체계적인 틀로 짜여지는 수준에까지는 이르지 못하고 있는 것으로 보인다.[16] 그러나 대강의 원칙에는 일정 정도의 합의가 이루어진 것으로 보이는바, 각종 자료들을 종합하여 보면, 중국 본토, 특히 연안지역과 홍콩, 대만 그리고 동남아지역의 화교자본 간 연계를 상정하는 공통점을 보이고 있다.

2. 화교자본과 중국의 개혁·개방

개혁·개방이 시작되면서 중국은 신속하게 화교자본에 대한 파악에 들어갔다. 실제로 중국은 1981년 12월 북경에 화교사학회(華僑史學會)를 창설

---

15) 이문봉, "세계최고의 상인: 중국인과 유태인," 「삼성세계경제」, 1994년 6월호, p.54.
16) 그러나 단편적으로 공개되었거나 사견임을 전제로 한 문건들은 일부 찾아볼 수 있다. 대표적인 것들로는 國務院發展研究中心課題組, 「中國地域協調發展戰略」(北京: 中國經濟出版社, 1993); 國家計劃國土規劃研究所 外, 「中國沿海開放地區九十年代經濟發展戰略研究」(北京: 中國計劃出版社, 1993); 程超澤, "中國周邊國家經濟協作圈的構想: 走向21世紀的可由之路," 「財經研究」, 1993年 11期 등이 있다.

한 이래 지방에도 관련연구소를 지속적으로 신설 운영하고 있다. 그중에서도 복건성 하문대학의 남아연구소(南亞研究所)는 화교의 정치·경제·역사를, 광동성 화교연구소는 화교의 경제·역사·교육 문제에 대해 집중적으로 연구하고 있는 것으로 알려져 있다.17) 또한 중국은 4개 현대화 실현이라는 목표에 따라 경제개혁과 대외개방을 실시하면서 중국의 화교업무정책에 있어서 주요 업무는 귀국 중국인 화교가족, 그리고 해외화교를 어떻게 동원하고 또 경제건설에 이바지하게 할 것인가가 되었다. 중국은 귀교(歸僑), 회교가족과 해외화교를 동원하여 국가의 경제건설방면에 힘쓰도록 하고 화교와 관련된 업무에서 기본적인 목표를 정하였다.

구체적으로는 첫째,「중화인민공화국의 귀교, 화교전속보호법」중의 규정을 충실히 하여 귀교, 회교권속의 합법권익을 명확하게 보호하는 동시에, 국내 기타 공민과는 다른 그들의 특징에 근거하여 적당한 배려를 하고 그 우세를 발휘하여 조국의 경제건설에 이바지하도록 한다는 것이다. 둘째, 화교업무부문은 경제건설을 위해 복무하며 자금, 기술, 인재도입과 국외시장 개척을 중점으로 중간내개의 역할을 하도록 한다는 깃이다. 셋째, 다원화된 경로와 형식을 채용하고 화교, 외국적 중국인, 홍콩, 마카오동포, 대만동포 등을 흡수하여 적극적으로 조국경제 건설에 참여하도록 한다는 것이다. 또한 화교들에게 우대정책을 실시하여 국내투자를 적극적으로 고취시키고, 해외에 있는 친지의 도움하에 생산을 발전시켜 먼저 부유해지도록 지지한다는 것이다. 넷째, 화교업무와 화교의 기부업무를 효과적으로 하여 화교자본 기지를 건립하고, 화교자금을 중국경제 건설에 끌어들이도록 한다는 것이다. 다섯째, 화교업무부문은 유관부문과 적극적으로 협력하여 화교, 외국국적 화교, 홍콩·마카오 동포 등의 정보통, 언어통 등 다양한 우의를 이용하여 국내의 제품이 대량으로 국제시장에 진입할 수 있도록 한다는 것이다.

이러한 화교에 대한 정책적 목표를 세운 중국은「대만동포의 투자를 고취하는 것에 대한 규정」(1988),「화교와 홍콩, 마카오 동포의 투자를 고취

---

17) 이문봉, "세계최고의 상인: 중국인과 유태인,"「삼성세계경제」, 1994년 6월호, p.75.

하는 것에 관한 규정」(1990), 「대만동포투자보호법」(1994) 등의 법률과 규정을 반포함으로써 홍콩, 마카오, 대만동포의 자금을 유치하기 위한 구체적인 제도화 작업에 착수하였다. 이러한 법규정을 통해 중국은 화교에 대한 우대정책을 적극적으로 시행함으로써 홍콩, 마카오, 대만의 화교자금을 적극적으로 유치하였던 것이다. 일반적으로 조세감면의 예로 보면 홍콩, 마카오, 대만의 화교가 중국에서 투자하는 경우 중국의 외국업체에 대한 세제감면의 혜택 외에도 다른 특혜가 주어졌다.

구체적으로는 첫째, 투자총액 내에서 기업이 필요로 하는 기계설비, 생산용 차량과 사무실 설비 및 그들 개인이 기업업무기간에 사용하는 것, 합리적 수량의 생활용품과 교통기구에 대해 수입관세, 공상(工商)통일세를 감면하고 수입허가증 수령을 면제해주는 것이다. 둘째, 화교기업이 생산수출제품의 원자재, 연료, 부속품, 원기자재 등을 수입하여 사용하는 경우에는 수입관세, 공상통일세를 면세하고 수입허가증도 면해주며, 세관으로 하여금 감독을 하도록 하는 것이다. 셋째, 화교기업에서 생산된 수출제품은 국가에서 수출을 제약하지 않는 물품 외에는 수출관세와 공상통일세를 면세한다는 것이다. 뿐만 아니라 1994년 「대만동포투자보호법」이 제정된 이래 중국대륙의 많은 지역에서도 대만업체의 투자를 보장하는 규정을 제정하였으며, 그중 하문, 복주, 북경, 무순(撫順), 사천성 등도 모두 외국업체가 기대하던 '내수비례'를 넓히도록 허가했다.[18]

한편 1990년 북경의 중국해외교류협회와 상해해외교류협회를 설립하여 화교의 자본유치를 위한 제도적 정비에 착수했다. 또한 화교권익보호법을 제정하여 화교의 대중투자 환경 조성을 위한 사회적 분위기를 조성하였다. 또한 화교의 대중국투자 유도를 위해 이를 전담하기 위한 주요 협력기관을 신설했다. 가장 대표적인 기관은 중국국제신탁공사(CITIC)이며, 그 외에도 중국대외무역신탁투자공사, 중국신기술창업투자, 중국오금광산수출입총공사(中國五金鑛山進出口總公司), 화윤집단(華潤集團), 수강총공사(首鋼總公司),

---

18) 魏艾, "중국의 화교정책과 해외화인의 경제협력," 이재유 편, 「대중화경제권과 21세기 아태경제」(서울: 한양대학교 출판부, 1999), pp.106-108.

수강은행, 상해만국증권 등이 있다. 한편 중국국제신탁공사는 해외의 자본을 도입하는 역할뿐만 아니라, 해외에서 화교들과 공동으로 투자하여 새로운 기업을 창업하는 역할을 담당하기도 한다. 화교를 전담하는 기관도 1978년부터 정비했는데, 먼저 전국인민대표대회와 국무원 내에 각각 화교위원회를 복원했고, 각 성·시 자치구에도 위원회를 신설했다. 이어서 전국귀국화교연합회도 복원했다. 현재 이 연합회 소속기업수는 3만 5천 개에 달하며, 80만 명의 근로자가 종사하고 있다. 민주당파(民主黨派)의 하나인 중국치공당(中國致公黨)19)의 활동을 활성화시켰다.

이러한 속에서 화교자본은 중국의 경제발전에 결정적인 기여를 함으로써 중국 개혁·개방정책 성공의 밑거름이 되었다.20) 구체적으로는 우선 직접투자를 들 수 있다. 화교경제권은 합작기업건립 혹은 독자 기업 및 그 영역을 통해 대륙경제의 발전에 필요한 자금, 기술, 관리경험, 취업기회와 시장 판촉루트 등을 제공하였다. 1979년부터 1991년까지 중국대륙이 실제로 도입한 외국자본은 763.3억 달러에 달하며 그중에서 70%는 홍콩, 마카오, 대만에서 들여왔다. 미국, 일본, 유럽은 긱긱 9%, 7%, 7%를 차지하였고, 기타 국가(중국인을 포함)는 6%를 차지하였다. 또한 1993년 10월까지 5000개 대만기업이 대륙에 투자한 자본은 누적 투자액으로 50억 달러에 달했다.21) 또한 중국이 1980년대 설치한 경제특구는 지리적 위치와 특혜조건으로 화교자본의 투자 중심지가 되었다. 예를 들면 1980년부터 1990년까지 10여 년간의 심천시의 건설자금투자가 약 38.5억 달러였고, 그중 약 10억

---

19) 치공당은 초기부터 귀교 및 해외거주 화교를 중심으로 구성된 조직으로, 현재도 이러한 성격이 유지되고 있다. 주로 해외에서 귀국한 화교와 그들의 친속을 충원대상으로 하고 있어 조직을 확대하고 구성원을 충원하는 데 다른 당파들보다 더 많은 제약을 받고 있다. 이들은 개혁·개방 이후 화교지식계에서 급속히 확대되어 현재는 전 세계에 당원을 보유하고 있고, 커다란 영향력을 보유한다. 문흥호, 「중국민주당파에 관한 연구」, 한양대학교 정치학 박사학위논문, 1991, pp.100-112.
20) 馬戎, "중화경제권과 중화경제권의 사회문화 기초," 이재유 편, 「대중화경제권과 21세기 아태경제」(한양대학교 아태지역연구센터, 1999), pp.61-3.
21) 周永亮, 「華夏文明延伸之美」(北京: 解放軍文藝出版社, 1995), p.216.

달러가 화교자본이 투자한 것이었다.[22] 이러한 회교자본의 특구로의 집중적인 투자가 초기 중국개혁·개방 정책의 안정성에 상당한 기여를 하였으며, 지속적인 중국경제의 발전에도 중요한 역할을 하였다는 사실은 재론의 여지가 없을 것이다.

둘째, 상업무역과 관련된 것으로 화교기업들은 투자와 관련된 보상무역을 포함하여 중국 국내 기업과 합동으로 삼래일보(三來一補)[23]의 형식으로 위탁생산을 하고 있다. 홍콩 무역발전국(貿發局) 통계에 의하면 1990년에 홍콩기업들은 1.8만개의 광동기업으로부터 삼래일보 형식의 위탁생산을 하였다. 1992년 광동성의 대외무역총액 85.5%는 홍콩과의 대외무역이었고, 185.5억 달러에 달했다. 1991년 대외무역총액은 1,357억 달러에 달했고 세계 15위였는데, 이러한 국제무역 중 대부분은 홍콩, 대만과의 무역 혹은 홍콩 대만기업의 루트를 통한 무역이었다. 중국해관의 통계에 의하면 1995년 대륙의 수입총액은 1,321억 달러로 그중 대만이 11.2%를 차지하고 홍콩이 6.5%를 차지하였다. 또한 수출총액은 1,488억 달러인데 홍콩이 24.2%를 차지했고 대만이 2.1%, 싱가포르가 2.4%를 차지했다.[24] 이 외에도 화교는 자신의 고향에 사회발전기금으로서 자금을 기증하여 사회발전에 적극적인 역할을 하였고, 친척방문이나 여행을 통해 중국경제 발전에 기여하였다. 실제로 1995년 중국의 여행 총수입은 97.3억 달러에 달했으며, 총여행자수는 4,638.7만 명에 달했다. 이 중 홍콩, 대만, 마카오사람들이 87.1%를, 화교가 0.2%, 외국적인이 12.7%를 차지하였다.[25]

이렇듯 중화경제권은 중국이 개혁·개방의 성공적인 진행에 있어 결정적인 역할을 하였다. 그러나 북한의 경우 외자공급의 신속성과 안정성을 보장하고, 이질적인 문화의 도입과 세계경제로의 편입으로 인한 내적 충격

---

22) 小林實, 「東南亞産業圈」(上海: 上海人民出版社, 1994), p.96.
23) 수탁가공, 주문식 가공, 부품수입조립 및 보상 무역을 말한다.
24) 國家統計局, 「中國統計年鑑」(北京: 中國統計出版社, 1996), p.586.
25) 외적인 중 미국, 싱가포르, 필리핀, 태국, 일본 등 5개국 인이 42%를 차지했는데, 이들의 대부분이 현지국적에 가입한 중국인 후예들이었다. 國家統計局, 「中國統計年鑑」(北京: 中國統計出版社, 1996), p.603.

을 완화시키는 역할을 담당할 수 있는 존재가 없다. 따라서 북한은 개혁·개방을 진행할 경우 가장 중요한 문제로 대두되는 안정적인 외자공급을 기대할 수가 없다는 점과 설혹 개방이 진행된다고 하더라도 이질적인 이데올로기와 문화의 수입으로부터 발생할 수 있는 내적 충격에 대한 완충적 역할을 담당할 수 있는 유사(類似)화교권의 부재는 북한이 중국식 개혁·개방 모델을 수용하는 데 중요한 장애로 작용할 것이다.

제9장 북한경제의 국제경제적 고립성

1. 중국경제의 개방성과 세계경제로의 성공적 진입

중국의 개혁·개방이 성공할 수 있었던 가장 중요한 경제적 요인의 하나는 바로 세계경제질서로의 성공적인 진입이라고 할 수 있다. 이는 대외무역의 활성화와 외자유치 등을 통해서 알 수 있다. 중국은 교역규모의 확대와 국제수지의 증가, 외자의 성공적인 유치 등으로 효율적인 세계시장질서로 진입해 왔다. 중국은 주지하다시피 중국사회주의의 생산력 낙후는 대외개방과 이를 통한 적극적인 세계경제질서로의 편입을 통해서 이루어질 수 있다는 사실에 입각, 개방 이전부터 미국과의 국교정상화 등을 통한 경제중심의 실용주의 외교노선을 전개해 왔다. 이는 대내적인 측면에서는 '일개중심, 2개 기본점(一個中心 二個基本點)'의 원칙을 전제로 중심돌파에 역점을 두는 것이다. 즉 경제건설에 최우선순위를 두는 정책을 추진한다는 것으로 이를 위해 정치적 통제와 경제의 개혁·개방을 적절히 배합한다는 것이다. 최종 목적은 사회주의 정치질서의 유지이겠지만, 그것은 경제의 지속적인 성장을 통해서만 가능한 것이다. 따라서 근본적인 대책은 서방의 물질적 유혹을 이겨낼 수 있을 정도로 경제를 발전시켜 일반 인민대중의 생활수준을 소강(小康)[1]형에서 부유형로 향상시키는 일이 되는 것이다. 이러한 중국의 인식은 적극적인 경제협력의 형태로 나타난다. 즉 자본의 국제화와 시장의 통합화라는 특징으로 요약할 수 있는 새로운 국제경제질서의 등장 속에서 1978년 개혁·개방 이후 중국은 적극적으로 세계경제시장질서로 진입하여 왔다. 미국 및 서방국은 물론이고, 한국·일본·싱가폴 등

---

1) 소강은 의식주 걱정하지 않는 물질적으로 안락한 사회, 비교적 잘사는 중산층 사회를 의미한다. 강택민 국가주석이 2002년 16차 당 대회에서 "2020년까지 전면적인 소강사회를 달성하겠다"고 말한 이후 중국발전의 상징어로 자리잡고 있다.

아시아의 대표적인 자본주의국가들과 상호의존관계를 심화시켜 무역, 투자 및 기술 이전을 확대해왔다.[2]

특히 사회주의체제의 붕괴로 인한 냉전체제의 붕괴 이후 형성되고 있는 자본과 시장의 전지구화 추세에 따른 중국의 세계시장으로의 진입은 다른 어떤 시기보다 급격하게 나타남으로써 중국의 개혁·개방이 세계경제질서로의 적극적인 진입을 통해 이루어지고 있음을 단적으로 보여준다고 할 것이다. 사회주의권의 몰락으로 인하여 개혁·개방 이후 외연적 경제성장을 추구해 왔던 중국의 입장으로서는 세계시장으로의 진입을 통한 경제의 지속적인 성장이라는 목표를 달성해 나갈 수밖에 없었던 것으로 파악할 수 있다. 뿐만 아니라 중국의 국유기업개혁이 1993년 현대기업제도의 도입과 더불어 본격적으로 전개되었다는 점을 감안한다면, 1990년대 이후 수출입의 급격한 증가는 국유기업개혁을 통한 경쟁력의 제고와 이를 통한 세계시장으로의 적극적인 진출이라는 측면에서 이해될 수 있을 것이다. 이러한 세계경제질서로의 급격한 진입은 한편으로는 중국경제의 대외의존도가 심화되는 양상으로 나타나기도 하였지만 결과직으로는 중국경제발전의 견인차적인 역할을 하였다. 중국의 세계경제질서의 편입은 중국의 대외무역에서의 흑자, 외국의 적극적인 직접투자, 외환보유고의 증대 등을 이루어냄으로써 중국 개혁·개방정책이 성공할 수 있었던 가장 중요한 요인으로 작용했던 것이다. 더욱이 2001년 중국이 WTO의 정식회원국이 됨으로써 향후 중국경제는 더욱 급속한 발전을 이룰 것으로 전망되고 있다.

---

2) 안병준, "냉전 후의 중국 외교정책," 「계간 사상」, 1993년 가을, p.88.

224

(표 9-1) 중국의 대외지표 추이

(단위: 억 달러)

연도	1978	1985	1990	1995	1997	1999	2000	2001	2002	2003	2004	2005. 1-6
교역 규모	206.4	696.0	1,154.4	2,808.6	3,251.6	3,606.3	4,743.0	5,102.2	6208.0	8,512.1	11,546.0	6,450.3
수출	97.5	273.5	620.9	1,487.8	1,827.9	1,949.3	2,492.0	2,666.6	3,256.0	4,383.7	5,933.0	3,423.4
수입	108.9	422.5	533.5	1,320.8	1,423.7	1,657.0	2,250.9	2,435.6	2,952.0	4,128.4	5,613.0	3,026.9
무역 수지	11.4	149.0	87.5	167.0	404.2	292.3	241.1	231.0	304.0	255.3	320.0	396.5

자료: 「中國統計年鑑」 각 년호; 「中國統計摘要」 각년도: http://www.kotra.or.kr/main/ trade/country.

(표 9-1)에서 보는 바와 같이 중국은 수출입규모에 있어서 1978년 개혁·개방 이후 지속적인 증가추세를 보이고 있는 것을 볼 수 있다. 사회주의 붕괴로 인한 본격적인 국제질서의 변화가 시작된 1990년대 이후 중국의 교역규모는 1990년에는 1,154.4억 달러, 1995년 2,808.6억 달러, 1997년 3,251.6억 달러, 1999년 3,606.3억 달러, 2000년 4,743.0억 달러로 지속적인 증가세를 보여주고 있다. 21세기에 들어서도 2001년 5,102.2억 달러, 2002년 6208.0억 달러, 2003년 8,512.1억 달러, 2004년 11,546.0억 달러로 급격한 증가세를 보여주고 있다. 수출입규모에 있어서도 1990년대 들어서 수출이 수입을 크게 앞지르기 시작하면서 이후 중국의 국제수지는 지속적인 증가를 보이고 있으며, 이러한 무역수지에서의 흑자는 21세기에 들어서 더욱 증가하는 양상을 보여주고 있다.

또한 외환보유고 및 외채의존율을 살펴볼 때 (표 9-2)에서 보는 바와 같이 외환보유고는 개혁·개방 이래 급격한 증가를 보이면서 1996년 1,000억 달러를 넘어선 이래 2004년 현재 6,099억 달러를 기록해 세계에서 가장 많은 외환보유고를 자랑하고 있다. 뿐만 아니라 2001년 들어서면서 외환보유고는 더욱 급격한 증가세를 보여주고 있으며, 1996년 이래 외채도 증가를 하고 있지만 외환보유고의 증가에 크게 미치지 못하고 있고, 2001년 이후에는 그 격차가 더욱 커져가는 양상을 보여주고 있음으로 해서 중국의 안정적인 세계시장으로의 편입을 보여주고 있다.

(표 9-2) 중국 외환보유고 및 외채 추이

(단위: 억 달러)

연도	1979	1980	1985	1990	1993	1994	1995	1996	1997
외환보유고	8.4	13.0	26.0	111.0	212.0	516.0	736.0	1,050.0	1,399.0
외채	-	-		-	-	-	-	526.0	1,066.0

연도	1998	1999	2000	2001	2002	2003	2004	2005. 1-6	
외환보유고	1,450.0	1,547.0	1,656.0	2,122.0	2,864.0	4,033.0	6,099.0	7,110.0	
외채	1,310.0	1,518.0	1,457.0	1,701.0	1,685.4	1,905.4	2,285.9	*2,334.1	

자료: 中國國家統計局,「中國統計年鑑」, 각 년호.

한편 중국의 성공적인 국제경제질서로의 진입은 외자이용액과 외국인 직접투자의 변화추이에서도 잘 드러난다.[3] 세계화 추세 진전과 대외개방도의 제고에 따라 중국에서의 외국인 투자는 다국적기업을 위주로 한 대규모 투자가 주류를 형성하고 있다. 이러한 외국인 직접투자의 유치를 위해서 중국은 개혁·개방 이후 지속적으로 법·제도적 개선을 추신해왔다. 1979년 이래 중국정부는 일련의 외자 관련 법률·법규와 특정 문제에 대한 설명 및 정책 등을 제정하였다. 산업정책 및 투자영역(1987, 1988, 1996), 기업등기(1980), 세수장려정책(1984, 1993), 외환통제(1994까지), 기술수입 및 기술허가제(1985, 1998), 노동력 및 인력자원관리(1987), 토지개발(1987, 1990), 은행 및 대출(1985), 상품검사(1984), 금융관리(1993), 회계제도(1993) 등에 대하여 다양한 정책법규가 제정되어 반포되었고, 각 지역별로 다시 많은 우대정책 및 법규가 제정되었다.

개방초기 중국의 외자도입은 대외차관에 크게 의존하고 있었는데, 1979-83년까지의 연평균 대외차관 및 외국인 직접투자의 비율은 6.53:1에 달하였다. 그러나 외자정책은 점차 외국인 직접투자 위주로 전환되어 1985년에 차관이 외자이용에서 점하는 비중은 57.8%로 감소하였고, 1992년 이후에는

---

3) 이하 외자이용액과 외국인 직접투자에 대해서는 한국산업은행 조사부,「중국의 개혁전략과 성과: 부문별 추진과정과 전망」, 2001. 11, pp.295-8를 참조.

외자도입의 중심이 외국인 직접투자로 옮겨졌다. 중국정부는 재정세제 장려를 위주로 하는 우대정책을 공평경쟁을 위주로 하는 규칙정책으로 전환시켜 나가고 있으며, 서로 다른 지역, 상이한 소유제기업에 대해서 차별적인 정책으로부터 통일적이고 안정적이며 투명한 정책으로 전환해 가고 있다. 또한 외국투자자의 시장진입 제약, 비국민대우로부터 국내시장의 개방, 시장경쟁 및 국민대우로 나아가는 방향으로 개혁 중에 있다. 즉 2000년 10월 「외자기업법」과 「중외합작경영기업법」을 수정·공표하고 2001년 4월에는 「중외합자경영기업법」을 개정하여 발표하는 등 전반적이고 세부적인 방향으로 외국인 투자법률의 정비에 나서고 있다.

한편 2001년 11월 중국은 WTO 정식가입을 전후하여 국제규범에 맞는 시장경제체체의 정비도 가속화하고 있는 것으로 알려져 있다. WTO 가입은 국제적 합의에 근거한 투명하고 공평한 여건 하에서 자유무역을 강조하고 있는바, 정책의 투명성 제고, 내외국인 차별대우 폐지, 관세인하 및 비관세 장벽 철폐, 세제 상의 우대정책 축소 등으로 시장경제체제로의 전환을 가시화하고 있는 것이다. 2003년부터는 외국인 투자기업에 부여해오던 세제상의 우대조치를 철폐하고 중국기업과 동일하게 대우하고 있는 것으로 알려져 있다. 대신 외국인 투자법(합자기업법, 합작기업법, 단독투자기업법)의 개정을 통해 외국인 투자기업의 불만사항이었던 외환수지균형, 중국제품 우선구매, 매년 경영과 생산계획의 관련기관으로의 보고 등 각종 의무사항을 폐지하고, 수출의무를 수출장려로 완화하는 등 외국인 투자를 위한 법적, 제도적 개선에 노력하고 있다.

이러한 중국의 외국인 직접투자 유치를 통한 산업구조 고도화정책은 더욱 강화될 전망으로 보인다. 중국정부는 1995년 6월 외국인 투자정책 방향, 외국인 투자에 대한 각종 우대조치 부여 및 품목별 외국인 투자 허기기준이 되는 '외국인투자 지도방향 규정'과 '외국인투자 산업지도 목록'을 제정하고, 2002년과 2004년에 동 규정과 목록을 개정한 바 있다. 이는 결국 그간의 양적인 투자에서 질적인 효율성 제고의 투자로 전환하고 첨단기술산업 투자를 적극적으로 유도하기 위한 것이었다.[4]

(그림 9-1) 중국에 대한 외국인 직접투자 추이

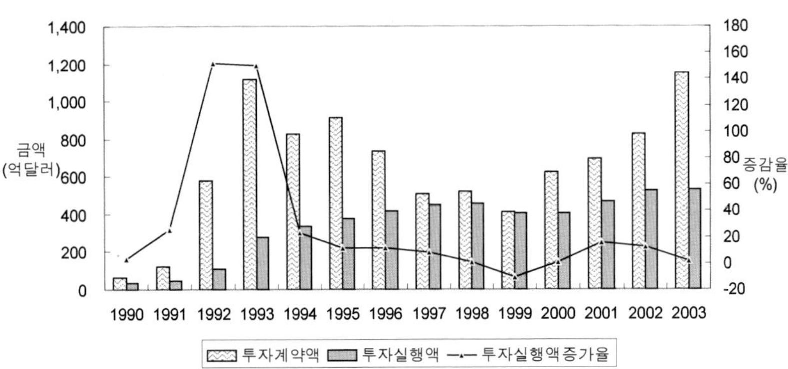

자료: 중국 국가통계국.

구체적으로 중국 국가통계국 자료에 따르면 중국이 1980년에 최초로 3개의 외국인 투자기업을 비준한 이래 1999년 말까지 외자계약액은 7,693억 달러이며 실제 외자이용액은 4,597억 달러였으며, 그 중 외국인직접투자(FDI)는 2000년 말까지 36.3만 건에 6,758억 달러의 계약이 이루어져 3,468억 달리가 투자실행 되었다. 특히 1987년부터 본격화된 외국인 투자의 압도적 부분은 제조업이었으며 그 중에서 수출지향적 산업이 큰 비중을 차지하였다. 그리하여 외국인 투자는 중국경제에 많은 외환 상의 수입을 가져다주었다.[5] 2000년에도 실제 외자이용액은 전년도보다 소폭 증가하여 407억 달러에 달하였다. 이후에도 투자계약액은 지속적으로 증가하는 양상을 보여주고 있다.

1992년 이전에는 차관이 실제 이용외자의 60%-70%를 점하였으나 1993년부터 외국인 직접투자는 주도적 위치를 점하기 시작하였다. 1993년 이후

---

4) 외국인 투자와 관련 법률에 관해서는 한국수출입은행, 「외국인 투자정책 및 절차」, 2005. 4., http://www.koreaexim.go.kr/kr/file/nation/CHN_pol17.pdf(2005년 12월 25일 검색)를 참조할 것.

5) Thomas W. Robinson and David Shambaugh, *Chinese Foreign Policy-Theory and Practice*, Oxford: Clerendon Press, 1994, pp.55-6.

중국은 미국을 제외하고 세계에서 가장 FDI가 많은 국가가 되었다. 또한 외자 제공국가가 폭넓어져서 세계 170여 개 국가의 외국인기업이 중국에 투자하고 있으며 세계 500대 다국적기업 중 400여 개가 이미 중국에 투자하고 있다. 외국인 투자의 평균 규모도 확대되어 1990년대 초에 100만 달러에 불과하던 평균투자액이 1998년에는 263만 달러로 증가하였다. 외국인 투자영역은 1차, 2차 산업에서 호텔, 서비스시설 등 3차 산업으로 부단히 확대되어 왔으며, 점차 투자영역을 상업, 금융, 보험, 항공, 법률서비스, 회계, 정보자문 등 영역으로 부단히 넓혀가고 있다. 이러한 외자의 이용은 국내건설자금의 부족을 완화하고 보충하며 경제발전을 촉진하였다. 중국 국가정보센터의 통계에 의하면 1980-1999년간 중국의 GDP 연평균 성장률은 9.7%인데 그 중 2.7%가 외자유치에 의한 것이라고 한다.

외국인 투자기업의 사회고정자산투자에서 점하는 비중도 1981년 3.8%, 1990년 6.3%, 1995년 11.2%, 1998년 9.1%, 1999년에는 11.2%로까지 높아졌다. 공업생산액 중 외국인 투자기업의 비중은 1/4에 이르며, 외자에 수반된 선진기술, 설비 및 부품 등은 중국 국내 관련공업의 기술진보를 이끌었으며 공업화에 기여하였다. 자동차, 전자, 통신 등 중요 산업발전을 촉진하였으며 선진국과 중국상품의 품질격차를 급속도로 단축시켜 국제경쟁력을 높이는 원동력이 되었다. 뿐만 아니라 국가로서는 재정수입의 증가를 가져왔다. 1999년 외국인 투자기업으로부터의 세수는 전국 공업세 총액의 16%에 달하였으며, 1992년 이래 가장 빠른 성장을 보이고 있는 세원의 하나이다. 1999년 말 현재 외자기업은 총 21만 개에 달하고 있으며, 2000년 말 현재 외자기업 종업원 수는 2천만 명으로 전국도시 노동인구의 10%를 점하고 있다. 그러나 외국인 투자는 여전히 연해지역에 편중되어 있다. 1999년도 외국인 투자유치액 상위 10개 성·시는 모두 동부연해지역이다.

이렇게 외국인 직접투자가 크게 늘어나면서 외자기업의 역할은 증대하고 있다. 과거 외국인 투자기업이 중국경제발전에서 차지하는 비중은 그리 크지 않아서 1981년 외국인 투자기업의 수출액은 전체 수출의 0.1%, 수입도 0.5%에 불과하였다. 그러나 1999년 말 현재 외국인 투자기업의 수출액은 886억 달러로 전체 수출의 45.5%, 수입은 859억 달러로 51.8%를 각각 차지하였다.

이러한 외자이용의 증가는 중국경제의 대외의존도 증가라는 측면에서도 살펴볼 수 있다. 중국에 대한 직접투자는 기업형태별로 분류할 경우 주로 3자기업에 집중되며, 합자기업, 합작기업, 외자기업으로 분류되는 3자기업이 외국의 직접투지에 의해서 이루어지는 것을 감안한다면, 이러한 직접투자의 급격한 증가는 중국의 대외의존성 증대를 측정하는 중요한 기준이 될 수 있을 것이다. 뿐만 아니라 1990년대 들어 급격하게 늘어나고 있는 외자이용액과 직접투자액은 1990년대 들어 본격화되기 시작한 국유기업개혁과도 무관하지 않은 것으로 보인다. 중국은 국유기업을 민영화시켜 나가는 과정 속에서 수많은 실업자를 만들어내고 있으며, 이러한 실업문제는 향후 중국의 사회불안과 정치적 불안을 야기할 수 있는 수준에 이르고 있는 것으로 알려져 있다. 따라서 실제 외자이용액의 증가는 중국의 실업문제를 해결하기 위해서 서구의 자본을 적극적으로 끌어들이고자 했던 중국지도부의 의도가 상당부분 반영된 것이라고 할 수 있는 것이다.[6]

2. 북한경제의 폐쇄성과 국제경제적 고립

북한은 1992년 11월 「신무역시스템」을 발표하여 대외경제위원회(1998년 9월 헌법개정으로 무역성에 흡수됨)를 비롯한 각 위원회, 부(현재 내각 산하 성으로 개편), 도 등이 직접 무역회사를 설립하여 세계 각국과 무역거래를 하게 하고 그 결과에 따른 책임을 부담시킴으로써 품질향상 등을 통한 대외무역 발전을 도모하여 왔다. 그러나 이러한 조치에도 불구하고 주요 무역상대국이었던 러시아 등 구사회주의권과의 교류 감소, 북한의 경제

---

6) 한국산업은행 조사부, 「중국의 개혁전략과 성과: 부문별 추진과정과 전망」, 2001. 11, p.295-8(한국산업은행 인터넷 자료 page 기준).

난으로 인한 수출상품 경쟁력 약화, 경화부족으로 인한 수입규모 감소 등으로 무역규모가 대폭 감소하였다. 북한의 무역규모는 1990년까지 40-50억 달러 수준을 유지하였고, 1993년 26.4억 달러 1998년 14.4억 달러로 감소하였으나 1999년 14.8억 달러 2000년 19.7억 달러로 점차 규모가 확대되고 있다. 2000년에는 수입의 대폭적인 증가에 힘입어 무역규모가 전년 대비 33% 증가하였으며, 이는 북한의 경제회복에도 일조하여 1998년까지 연속 마이너스 성장에서 벗어나 2년 연속 플러스 성장을 기록하였다.

그럼에도 불구하고 북한의 무역수지는 만성적인 적자상태를 벗어나지 못하고 있다. 북한이 무역수지가 적자인 상태에서도 대외교역 활동을 지속할 수 있었고, 1999년 이후 무역이 증가한 것은 첫째, 금강산관광 등 남북경협사업에서 벌어들인 외화가 수입결제에 투입되었고, 북한에 대한 국제사회의 원조가 지속되었으며, 셋째, 기계류 등 산업인프라 정비를 위한 설비투자수요가 증가한 데 기인한 것으로 보인다. 즉 북한의 무역증가가 산업생산력이 회복되어 수출이 증가하고 외화가득률이 높아져서가 아니라 해외부문으로부터의 무상원조 및 지원성 경제협력의 역할, 그리고 이에 기초한 공장설비의 수입증대 등에서 기인한 것으로 풀이할 수 있는 것이다. 더욱이 북한의 적극적인 외자유치를 위한 노력에도 불구하고 불리한 투자환경 등으로 인해 실질적인 외자유치 실적은 2000년 말 투자계약액 6.5억 달러에 그치고 있다는 사실은 이러한 분석을 뒷받침해준다고 할 것이다.[7]

---

7) 한국산업은행 조사부, 「북한편람」, 2002, p.36(인터넷 자료 기준).

(표 9-3) 북한의 대외무역규모 추이

(단위: 억 달러, %)

연 도 구 분	1988	1990	1992	1993	1994	1995	1996	1997	1998	1999	2000	2001	2002
무역규모	52.4	47.2	26.6	26.4	21.1	20.5	19.8	21.8	14.4	14.8	19.7	22.7	22.6
수출	20.3	19.6	10.3	10.2	8.4	7.4	7.3	9.1	5.6	5.2	5.6	-	-
수입	32.1	27.6	16.3	16.2	12.7	13.1	12.5	12.7	8.8	9.6	14.1	-	-
무역수지	△11.8	△8.0	△6.0	△6.0	△4.3	△5.7	△5.2	△3.6	△3.2	△4.4	△8.5	-	-

자료: 2001년도 이전 통계는 한국산업은행 조사부, 「북한편람」, 2002, p.37(인터넷 자료 기준), 2001년도 이후는 통일교육원, 「북한이해」, 2004, p.147을 참조.

　한편 북한의 무역상대국 구조를 보면 1980년대까지는 소련 등 동구공산권 중심의 원조성 교역이 주류를 이루었고 동구 사회주의권이 몰락한 이후 1990년대에는 중국 중심의 지원성 교역의 비중이 높았다. 북한과 중국의 교역은 1990년대 초반에도 증가추세를 나타내었는데, 1993년의 경우 북한의 대중국교역은 9억 달러로 전년대비 28.6%가 증가하였다. 또한 중국은 당시 북한 원유 도입량의 77.2%, 곡물도입량의 68%를 공급하고 있어서 구소련과의 교역감소에 따른 충격을 어느 정도 완화시켜 준 것으로 나타나고 있다.

　그러나 북한측 교역물자의 부족으로 1994년도부터 대중국 교역도 감소하기 시작하여 1999년도에는 3.7억 달러까지 하락하다가 2000년에는 북한의 경제회복조짐에 따라 전년도에 비해 31.9% 증가한 4억 8천여만 달러로 나타나고 있다.[8] 그러나 최근 북한의 대외무역 추세를 살펴보면 이러한 회복조짐과 더불어 무역상대국의 비중 변화 조짐도 나타나고 있다. 1990년대 들어와 북한의 대외무역은 과거 구소련, 중국에 편중되어 있었던 것과 달리 최근에는 중국, 일본에 2/3 가까이 집중되어 있다. 특히 중국은 1위의 수입 대상국, 일본은 1위의 수출 대상국으로 자리 잡고 있다. 그러나 2000년 이후 북한의 무역대상국 비중을 보면 중국은 교역액이나 비중에 있어

---

8) 권영경, "북한경제의 현황과 변화전망," 통일부, 「북한의 이해」, 2001, pp.114(통일부 인터넷 자료 page 기준).

232

여전히 부동의 제1대상국의 위치를 차지하고 있는 반면에, 2000년도까지
중국과 비슷한 교역액을 보이던 일본은 그 교역액 규모가 지속적으로 감소
하여 그 교역액이 2004년 현재 252.6백만 달러로 전체 무역액에서 차지하
는 비중은 7.1%에 불과한 것으로 나타나고 있다.

<표 9-4> 북한의 교역비중 변화추이

(단위: 백만 달러, %)

구 분	2000		2001		2002		2003		2004	
	교역액	점유율	교역액	점유율	교역액	점유율	교역액	점유율	교역액	점유율
중 국	488.0	23.5	737.5	27.6	738.2	25.4	1,022.9	32.8	1,385.2	39.0
한 국	425.0	20.5	403.0	15.1	641.0	22.1	724.0	23.2	697.0	19.6
일 본	463.7	22.3	474.7	17.8	369.5	12.7	265.3	8.5	252.6	7.1
러시아	46.3	2.2	68.3	2.6	80.7	2.8	118.4	3.8	213.4	6.0
태 국	207.8	10.0	130.1	4.9	216.6	7.5	254.3	8.2	329.9	9.3
인 도	172.2	8.3	157.8	5.9	191.3	6.6	158.4	5.1	135.0	3.8
기 타	274.6	13.2	702.1	25.0	664.1	23.0	572.0	19.0	541.0	15.0

자료: KORRA 북한대외무역동향, http://www.globalwindow.org/front/nk04/nk04
_list.jsp. (2005년 2월 1일 검색기준)

이러한 북한 대외무역의 부진은 근본적으로 구사회주의 국가가 붕괴되
면서 수출상품 및 원자재 시장을 상실한 데다 경화결제의 시행으로 대외무
역이 크게 감소하였다는 데서 그 기본적인 원인을 찾을 수 있을 것이다.
뿐만 아니라 경제개발단계에서 국내생산이 곤란한 자본재 및 중간재 도입
이 중요한 역할을 하는데 현재 북한으로 수입되고 있는 대부분의 제품은
자본재라기보다는 원유 등 에너지 원료와 소비재 제품이 주류를 이루고 있
다는 점에서도 그 문제점을 찾을 수 있다. 그러나 보다 근본적으로는 북한
경제체제의 폐쇄적인 성격에서 그 원인을 찾아야 할 것이다. 앞서도 살펴
보았지만 북한의 대외무역구조는 북한경제의 폐쇄성으로 인하여 소수 몇몇
국가에 국한되어 있으며 그 규모도 북한경제의 난관을 극복하는 데 있어
실질적인 도움을 줄 수 있을 정도의 규모가 되지 않는다.

실제로 2000년에 들어서 북한의 대외무역규모가 상당부분 개선된 것은 북한의 무역구조가 개선되어서라기보다는 북한에 대한 국제적인 지원에 힘입은 것으로 보인다. 실제로 2001년 상반기에 일본에 대한 북한의 수입액이 대폭 증가한 바 있는데, 사실상 일본의 WFP를 통한 5억 3,485만 달러 상당의 쌀지원이 한 몫을 한 것으로 나타나고 있다. 2001년 상반기 북한의 일본으로부터의 수입이 전년 동기에 비해 215.7%나 증가하고 대일수출은 10.2%가 감소한 가운데, 대일수입도 쌀지원액을 제외하면 오히려 전년 동기보다 34.1%가 감소한 것으로 나타나고 있는 것이다.[9]

그러나 북한의 경제적 폐쇄성은 현재 경제만의 문제가 아니라 정치·군사·대외적인 측면이 중첩적으로 결합되어 있다는 점에서 그 심각성이 있다고 할 수 있다. 이미 앞서 밝힌 바가 있듯이 북한의 경제는 주체경제를 토대로 하는 민족자립경제노선을 추구하고 있으며, 이에 따라 체제안정성과 밀접한 관련을 가지고 있다. 김일성식 사회주의에서는 주체노선에 입각한 자력갱생의 자주적 경제활동을 강조하면서 자급자족의 민족경제를 건설한다는 일관된 원칙을 견지하여 왔다. 가능한 한 국내자원의 동원과 내수시장의 확대에 기초하여 대외의존을 배격하면서 자력갱생의 자립적인 주체경제를 달성하자는 것이다. 이에 따라 북한에서는 적대적인 대외환경에 의해서 비생산적인 분단비용이 지속적으로 증대하는 가운데서도 내재적인 발전전략에 의거한 자립경제를 목표로 하였다. 이에 북한은 국제적 상호의존적인 분업체계보다는 경제적 자립도를 증대시키면서 외부로부터의 영향력을 최소화하는 데 주력하였다. 이러한 점에서 북한의 경제체제는 자주성 증대를 목표로 하는 계획이념적 체제로 변모되어 왔다고 할 수 있다.[10] 이에 따라 북한의 경제활동은 주체노선에 입각하여 우호적인 나라들에 대해서는 자주외교를 전개하는 동시에 적대적인 국가들에 대해서는 외교적 고립과 단절을 수용함으로써 대외적인 자율성을 유지할 수 있는 대외환경을

---

9) 대한무역진흥공사, "2001년 북한의 대외무역현황과 특징,"
   http://www.kotra.or.kr /main/info/nk/trade.
10) 민족통일연구원, 「남북한 국력 추세 비교연구」(서울: 민족통일연구원, 1992), p.135.

유지하는 데 관심을 두어왔다.

이와 같은 주체형의 사회주의는 한동안 북한사회의 유지 및 발전에 긍정적인 기여를 하면서 순기능적인 역할을 계속해 올 수 있었다. 어느 시기까지는 대외적인 압력이나 도전으로부터 체제유지나 존속에 필요한 방어적 기능이나 체제 내적 수요에 제대로 응답할 수 있는 발전적 기능까지도 충족시켜줄 수 있었던 것이다. 특히 북한식 사회주의가 내포하고 있는 자주적 성격은 외부환경이 북한 내부에 미치는 영향을 차단하면서 체제안정을 기할 수 있다는 효과를 거둘 수 있었다. 이에 따라 북한은 사회주의의 붕괴라는 도미노 현상의 위협적인 사태로부터 체제보존에 성공할 수 있었다. 그러나 김일성체제에 의해 창출된 북한식 사회주의체제는 외부로부터의 간섭이나 영향을 배제하면서 국가적 자율성을 유지해 나갈 수 있다는 긍정적 효과를 가져다주었지만 그러한 목표를 달성하기 위해서는 역기능이 동반될 수밖에 없었다. 그들은 독자적인 국가존립의 기반이 극히 취약한 조건 아래서 자주성의 증대에 모든 자원을 집중시키는 전략으로 일관하는 과정에서 자원의 합리적 배분이 왜곡되는 문제점을 가지고 있는 것이다.

뿐만 아니라 미국과의 군사안보적 대치상황은 외국자본의 북한으로의 유입을 가로막는 가장 큰 원인이 되고 있다. 다시 말하면 북한으로의 투자와 기술이전을 위해서는 외국자본이 필수적이며, 이를 위해서는 국제사회에서 실질적 영향력을 행사하는 미국과의 관계개선이 선행되어야 한다는 것은 자명한 사실이다. 그동안 수차례의 제재 완화조치로 대부분의 대북 물품 및 금융거래, 승객 및 화물 수송, 상업 항공기 운항 등이 허용되었으나 아직도 테러국가 지정에 따른 제재, 미사일기술통제체제(MTCR: Missile Technology Control Regime) 위반국에 대한 제재조치, 자산동결 등은 계속 유지되고 있다. 미국은 1980년대 말 이후 비상업용 및 인도적 분야에 대한 대북 거래를 허용하는 등 북한에 대한 경제제재를 일부 완화하였다. 1994년 북한과의 핵협상 타결에 따라 1995년에 1차로 직교역 일부 허용, 신용카드 사용, 직통전화 가설 등 포괄적인 제재 완화조치를 취한 바 있다. 특히 2000년 6월에 추가로 수출, 투자 및 금융거래 등에 대한 제재를 일부 완화하였다.

(표 9-5) 주요 대북 경제제재 완화 내역

구 분	완화일자	관련 근거
북한 외교관의 미국 입국비자 발급절차 완화와 비공식 대화 허용	1988. 10	
체육·학술·문화 등 비상업용 분야교류를 위한 미 여행사의 여행알선 허용	1989. 1. 3	해외자산통제 규정 개정
출판물 등 정보자료의 수출입과 이를 위한 금융거래 허용	1989. 2. 2	해외자산통제 규정 개정
식량, 약품, 의료기기 등 인도적 물품 수출의 사안별 허가	1989. 4. 24	수출관리법 개정
마그네사이트의 직교역 허용	1995. 1. 20 (2. 14자로 시행)	행정명령
북한과 제3국과의 교역과정에서 미국은행의 개입 허용 - 북한이 미국에서 발생 또는 종결되지 않는 거래를 결제하기 위해 미국 금융기관을 이용하는 것을 허용		
미국 내 동결자산의 일부 해제 - 북한정부의 자산이 아닌 북한의 거래인에게 돌아갈 자산		
직통전화 가설 및 이와 관련된 거래허용		
여행목적으로 북한을 방문하는 미국인의 신용카드 사용 허용		
언론사 지사 설치 허용		
북미 핵 기본합의사항의 이행을 위한 조치 - 연락사무소 개설 및 활동과 관련된 거래 - 경수로 건설과 관련된 거래		
인도적 지원을 위한 거래 허용 - 국제연합 및 국제적십자에 기금을 제공하는 것과 관련된 모든 거래 - 미국인이 제3국에서 북한에 대해 기본적인 필수품을 제공하는 것과 관련된 모든 거래	1997. 4. 7	해외자산통제 규정 개정
물품·용역 거래 및 투자 허용 - 북한산 원자재·물자 수입 - 미국산 소비재와 용역 수출 - 농업, 광업, 석유, 목재, 시멘트, 수송, 도로건설, 관광산업 분야의 투자 허용	1999. 9. 17 (2000. 6. 19 발효)	수출관리규정 개정
금융거래 허용 - 재미교포를 포함한 미국 민간인들의 송금 및 개인·상업적 금융·자산거래 허용		해외자산통제 규정 개정
수송부문의 제한 일부 완화 - 미국 선박 및 항공기에 의한 일반화물의 대북 운송 - 북미 간 상업용 항공기 운항		방산물자법에 의거한 T-2 규정 폐지

출처: 한국산업은행 조사부, 「북한편람」, 2002, p.23(인터넷 자료 기준).

　그러나 미국은 현재 북한에 대해 각종 경제제재 조치[11]와 'Column-2' 관세율을 적용하고 있다.[12] 즉 미국은 정상교역관계(NTR: Normal Trade Relation)나 일반특혜관세(GSP: Generalized System of Preferences) 대우를 받는 국가들에게는 'Column-1' 관세율을 적용하고 있으며, 북한, 라오스, 쿠바 등의 국가에는 'Column-2'의 관세율을 적용하고 있는데, 이는 'Column-1' 관세율보다 최소 2배에서 10배 이상까지 높은 수준이다. 이러한 속에서 미국의 북한에 대한 경제제재조치의 해제와 북한경제체제의 근본적인 수정이 없이는 외국자본의 북한으로의 유입은 사실상 불가능한 것이며, 북한의 개방전략도 성공적으로 진행되기는 요원한 상황이다.

---

11) 미국의 북한에 대한 경제제재조치에 대해서는 제5장을 참조할 것.

12) 베트남과 비교해 볼 때 「도이모이」 정책방식을 제시한 이후로도 상당기간 외자도입이 없었다. 1989년 캄보디아 철군을 계기로 미국과 관계개선이 이루어지면서 국제금융기구의 융자와 주요 선진국의 베트남 진출이 경쟁적으로 이루어져 왔다.

(표 9-6) 주요 대북 경제제재 내역

구 분			제재일자	관련 근거
무역, 금융 기래	대북한 수출금지		1950. 6. 28	수출관리법
	미국 내 북한자산 동결 북한과의 교역 및 금융거래 전면 금지		1950. 12. 17	적성국교역법 (해외자산통제규정)
	미 수출입은행의 대북 포괄적 금수조치		1975. 5. 16	수출관리법
	미 수출입은행의 대북 여신제공 금지		1986. 10. 5 (1988. 1. 20)	수출입은행법 (테러국가 지정)
경제 지원. 원조	대북 원조제공 금지		1962. 8. 1 (1988. 1. 20)	대외원조법 (테러국가 지정)
	국제금융기관의 대북 차관 규제조치		1988. 1. 20	수출관리법 (테러국가 지정)
최혜국 대우	최혜국대우(MFN) 부여 금지		1951. 9. 1	무역협정연장법
	일반특혜관세(GSP) 공여 금지		1975. 1. 3 (1988. 1. 20)	통상법(1974) (테러국가 지정)
무기 거래	군수통제 품목상의 물품 판매 금지		1988. 1. 20	수출관리법 (테러국가 지정)
	북한에 대한 방산물자 및 용역 판매와 수출입 금지		1988. 4. 4	국제무기거래규정 (개정)
	MTCR 관련 규제	미국정부와의 모든 계약 동결 모든 미국 군수물자 수출금지	1992. 3. 6	MTCR 부속서 카테고리 1 무기수출규제법
			1992. 6. 23	
		특정 위반자와 미국정부와의 모든 미사일 관련 계약, 허가 동결 미국의 미사일 관련 부품 및 기술 수출 금지	1996. 5. 24 (창광신용회사)	MTCR 부속서 카테고리 2 무기수출규제법
			1997. 8. 6 (용악산 무역회사)	

주: MTCR 부속서 카테고리 1품목은 미사일 완성품, 부분 완성품이며 카테고리 2품목은 미사일 관련부품 및 기술임. 카테고리 1품목 수출 시에는 모든 계약이 동결되는 반면 카테고리 2품목 수출 시에는 특정 위반자와의 미사일 관련 계약 및 허가가 동결됨.
자료: 한국산업은행 조사부, 「북한편람」, 2002, p.23(인터넷 자료 기준).

제10장 정치체제의 폐쇄성과 이데올로기 지형의 일원성

1. 중국 정치·이데올로기체제의 상대적 개방성

북한과 중국은 정치체제적으로 카리스마적 지도자가 있다는 점에 공통점을 가지고 있다. 그러나 이러한 카리스마적 지도자의 존재에 있어서도 정책결정과정에의 상대적 자율성의 보장, 저항노선이 등장할 수 있는 역사적 정치문화의 존재, 정치이념의 탄력성 등의 차이에 따라 그 효과나 결과는 상이하게 나타날 수 있다. 북한이 중국의 개혁·개방 모델을 수용하는 데 있어서의 어려움도 이러한 정치체제의 특징들과 밀접한 연관을 가진다. 즉 이러한 정치체제의 탄력성은 정책적 전환에 있어 결정적인 요인으로 작용하기 때문이다.

북한이 개혁·개방을 추진한다는 것은 획기적인 정책적 변화를 의미한다. 이러한 획기적이고 전환적인 노선의 변화를 규정하는 요인은 지도자의 리더십의 개방성이 중요한 역할을 차지한다. 사회주의체제에서의 개혁은 제도적 안정성에 의해 추진되기 어렵다는 현실을 감안할 때 강력한 지도자의 개혁·개방 정책에 대한 지지와 적극적인 추진의지는 정책의 지속적, 안정적 추진과 관련하여 매우 중요한 요인으로 작용할 수 있는 것이다. 더욱이 한 국가에 카리스마적 지도자가 존재한다는 것은 특정한 정책의 실행이 지도자의 행위의지에 의존할 가능성이 높다는 것을 의미한다고 할 때, 북한과 같이 유일체제를 형성하고 있는 국가에서의 심각한 정책적 전환에 있어 지도자의 의지와 리더십이 차지하는 비중은 더욱 더 크다고 할 것이다. 이러한 의미에서 중국의 개혁이 홍을 중시하던 모택동의 사망과 함께 진행되었다는 점도 시사하는 바가 크다. 그러나 북한의 정치체제는 김일성이 사망한 이후 김정일이 권력을 승계함으로써 새로운 정치이념을 가진 지도자의 등장이 원천적으로 봉쇄되었다. 이러한 정치체제의 경직성이 북한의 정책적 전환을 가로막고 있는 것이다.

사회주의국가에서는 중요한 정책적 변화를 시도하기에 앞서 이념체제의 수정을 통해 새로운 정책을 정당화해왔다. 중국의 경우 1976년 모택동 사망 이후 등소평 등 개혁파들은 개혁·개방 정책 추진의 장애 요인으로 모택동사상을 재평가하고 실천은 진리를 검증하는 유일한 기준이라는 관점에서 개혁·개방 정책을 정당화하는 작업을 하였다. 아울러 마르크스주의가 더 이상 중국의 모든 현실문제를 해결해 줄 수 없다고 판단하고 자본주의의 장점을 도입할 것을 주장하였다. 등소평과 조자양 등 개혁파 지도자들은 혁명투쟁보다 사회주의 생산력발전을 우선적인 국가적 목표로 설정하는 중국식 사회주의론을 제시하였다. 중국지도자들은 이와 같이 개혁·개방을 정당화하기 위해 이데올로기 제약으로부터 해방되어야 한다는 점을 역설하였는 바, 이는 중국의 지방정부와 국민들로 하여금 경제적으로 보다 많은 자율권을 행사할 수 있도록 하여 개혁과 개방을 촉진하는 직접적인 요인이 되었나.

중국이 개혁·개방을 적극적으로 추진할 수 있었던 배경에는 정치체제의 상대적 개방성이 존재하고 있었기 때문이다. 중국은 소위 진자운동이라고 불려지는 바와 같이 상대적으로 전을 강조하는 개혁적인 성향의 지도자군과 홍을 강조하는 보수적인 지도자군이 번갈아 정권을 장악해왔다. 이러한 정치의 상대적 개방성은 국내정세 혹은 국제정세의 변화에 따라 전과 홍이 강조되었으며, 변화에 능동적으로 대처할 수 있는 기제가 존재하였다. 그러나 북한은 유일체계를 특징으로 하는 정치체제의 특성상 개혁적인 성향의 지도자가 등장할 수 있는 기회가 애초에 봉쇄되어 있으며 개혁·개방 정책을 실험할 수 있는 장도 폐쇄된 경직된 정치체제였다.

중국에서 개혁·개방 정책이 등장할 수 있었던 것은 중국에는 등소평, 조자양 등 개혁파가 등장할 수 있었던 정치문화가 존재했었기 때문인 것이다. 중국공산당은 국공내전에서 승리하기 이전부터 계파 간의 대립이 있었으며, 이러한 계파대립의 정치적 전통은 정부수립 이후에도 계속되었다. 특히 과도기 총노선을 둘러싼 등자회(鄧子恢)와 모택동의 논쟁, 1959년 대약진운동과 관련한 모택동과 팽덕회의 대립, 1962년부터 문화대혁명 발발까지의 실용주의 정책의 지속 여부를 둘러싼 유소기와 모택동 간의 논쟁, 문혁 이후 사인방과 개혁파 간의 대립 등은 모택동의 사망 이후 개혁파의 등장을 가능하게 하는 역사적인 배경으로서 작용하였다.

좀 더 구체적으로 살펴보면 등자회와 모택동의 논쟁은 모택동과 당시 국무원 부총리이자 당의 농촌공작부장으로 농촌정책의 실무자였던 등자회 사이의 논쟁이다. 등자회는 소농경제의 역할을 인정하고 상당기간 부농경제와 개체경제를 이용하여 농촌사회의 경제발전과 안정을 구축해야 한다는 것, 농업집단화는 공업화가 상당정도 진전되어 대량의 기계와 비료공급이 가능한 수준에서 비로소 달성 가능하다는 점, 현대공업중심의 급진적인 산업화정책은 농민들에게 과도한 부담을 강요함으로써 노동자와 농민의 동맹을 파괴할 위험성을 내포하고 있다고 주장하였다. 반면 모택동은 급진적인 산업화정책은 신중국건설을 지향하는 과정에서 반드시 추진해야 할 정책이고, 농촌경제의 발전은 국가의 지원 없이도 농민들의 사회주의에 대한 적극성을 동원한다면 가능하다는 전제 하에 농업과 공업의 동시적 발전을 주장하였다. 또한 농업집단화를 적극적으로 추진함으로써 농민들의 생산력을 개체경제의 속박에서부터 해방시킴으로써 비약전인 농촌발전을 이룩할 수 있다고 주장하였다.

한편 1959년 대약진운동을 둘러싸고 정치국원이자 국방장관이었던 팽덕회는 기술개발이 아닌 군중동원에 의해 주도된 대약진운동의 모순, 소련모델을 배척함으로써 야기된 중소관계의 악화, 군을 동원함으로써 야기된 국방력약화 등을 들어 모택동을 비판하였으나 결국 숙청되고 말았다. 이후 중국공산당은 1961년 대약진운동으로 초래된 심각한 경제위기를 타개하기 위해 이른바 '8자방침(八字方針)', 즉 조정, 공고, 충실, 향상을 채택하게 된다. 특히 1962년 1월에 중국공산당은 '7000인 대회'로 알려진 대규모 중앙위원회 확대회의를 개최하고 대약진운동의 실패에 대한 지도부의 자아비판을 실시하였다. 그러나 모택동은 대약진운동의 기본노선이 잘못되었다기보다 지방당간부들의 착오와 천재지변과 같은 자연재해, 그리고 소련의 돌연한 지원중단과 같은 요인들이 실패의 원인이라고 주장한다.

이에 등소평, 유소기, 진운(陳雲) 등이 전면에 나서서 대약진운동의 실패를 수습하고 경제회복과 경제발전을 추구하기 위한 신경제정책을 주도하고, 정치사상 우선주의, 대중운동을 통한 경제발전전략, 과도한 목표설정, 객관적인 조건과 경제법칙을 간과한 경제정책, 인민공사와 같은 대규모 조직의 비현실성, 평등주의적 분배정책의 문제점 등을 대약진운동의 실패원인으로 지목하였다. 한편 이러한 속에서 등소평의 흑묘백묘론이 등장하게 되고 경제활동에서 정치와 사회혁명의 간섭 배제, 홍에 대한 전의 역할을 강조, 전문기술자와 경영, 관료계층에 대한 더 많은 자율성의 부여 등이 주장된다. 이에 따라 이들 실부파는 대약진운동 당시에 추진되었던 대규모 수리사업과 건설사업 등을 취소하고, 방만한 지방공업을 폐쇄하며, 인민공사를 축소하여 최하급단위인 생산대를 기본으로 삼고, 분배에서 평등주의적 경향을 억제하는 정책을 실시하였다. 실무파(혹은 실권파)의 이러한 정책으로 62년 중국경제는 회복기에 접어들게 되고, 농촌에 풍년이 들고 소련의 경제원조 중단에도 불구하고 경제가 크게 회복되었다. 이러한 조정정책의 성공은 유소기의 정치적 기반을 강화시켰을 뿐만 아니라 등소평을 비롯한 그의 지지자들이 요직에 진출하는 계기가 되었다.

중국은 모택동의 사망 이후에도 모택동 사상의 계승을 위한 작업은 계속하였으나 모택동사상의 성과를 부분적으로 인정하고 그의 오류를 비판하는 중국공산당의 상대적 정치개방성은 역사적인 개혁·개방 노선으로의 전환을 위한 토대를 마련할 수 있었다. 실제로 대약진운동과 문혁기간 중의 모택동 사상의 특징이 가장 뚜렷하게 나타난다. 요약하자면 첫째, 중국혁명의 목표를 공동부유가 소멸되는 이상적이고 진정한 사회주의 건설에 두고 있고, 물질적 발전만을 추구하는 것은 진정한 마르크스주의에 위배되는 것으로 인식하고 있다. 둘째, 사회주의사회를 과도기 사회로 규정하고, 여기에서는 공산주의의 맹아라고 할 수 있는 진보적 요소와 자본주의적 요소가 공존하고 있다는 것이다. 따라서 중국은 프롤레타리아독재를 견지하면서 계급투쟁을 계속하고 자본주의 부활의 위험성을 제거해야 한다는 것이다. 마지막으로 소련지도자들을 비판하면서 역사적으로 생산력의 발전이 생산관계를 발전시킨다는 것을 인정하면서도 일정한 역사적 조건하에서는 상부구조의 변화가 생산력을 해방시킬 수 있다고 인식하고 있다. 이후 화국봉(華國鋒)정권은 모택동을 계승한 대약진을 본 딴 양약진(洋躍進)을 추진한다. 이는 인민공사를 기본단위로 해서 1980년대 말까지 농업의 기계화 등 120개의 대형프로젝트를 수행한다는 것과 부족한 기술과 자본을 일본과 서방으로부터 도입한다는 것을 그 내용으로 하고 있다. 그러나 양약진은 농업 분야에서의 파탄 야기, 이로 인한 식량부족과 막대한 양의 식량의 외국으로부터의 수입, 경공업 분야에서 투자부족으로 생산량의 감소와 제품의 질 저하, 기술부족과 전문관료의 부재로 인한 중공업의 정체, 서독, 영국, 프랑스 등과 플랜트 수입계약 중지 혹은 연기로 인한 대외신용도 실추 등으로 인해 실패하고 만다. 양약진의 실패원인으로는 현실을 무시한 정책수립 추진, 당산(唐山)대지진 참사(1976년 7월 발생), 모택동 사후 전개된 권력투쟁, 화국봉의 권력기반의 취약성 등을 들 수 있다.

(표 10-1) 중국공산당의 역대 당총서기, 당주석

당총서기		당주석	
시 기	성 명	시 기	성 명
1921-27	진독수(陳獨秀)	7기 1중전회 (1945. 6)	모택동
1927-28	구추백(瞿秋白)	8기 1중전회 (1956. 9)	모택동
1928-31	향충발(向忠發)	9기 1중전회 (1969. 4)	모택동
1931-32	진소우(陳紹禹, 일명 왕명 王明)	10기 1중전회 (1973. 8)	모택동
1932-35	진방헌(秦邦憲, 일명 박고 博古)	11기 1중전회 (1977. 8)	화국봉
1935-43	장문천(張聞天, 일명 낙보 洛甫)	11기 6중전회 (1981. 6)	호요방
1956-69	등소평		
1980-87	호요방(胡耀邦)		
1987-89	조자양		
1989-현재	강택민		

화국봉과 왕동흥(汪東興)을 위시한 온건 문혁세력과 주은래노선을 계승하는 등소평 등 실무파 사이의 대립에서 화국봉, 왕동흥은 문혁이 종식된 후에도 계급투쟁은 여전히 필요하다는 입장에서 모택동의 계속혁명론을 옹호하고, 사인방의 비리를 폭로하면서 문혁의 성과와 역사적 중요성을 강조했다. 반면에 등소평 등은 모든 진리는 사실과 실천에 의해 검증되어야 한다는 실사구시논쟁을 전개하고 이것이야말로 모택동사상의 진수라고 주장하며 모택동의 개인숭배와 교조주의를 공격했다. 한편 엽검영(葉劍英)은 「중화인민공화국 창건 30돌 경축대회에서 행한 연설」에서 지난 30여 년간의 모택동의 업적은 위대한 것이며, "이 성과를 보지 못한다면 그것은 전적으로 잘못"이라고 주장하고 모택동에게도 과오가 있었음을 인정했다. 여기에서 엽검영은 모택동사상이란 모택동 개인의 창조물이라기보다 "당과 인민의 집체적 지혜의 결정체"라고 주장함으로써 모택동 개인의 과오와 당의 지도이념인 모택동사상의 분리를 시도하였다.[1]

이러한 속에서 1981년 6월 11기 6중전회에서는 「건국 이래 당의 약간의 역사문제에 관한 중국공산당 중앙위원회 결의」를 채택하고 1949년 이후 당의 정책을 총괄적으로 평가하고 모택동과 모택동사상에 대한 당의 공식입장을 천명했다. 즉 30여 년의 사회주의 건설과정에서 모택동의 공과에 대해 기본적으로 긍정적인 평가를 하면서도 인민들에게 대재난을 가져다준 대약진운동과 문혁에 대한 과오를 비판하는 타협안이 채택된 것이다. 이로써 중국은 개혁·개방 정책의 적극적인 추진을 위한 이념적 토대를 형성할 수 있는 토대를 완성하였으며, 이는 사회주의체제를 고수하면서도 독특하게 형성되어온 중국정치문화가 그 바탕이 됨으로써 가능했던 것이라고 할 수 있다.[2]

---

1) 葉劍英, "在慶祝中華人民共和國成立三十周年大會上的講話," 「人民日報」, 1979. 9. 30.
2) "關於建國以來黨的若干歷史問題的決議," 「人民日報」, 1981. 7. 1.

2. 북한 정치·이데올로기체제의 폐쇄성

이러한 중국의 정치발전과정과 비교해 볼 때 북한의 경우는 이념적 경직성으로 인해 개혁·개방 노선으로의 획기적 전환이 어려운 실정이다. 북한체제의 지도이념인 주체사상은 북한의 확고부동한 지도이념이며, 정부와 당의 모든 정책과 노선을 결정짓는 최고의 지도이념이다. 따라서 이는 북한의 중요한 정책결정과정에서 기본적인 지침이 되고 있다. 북한은 주체사상에서 인간의 생명을 개인의 생명과 사회집단의 생명으로 구분하고 사회집단의 생명이 개인의 생명보다 선행하기 때문에 개인의 생명은 사회집단 안에서만 존재가치를 인정받을 수 있다는 논리를 전개한다. 따라서 주체사상은 언론 및 거주의 자유와 정치참여와 같은 인간의 기본권리는 집단사회가 허락하는 한도 내에서만 가능하다고 규정하고 있다.

이와 같이 경직된 이데올로기적 제약 속에서는 사고의 다양성이 용납될 수 없는 바, 개인의 자유와 권리라는 개념이 북한 내에서 본질적으로 존재하지 않고 있다. 따라서 개인의 부유를 인정하는 속에서 생산에 있어 개인의 자율성을 허용하는 개혁·개방의 논리가 북한체제에 수용되기 위해서는 이러한 지도이념의 경직성이 변하지 않고서는 어려운 것이다. 또한 북한의 주체사상은 사상에서의 주체, 정치에서의 자주, 경제에서의 자립, 국방에서의 자위를 강조하고 있다. 따라서 주체사상은 국제환경의 변화에도 불구하고 문화대혁명 시기 모택동의 주장과 마찬가지로 계급투쟁, 정치우선 및 자력갱생을 강조하는 정치이념이다. 요컨대 주체사상은 북한으로 하여금 국제정세의 변화에 능동적으로 대처할 수 있는 능력을 결여하도록 하는 주요한 요인이 되고 있다. 따라서 주체사상의 이론적 테두리 안에서는 과학기술과 국제교류는 극히 낮은 가치로서 평가될 수밖에 없다. 주체사상은 합리적 사고보다는 혁명적 요소를 핵심으로 하는 이념체계인바 대외개방이나 실용주의 정책의 채택을 어렵게 하고 있는 것이다.

한편 북한의 체제원리 중의 하나는 이른바 수령제로 대표되는 유일지도

체제이다. 이는 수령·당·인민대중이 하나의 불협화음도 있을 수 없는, 그리고 한 치의 갈등이나 대립도 있을 수 없는 완벽하게 통일된 유기체적 사회를 지향한다. 집권층에 반대하는 세력의 숙청을 통해 사회주의체제가 형성되었다는 점에서 중국과 달리 북한 체제는 김일성의 정책주장에 정면으로 반대하는 계파가 형성되기 어려웠다. 따라서 북한에 있어 김일성의 생각과 판단은 그대로 북한의 정책지침으로 채택되었으며, 이에 대한 지속적이고도 체계적인 반대가 존재하지 않았다.

이와 같은 북한체제 내의 획일적인 전통도 북한의 정책변화를 곤란하게 하는 요인으로 작용하고 있다. 이는 1970년대 이후 실제 정치과정에서도 정책을 둘러싼 심각한 대립이 존재하지 않았다는 점에서도 잘 알 수 있다. 이른 바 정책결정과정에서의 정책대립은 원천적으로 봉쇄되었다. 존재한다면 체제나 정권에 대항하는 수준에서가 아니라 최고지도자의 묵인 하에 단지 권력엘리트 간의 정책경쟁이나 정책성향의 차이만이 나타났던 것이다. 다시 말하자면 갈등이 있다고 하더라도 그것은 권력의 차원으로 확산되는 이른바 정치적 양상으로 비화되지 않고 유일제제 하에서의 정책의 경합을 벌이는 관료적 양상으로만 존재하였다. 수령제가 공고화된 북한체제에서의 정책갈등은 이미 대립의 수준이 아니라 정책성향의 차이나 정책경쟁의 수준에서 이루어졌던 것이다.3)

1961년 김일성은 「조선로동당 제4차 대회에서 한 중앙위원회 사업총화보고」에서 당과 정부의 관계를 "배에서 키를 잡은 사람과 노를 젓는 사람과의 관계와 같다"라고 비유하였다. 이는 국가기구를 당의 노선과 정책을 실현하는 집행자로 규정한 것으로 여기에서 잘 보여지듯이 유일체계의 형성으로 인하여 여타 사회주의국가와 마찬가지로 당과 정부가 분리되지 않고 당이 정부 위의 정부역할을 수행하였다. 이에 따라 관료주의가 형성되었고, 효율적인 정책개발에 실패할 수밖에 없었다.4) 북한에서의 관료주의

---

3) 안인해, 「북한의 유일체제와 정책경쟁」(서울: 민족통일연구원, 1996), p.25. 81.
4) 김광용, 「북한 '수령제' 정치체제의 구조와 특성에 관한 연구」, 한양대학교 정치학 박사학위논문, 1995, pp.265-6.

의 발생은 중앙과 지방, 상부와 하부, 지도와 피지도 간의 불일치로 이해할 수 있다. 북한과 같이 강력한 중앙집권적 사회에서 상부기관의 지시가 하부에 제대로 관철되지 않는다는 것은 우선 말 그대로 하부기관이 사보타지를 하거나 지시내용을 제대로 이해하지 못해서 제대로 이행하는 못하는 경우가 있을 수 있다. 다른 하나는 상부기관이 하부의 실정을 무시한 채 무리한 지시나 요구를 함으로써 하부기관이 하고 싶어도 해낼 수 없는 경우이다. 뿐만 아니라 하부기관의 건의나 정책적 요구가 제대로 반영되지 않는 경우도 있을 수 있는 것이다.

엘리트의 충원도 전문성보다는 당성이 강조되었다. 당성이 강조되던 혁명 초기의 동원체제에서는 급속한 경제성장을 이루었으나 전문성이 강조되는 체제관리기에 접어들면서 물질적 자극이 없는 정치적·도덕적 자극을 통한 사회주의건설은 한계에 봉착할 수밖에 없었다. 유일체계의 형성은 북한에서 사회주의적 민주주의의 요소를 억압하는 중요한 단초를 제공하였고, 체제경직성의 중요한 원인이 되었다. 민주주의 중앙집중제의 민주주의적 요소는 축소되고 중앙집권제가 강화됨으로써 중요 정책결정과정에서의 당내 민주주의적 요소는 축소되었다. 특히 후계자체제의 조기 구축은 개혁을 추진할 수 있는 새로운 지도자의 출현을 원천적으로 봉쇄하였다. 따라서 북한은 정치체제의 안정성과 후계체제의 확립 및 공고화에 정책의 최우선순위를 둠으로써 급속한 대내외적인 환경변화에 적극적으로 대처하고 적응하는 데 실패하고 말았다.[5]

한편 이러한 정치체제의 폐쇄성은 이데올로기 지형의 일원화라는 북한의 정치적 이데올로기적 특수성을 형성하게 하는 조건이 되었다. 이에 따라 북한이 개혁·개방 전략을 추진하는 데 있어서 체계적이고 지속적인 개방정책의 추진을 위한 사상적이고 이론적인 토대의 구축을 불가능하게 하였고, 이는 개방정책이 일회적이고 분절적으로 진행되게 하였다. 중국의 경우 개혁·개방을 선포한 직후부터 개혁·개방의 안정적이고 지속적인 추진

---

5) 고유환, "북한 사회주의체제의 구조적 위기와 김정일정권의 진로,"「한국정치학회보」(한국정치학회) 30집 2호, p.233.

을 위한 이론화작업에 착수하였다. 현재 중국의 개혁·개방을 이끌어가고 있는 사회주의 시장경제론은 끊임없는 개혁·개방에 대한 이론적 검토와 실천적 검증 속에서 이루어진 것으로 이는 중국의 개혁·개방 정책을 체계적이고도 안정적으로 추진할 수 있게 하는 토대가 되었다. 그러나 북한의 경우 주체사상을 유일사상으로 하는 북한체제의 특수성으로 인하여 이러한 개혁·개방의 토대가 될 수 있는 이론화작업이 애초에 봉쇄되어 있다. 이에 따라 북한의 개혁·개방 정책은 앞서 밝힌 바 있듯이 일회적이고 분절적으로 진행될 수밖에 없었고 체계적이고 장기적인 마스터플랜이 부재한 속에서 개혁·개방 정책이 진행될 수밖에 없었던 것이다.

현재 김정일체제는 김일성체제와 형식적으로는 약간의 차이를 보이고 있으나 내용면에 있어서는 폐쇄적인 정치체제의 특징을 그대로 보여주고 있다. 현재 북한의 정치체제는 김정일 국방위원장을 정점으로 하는 유일지도체계를 유지하고 있다. 1970년대 들어 유일체제가 구축된 이후 김일성 주석은 장자인 김정일을 후계자로 삼아 부자세습체제를 구축하기 시작하였다. 김정일은 당 조직지도부장이던 1973년부터 '3대혁명소조운동'의 책임을 맡은 데 이어, 동년 9월 당중앙위원회 비서로 선출되었으며, 1974년 2월 당 정치위원회 위원으로 선출되면서 김일성 주석의 유일한 후계자로 확정되었다.

김정일은 1980년 10월 제6차 당대회를 통해 당 중앙위원회 정위원, 당 정치국 위원과 당 정치국 상무위원회 위원, 당 비서국 비서, 당 군사위원회 위원 등 당·군 관련 고위 직책을 갖게 됨과 동시에 김일성 주석의 후계자로서 공식적으로 등장하였다. 제6차 당대회 이후 김정일은 주요 대외문제를 제외한 대부분의 대내정책을 수행하는 실질적인 당·군 책임자이자 후계자의 역할을 수행하였다. 김정일은 1982년 3월 「주체사상에 대하여」라는 논문을 발표하여 주체사상을 심화 발전시키는 한편, '1980년대 속도창조운동', '숨은 영웅들의 모범을 따라 배우는 운동', '전당의 주체사상화', '준법기풍 앙양', '8·3 인민소비품 생산운동'(1984) 등을 주도하였으며, '사회정치적 생명체론'(1986)과 '우리식 사회주의'(1991)의 주장 등을 통해 후계자로서의 권력기반을 강화하였다.[6]

김정일은 1990년 5월 최고인민회의 제9기 제1차 회의에서 국방위원회 제1부위원장으로 선출되면서 공식적 군사지도자로 부각되기 시작하였으며, 1991년 12월 24일 개최된 당 중앙위원회 제6기 제19차 전원회의에서 조선인민군 최고사령관으로 추대되었다. 김정일은 1992년 4월 20일 '원수' 칭호를 수여 받은 이후, 1993년 4월 9일 최고인민회의 제9기 제5차 회의에서 국방위원회 위원장직을 맡게 됨으로써 당·정·군 등 주요 분야에 걸쳐 통치자로서의 입지를 확고히 구축하게 되었다. 1994년 7월 김일성 주석이 사망하자 김정일 위원장은 '조선인민군 최고사령관'의 직함을 가지고 후계체제를 공고히 하는 데 주력하였다. 김일성 주석 사후 과도기간을 안정적으로 수습한 김정일 국방위원장은 1997년 10월 8일 「당중앙위원회·당중앙군사위원회 특별보도」를 통해 노동당 총비서로 추대된 데 이어, 1998년 9월 5일 최고인민회의 제10기 1차 회의에서 헌법을 개정하고 개정헌법에서 실질적인 국가지도자인 국방위원장에 재추대됨으로써 본격적인 김정일시대가 출범하게 되었다.

김정일 지도체제의 특징을 살펴보면, 우선 형식적으로는 국가권력의 분산과 집단지도체제의 모양을 갖추고 있으나 김정일 국방위원장이 사실상 국가최고지도자의 역할을 하는 유일영도체제라는 점이다. 김정일은 당총비서 및 국방위원장으로서 黨·軍을 장악하고 있으며 실질적으로 모든 국가기관이 김정일의 지도를 받도록 하고 있다. 이러한 영도체제는 주체사상에서의 '수령론'이나 '사회정치적 생명체론'에 의해 이론적으로 뒷받침되고 있다. 더욱이 북한 헌법 서문에서는 김일성 주석이 사망하였음에도 불구하고, "조선민주주의 인민공화국과 조선인민은 조선로동당의 령도 밑에 위대한 수령 김일성 동지의 사상과 업적을 옹호 고수하고 계승 발전시켜 주체혁명 위업을 끝까지 완성하여 나갈 것"을 강조하고 있다. 김일성의 사상과 영도를 국가통치원리로 표방하고 있다는 점은 김일성 주석의 혁명적 후계자인 김정일의 유일영도체제를 의미한다고 볼 수 있다.[7]

---

6) 이주철, 「김정일의 생각읽기」(서울: 지식공작소, 2000), pp.42-56.
7) 김용재, "김정일 지도체제와 권력구조," 통일부, 「북한의 이해 2002」, p.18-

실제로 김정일 국방위원장은 김정일 영도체계를 구축하기 위하여 김일성시대와는 다르게 자기 나름의 통치 유형을 정립하기 위해 노력하고 있다. 이러한 노력은 인덕정치, 광폭정치, 선군정치, 음악정치, 과학정치 등과 같은 그의 통치 표현 용어에서 살펴볼 수 있는데, 구체적으로 살펴보면 다음과 같다.

(표 10-2) 김정일 통치 표현 용어

용 어	내 용
인덕정치	1993년 1월 28일 처음 제시. 인민에 대한 숭고한 사랑을 기반으로 한 정치. 대표적 사례는 유공자 환갑상 차려주기, 쌍둥이 축하, 산간오지 환자 특별수송 등임.
광폭정치	1993년 1월 28일 처음 제시. 대담하고 통 큰 정치를 상징하는 용어. 대표적 사례는 주체사상탑, 유경호텔 건설, 남북정상회담 성과 선전 등임.
선군정치	1998년 강성대국 기치 등장 후 군을 통치의 중심에 두는 정치. 군부서열 상승. 경제건설 및 사회통제에서의 군부의 선도적 역할 강조 등임.
음악정치	2000년 2월 등장. 시련과 난관을 노래로 이겨내며 강성대국 건설을 힘있게 다그치는 통치행위를 지칭. 대표적 사례는 기업소 등 생산현장의 공연활동임.
과학정치	1999년 강성대국 건설의 3대 기둥 중 하나로 과학기술 중시노선 제시 후 공식화. 경제발전과 주민생활 향상에 과학기술 활용, 정보산업 육성 등임.

다음으로 군사우선주의가 더욱 강화되고 있음을 들 수 있다. 김일성 주석 사망 이후 북한 군부의 영향력이 노동당에 비해 상대적으로 강화되었으며, 1996년에는 4월 25일 인민군 창건일과 7일 27일 '조국해방전쟁승리기념일' 등 군관련 기념일이 공휴일이자 국가적 명절로 지정되었다. 또한 군사지도자들의 권력핵심에의 진출도 두드러진 바, 1998년 7월 26일 실시된 제10기 최고인민회의 대의원 선거에서는 군부인물이 107명으로 나타나 제9기

21(2002년 12월 10일 검색, 인터넷 자료 page 기준).

의 62명에 비해 약 2배 가까이 증가되었다. 또한 군부의 핵심 실세인 국방위원회 위원들의 권력 서열이 2~15위까지 부상하였다.[8] 특히 1998년 개정헌법에서는 국방위원회가 북한의 최고 군사지도기관으로 격상되었을 뿐만 아니라, 명실상부한 최고권력기관이 되었다.[9]

이처럼 군사를 우선시하는 것을 가리켜 북한에서는 김정일의 선군정치(先軍政治)로 부르고 있으며,[10] 이러한 선군정치는 2000년대 들어 더욱 강조되고 있다. 김정일 국방위원장은 "경제건설보다 중요한 것은 군대를 강하게 만드는 것이며 총대가 강하면 강대한 나라가 될 수 있다"는 표현으로 군사우선정책의 정당성을 강조하고 있다.[11] 모든 부문에서 '신사고'를 표방하고 있는 2001년도에도 북한에서는 김정일 국방위원장이 '군혁명시대'라는 새로운 역사를 열었다고 선전[12]하는가 하면, "선군은 조선혁명의 백전백승의 기치이며, 사회주의 미래를 대표하는 정치방식"이라고 주장하고 있다.[13]

좀 더 구체적으로 살펴보면, 북한은 1972년 사회주의 헌법의 국가기구 체계를 1990년대 들어 개편하기 시작했다. 개편의 핵심은 군과 관련된 것이었다. 그리고 그 시작은 1992년 4월 헌법개정에서 국방위원회가 중앙인민위원회로부터 분리되면서부터였다. 당시 국방위원회는 '국가주권의 최고 군사지도기관'으로 규정되었다. 이에 따라 국가주석이 행사하던 군 지휘·

---

8) 유석렬, 「혁명에서 생존으로」(서울: 대영정판, 2001), pp.341-3.
9) 이와 같은 북한의 국방위원장체제가 1982년 중국 헌법개정 당시의 중국 국가권력구조와 유사한 것으로 해석할 수도 있다. 이는 당시 등소평이 중앙군위원회 주석에 있으면서 실질적인 최고지도자 역할을 한 것과 북한의 국방위원장체제를 동일한 것으로 판단하는 해석이다. 그러나 당시 중국의 경우는 집단지도체제로 이행한 상태에서 권력구조의 변경이 이루어진 것이었다. 수령제가 확고하게 유지되고 있는 북한의 경우와는 많은 차이가 있다. 따라서 북한의 대외적인 대표로서의 최고인민회의 상임위원장과 경제 책임자로서의 내각 총리에게 상당한 기능이 주어졌다 해도 이는 기능의 위임일 뿐 권력의 분산은 아닌 것이다. 서동만, "북한 정치체제 변화에 관한 시론," 「정치비평」, 1998년 가을·겨울호, p.147.
10) 「로동신문」, 1998. 8. 22; 「로동신문」, 1998. 10. 10 등 참조.
11) 「로동신문」, 1998. 10. 19.
12) 「로동신문」, 2001. 12. 17.
13) 「로동신문」, 2001. 12. 21.

통솔권이 국방위원장에게로 넘어갔으며, 국방위원회의 독자적인 역할이 가능케 되었다. 이는 당시 사회주의권 붕괴와 핵위기로 인한 북한사회의 위기감의 반영이었다. 국방위원회는 1998년 9월 헌법개정 이후 최고인민회의 제10기 1차 회의에서 명실공이 국가최고기관으로 자리 잡았다. 국방위원회가 헌법상 국방정책을 전반적으로 관장하는 '국가주권의 최고군사지도기관이며 전반적인 국방관리기관'이 된 것이다.[14] 김영남 최고인민회의 상임위원장은 「로동신문」, 1998년 9월 7일자 사설에서 "국방위원장의 중임은 나라의 정치, 군사, 경제 역량의 총체를 통솔, 지휘하여 사회주의조국의 국가체제와 인민의 운명을 수호하며 나라의 방위력과 전반적 국력을 강화 발전시키는 사업을 조직령도하는 국가의 최고직책이며 우리 조국의 영예와 민족의 존엄을 대표하는 성스러운 중책"[15]이라고 규정함으로써 헌법을 뛰어넘는 북한최고의 권력자로서의 국방위원장의 위상을 규정하고 있다.[16]

이러한 국방위원장의 위상변화와 함께 북한에서 군의 역할과 위상도 변화했다. 현재 북한에서 군은 본연의 국방임무를 뛰어넘어 '혁명과 건설'의 주체적 기능자로 작동하고 있다. 북한은 군대의 모범을 전사회로 침투시켰다. '혁명적 군인정신', '군민일치운동', '생산도 학습도 생활도 인민군대처럼' 등이 전인민이 따라 배워야 하는 덕목으로 제시되고 있다.[17] 군이 창조한

---

14) 기본적으로 국방위원장은 인민무력부 산하의 정규군을 비롯하여 교도대, 로농적위대, 붉은청년근위대 등 일체의 무력을 지휘·통솔하는 권한을 갖고 있다. 뿐만 아니라 국방부문 중앙기관 개폐, 주요 군사간부 인사, 전시상태와 동원령 선포 등의 임무와 권한도 갖고 있다. 「조선민주주의인민공화국 헌법」(1998. 9. 5 개정), p.304.

15) "위대한 령도자를 모신 우리 공화국은 영원히 필승불패이다." 「로동신문」, 1998. 9. 7.

16) 국방위원회는 현재 김정일 위원장을 필두로 조명록 제1부위원장(차수, 인민군 총정치국장), 김일철 부위원장(차수, 인민무력부장), 이용무 부위원장(차수)과 5명의 국방위원으로 구성되어 있다. 국방위원은 김영춘(차수, 인민군 총참모장), 연형묵(자강도당 책임비서), 백학림(차수, 인민보안상), 전병호(당군수담당 비서), 김철만(제2경제위원장) 등으로 구성되어 있다. http://nk.joins.com/dic.

17) "혁명적 군인정신으로 우리식 사회주의 위업을 힘차게 전진시켜 나가자." 「로동신문」, 1997. 5. 19.

정신과 도덕, 문화와 생활 기풍을 인민의 자기 사업과 생활에 철저히 구현해 나가야 한다는 것이다. 군대의 모범 따라 배우기는 기본적으로 북한이 현재 처해 있는 경제적 위기와 밀접하게 연관되어 있다는 것은 주지의 사실이다.[18]

이러한 속에서 김정일체제는 북한이 당면한 위기를 타개하고 좀 더 장기적이고 대안적인 목표를 설정하였는데, 그것이 '강성대국' 슬로건이었다. 강성대국론은 당면한 위기상황을 선군정치를 통해 달성하고자 하는 북한의 공식적인 목표라고 할 수 있다.[19] 북한이 1970년대 초부터 제시한 '온 사회의 주체사상화'가 북한 내부의 강력한 통합을 위한 것이었다면, 강성대국론은 정치, 외교, 군사, 경제 등의 강력한 힘을 바탕으로 북한의 위상을 대내외적으로 높이겠다는 것으로 해석할 수 있다. 북한에서 강성대국 건설은 1998년부터 본격적으로 언급되기 시작했고, 같은 해 8월 들어 개념화한 체계를 갖추게 되었다.

강성대국론을 좀 더 구체적으로 살펴보면 우선 '주체의 강성대국'은 "주체사상이 정치와 군사, 경제 등 모든 분야에 전면적으로 구현되고 꽃피어 나라의 위력이 최상의 높이에서 발양되는 나라"로 규정되었다.[20] 또 강성대국은 "우리조국을 사상과 정치, 군사의 강국일 뿐 아니라 경제의 대국으로, 통일된 조국으로서 무한대한 국력을 가진 사회주의강국으로 건설한다는 것"으로 정의되고 있다. 아울러 강성대국에 대해 북한은 "주체의 강성대국 건설, 이것은 위대한 장군님께서 선대 국가수반 앞에, 조국과 민족 앞에 다지신 애국충정맹약이며 조선을 이끌어 21세기를 찬란히 빛내이시려는 담대한 설계도이다. 강성대국건설은 주체의 기치밑에 전진해온 우리 혁명의 새로운 력사적 단계의 필연적 요구이며 한없이 거창하고 영광스러운 민

---

18) 1998년 1월 1일 「로동신문」·「조선인민군」·「로동청년」 공동사설은 '고난의 행군' 대신에 '사회주의 총진군'으로 북한의 위기상황을 타개하자는 호소를 했다. "위대한 당의 령도 따라 새해에 총진군을 다그치자," 「로동신문」, 1998. 1. 1.
19) 북한의 공식매체에서 '강성대국'이란 용어가 최초로 등장한 것은 김진국, "백두의 붉은기정신은 우리 인민의 영원한 혁명정신," 「로동신문」, 1998. 1. 18.
20) 김진국, "주체의 강성대국," 「로동신문」, 1998. 8. 4.

족사적 성업"으로 규정하고 있다.[21]

강성대국의 내용은 크게 사상강국, 정치·군사강국, 경제강국이다. 그 논리는 북한이 이미 김정일위원장의 사상 중시, 군사 중시 사상과 통치방식에 따라 사상강국, 군사강국이 되었으나 미해결 상태에 있는 경제강국 문제만 해결하면 강성대국이 된다는 것이다. 경제강국도 그동안 축적된 자립적 민족경제와 사회주의경제를 토대로 조만간 실현시킬 수 있다는 논리이다.[22] 한마디로 북한체제 출범 50주년을 맞이하여 새롭게 주민들에게 동원 목표로 제시된 북한식 '부국강병'의 표현인 것이다.

마지막으로 김정일체제 출범을 계기로 김정일 국방위원장 측근들이 주요 권력기구의 핵심을 장악함과 동시에 새로운 테크노크라트층들이 부상하고 있다. 주요 권력기구의 핵심 중 노동당 정치국이 약화된 대신에 1980년대부터 김정일이 직접 장악하고 있는 비서국의 권한이 대폭 강화되고, 실질적인 지도·통제 역할을 수행하고 있다. 또한 당·내각·군 등 주요 권력기관의 인사개편을 통해 60-70대의 원로계층이 물러나는 대신에 50-60대의 김정일 측근들이 부상하고 있으며, 경제부문에 있어서는 40-50대의 새로운 테크노크라트들이 핵심역할을 담당하고 있는 것으로 보인다. 김일성 주석 사망 이래 북한 권력엘리트 내부에 변화가 시작된 것은 1997년 초 각 도의 농정 책임자인 농촌경리위원장을 전격 교체하면서부터이다. 평안남도·양강도·황해남도 등 6개 도·직할시 농촌경리위원장이 물러났는데, 퇴진한 이들은 60-70대 노년층들이었으며, 빈 자리에는 실력과 실천력을 겸비한 40-50대로 메워졌다. 잇따른 자연재해와 농민의 의욕상실로 추락을 거듭하던 농정에 활기를 불어넣기 위한 조치였다. 곧이어 지방사정을 책임지는 도·군당 책임비서 및 인민위원장, 공장·기업소 지배인들이 곳곳에서 교체되었다. 12개 도·직할시 당책임비서 및 인민위원장 가운데 새로운

---

21) "강성대국," 「로동신문」, 1998. 8. 22.
22) '강성대국론'이 슬로건 차원을 넘어 체계화한 논리로 제시된 것으로는 정관룡·진웅, "위대한 김정일 동지는 숭고한 애국 애족의 리념을 꽃피워 나가시는 절세의 위인이시다," 「로동신문」, 1998. 7. 12., 김진국, "주체의 강성대국," 「로동신문」, 1998. 8. 4 등이 있다.

인물이 80%를 넘어섰다.

간부 교체는 1998년 7월 26일에 실시된 최고인민회의 10기 대의원선거에서 두드러졌다. 대의원 687명의 64%에 해당하는 449명이 교체되었다. 9기 대의원선거 때의 교체폭 31.4%(214명)에 비하면 2배가 넘는다. 최근 교체된 공장·기업소의 직장장·기사장, 협동농장 관리위원장, 경제기관 실무간부 등이 대의원에 대거 발탁됐기 때문이다. 중앙간부들도 큰 폭으로 교체되고 있는데 1998년 9월 5일 출범한 1차 내각에는 50-60대 신진 전문관료들이 대거 승진·등용됐다. 부총리 조창덕(전 채취공업부장)과 곽범기(전 기계공업부장)가 대표적이며, 그 외에도 안주탄광기업소 지배인을 하다 전기석탄공업상으로 발탁된 신태록, 전화국 직원에서 출발해 체신상이된 이금범 등을 예로 들 수 있다. 새 인물들은 만경대혁명학원과 김일성종합대학을 나온 '혁명 2세대'로 김정일 국방위원장이 1970년대에 주도한 '3대혁명 붉은기 쟁취 운동'에서 두각을 나타냈던 것으로 알려져 있다. 최근 떠오른 인물들은 일부 노년층 간부들을 제외하고는 해외유학 경험이 없으며 1960년대에 김정일 위원장과 같이 대학을 다녔거나 노동당 조직지도부에서 그와 인연을 맺었던 인물들이다. 특히 2000년 이후 내각의 재정상, 무역상, 중앙은행 총재, 농업상, 경공업상 등 경제부서 책임자를 전격 교체한 것은 서방의 대북추진 및 무역확대를 위한 포석으로 보인다.23)

이러한 특징들을 보이고 있는 김정일체제에 대해 일각에서는 전문기술관료들 사이에는 정책성향의 차이가 존재함으로써 이들이 급변하는 주변환경에 대처하는 과정에서 정책경쟁이 존재하고 있는 것으로 관찰하고 있다.24) 그러나 이러한 전문기술관료들 간의 정책경쟁이 유일체제하의 충성심경쟁의 형태를 띠기도 한다는 점에서 이러한 정책경쟁을 통해서 근본적인 정책적 전환이 일어날 수 있다는 분석은 다소 무리가 따른다. 따라서 북한의 개혁·개방에 있어 현실적으로 가장 중요한 것은 바로 김정일의 의지와 판단이라고 할 수 있을 것이다. 다른 한편 최근의 북한 변화를 김정

---

23) 「2002 북한연감」(연합뉴스), 2001. 12, pp.453-5.
24) 전홍택·김상기, 「북한경제의 개혁 전망」(한국개발연구원), 1997, p.24.

일 국방위원장이 이끌고 있다는 점에서 '7월 조치'와 '신의주 특구지정' 이후 중국식 개혁·개방의 추진가능성이 제기되고 있는 것은 사실이다. 그러나 이러한 전망에도 불구하고 북한의 개혁·개방은 그 본질상 체제의 안정성 유지와 직접적으로 연관되어 있다는 사실에 주목할 필요가 있다. 김정일 정권은 1994년 김일성의 사망 이후 김정일은 권력승계에 대한 정당화 작업과 체제 내부의 동요를 최소화하기 위해 모든 노력을 경주해왔다. 이러한 노력에 가장 장애가 되는 요소는 김일성 사망 이후 현재까지 지속적으로 심화되어온 경제위기라고 할 수 있다. 즉 이러한 경제위기를 극복하지 않고서는 체제의 안정성을 확보하기가 어려우며, 이는 북한 개혁·개방의 가장 핵심적인 배경 중의 하나라고 할 수 있다. 이를 바꾸어 말하면 김정일 정권의 개혁·개방 추진 의지는 향후 진행될 개혁·개방 정책이 체제 안정성을 훼손하지 않은 내에서 가능하다는 것이다.

제11장 대외적 체제위협세력의 존재: 미국의 대외정책

북한의 경제위기가 이미 자체 내의 발전동력으로는 회생 가능성이 없다는 것은 국내외 전문가들을 비롯한 일반인들에게 까지 널리 공유된 사실이다. 당면한 경제위기와 체제위기를 극복하기 위한 북한의 개혁·개방의 성패 여부는 미국을 위시한 서방선진국의 자본을 끌어들이지 않고서는 불가능하다는 것이다. 이런 의미에서 미국의 대북정책이 북한의 개혁·개방의 추진가능성과 성공 여부에 결정적인 요인으로 작용할 것이라는 것은 의심의 여지가 없다. 냉전시절 북한에 대한 소련과 중국이라는 군사안보적 동맹국의 존재와 경제적 지원세력의 존재라는 면에서 미국의 위협이 직접적인 체제위기의 원인으로 작용하지 않았다.

결국 미국이라는 체제위협세력의 존재는 사회주의 붕괴 이후에서부터 북한체제의 위기에 직접적으로 작용했다고 볼 수 있다. 물론 냉전시기에도 미국의 남한에 대한 군사적 지원을 통한 군비경쟁의 촉발은 북한에 있어서 경제적 부담으로 작용했던 것이 사실이다. 그러나 이는 군비경쟁을 통한 경제적 부담이라는 간접적인 형태를 띠고 있었다는 점에서 사회주의체제 이후 발생한 북한체제의 위기원인과는 구별된다고 할 것이다. 이런 의미에서 중국에게 대외관계에서 중대한 체제위협적인 요소가 존재하지 않는다는 사실에 반해, 북한에 있어서는 미국이라는 체제위협적이고 적대적인 요인이 존재하고 있다는 사실은 북한이 개혁·개방에 대한 향후 진로를 결정하는 데 중대한 요인으로 작용할 것이다.

1. 미국의 중국정책과 중미관계

　냉전체제의 해체 이후 중국의 국제정세에 대한 인식은 상당한 변화를 가져왔으며 이에 따라 미국에 대한 정책적 변화도 동시에 이루어지고 있다. 먼저 일련의 국제관계의 변화에 대해 중국은 다음과 같은 인식을 보여주고 있다. 첫째, 기존의 질서는 붕괴되었으나 새로운 질서가 아직 형성되지 않음으로써 과도기적 불안정 국면을 보여주고 있다는 점이다.[1] 둘째, 패권정치 및 권력정치가 만연하고 있다는 점이다.[2] 이는 이어서 검토하게 될 중국의 대응책과 깊은 관련이 있는 것으로, 냉전체제가 해체된 이후에도 국제무대에서는 여전히 패권주의가 우세를 치지하고 있다는 사실을 의미한다. 소련이 사라짐으로써 미국의 독주가 보장된 현실에서 미국은 중국에 대해 패권주의적 정책을 전개하고 있다는 것이다. 특히 미국·일본·유럽 간에 협력강화를 통한 3극체제 건립을 위한 은밀한 움직임이 진행되고 있으며,[3] 이들은 후발 참여자인 중국에 대한 견제문제에 있어서는 일치되는 태도를 보인다는 점에 문제의 심각성을 느끼고 있다. 셋째, 냉전체제의 해체 이후 중국의 군사안보적 전략적 위상이 상대적으로 하락했다는 사실과 중국의 국제적 지위는 군사력보다는 경제력, 과학기술 수준, 문화수준, 정치지도력 수준, 환경변화에 대한 대응능력 등을 종합하는 포괄적 개념으로서의 국력의 확대를 통해서 이루어질 수 있다는 것이다.

　이러한 국제정세의 인식 속에서 중국은 가능한 현실적 대안을 모색함으로써 국제사회에서의 자신의 지위를 부여하고, 미국의 대중정책에 대응하고 있다.[4] 우선 어느 특정국가가 국제사회를 주도하거나 패권적 영향력을

---

1) 腹部健司, "ポスト冷戰時代のアジア（下），"「世界週報」, 1991. 2. 5.
2) 唐天日, "怎麽樣認識新的覇權主義和强權主義,"「半月談」, 21期, 1990年, p.16.
3) 王林, "國際局勢要估計許多種可能性,"「瞭望」, 1990年 36期, pp.39-40.
4) 유세희·김광용, "냉전체제 이후 국제정치·경제질서와 대중화경제권," 이재유 편, 「대중화경제권과 21세기 아태경제」(한양대학교 아태지역연구센터), 1999, pp.20-3.

발휘하는 것을 최대한 억제하는 것이다. 이른바 신국제질서를 수립하기 위한 반패권주의정책이 그것이다. 이는 사회주의권의 붕괴 이후에 중국 대외정책의 가장 기초적인 대외전략 방침이라고 할 수 있는데, 정치경제적 패권주의뿐만 아니라 동아시아지역에서 특수하게 형성되고 있는 군사동맹의 강화가능성에 대한 경계까지도 포함하고 있다.5) 이는 지난 1990년 유엔 총회에서 전기침(錢其琛) 부총리 겸 외교부장의 발언을 통해 제시된 것으로 내정불간섭의 원칙이 중심내용으로 되어 있다.

구체적인 내용은 다음과 같다. 첫째, 모든 국가는 자국의 국정에 의거하여 스스로의 정치, 경제 및 사회제도를 선택할 권리를 갖고, 둘째, 세계 각국, 특히 강대국은 타국에 대한 내정불간섭 원칙을 반드시 엄수해야 하며, 셋째, 국가 간에는 상호존중(相互尊重), 구동존이(求同存異),6) 화목상처(和睦相處),7) 평등상대(平等相對),8) 호리합작(互利合作)9) 해야 한다. 넷째, 국제분쟁은 평화적 방법을 통해 합리적으로 해결해야 하며 무력에 호소하거나 무력으로써 위협해서는 안 되며, 다섯째, 대소강약을 불문하고 각국은 국제사무를 협상, 해결하는 데 평등한 자격으로 참여할 권리를 가진다는 것이 그것이다.10)

이 정책은 중국에게 현실적으로 매우 유용하며, 편리한 전략적 신축성을 가능케 한다. 모든 패권주의정책이 내정간섭적인 것은 아니지만, 모든 내정간섭은 패권주의정책의 구체적 실현이라는 것이 전제이다. 따라서 미국 또는 서방국들의 경우 인권과 같은 국내 정치문제에 간섭하지 않는 한 중국과는 우호적인 협력관계를 지속할 수 있다는 것이다.11) 뿐만 아니라 국제

---

5) "文件列中美九大分歧,"「爭鳴」, 1998年 7月, pp.18-19.
6) 이견이 있으면 일단 미뤄두고 의견을 같이 하는 분야부터 합작한다는 것이다.
7) 서로 화목하게 잘 지낸다는 것이다.
8) 상대를 평등하게 대한다는 것이다.
9) 상호간에 이익이 될 수 있도록 합작해야 한다는 것이다.
10) 錢其琛, "變幻的國際形勢和中國的外交,"「求是」, 1990年 24期, p.9.
11) 내정간섭 여부를 판단하는 것은 전적으로 중국의 몫이다. 이를 통해 중국은 화평연변책(和平演變策)을 사전에 방어할 수 있는 명분을 얻을 수 있으며, 스스로의 원칙과 방법에 따른 개혁·개방을 통해 순조롭게 경제건설을 추진하면서

문제에 적극적으로 관여함으로써 발언권의 증대를 통한 영향력의 확보를 모색하는 것이다. 다시 말해 새로이 형성되고 있는 국제질서에 적극 참여함으로써 주요 세력으로서의 지위를 회복하는 것이다. 중국이 신국제질서를 전망함에 있어 다극체제로 진행되어가고 있다고 전망하는 것에는 중국의 희망도 포함된 것이라 볼 수 있다.

이러한 속에서 중미관계는 주로 대만문제를 통해 갈등의 양상을 보여왔다. 미국정부의 대만문제에 대한 공식적인 입장은 대만의 독립이나 국가자격으로의 국제조직에 대한 가입 지지라는 대만이나 미의회의 요구는 받아들일 수 없으며 '하나의 중국'의 중국을 지지한다는 입장이다. 다른 한편으로 미국은 중국을 견제하기 위한 「대만관계법」의 유지와 '대만카드'의 활용이라는 측면을 적절히 활용하고 있나. 미국은 하나의 중국을 인정하면서도 유사시 자동개입을 규정한 「대만관계법」을[12] 근거로 대만과 계속 접촉하는 이중적인 정책을 취하여 왔다. 즉 미국으로서는 아시아-태평양지역에 대한 영향력의 유지와 중국견제를 위해서 대만 카드를 버릴 수가 없는 입장이다.

클린턴은 지난 1997년 10월 정상회담에서 대만문제에 대해 '하나의 중국' 정책에 대한 지지를 천명하고, 중국-대만의 정치문제에 개입하지 않을 것이며 이 문제의 양안(兩岸) 간 해결을 촉구한 것으로 알려졌다. 그러나 이러한 지지가 미국의 양안관계에 대한 이중적 정책의 포기를 의미하는 것으로 보이지는 않는다. 클린턴은 이미 지난 1995년 6월 8일 백악관에서 이도예(李道豫) 주미중국대사를 접견한 자리에서 미국은 변함없이 '하나의 중국'정책을 수행하고 있다고 말한 바가 있고,[13] 그 이후에도 중국에 대한 이

동시에 중국공산당의 영도라는 원칙을 관철할 수 있다는 실익을 획득하는 것이다. 이는 오늘날의 서구식 가치관과 이데올로기에 기초한 자본주의체제로의 일방적인 편입에 저항하는 중국의 유효적절한 무기가 된다.

12) 「대만관계법」은 미국이 1979년 중국과 수교하면서 대만과 맺고 있던 공동방위조약을 폐기함에 따라 이를 대체하기 위해 마련한 것으로 대만에 대한 안전보호조항을 담고 있으며 필요에 따라 대만에 병력을 투입하도록 허용하고 있다. 또한 이 법은 중국이 대만을 침공하거나, 중국의 대만에 대한 군사적 위협에 대처하기 위해 미국이 대만에 무기를 의무적으로 팔도록 강제하고 있다.

260

중적인 전략은 지속적으로 전개해 왔기 때문이다. 중국과의 정상회담 속에서 '하나의 중국원칙'에 대한 지지를 표명하는 가운데서도, 미국 상원은 1998년 7월 10일 클린턴의 중국방문이 끝난 지 일주일 만에 미국정부가 대만에 대해 무기판매를 계속하는 것을 촉구하는 결의안과 대만의 국제기구 가입지지 결의안을 통과시켰으며,[14] 미국 하원은 동년 7월 21일 대만지지 정책을 재확인하는 결의안을 채택하였다.[15]

또한 미국의 대만정책을 단적으로 보여주는 것이 바로 아태지역에서의 일본과의 군사안보협력을 위한 「미일 안전보장공동선언−21세기를 향한 동맹」(The US-Japan Declaration on Security Alliance for the 21st Century)과 「미일 신안보협력지침(The Guidelines for U. S.-Japan Defense Cooperation)」이라고 할 수 있다. 즉 이것은 그 내용에 있어서 한반도의 유사시 상황에 대처하기 위한 것이라고 규정하고 있으나, 실제적으로는 미국이 아태지역에서의 군사안보적 영향력을 지속적으로 확대, 유지하려는 의도로 파악할 수 있다. 다시 말하자면 이 두 가지 선언은 중국의 대만에 대한 무력행사에 대한 가정도 포함하고 있다고 할 수 있는 것이다.

한편 대만문제를 둘러싼 미국의 전략적 변화의 움직임과 함께 중미관계의 갈등은 2001년 미국 부시정권의 출범과 함께 심화되고 있다.[16] 이는 부시행정부가 중국과의 관계를 전략적 동반자관계가 아닌 경쟁자관계로 규정하면서 중국에 대해 공세적 입장을 취했기 때문인 것으로 파악된다. 실제로 부시행정부는 9·11테러 이후에 대만과의 군사안보관계를 강화하는 것을 통해 중국을 압박하는 정책을 취하고 있다. 이는 냉전시대에 소위 '가라앉지 않는 항공모함'으로 표현된 대만의 군사전략적 위치의 부활이라는 측면으로 이해

---

13) 「人民日報」, 1995. 6. 10.
14) 「星島日報」, 1998. 7. 15.
15) 찬성 390, 반대1의 압도적인 지지로 채택된 이 결의안에서는 대만이 각종 국제기구에 참가할 수 있는 권리를 누리도록 지원한다고 명시하고 클린턴의 삼불정책(三不政策)에 대한 반대의사를 분명히 했다.
16) 부시행정부 출범 이후 대중정책의 변화에 대해서는 "부시의 대중국정책의 변화: 대대만 군사안보정책의 강화," 「월간 아태지역동향」(한양대학교 아태지역연구센터), 2002년 3월호를 참조할 것.

할 수 있다.

이러한 미국의 대만정책의 변화는 구체적으로 ① 「대만관계법」의 강조, 대만에 대한 첨단무기 판매, 미국-대만 간의 군사회담의 개최 등 군사안보적 측면에서의 대만과의 관계 강화, ② 핵태세 검토 보고서(Nuclear Posture Review: 이하 NPR)의 작성과 인권보고서를 통한 중국에 대한 직접적인 외교적 압력으로 나타나고 있다. NPR은 1990년대 냉전이 종식되면서 미국이 국방부를 중심으로 세계전략상황 변화에 따른 군사안보대응책을 검토하면서 작성된 보고서다. 1993년 미국의 국방태세를 근본적으로 재검토한 「국방태세점검」(BUR: Botto-Up Review) 보고서가 나왔고, 이 보고서를 바탕으로 「4년주기 국방태세검토보고서」(QDR: Quadrennial Defense Review Report)가 1997년에 나왔으며, 2001년 9·11 테러 이후에 두 번째 QDR이 2006년 2월 세 번째 QDR이 발간되었다. NPR은 이 중 핵전략에 관한 국방태세점검 보고서이다. 이는 미국 핵전략을 근본적으로 재검토한 문서로서 1994년에 처음 작성된 이래 미국 핵전략의 기본방향을 정하는 가이드라인 역할을 해 온 것으로 알려져 있다.

좀 더 구체적으로는 2002년 2월 부시 대통령은 아시아 순방 중 일본과 중국에서 잇따라 미국은 「대만관계법」을 지킬 것이라고 명확하게 천명한 바 있다. 부시 대통령은 일본에서 「대만관계법」을 유지, 강화시킬 것이라는 발언을 한 이후에, 중국 청화대(淸華大)에서의 연설에서도 어떠한 형태의 미사일 방어망을 구축할 경우 이에 대만을 포함시킬 가능성을 배제하길 거부하고 대만이 도발을 받을 경우 대만의 방위능력을 지원할 것이라고 약속했다. 이러한 부시행정부의 대중정책에 발맞추어 미국과 단교 이후 대만국방부장 자격으로는 처음으로 미국을 방문한 탕요명(湯曜明)은 2002년 3월 10일 대만이 주권국가이며 어느 곳이든 국방부장 신분으로 갈 용의가 있다고 천명했다. 탕요명 국방부장은 다음날 1979년 단교 후 23년 만에 처음으로 열린 양국의 고위급회담인 폴 월포위츠 미국방부 부장관과의 회담에서 대만해협의 안보와 미국이 대만군의 개혁을 지원하는 방법들에 대해 협의했다. 이러한 미국의 대만에 대한 정책변화는 대만에 대한 미국의 첨단무기판매로 이어지고 있다.

미국방부가 1월 8일 의회에 제출한 NPR에 따르면 중국과 대만 간에 군사적 충돌이 벌어지면 미군이 핵무기를 사용할 수 있도록 대책을 마련하라고 부시 대통령이 지시한 것으로 알려졌다.[17] NPR에 따르면 미국은 잠재적 핵공격 목표로 러시아보다는 북한과 중국 및 일부 중동권 국가에 더 큰 비중을 두고 있다. 미국의 냉전시기 핵전략은 핵전력을 구성하는 3요소로서 대륙간 탄도탄, 전략폭격기, 잠수함발사 탄도탄 등 세 가지를 3중점(Triad)체제로 규정하고 이들을 중심으로 한 상호확증파괴(MAD)에 입각, 공포의 균형(balance of terror)에 의지하는 억지전략이었다. 그러나 NPR은 핵·비핵 공격을 망라하는 공격체제(nuclear and non-nuclear offensive strike system), 적극적 및 소극적 방어(active and passive defense), 변화하는 안보에 신속하게 대응할 수 있는 국방인프라(revitalized defense infrastructure) 등 신3중점(New Triad) 체제를 제시하고 있다. 이는 美국방부 전략가들이 큰 핵무기가 필요하지 않은 돌발사건에 대처하기 위해 전술적이고 유연한 핵능력을 추진함에 따라 제시된 것으로 NPR은 핵무기가 "비핵공격에 견딜 수 있는 목표물이나 핵, 생화학 무기 사용에 대한 보복, 불시의 군사사태에 사용될 수 있다"고 밝히고 있다.

중국과 관련하여 NPR은 중국을 핵전력과 전략적 목표 개발로 인해 즉각적이나 잠재적인 돌발사건에 연루될 수 있는 국가의 명단에 올리고, 미국의 핵무기 사용을 촉발할 수 있는 시나리오 중 하나로 대만의 지위에 대한 군사분쟁을 제시하고 있다. NPR은 핵사용대상 국가로 중국, 러시아, 이라크, 이란, 북한, 리비아, 시리아 등 7개국을 지목하고 핵을 사용할 수 있는 구체적인 상황을 예시하고 있는데, 그것은 북한의 남한에 대한 공격, 아랍과 이스라엘 분쟁, 중국과 대만 간 분쟁, 이라크의 인근 국가에 대한 도발 등이 그것이다. 그러나 NPR은 두 가지 측면에서 국제사회 비난의 표적이 되고 있다. 우선 핵금기(nuclear taboo)와 관련된 것으로서 현재 핵비확

---

17) *LA Times*, 2002. 3. 9.

산레짐에서는 세계 모든 국가들의 핵지위를 핵국(미국, 러시아, 중국, 영국, 프랑스), 핵확산금지조약(NPT: Nuclear Nonproliferation Treaty) 미가입 핵국(인도, 파키스탄, 이스라엘), 고위험국(이란, 이라크, 리비아, 북한), 자발적으로 핵개발을 삼가거나 포기한 국가들로 분류하여 엄격하게 핵확산을 통제하고 있다. 이러한 가운데 NPR은 핵국이 비핵국에 대해서 핵무기를 먼저 시용해서는 안 된다는 소위 핵금기를 어기고 있다는 것이다. 핵공격 대상국 중 중국과 러시아를 제외하면 모두 비핵국이다. 다음으로 미국이 핵보관 지하동굴이나 대량살상무기를 파괴하기 위한 소형 전술핵무기 개발을 제시한 것은 스스로 금지하고 있는 핵실험을 재개해야 할 필요성을 역설한 것으로 핵비확산추세에 역행하고 있다는 것이다.

이러한 속에서 부시행정부의 중국에 대한 군사외교적 압력은 상당기간 계속될 것으로 판단된다. 이에 따라 중국도 현재 미국의 대외정책에 대해 직접적으로 반발하고 있는 러시아와 북한 등과의 적극적인 협력을 통해 미국에 대응할 가능성이 높다. 실제로 중국은 NPR 보도 직후 9·11 테러 이후 유래 없이 강도 높게 미국을 비난하였으며, 손옥새(孫玉璽) 중국외교부 대변인은 3월 11일 NPR에 대해 성명을 내고 "다른 많은 국가들처럼 중국은 매우 충격을 받았으며, 미국은 이 같은 보도에 대해 설명해야할 책임이 있다"고 주장했다. 또한 중국은 9·11 테러 이후 미국의 해외주둔에 대한 비판을 삼가 온 입장에서 탈피, 미국의 이른바 안보이익 확장이 전 세계의 인권을 위반하고 있다고 비난함으로써 미국의 안보정책에 대한 불만을 숨기지 않고 있다.

그러나 이와 같은 중미 간의 대립이 전면적인 상호간에 대한 불신으로 확대될 가능성은 크지 않다고 할 것이다. 이는 여전히 미국의 대중정책에 대해 중국지도부는 개혁·개방 이래 중국의 외교노선으로 자리 잡고 있는 실용주의 외교노선에 따라 중국경제의 성장을 위한 유리한 국제환경의 조성이라는 대원칙의 견지 속에서 미국에 대한 접근과 견제라는 방식을 택할 가능성이 높기 때문이다. 현실적으로 미국과의 관계를 불편하게 만드는 것이 경제적 군사적으로 중국의 발전에 하등의 도움이 될 것이 없으며, 대미

견제의 원칙에 있어서도 이데올로기적 연합이나 군사적 대립 등으로 인해 미국과의 직접적인 대치국면을 피하고 전방위외교(全方位外交)를 통해 미국 견제와 자주독립외교노선을 견지하면서 중국의 경제발전을 위한 실리를 추구하고자 할 것이기 때문이다. 실제로 중국 대외정책의 가장 기본적인 목표는 지속적인 경제발전을 위한 유리한 국제환경의 유지와 조성이라고 할 수 있다. 지속적인 경제발전을 위해서는 안정된 주변 환경이 요구되는 바, 중국은 주변 국가들과의 선린관계를 지속적으로 발전시켜 나가고, 가능한 현실적 대안을 모색함으로써 국제사회에서의 자신의 지위를 부여하고자 하는 것이다.

1989년 천안문 사태 이후 중국에 대한 서방의 제재와 외교적 압박이 강화되고 국제적으로 소련과 동구 사회주의권이 붕괴됨으로써 심각한 외교적 수세에 직면한 상황에서 중국이 대외정책의 기본원칙으로 확립한 것이 '도광양회(韜光養晦)' 전략이었다. 도광양회에서 도광은 자신의 명성이나 자질·능력을 노출시키는 않는 것이고, 양회는 은거하면서 시간과 기회를 기다리는 것을 의미한다. '도광양회' 원칙에 입각한 중국의 외교정책은 ① 냉정한 관찰과 절제 및 서방과의 대립 회피, ② 내정 불간섭 원칙의 견지, ③ 타국과의 관계설정상의 탈이데올로기화, ④ 자국이익과 직접 연관되지 않는 지역문제에 대한 초연한 입장견지 등으로 나타났다. 그 결과 중국의 외교정책은 기본적으로 방어적·수세적인 성격을 띠게 되었고, 문제해결을 주도하는 자세를 최대한 절제하는 방향에서 이루어졌다.

한편 1990년대 중반 이후 양자관계의 강화를 통해 적극적인 대외정책의 수립을 모색하던 중국은 호금도(胡錦濤) 체제의 출범 이후 이러한 기존의 외교정책에 대한 조정의 필요성이 강조하고 있다. 즉 국제적·지역적 문제에 대한 기존의 수세적·소극적 자세를 기본적으로 계승하면서도 북핵문제와 같은 중국의 국가이익과 긴밀히 관련되는 주변지역문제에 대해서는 역할과 책임을 적극 모색해 가야 한다는 주장이 설득력을 갖고 강력히 대두되고 있는 것이다. 가능한 한 책임과 역할을 적극 모색하는 '유소작위(有所作爲)'의 상호관계를 어떻게 조정해 가느냐 하는 것이 호금도 체제에 주어진 중요한 과제로 제기되고 있다. 이에 따라 향후 중국의 대외정책은 북핵문제와 같이 중국의 국가이익과 긴밀히 연관되는 주변지역 문제에 대해서는 '유소작위' 원칙에 따라 적극적 개입과 역할을 모색해 가는 방향에서 이루어 질 가능성이 크다고 할 것이다.

이는 미국 또는 서방국들의 경우 인권과 같은 국내 정치문제에 간섭하지 않는 한 중국과는 우호적인 협력관계를 지속할 수 있다는 것이다. 또한 국제문제에 적극적으로 관여함으로써 발언권의 증대를 통한 영향력의 확보를 모색하고자 하는 의도도 있다. 이는 새로이 형성되고 있는 국제질서에 적극 참여함으로써 주요 세력으로서의 지위를 회복하고자 하는 것이라 할 수 있다. 실제로 중국은 1990년대 들어 양자관계를 확대하는 등 상당히 달라진 모습을 보여주고 있으며, 1988년-94년 중국은 소련뿐만 아니라 18개국과 외교관계를 정상화한 바 있다. 그리고 1990년대 들어 경제/안보적 협조관계를 강화하고 미국의 지역동맹에 맞서기 위해 다양한 단계의 파트너십을 쌓아가며 새로운 관계를 구축하기 시작했으며, 이런 관계 구축의 정섬은 2001년 러시아와 체결한 신린우호 협력조약이라고 할 수 있다.[18]

이러한 국제정세의 인식은 사회주의체제의 붕괴 이후 미국을 중심으로 일극화되고 있는 국제정세[19]를 바탕으로 한 것으로 중국의 주요 외교정책 대상국은 미국이며, 중국의 대미정책은 다음과 같은 기조 속에서 수립, 실행되고 있다. 첫째, 중국은 대미관계에 있어서 수세적 피동적인 정책을 지양하는 동시에 대외정책상 점차 대미관계의 비중을 의도적으로 축소함으로써 미국과의 정책상의 대립을 피하고 있다. 둘째, 대미관계 축소조정의 연장선에서 미국의 단일패권체제에 불만을 갖고 있는 국가들 간의 다양한 연대를 모색하고 대외관계를 다각화하고 있다. 셋째, 중국은 미국의 대중정책에 대해 사안별로 유연하게 대응하는 것을 기본적인 정책기조로 하고 있

---

18) Evans S. Medeiros and M. Taylor Fravel, "China's New Diplomacy," *Foreign Affairs*, Nov/Dec. 2003, pp.24-5.
19) 중국은 미국에 대해 패권적 힘(hegemonic power)은 수용할 수 있지만 패권적 태도(hegemonic behavior)는 받아들일 수 없다는 기본적 인식을 가지고 있다.

다. 즉 대만문제, 인권문제, 티벳·신강 문제 등 주권·영토 수호와 직결된다고 인식하는 문제와 기타 문제를 분리하여 전자의 문제에 대해서는 타협의 여지를 불허하는 강경전략을 취하고 있다.

미국의 중국에 대한 외교적 압박에 대해 중국은 사안에 따라 미국에 대해 강력하게 항의하고는 있으나 기본적으로는 기존의 대만정책과 대미정책을 재확인하는 것으로 일관하고 있다. 즉 중국은 2002년 2월 28일 중국과 미국의 역사적인 성명인 「상해 공동선언」 30주년을 맞이하여 양국관계의 중요성을 강조하고 양국관계의 개선을 희망한 바 있으며, 군사무기 기술의 수출에 통제를 강화하겠다는 입장을 밝힘으로써 미국과의 근본적인 대립을 원하지 않고 있음을 분명히 했다. 미국도 중국에 대해 적대적인 정책을 선택할 가능성은 희박하다. 비록 부시행정부 등장 이후 군사안보적인 측면에서 중국과 갈등을 보이고 있기는 하지만 군사안보와 관련한 대만문제를 제외한다면 양국 간에 심각한 갈등이 표출될 수 있는 문제는 별로 없다. 오히려 무역역조와 같은 경제문제를 해결하기 위해서 미국도 중국과의 관계개선이 절실한 형편이다.

2. 미국의 북한정책과 북미관계

냉전시기 동안 미국은 북한을 군사안보적으로 뿐만 아니라 경제적으로도 봉쇄하여 북한이 자본주의진영의 국가들과 경제관계를 맺을 수 없게 하려는 의도를 숨기지 않았다.[20] 클린턴 행정부의 한반도정책은 최소비용으로 미국에 우호적이며, 미국의 정치·경제·안보 체제에 완전히 동화될 수 있는 자유민주주의 국가가 이루어지도록 영향을 주는 데 있었다. 이러한 대외정책적 목표 속에서 미국은 크게 세 가지의 대북전략을 수립하고 실행해 왔는데,

---

20) 김규륜, 「미국의 대북한 경제제재 완화와 남북 경제공동체 건설 방안」, 연구총서 2000-23(통일연구원, 2000. 12), p.14.

우선 대북봉쇄(containment) 전략으로서, 이는 억지력(deterrence)에 의존하여 북한의 경제적·외교적 고립을 목표로 한다. 즉 북한이 고립으로 인해 한국과 미국에 대한 냉전을 수행하는 데 높은 비용의 지출을 하게 되고, 이러한 고비용지출을 감당하지 못한 북한의 붕괴를 상정하는 것이다. 다음으로 북한의 실제적인 불안정(active destabilization)을 유발하는 전략으로서 이는 군사적 압력·경제적인 압박·정치적 동요를 결합한 공격적인 정책을 수립하는 것이다. 이러한 정책의 수립을 통해 김정일체제를 뒤흔들고 북한의 붕괴를 유발하는 데 그 목표를 두고 있다. 마지막으로 개입(engagement) 전략으로서 이는 한반도의 긴장을 완화시킴으로써 북한이 책임 있는 국제사회의 일원으로 참여할 수 있도록 유도하는 전략을 말한다.[21]

이러한 전략적 목표 속에서 미국은 구사회주의권에 대한 봉쇄정책을 대체하는 개입과 확대(engagement and enlargement)라는 새로운 안보전략을 수립하였다. 이는 미국이 대북정책의 일차적인 목표를 북한에 대한 영향력의 증대를 통해 한반도를 미국의 영향권 안에 두자는 전략이라고 할 수 있다.[22] 이러한 속에서 클린턴 행정부는 잠재적으로 위험을 초래할 수 있는 북한의 붕괴를 피하고, 대북 유화정책을 통해 북한을 국제사회의 일원으로 끌어내기 위해 개입정책을 선택하였다. 클린턴 행정부의 대북 정책의 핵심은 한반도에서의 전쟁재발을 위한 억지, 북한 핵개발의 방지와 국제사회의 일원으로 끌어내기 위한 개입, 경제적 지원을 통해 체제위기로 인한 급속한 북한의 붕괴를 방지하고 연착륙(soft landing)을 유도하는 것 등으로 요약할 수 있을 것이다.

북한은 사회주의체제의 붕괴 이후 변화된 국제환경과 경제3난으로 대표될 수 있는 체제위기 속에서 지난 반세기동안 미국과의 적대적인 관계의 유지가 더 이상 바람직하지 않다는 것을 인식하였다. 당면한 체제위기를

---

21) 프랭크 자누지, "미국은 북한의 붕괴를 일으킬 수 있는가? 그리고 그것을 시도해야 하는가?," 「계간사상」(사회과학원), 1999, 봄호, pp.112-3.
22) 이러한 대북정책은 미국의 동북아전략 속에서도 이해할 수 있다. 미국의 대북정책은 결국 중국의 동북아에서의 세력 확대를 저지하고, 동북아에서 중국과 일본 간의 세력균형을 도모함으로써 역내 패권을 계속 유지하고자 하는 것이었다.

극복하기 위해서는 일차적으로 경제적 위기의 극복이 우선되어야 하며, 이를 위해서는 미국과의 관계개선이 필수적이라는 것이다. 이에 따라 북한은 사회주의권의 붕괴에 따른 경제, 안보의 위협과 미국의 정치경제적 압박에 대해 적극적으로 대응하고 미국의 경제적 지원을 이끌어내기 위해 핵·미사일 등 대량살상 무기개발을 대외협상카드로 사용하면서 소위 벼랑 끝 외교전술(brinkmanship Tactics)을 수립, 실행하였다. 북한은 핵무기를 개발함으로써 군사적 안보 확보의 필요성에 따라 남한에 대해 군사적 우위를 확보하고, 대내적으로는 군부의 지지를 확보함과 동시에 주민들의 내부 동요를 방지하며, 미국과의 관계개선을 위한 외교적 협상카드로 활용, 안보위기 및 외교적 고립을 탈피함과 동시에 경제적 위기를 극복함으로써 체제생존을 도모하고자 했던 것으로 파악할 수 있다.[23]

북한의 NPT 탈퇴에 따른 북한의 핵문제 부각은 기존의 북미관계에 커다란 변수로 등장하였다.[24] 북한이 1992년 1월 30일 핵안전조치협정에 서명함에 따라 IAEA는 북한 핵시설에 대한 임시사찰을 실시하고 1993년 2월 25일 북한 측이 미신고한 영변지역 2개 시설에 대한 특별사찰을 촉구하는 결의안을 채택하였다. 이 결의안에 대해 북한은 미국의 사주에 의한 내정간섭으로 간주하고 3월 12일 NPT 탈퇴를 선언하였다.

이러한 돌발적인 선언은 한반도를 비롯한 동북아전역에 긴장을 조성하였고, 국제사회는 북한에 대해 핵투명성을 확보하기 위해 핵안전조치협정 체결과 IAEA 핵사찰 수용을 촉구하였다. 이에 대해 북한은 NPT체제의 문제점을 지적하면서 미국이 남한에 배치한 핵무기를 철수할 것과 북한에 대해 핵무기 불사용의 원칙을 보장할 것을 요구했다. 이러한 북한의 미국에 대한 핵전략은 결국 클린턴 행정부의 대북정책과 궤를 같이하여 미국으로

---

23) 홍용표, 「김정일정권의 안보딜레마와 대미·대남정책」, 연구보고서 97-10(민족통일연구원, 1997), p.11.
24) 북미 간의 핵협상과 관련한 양국 협상의 구체적인 진행과정은 오일환, "핵·미사일 개발을 통한 북한체제의 생존전략: 클린턴 행정부 시기 대미관계를 중심으로," 「中蘇研究」(한양대학교 아태지역연구센터), 25권 1호, 2001, pp.136-55를 참조할 것.

하여금 북한과의 대화에 나서게 하는 결정적인 계기로 작용하였다.

양국은 1993년 6월 2일 뉴욕에서 핵협상을 위한 제1단계 북미고위급회담을 총 4차에 걸쳐 개최하였다. 별다른 구체적인 성과없이 끝난 1단계 회담에서 북한은 미국으로부터 무력불사용 및 위협의 중단, 상대방의 자주권 상호존중, 내정불간섭 등에 합의하고, 향후 상호평등하고 공정한 토대 위에서 회담을 진행한다는 원칙적 합의를 이끌어 내었다. 7월 14일부터 19일까지 제네바에서 열린 제2단계 회담도 체제안전보장이라는 원칙적 합의의 수준에서 종결되었다. 이 회담에서 미국측 회담대표인 로버트 갈루치(Robert Gallucci) 차관보는 북한에 대해 NPT 완전복귀, 영변핵시설에 대한 특별사찰 수용, 한반도 비핵화협정 이행 등 세 가지 사항을 수용할 것을 요구하였다. 한편 북한은 체제보장의 추가적 조치로서 IAEA 안전협정 이행의 전제조건으로서 휴전협정의 평화협정으로의 대체, 테러국 지정의 철회, 고려연방제 지지 등을 요구했다. 이에 따라 북한은 핵무기 불사용의 문서 보장, 대규모 한미군사훈련의 중지 등을 미국으로부터 약속받을 수 있었다.[25] 제1, 2단계의 회담을 통해서 북한은 체제보존을 위한 내정불간섭을 이끌어 내는 성과를 거두었으며, 특히 제2단계 회담에서는 대북 경수로 제공이라는 제안을 통해 핵문제와 관련된 군사회담에 정치경제적 성격을 가미하는 데에 성공하였다.[26]

한편 1994년 2월 25일 뉴욕에서 개최된 북미양국 실무회담에서 제3단계 고위급회담의 개최와 IAEA 사찰단의 평양방문과 핵시설 사찰, 팀스프리트 훈련 중단 등의 합의에도 불구하고 북한의 핵사찰 거부가 계속되자 미국은 북한에 대해 강경한 입장을 취하기 시작한다. 클린턴은 5월 31일 안보회의를 열고 대북 제재계획을 수립하고, 6월 15일 미국무부는 구체화된 2단계의 제재안을 발표하기에 이르렀다. 1단계 제재는 유엔이 제공하는 북한개발계획에 사용될 자금을 동결하고 기술·경제지원을 중단하는 것이었으며,

---

25) 한용원, 『북한학』(서울: 오름, 1998), p.433.
26) 김용호, "북한의 대외협상 행태 분석," 『국제정치논총』(한국국제정치학회) 제40집 4호, 2000, p.295.

제2단계 제재는 대북한 무기수출 금지, 북한의 해외자산 동결이었다. 그러나 이렇듯 급격하게 냉각되어 가던 북미관계는 6월 15일 카터 전미국대통령의 방북과 이를 통한 핵회담 재개의사 표명으로 인해 제3단계 고위급회담이 열리게 되었다.

이에 따라 양측은 동년 7월 8일 북미 3단계 고위급회담을 개최하였으나 김일성 주석의 갑작스런 서거로 우여곡절 끝에 개최된 북미회담은 다시 중단되었다. 그러나 1994년은 북한의 경제난이 본격화되기 시작한 시기로서 북한은 김일성 주석의 사망에도 불구하고 북미회담의 조기 속개의사를 밝히는 등 대미관계 개선에 대해 적극적인 태도를 보였다. 한국산 경수로 문제로[27] 인해 뚜렷한 진전을 보이지 못한 가운데 3단계 회담에서는 북한은 NPT 완전복귀, 특별사찰을 비롯한 모든 핵시설에 대한 IAEA의 사찰 수용, 핵활동 전면동결 및 기존 핵시설에 대한 해체를 약속하고, 미국은 핵 불위협 및 불사용 등과 같은 군사적 핵안전보장, 2,000MWe 경수로 지원 및 중유공급, 그리고 경제제재 완화, 북미 간 연락사무소 개설에 합의하는 「북미기본합의문」이 채택되었다. 이러한 회담의 결과로 북한은 1995년 1월 9일 정무원 결정을 통해 미국상품의 반입 제약조치 및 미국 무역선박의 대북 입항금지 조치를 해금한다고 발표했고, 미국무부도 1월 20일 통신 및 정보, 재정거래, 무역거래, 기본합의문을 이행하기 위한 조치 등의 제1단계 대북 경제제재 완화조치를 발표했다.

구체적으로는 우선 통신 정보와 관련하여 양국 간 전화통신 연결에 관련된 거래, 개인적 여행의 신용카드 사용 및 여타 여행관련 거래를 허용하고 언론인들의 지국개설도 허용한다는 것이었다. 다음으로 재정거래와 관련해서는 미국에서 시발되거나 종결되지 않은 거래를 결제하기 위하여 미국 은행체계를 이용할 수 있도록 한다는 것이었다. 마지막으로 무역거래와 관련해서는 미국 제철업소에서 내화물질로 사용되는 마그네사이트를 북한

---

27) 한국형 경수로의 수용문제는 1995년 5월 19일 쿠알라룸푸르에서 열린 북미 준고위급회담에서 20여 일간의 마라톤회의 끝에 북한이 최종적으로 한국형 경수로를 수용하는 것을 받아들임으로써 일단락되었다.

으로부터 수입하는 것을 허용한다는 것이었으며, 기본합의문을 이행하기 위한 조치로서 워싱턴과 평양에 연락사무소를 설치·운영하는 것과 관련된 거래를 허용한다는 것이었다.[28]

이러한 클린턴의 대북 유화정책은 현실주의적 대외정책 기조를 가지고 있는 미의회 내 공화당의 반발을 초래한 것은 당연한 결과라고 할 것이다. 이러한 클린턴 행정부의 대북정책에 대한 공화당의 반발은 북한에 약속한 경제제재 완화조치 이행과 경유지원을 지연시켰으며, 이에 대응하여 북한은 장거리 미사일이라는 새로운 협상카드를 제시하며 맞서게 되었다.[29] 이러한 가운데 양국 간의 미사일협상 제1차 회담이 1996년 4월 20-21일 양일간에 걸쳐 베를린에서 개최되었다. 이 회담에서 미국은 북한의 중거리미사일 개발 및 수출 포기를 요구했고, 북한은 미사일개발에 대해 자주권의 수호를 주장하면서 별다른 성과없이 막을 내렸다. 이어 1997년 6월 11-13일까지 뉴욕에서 열린 제2차 회담에서도 협상을 계속한다는 원칙적인 합의만 남긴 채 종결되었다. 그러나 동년 8월 24일 개최하기로 했던 3차 미사일회담은 이집트 주재 북한대사 장승길의 미국망명을 이유로 북한이 회담개최를 거부함으로써 회담은 무기한 연기되었다. 더욱이 1998년 8월에 터져 나온 금창리 지하핵시설 문제는 북미관계를 더욱 악화시켰으며, 8월 31일에는 북한이 북한 영공을 통과하는 대포동 미사일·인공위성을 발사함으로써 북미 간의 관계는 더욱 더 긴장국면으로 접어들게 되었다.

북한의 대포동 미사일·인공위성의 발사는 우선 미국의 북한에 대한 군사적 압박과 군사행동을 억제에 대해 정면으로 돌파하고, 다음으로 동년 9월 9일 예정되었던 김정일 국방위원장의 재선출 및 북한정권 창립 50주년을 앞두고 내부단결을 도모하며, 마지막으로 미사일과 관련한 북미협상에서 더 많은 경제적 지원을 요구할 수 있는 근거를 마련하기 위한 것으로 볼 수 있다.[30] 동년 10월 1-2일까지 뉴욕에서 열린 3차 미사일 회담은 양국의 미사

---

28) 김규륜, 「미국의 대북한 경제제재 완화와 남북 경제공동체 건설 방안」, 연구총서 2000-23(통일연구원, 2000. 12), p.14.
29) 고상두, "남북정상회담과 미국의 입장," 「외교」 제55호, 2000. 10, pp.14-5.

일에 대한 입장의 차이를 더욱 명확히 해주었다. 미국은 미사일 개발·수출 문제가 북미 간의 관계개선에 부정적인 영향을 줄 것임을 경고하고 북한이 MTCR에 가입할 것을 요구하였다. 그러나 북한은 미사일회담의 의제가 수출에만 한정될 것과 주요 외화수입원인 미사일 수출을 포기하는 대가로 미국이 매년 10억 달러씩 3년간 보상할 것을 요구했다.

이후 윌리엄 페리 전국방장관이 대북조정관에 임명되면서 북미관계는 새로운 국면을 맞게 된다. 미국은 북한이 핵과 미사일 등 대량파괴무기 개발을 포기할 경우 외교적·경제적 이익을 제공한다는 것을 골자로 하는 포괄적 협상틀을 마련함으로써 1998년 11월부터 다음해까지 4차례의 협상이 진행되게 된다. 이에 따라 금창리 핵의혹 시설에 대한 미국의 조사 접근이 실현되었고, 북미 양국은 미사일 추가발사의 유예와 경제제재 조치의 일부 해제 등에 합의함으로써 북미관계는 다시 협상국면으로 접어들게 되었다.[31] 동년 3월 29일부터 30일까지 평양에서 개최된 제4차 미사일회담에서는 양측이 3차 회담에서와 거의 유사한 요구를 함으로써 별다른 성과없이 종결되었다. 이후 계속된 양국의 미사일회담은 계속 별다른 성과없이 진행되다가 1999년 9월 7일부터 12일까지 베를린에서 열린 미사일회담에서 양측은 북한의 장거리미사일 추가발사의 모라토리움, 즉 일시유예와 미국의 대북경제제재 완화 등 미사일발사 자제와 적성국 해제라는 합의에 도달하게 된다.

이 회담의 결과에 따라 클린턴은 9월 17일 북한에 대해 적성국 교역법, 방산물자법 및 수출관리법 등에 근거한 대북경제제재 조치의 일부 완화결정을 발표했다. 그러나 테러지원국, 인권침해국, 공산국가에 대한 제재, 「대량살상무기 비확산관계법」 등에 따른 제재, 「적성교역법」에 따른 제재로서 미국 내 북한자산 동결 등은 계속 유지하기로 했다. 이에 따라 북한도 9월

---

30) 김태우, 「미사일안보와 미사일 주권」(세종연구소) 99-26, 1999, pp.10-2.
31) 금창리 핵시설 문제는 1999년 2월 27일-3월 16일까지 열린 북미협상에서 마무리되었는데, 양국은 금창리시설에 대한 복수현장방문과 양국의 정치 및 경제관계 개선을 골자로 하는 합의문을 발표하였다.

24일 담화를 통해 미국이 적대정책을 포기하고 관계개선을 추진하면 북한 역시 신의를 가지고 호응할 것이며, 회담기간 중 중·장거리 미사일을 발사하지 않을 것임을 확인했다.[32] 이후 지속된 양국 간의 미사일회담은 별다른 진척을 보이지 못하다가 2000년 6월 남북정상회담을 계기로 새로운 돌파구를 마련하였다.

1999년 10월 9-12일 북한 국방위원회 제1부위원장인 조명록 차수가 미국을 전격적으로 방문함으로써 이루어진 고위급회담은 양국관계를 급진전시킬 수 있는 계기를 마련하였다. 이 회담의 결과로서 발표된 북미공동성명서에서 양국은 상호적대관계를 종식하고 정전협정체제를 새로운 평화보장체제로의 전환을 위한 4자회담, 경제협조와 교류, 미사일 시험발사의 유예와 기본합의서에 근거한 핵문제 해결, 식량지원 및 미군 유해발굴을 포함하는 인도주의적 노력, 테러반대 등을 포괄적으로 명시했다. 또한 올브라이트 미국무장관과 미국대통령의 방북을 합의함으로써 양국 간 현안에 대한 해결과 관계개선에 대해 강한 의지를 보였다. 이후 올브라이트 국무장관의 방북으로 급물살을 탈 것 같았던 북미관계는 공화당을 위시한 미의회 내 대북 강경론자들의 반발과 11월 미국 대통령선거에서 당선자 미확정 사태가 발생함으로 인해 북미관계는 다시금 냉각되기 시작했다.

한편 부시행정부의 대외정책 기조는 클린턴행정부의 대외정책에 대한 비판에서 기초하고 있다. 앞서 밝힌 바와 같이 클린턴행정부의 대외정책은 냉전시대의 공산권 봉쇄정책을 대체하면서 개입과 확대(engagement and enlargement)라는 안보전략 기조를 취했다. 이는 군사안보적 측면에서는 현상유지의 정책을 쓰면서, 미국의 정치경제적 영향력을 확대한다는 대외정책이라고 할 수 있다. 이러한 클린턴 행정부의 대외정책과 관련하여 부시행정부는 먼저 가장 중대한 실책으로 일관성의 부족을 지적하고 있다.

구체적으로는 일본과의 안보공동선언에 대해 중국이 반발하자 9일간 중국을 방문하면서 일본에 들르지 않음으로써 일본의 신뢰를 훼손시킨 것이

---

32) 윤태영, "북미미사일 협상과정, 쟁점, 및 해결전망," 「동서연구」(연세대학교 동서문제연구원) 12권 2호, 2000, p.148.

라든가, 중국방문 중 안보와 무역 상의 핵심적 이슈를 제기하지 않음으로써 중국의 입장을 더욱 견고하게 만들었던 것, 러시아정책에서 민주주의와 시장경제의 원칙을 제대로 적용하지 않아 이행의 진전을 더디게 하고 양국관계를 악화시킨 점, 코소보 전쟁 이후 원래의 목표를 달성하지 않은 채 철수함으로써 미국의 리더십에 대한 NATO국가들의 회의를 초래했다는 점 등을 들고 있다.

다음으로 부시행정부의 클린턴행정부의 대외정책에 대한 주된 비판은 군사력의 사용방식에 대한 비판에 집중되어 있다. 국제분쟁을 해결하거나 개입하는 데 있어 클린턴행정부는 군사력의 사용을 주저하다가 사태가 악화된 후 과잉 개입하여 목적에 어울리지 않는 수단을 사용하는 과오를 되풀이해 왔다는 것이다. 소말리아와 아이티 및 발칸반도가 대표적인 예로서, 특히 UN과 같은 국제기구의 도구로 미국의 군사력이 사용되게 함으로써 명확한 목적과 정책을 결여한 채 단지 인도적인 목적이나 종족분쟁을 해결하기 위해 미군을 파견함으로써 미국의 국제분쟁 개입에서 국익을 위하지 않는 것에 대해 비판하고 있다. 마지막으로 클린턴행정부의 대외정책이 국내정치적 고려에 의해 좌우되었다는 것이다. 즉 군사적 행동과 같은 강경한 대외정책의 전개에 있어 클린턴행정부는 여론의 반대를 의식해서 합리적 정책을 추구하지 못하거나 변화하는 여론에 따라 정책의 일관성을 상실해왔다고 부시행정부는 비판하고 있다.[33]

이러한 비판을 근거로 공화당은 미국의 국가이익에 기반을 둔 명확한 우선순위의 설정과 미국의 힘을 바탕으로 한 대외정책을 천명하고 있다. 라이스(Condoleeza Rice)는 클린턴행정부의 대외정책이 명확한 우선순위의 구분과 선정에 의한 일관된 추구에 실패했다고 비판하면서 부시행정부 대외정책의 중심이 다음과 같은 사안에 두어져야 한다고 역설하고 있다.[34]

---

33) "부시의 대중국정책의 변화: 대대만 군사안보정책의 강화," 「월간 아태지역동향」(한양대학교 아태지역연구센터), 2002년 3월호.
34) Condoleeza Rice, "Promoting the National Interest," *Foreign Affairs*, Vol.74, No.4, p.46-7.

첫째, 군사적 능력에 관련한 문제로서 전쟁억지와 상대방 전력에 대해 투사할 수 있는 능력을 가지며, 국가이익 수호를 위한 군사력을 확보해야 한다는 것이다. 둘째, 미국식 민주주의와 시장경제의 전세계적 안착을 위해서 모든 지역에서 시장과 정치적 개방을 지향하는 국가들에게 자유무역의 확대와 안정된 국제통화질서를 확대함으로써 경제성장과 정치적 개방을 촉진할 수 있도록 한다는 것이다. 셋째, 동맹국들과의 강력하고 밀접한 관계를 수립한다는 것이다. 넷째, 국제체제의 성격을 결정할 수 있는(결정하게 될) 강대국들, 특히 러시아 및 중국과의 포괄적 관계 수립에 노력을 집중해야 한다는 것이다. 다섯째, 미국에 대해 적대적 인식이나 성향을 갖고 있는 국가들과 관련한 것으로서 테러리즘과 대량살상무기 개발의 잠재력을 더해가는 적대세력과 일탈국가들(rogue regimes)의 위험에 강력히 대처함으로써 테러와 대량살상무기로부터 미국을 보호해야 한다는 것이다.

이러한 속에서 설립된 부시행정부의 대외정책의 기조는 클린턴행정부와 비교해 볼 때, 군사력을 중심으로 한 힘의 중시, 독자주의(unilateralism)적 성향, 강대국 정치의 중시와 신택적 개입의 성격을 지니고 있으며, 힘을 바탕으로 하는 현실주의적 국제주의에 기초한 미국적 국제주의(American Internationalism)를 표방하고 있는, 소위 '신레이건주의'라고 불리어지고 있다. 집권 초기 부시행정부의 대외정책에 대한 뚜렷한 청사진이 제시되지 않았다는 일반적인 분석에도 불구하고 부시의 취임 후 관심은 MD, ABM, 그리고 개발이 완료된 것으로 알려진 JSF(Joint Strike Fighter, 21세기 전투기 개발사업) 등과 관련된 군사안보 문제에 집중되어 있었다. 이러한 정책기조는 중국, 러시아, 북한 등과의 외교적 균열을 불러일으킴으로써 동북아시아에 신냉전체제의 등장을 우려하게끔 하였다.

부시행정부의 대외정책은 힘의 우위를 통한 세계질서의 재편이라고 할 수 있는데, 군사력 사용의 최우선 순위는 미국의 핵심적 동맹세력들이 존재하고 있으며, 이에 따라 어떠한 적대세력의 출현에도 강력히 대응할 필요성이 제기되는 지역, 즉 아시아-태평양지역과 중동 및 유럽을 들고 있다. 중국에 대해서는 경제교류를 통해 국제경제에 통합시킴으로써 중국과의 관계를 기본적으로 우호협력의 관계로 인식하고는 있다. 다만 중국을 동아시아의 현상유지를 원하는 전략적 파트너가 아니라 경쟁자로 인식하고 있으며, 따라서 안보적 차원에서도 중국의 위협을 억지해야 한다는 전제를 두고 있다.

한편 북한에 대한 부시행정부의 기본적인 인식은 남북정상회담과 평화적 해결의 시도를 인정하고 북한정책을 남한 및 일본과 긴밀히 협의하지만 양보를 위한 타협은 인정하지 않는다는 것이다. 반면 북한과 중국을 제외한 다른 지역에 대한 부시행정부의 대외정책 기조를 살펴보면 코소보와 같이 핵심동맹들의 전략적 이해가 크고 따라서 미국의 전략적 이해가 걸려 있는 국지적 분쟁에 대해서도 적극적으로 개입하고 일단 군사적 개입이 결정되면 확고히 사용할 것임을 밝히고 있다. 따라서 지정학적 전략에서 라이스가 제시하고 있는 바는 클린턴행정부의 정책과 큰 차이를 발견하기 힘들다고 할 수 있다. 유럽에 대해서는 미국 주도 하에 NATO의 테두리 안에서 각국의 군사력을 증대시키고 NATO의 확대를 계속한다는 입장을 보이고 있으며, 러시아에 대해서는 ABM협정 폐기, MD체계의 추진 등을 놓고 갈등하고 있음에도 불구하고 자립적 경제이행과 민주주의원칙을 강조하고 핵감축과 확산문제를 중시하지만 포용정책의 틀을 벗어나지는 않는다는 입장을 보이고 있다.[35] 이러한 측면에서 부시행정부의 북한에 대한 기본적인 인식은 김정일체제가 조만간 미사일실험을 통해 미국을 위협하면서 미국으로부터 더 많은 양보를 기대할 것이라는 부정적 비관적 전망을 가지고 있었으며, 따라서 부시행정부는 남한의 햇볕정책에 대해 지지를 표명했으나 기본적으로 대북 강경정책을 유지하고 있다.

이러한 속에서 부시행정부는 공식적으로는 북한과 대화할 수 있다는 입장을 표명하고 있으나 실제적으로는 북한을 불량국가로 인식하고 근본적으로 불신하고 있다.[36] 부시대통령은 2002년 국정연설에서 북한을 이란, 이라

---

35) Condoleeza Rice, "Promoting the National Interest," *Foreign Affairs*, Vol.74, No.4, pp.52-3.

36) 2001년 1월 파월 당시 미국무장관내정자는 상원 외교위원회 인사청문회에서

크와 함께 '악의 축'으로 규정하면서 주민을 굶어죽게 하면서도 대량살상무기로 무장한 정권이라고 발언했다. 뿐만 아니라 한·미·일 순방에 앞서 동년 2월 15일 가진 기자회견에서도 부시대통령은 북한에 대한 이러한 인식을 다시 보여주었으며,[37] 2월 20일 한미정상회담 이후 가진 기자회견에서도 "북한정권은 투명하지 않고, 굶주림을 방치하고 있다"면서 "김정일 정권이 북한 주민들을 자유롭게 하고 미국의 대화제안을 수용하기 전에는 김정일에 대한 나의 견해를 바꾸지 않을 것"이라고 하여 북한 김정일체제에 대한 적대적 입장을 명확히 했다.[38]

부시행정부의 이러한 북한에 대한 인식은 클린턴행정부의 대북정책이 북미관계 개선에 지나치게 역점을 둠으로써 실제적이고 검증 가능한 대북정책을 수립 실행하지 못하였으며, 이에 따라 엄격한 상호주의에 입각한 대북정책을 수립하게 했다. 실제로 미국무부가 2001년 3월 발표한 대북정책 6원칙은 이러한 부시행정부의 대북인식을 명확하게 보여준다. 강고한 한미일 정책 공조, 김대중 대통령의 한반도 긴장완화 정책 지지, 북한정권에 대한 정확한 현실 인식, 대북정책의 전면적 검토, 대북검증(verification)과 점검(monitoring), 북한의 무기확산 활동 주목 등으로 구성된 대북정책 6원칙은 한반도 긴장완화 정책지지를 빼고는 미국의 북한에 대한 강경한 입장을 표현하고 있다.[39] 부시행정부는 핵·미사일 등 대량살상무기(WMD: Weapons of Mass Destruction) 문제해결에 있어 검증가능한 분명한 조치를 요구하고 있으며, 이러한 요구가 받아들여지지 않을 경우 경제제재조치를 비롯한 미국의 북한에 대한 강도 높은 압박정책은 지속된다는

김정일 위원장을 독재자로 칭한 바 있으며, 부시대통령도 2001년 3월 7일 한미 정상회담 직후 공동회견에서 김정일 위원장에 대해 의구심을 가지고 있다는 점을 피력한 바 있다. 뿐만 아니라 동년 10월 19일 APEC 정상회담 기간 중에도 부시대통령은 김정일 위원장을 기회에 부응하지 않고, 의심이 많으며, 비밀스럽다고 발언했다. 「연합뉴스」, 각 일자.

37) 「연합뉴스」, 2002. 2. 15.
38) 「연합뉴스」, 2002. 2. 20.
39) 오일환, "미국 부시행정부의 대북정책: 현황과 전망," 「中蘇研究」(한양대학교 아태지역연구센터), 26권 1호, 2002, p.22.

278

것이다.

부시행정부의 대북 강경노선은 동년 6월 6일 발표한 소위 3대 의제에서 더욱 명확하게 드러났다.[40] 제네바 기본합의 이행의 개선, 미사일의 검증가능한 억제 및 수출금지, 재래식 군사력 위협의 제거 및 완화로 표현되는 3대 의제는 핵무기에서부터 재래식 무기까지 북한의 철저한 무장해제를 요구한 것으로서 이는 미국에 대한 북한의 무조건적인 항복이 없이는 북미대화가 이루어질 수 없다는 미국의 강경한 입장을 극명하게 드러낸 것이라고 할 수 있다. 이 발표문은 지난 1999년 아미티지 보고서와 유사한 내용을 많이 담고 있음으로 해서 부시행정부의 대북정책이 강경노선으로 갈 것임을 보여주고 있다.

구체적으로 아미티지보고서와 부시대통령의 발표문에서의 연관성을 살펴보면 우선 보고서는 1994년의 제네바 핵합의가 북한의 위협을 막는 데 필요하지만 충분하지 않다는 데서 출발하는데, 이는 부시 발표문에서 제네바 합의 이행의 개선으로 표현됐다고 볼 수 있을 것이다.[41] 아미티지보고서는 전체적으로 북미 제네바합의는 북한의 안보위협과 관련한 충분한 대응이 아니며 대북접근은 포괄적이고 통합돼야 하며 안보위협 전체를 다뤄야 한다는 것을 주요한 내용으로 하고 있다. 제네바합의에 대해서는 모든 핵시설에 대한 투명성을 높이는 틀이 필요하고, IAEA의 사찰을 준비함과 동시에 영변의 핵연료를 북한에서 조속히 제거해야 한다고 주장하고 있으며, 이를 위해서는 경수로 2기의 건설에 대한 약속과 북미원자력협정 교섭이 필요함을 강조하고 있다.

---

40) 「연합뉴스」, 2002. 6. 6.
41) "부시의 대중국정책의 변화: 대대만 군사안보정책의 강화." 「월간 아태지역동향」, 한양대학교 아태지역연구센터, 2002년 3월호.

(표 11-1) 아미티지보고서의 주요 내용

주요 의제	정책 내용
미사일협상	단기적으로는 미사일 시험발사와 수출중지 장기적으로는 MTCR로의 편입. 수출 계속하면 북한선적 요격해야 함.
재래식 무기	북한에 재래식 무기감축을 위한 신뢰조성 조치를 제안. 모든 평화체제는 재래식 무기감축과 연계해야 함
식량, 경제 지원과 제재	북한이 필요한 조치를 취하면 세계은행 혹은 아시아개발은행 내의 북한 재건기금 설립 고려 북한의 대체에너지 개발을 위해 북한과 논의할 수 있음.
안전보장	북한의 위험을 다루기 위한 남북한, 미·일·중·러의 6자회담 개최 제안해야함 대북 안전 보장은 불가침약속에서 북한의 주권 및 영토보존 존중에 이르기까지 광범위함
관계정상화	북한이 안보우려를 만족시키면 미국은 전면적 관계정상화를 준비함
외교적 노력 실패 시	공해 상에서의 미사일 수출저지가 포함된 억제. 봉쇄정책을 강화해야 하며 선제공격도 고려함

또한 보고서는 북한 위협의 통합을 강조하고 핵·미사일·재래식무기 문제를 함께 다뤄야 북한에 대한 주도권을 확보할 수 있다고 주장하고 있는데, 이는 발표문에 "포괄적 접근의 틀에서 추진하겠다"로 요약된 것으로 보인다. 보고서가 제시한 대북협상 의제도 발표문과 거의 유사하다. 제네바 합의(핵), 미사일, 재래식무기 위협, 식량·경제 지원과 제재, 안보보장, 관계정상화가 그것이다. 차이라면 보고서가 구체적 대안을 담았다면 발표문은 의제에 대한 구체적인 설명이 없다는 것이다.[42] 뿐만 아니라 2002년 1

---

42) 이는 보고서와 발표문의 성격상의 차이에서 이해할 수 있는 것으로 보고서의 대북봉쇄와 선제공격 부분은 발표문의 성격상 담을 수 없다. 물론 아미티지 보고서가 곧 부시의 새 대북정책이라는 명확한 근거는 없다. 아미티지 보고서가 나온 지 2년이 지나 그동안 적잖은 상황변화가 있었기 때문이다. 그러나 위에서도 밝힌 바가 있듯이 보고서가 부시 발표문과 흡사한 데다 아미티지와 울포위츠가 대

월 8일에 미국방부가 의회에 제출한 핵태세 검토보고서에서는 북한을 즉각적이고, 잠재적이며, 예상치 못한 돌발사건으로 인한 위협과 관련될 수 있는 국가들로 분류하고 핵무기가 비핵공격에 견딜 수 있는 목표물이나 핵, 생화학 무기 사용에 대한 보복, 불시의 군사사태에 핵무기를 사용할 수 있음을 밝힘으로써 북한에 대한 미국의 강경노선을 더욱 명확히 하고 있다.

2002년 10월 제임스 켈리 미국 특사의 방북을 계기로 드러난 북한의 농축우라늄 핵개발 문제는 2002년 11월 미국의 중유제공 중단, 12월 북한의 핵동결 해제 선언 등으로 이어지면서 북핵문제가 다시 불거지게 되었다. 이와 관련하여 미국은 북한이 새로운 핵개발 계획을 먼저 포기한 후에야 북미 간의 대화가 재개될 수 있다는 입장을 표명하였으며, 다자회담을 통해 북핵문제를 관리하는 방식을 취하게 되었다. 이러한 미국의 정책변화에는 이라크문제에 대한 고려가 중요하게 작용하였다. 미국은 이라크 전에 모든 관심을 집중하였기 때문에 북한에 대해 시간을 할당하기가 어려웠다. 대신 미국은 6자회담이라는 다자회담을 통해 북핵문제를 국제문제화시키고 이를 통해 간접적으로 관리하고자 하였던 것이다.

이라크 종전 후 2003년 8월부터 6자회담이 개최되었으나 회담은 사실상 공전하였으며, 미국도 적극적인 해결의지를 보이지 않고 있다. 미국은 기본적으로 북한이 고농축 우라늄(HEU) 핵개발 프로그램을 보유함으로써 1994년의 제네바합의를 깨고 남북의 한반도비핵화에 관한 공동선언을 위반했다고 주장하고 있다. 따라서 북한은 핵무기를 포함한 모든 핵프로그램 및 이미 보유하고 있는 플루토늄을 무조건 폐기해야 한다는 입장을 고수하고 있다. 부시행정부의 북핵문제에 대한 대안은 기본적으로 협상을 통한 해결을 전제한 Plan A와 압박정책인 Plan B로 정리할 수 있다.[43]

Plan A는 북한의 핵폐기 대신 북한체제보장과 경제보상을 제공하는 것이다. 그러나 제네바합의의 실패를 반복하지 않기 위해 Plan A의 조건은 완전

북정책 입안에 깊숙이 개입한 인물이라는 점에서 여러 시사점을 준다.
43) Plan A/B에 대한 기본적인 논의는 박종철, "6자회담의 협상연합: 형성, 작동, 과제," 통일연구원, Online Series, 2005. 11, pp.3-5를 참조.

하고 검증가능하며 돌이킬 수 없는 폐기(Complete, Verifiable, Irreversible, Dismantlement: CVID) 원칙을 고수하고 있으며, 이 원칙 속에는 제네바 기본합의의 대상이었던 플루토늄 프로그램뿐만 아니라 2002년 10월 새로이 제기된 HEU 프로그램에 대한 처리도 포함하고 있다. Plan A의 핵심은 미국이 북한과의 접촉 및 양자회담을 허용한다는 것으로 이것은 6자회담을 통해 북핵문제를 소극적으로 관리하던 입장에서 벗어나 미국이 직접 북핵협상에 적극적인 역할을 하겠다는 것을 의미했다. 북미 간 뉴욕채널은 1차 북핵위기 시 북미 접촉통로 역할을 했으며, 부시행정부에서도 간헐적으로 가동되었으나 2004년 중반 이후 가동이 중단되었다.

Plan B는 협상전략이 실패할 경우 적용될 압박전략으로 체니(Dick Cheney)부통령과 럼즈펠드(Donald Rumsfeld)국방장관이 주장한 것으로 3단계로 구성되어 있다. 1단계는 북핵문제의 유엔안보리 회부이고, 2단계는 대량살상무기 확산방지구상(PSI: Proliferation Security Initiative)을 강화하는 것이며, 3단계는 한반도에 대한 군사적 대응태세를 강화함으로써 북한을 압박하는 것이나. 현새 부시행정부의 내북정책은 Plan A와 Plan B를 병행하고 있는 것으로 파악할 수 있다. 부시대통령은 라이스를 중심으로 한 국무부의 협상파와 체니 부통령, 럼스펠드 국방장관을 중심으로 한 네오콘(neocons: neo-conservatives)의 입장차이를 선택적으로 활용하였으며, 활용하고 있는 것으로 보인다.

한편 북한은 미국이 2002년 3월 부시행정부의 핵태세보고서 발표를 통해 북한을 포함한 7개국에 대한 핵선제공격을 정책화함으로써 한반도의 비핵화 실현이 파탄이 난 만큼, 북한에 대한 미국의 적대적 정책이 먼저 철회되어져야 한다는 기본적 입장을 보이고 있다. 이러한 부시행정부의 강경한 대북정책에 대해 북한은 조건부와 단계적인 접근으로서 북한의 완전무장해제를 뜻하는 것이기 때문에 미국의 요구를 받아들일 수 없다는 입장을 보이고 있다. 북한은 미국이 적대관계를 실질적으로 해소하는 조치를 통하여 북한의 안전을 보장할 때 미국의 이러한 요구를 받아들일 수 있다는 입장을 고수하고 있는 것이다.[44]

이러한 속에서 북한은 2001년 6월 4일 「로동신문」 논평을 통해서 미국과의 대화 재개를 위한 원칙으로서 첫째, 대화와 협상을 통해 북미 간의 문제를 해결하고자 하는 입장은 변함이 없고, 북미대화는 선심도 일방적인 혜택도 아니며, 둘째 자주성과 공정성의 원칙 하에 동등한 지위로서 대화를 하고, 셋째, 검증이나 재래식 병력감축과 같은 대화의 전제조건이 제시되어서는 안 되며, 넷째, 미국의 상호주의는 제네바합의에서 제시한 동시 행동조치의 형태를 의미하는 것이어야 한다는 것이다.[45] 또한 미국의 3대 의제에 대해 북한은 2001년 6월 18일 외무성대변인 담화를 통해 일방적이고 전제 조건을 달고 있는 것이며 의도에 있어서 적대적인 정책으로 평가하면서, 이러한 3대 의제는 북한을 무장해제 시키려는 목적에서 나온 발상이라고 강하게 반발하였다.

2-3차 회담에서도 북한은 이러한 기본적인 논리를 통해 북핵문제의 성격을 미국의 대북 적대정책의 산물로 규정하고, 미국이 적대정책을 포기해야만 핵을 포기할 수 있다는 기본입장을 밝힌 바가 있으며,[46] 핵문제가 기본적으로 미국의 대북 압박정책에서 기인한 것으로 미국의 북한에 대한 불가침 확약, 북한의 자주권 존중 및 북·미 관계개선, 북한의 경제발전 방해 금지 등을 주장한 바 있다. 주요 쟁점의 하나인 고농축우라늄(HEU: Highly Enriched Uranium) 프로그램의 존재 여부에 대해서는 강력한 부인으로 일관하면서 미국이 거짓 정보를 가지고 핵위기를 조성했다고 주장하고 있으며,[47] 미국이 증거를 제시하면 HEU에 대한 논의를 할 수 있다는 입장과 핵의 평화적 이용권한을 유지하겠다는 의지도 밝힌 바 있다.[48]

이러한 속에서 우여곡절 끝에 2005년 9월 19일 제4차 6자회담의 결과로

---

44) 「조선중앙통신」, 2001. 2. 21.
45) 「로동신문」, 2001. 6. 4.
46) 「조선일보」, 2004. 2. 26.
47) 「연합뉴스」, 2004. 2. 28.
48) 2004년 1월 미국 민간대표단의 방북시 북한의 김계관 부상은 "농축 우라늄을 이용한 핵프로그램 자체가 존재하지 않고 그 프로그램을 추진하기 위한 기기나 인력도 없다"고 해명한 바 있다. 「연합뉴스」, 2004. 2. 1.

발표된 '9·19 공동성명'은 난관에 봉착해 있던 북핵문제 해결에 있어 돌파구를 열어주었다는 데서 그 의의를 찾을 수 있다. 동 회담에서 북한이 모든 핵무기와 현존하는 핵프로그램을 포기하고 빠른 시일 내에 핵무기비확산조약과 국제원자력기구 안전협정에 복귀할 것을 공약한 것은 중요한 성과로 지적할 수 있다. 그럼에도 불구하고 이러한 합의사항의 내용을 구체화히는 작업이 무엇보다도 의심받고 있는 북한의 모든 '핵무기와 현존하는 핵프로그램'을 국제사회와 6자회담 참여국이 수용하는 합리적이고 검증가능한 방법으로 포기하는 것이라고 할 때 아직 많은 난관이 존재하고 있는 것이 사실이다.

실제로 공동성명이 발표된 다음날 북한 외무성대변인은 미국의 북한에 대한 조속한 경수로 제공이 북한의 평화적 핵활동을 실질적으로 인정하는 증거라고 주장하면서 북한의 평화적 핵이용에 대한 기존의 입장을 재차 확인했다. 결국 북핵문제의 주요 당사국인 북미 간의 시각차이는 여전히 크게 나타나고 있으며, 이 속에서 또다시 북핵문제 해결과정에서 많은 난관에 봉착하고 있나. 북한에 대한 미국의 강도 높은 입빅징책의 실시는 여진히 그 가능성이 존재하고 있으며 단기간에 해결될 성질의 것이 아님으로 인해 북한체제에 커다란 압력요인으로 작용할 수 있음은 주지의 사실이다.

(표 11-2) 북미관계에서의 주요 쟁점에서 부시-클린턴 행정부의 비교

	부시행정부	클린턴행정부
대북인식	신뢰할 수 없고 실패한 체제	신뢰할 수는 없으나 대화가 가능한 체제
상호주의	철저한 검증을 바탕으로 한 엄격하고 철저한 상호주의	비대칭적 상호주의의 추진과 이를 통한 북한의 변화 유도
한국의 대북포용정책	지지	지지
제네바 기본합의	기본골격을 유지하되 과거 핵규명을 위한 수정 검토	계속 준수
북미 미사일협상	처음부터 다시 협상. 미사일문제 해결은 북미관계의 진전이라는 입장	기존 성과를 반영해 협상 타결 임박

최근 북한의 신년사를 분석한 한 연구에 따르면[49] 북한의 경제계획과 대외환경은 상당한 밀접성을 보여주고 있다. 이에 따르면 북한은 주변 환경이 안정되면 경제분야에 대한 관심이 확대되었던 반면 대외환경이 불안정할 경우 통일부문을 강조하는 경향이 존재한다는 것이다. 예를 들어 사회주의권의 붕괴로 인해 주변 환경이 불안해지면서 1990년대 이후 신년사에서는 경제 분야에 대한 언급이 급속도로 사라지고 있으며, 상대적으로 정치영역의 비중이 확대되고 있다는 것이다. 또한 수령중심의 유일체제인 북한에 있어 최고정책결정권자의 정세인식은 무엇보다도 정책결정과정에 커다란 영향을 미치게 마련이다.

이러한 경향은 최근의 예에서도 찾아볼 수 있다. 2000년 11월 평양을 방문한 올브라이트 미국무장관에게 김정일 국방위원장이 대안적 경제체제를 연구해왔다면서 스웨덴모델을 시사하기도 했던 북한의 개혁·개방 추세는 2001년 들어 북한에 대해 적대적 불신감을 표명한 부시행정부의 등장과 더

---

49) 신희선, 「북한의 대외개방정책에 관한 연구」, 숙명여자대학교 정치학 박사학위 논문, 1998.

불어 급격하게 수그러드는 경향을 보였다. 김정일 국방위원장은 2001년 1월 상해 방문 때만 하더라도 총정치국장 등 군부 최고실력자 3인을 대동하여 개혁·개방의 필요성을 강조하였으나, 동년 7-8월에 있었던 러시아방문에서는 탱크, 로켓 등 군수공장을 방문하였다. 이는 미국의 북한에 대한 정책이 클린턴행정부와는 달리 강경노선으로 치달음으로 인해 이에 위협을 느낀 군부의 반발이 이러한 경향을 보인 원인이라고 파악할 수 있다. 뿐만 아니라 2001년 상반기 김정일 위원장의 군관련 활동 역시 급증했음을 볼 때, 대외적인 체제위협 요소의 존재는 북한의 개혁·개방의 추진에 있어 걸림돌로 작용할 수밖에 없을 것이다.

실제로 북한은 부시행정부의 등장 이후 대북강경노선이 채택·실행됨으로 인해 클린턴행정부 시기보다 강한 대미 비판을 표출하고 있다. 2001년 10월 26일자「로동신문」은 "자체의 군사력이 강해야 한다"는 논설을 통해 군사력이 강하면 자주성을 지키고 군사력이 약하면 침략세력에게 먹히며 노예가 된다고 지적하고, 무엇보다 자립적 국방공업을 건설하고 발전시켜야 한나고 주장했나. 또한 냉전종식 후 제국주의자들이 국제무대에서 독단을 일삼고 세계질서를 제 마음대로 좌지우지하려 하고 있다면서 제국주의자들의 어떠한 침략에도 대처할 수 있도록 군사력을 강화하는 것은 필수적이라고 강조했다. 동년 10월 28일자「로동신문」 보도에서도 민족자주는 강한 총대에 있다면서 군사력이야말로 나라와 민족을 수호하는 강력한 무기라고 주장하고, 군인들과 주민들을 '총대강화' 정신으로 교양하고 국방공업을 더욱 발전시켜 나가야 한다고 역설하고 있다.[50]

결국 미국이라는 거대한 체제위협세력의 존재는 북한으로 하여금 핵무기 개발과 같은 극단적인 외교전략을 선택하게 하였고, 이에 따라 국방비에 더 많은 자금을 쏟아 부음으로 해서 경제개발을 위한 경제적 기회는 더욱 축소될 수밖에 없는 것이다. 물론 북한의 경직된 입장이나 태도가 대미관계 개선에 장애가 되는 것은 사실이지만, 미국의 영향력을 고려할 때 미

---

50)「로동신문」, 2001. 10. 26;「로동신문」, 2001. 10. 28.

국이 북미관계 결정에 더 큰 영향을 미친다는 것을 부인하기 어렵다. 또한 현재 가장 큰 경제협력 대상으로 떠오르고 있는 남한의 경우 '강성대국'을 지향하는 북한과의 관계개선이나 대북 지원 규모나 속도에 있어서 남한은 미국 혹은 일본과의 안보 협의와 정책조정을 필요로 한다. 이러한 요인 역시 북한의 개혁·개방에 걸림돌로 작용할 수 있다. 실제로 부시 행정부는 2001년 6월 북한의 재래식 무기 감축을 대북 대화 안건에 추가 제시함으로써 북한으로부터 심한 반발을 사고, 한국의 대북포용정책 추진을 어렵게 만든 측면도 있다.[51]

---

51) *The Korea Times*, Oct. 23, 2001.

(보론) 2006년 QDR과 미국의 대외전략의 변화

1. 들어가는 말

미 국방부는 2006년 2월 3일 1996년에 제정된 「U.S. Public Law 104-201」에 의거하여 1997년, 2001년에 이어 3번째 「4년 주기 국방검토보고서(QDR: Quadrennial Defense Review Report)」를 발표하였다. 동 보고서는 과거에 발표되었던 보고서와는 달리 테러와의 전쟁이 진행 중인 상황 하에서 발표되었다는 점에서 많은 주목을 받고 있다. 92 페이지 분량의 이 보고서는 미군의 전략적 우선순위, 전쟁 계획, 자원의 배분과 군구조에 관한 종합적인 평가와 비전을 제시하고 있다. 이번 QDR은 지난 4년간의 반테러전의 경험과 교훈이 반영되었고, 향후 미국의 전반적 군사태세를 제시하고 있다는 점에서 중요한 의의를 가진다고 할 수 있다.

한편 금번 보고서는 이미 이전에 발표된 「국가안보전략보고서(NSS, 2002)」, 「군사전략보고서(National Military Strategy, 2004))」, 「국방전략보고서(National Defense Strategy, 2005)」에서 제시된 목표와 기본방향을 유지하는 가운데, 이라크, 아프가니스탄, 대테러전에서의 경험과 교훈을 반영하여 향후 20년간 미국이 지향할 국방전략을 제시하고 있다. 「2001 QDR」이후 발표된 주요 안보기획문서에서 강조된 '비대칭 위협(asymmetric threats)'에 대한 예방과 대응이라는 대테러·대확산 정책기조가 유지되는 가운데, 아프가니스탄, 이라크와 대테러전 수행과정에서 노정된 문제점과 취약부분을 보완·발전하는 성격이 매우 강하게 나타나고 있다. 또한 현재까지 추진된 '군사변환(defense transformation)'[52]의 성과에 대한 중간 평

---

52) 미 국방정책에서 사용되고 있는 transformation이라는 용어에 대한 국내 번역은 크게 변환, 변혁, 전환 등으로 나타나고 있음. 이 용어는 부시행정부가 처음 사용한 것이 아니고, 미국방부가 지속적으로 관심을 가져왔음. 1997년 QDR에

가와 향후 보완·발전 방향을 제시한 로드맵이라는 점도 향후 어떠한 형태로 미국의 군사변환이 추진될 것인지를 예측 가능하게 한다는 차원에서 그 의미를 찾을 수가 있다.

QDR은 미정부 문서체계상 백악관이 발표하는 「국가안보전략보고서(NSS: National Security Strategy)」를 기반으로 작성되는 주요 문서 중의 하나로 총체적 군사안보전략을 담고 있다. QDR은 냉전 이후 미국방부의 정책 및 구조개선이 더딘 데에 대한 의회 내의 논쟁에서 출발하여 1996년 클린턴 대통령이 1997년도 국방예산을 승인하면서 미국의 방위전략, 전력구조, 전력 현대화 계획, 하부구조, 예산 및 기타 국방관련 정책을 전반적으로 재검토할 것을 명문화하면서 시작되었다. 동 보고서에서는 미국의 안보 상황 및 위협·도전에 대한 인식, 안보목표의 우선순위, 군의 역할·구조·운영방식, 해외기지 체계 등과 같은 부분은 미국이 추구하는 바람직한 안보구도와 추진전략, 그 속에서의 동맹이나 우방국의 관계 설정, 협력체제와 방식·수준의 조정 등에서 변화가 나타날 것임을 예고하고 있다. 따라서 이러한 미국의 국방목표와 전략이 강대국간의 관계를 포함한 국제안보구도의 변화 방향과 동맹·우방국의 안보정책에 미칠 영향과 의미를 파악하고 대비하는 것이 요구되는 것이다.

서도 transformation이 강조되었음. 또한 미군은 Transformation이라는 잡지와 website를 운용하고 있음. 다만 현 부시행정부에서 그 강도를 더욱 높여 강조하고 있고, 군의 새로운 방향을 모색하는 키워드로서 transformation을 사용하고 있다는 점에서 이의 번역에 대한 이견이 있을 수 있음. transformation는 '변형', '변환', '전환', '변혁', '변모' 등 다양한 해석이 가능할 수 있음. 현재 미국이 강조하고 있는 transformation은 미군의 체질적인 변화를 꾀한다는 점에서 이 글에서는 '변환'으로 번역하여 사용하고자 함.

2. 2006년 QDR의 주요 내용과 특징

1) 기조

첨단 과학기술 확산과 접근의 용이성 승가는 비대칭 위협을 포함한 다양한 형태의 미국 본토에 대한 공격을 가능케 하고 있다. 이러한 속에서 미국은 미국의 안보가 더욱 위협받는 상황에 놓여 있고, 이러한 경향은 앞으로도 지속될 것으로 전망하고 있다. 이번 QDR에는 이미 부시 행정부가 제시해 온 과제인 이슬람 극단주의자를 패퇴시키기 위한 전략 중 세밀한 논의가 담겨져 있다. 동 보고서는 미국과 국제 사회의 모든 요소들이 조화를 이루어 조용한 성공을 축적해 감으로써만 비로소 대 테러전쟁에서 승리할 수 있다고 밝히고 있다.[53]

아래 그림에서 나타나는 바와 같이 미 본토 안보와 국익 수호를 위해 현 시점에서 미국이 적극 준비하고 대처해야 할 도전은 국가간 전쟁과 같은 전통적 도전(traditional challenge)이 아니라 테러나 바랄과 같이 비전통적인 수단에 의존한 비국가 행위자나 국가의 비정규적 도전(irregular challenge), 대량살상무기를 이용한 테러분자나 불량국가의 재앙적 도전(catastrophic challenge)으로 규정하고 있다. 또한 보다 장기적 관점에서 미국이 준비해야 할 도전은 미국의 군사적 우위를 상쇄시키는 기술과 방법을 보유한 경쟁국의 등장, 즉 방해적 도전(disruptive challenge)임을 강조하고 있다.[54]

이러한 새로운 형태의 위협과 도전의 분류는 과거 미국이 특정 지역에서의 위협을 강조하던 것과는 많은 차이를 나타내고 있는 부분이라고 할

---

53) Thomas G. Mahnken, "Remaking U.S. Military Strategy," *The Wall Street Journal Asia*, February 7, 2006.

54) *Quadrennial Defense Review*, Feb. 6, 2006, p.19.
   http://www.qr.hq.af.mil/pdf/2006%20QDR%20Report.pdf

수 있다. 이에 따라 앞으로 해외주둔 미군의 역할과 위상도 동맹이나 우방국에 대한 안보 공약 차원보다는 미 본토의 안보 차원에서 평가될 것이라는 판단을 내릴 수 있는 것이다. 또한 이러한 도전의 분류는 해외주둔 미군의 구조, 규모, 기지체계 등의 조정 가능성을 내포하고 있으며, 동맹국들의 방위에 대한 자신들의 역할과 부담이 증가할 것이라는 판단의 근거를 제공하고 있다고 할 수 있다.[55]

(그림 11-보론-1) 미국 안보위협의 유형

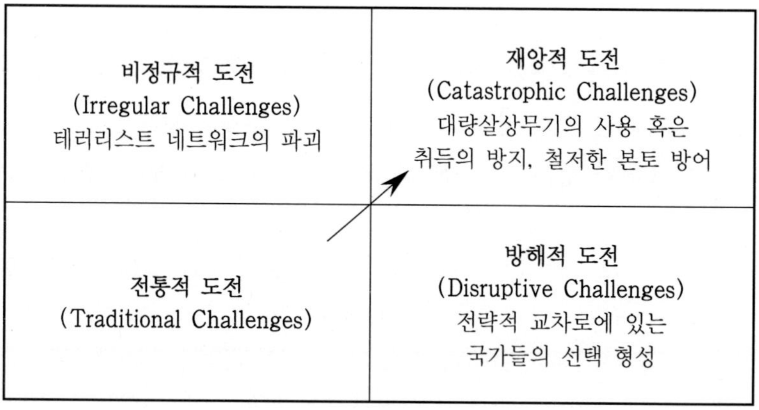

비정규적 도전 (Irregular Challenges) 테러리스트 네트워크의 파괴	재앙적 도전 (Catastrophic Challenges) 대량살상무기의 사용 혹은 취득의 방지, 철저한 본토 방어
전통적 도전 (Traditional Challenges)	방해적 도전 (Disruptive Challenges) 전략적 교차로에 있는 국가들의 선택 형성

출처: *Quadrennial Defense Review*, Feb. 6, 2006, p.19.
http://www.qr.hq.af.mil/pdf/2006%20QDR%20Report.pdf

2) 4대 우선 과제의 설정

2006년 QDR의 특징은 무엇보다도 현재 미국이 처한 상황인식과 목표에서 잘 드러나고 있다. 이번 QDR에서는 향후 미국의 국익에 대한 주된 위협이 과거와 같은 국가가 아니라 극단적 테러 네트워크라고 정의하고 테러와의 전쟁을 장기전(long war)으로 규정하고 있다. 또한 이러한 위협의 본

---

55) 최강, "「2006 QDR」의 주요 내용과 영향 분석," 미래전략연구원, 2006. 2. 2.

질은 단일의 성격이 아니라 복합적이고 다층적인 것으로 국방부와 타 부처의 협력은 물론 동맹국들과의 협력을 필요로 한다고 규정하고 있다. 다시 말하자면 안보환경의 불확실성과 불가예측성이 QDR 상황인식의 근거가 되고 있는 것이다.

보다 구체적으로는 QDR은 9·11 이후 미국이 직면한 도전을 비정규적 위협, 전통적 위협, 재앙적 위협, 파괴적 위협으로 구분하고, 전통적 위협에 중점을 두고 있는 현재의 군사태세를 재앙적 위협에 초점을 맞춤으로써 미국의 군사력의 방향을 다시 설정하고 국방부문 전체의 개혁을 추진할 것을 밝히고 있다. 동 보고서에서는 각각의 위협에 대응하여 테러 네트워크 분쇄, 본토방어, 적대 국가와 비국가 행위자의 대량살상무기(WMD) 획득 및 사용 저지, 중국 등 전략적 교차로(strategic crossroads)에[56] 선 국가들의 선택 유도등 네가지 목표를 제시하고 있다.

① 테러 네트워크 파괴[57]

최근 미국의 군사외교에 있어서 최대의 화두는 변환(transformation)이라고 힐 수 있다. 딜넹진 안보환경에 직응하고 미래전에 내비하기 위해 미군의 체질을 바꾼다는 변환은 군사혁신(RMA: Revolution in Military Affairs)과 더불어 미국방부가 오래전부터 추진해 온 연구과제다. 럼스펠트 국방장관은 군사혁신을 위해 취임하면서부터 군변환국(OFT: Office of Force Transformation)을 설치하였고, 1998년 "네트워크 전쟁: 그 기원과 미래"라는 논문으로 유명해진 아더 세브라우스키 제독이 OFT 책임자로 발탁되면서 군변환은 미국방부의 대세로 굳어지게 되었다.

군변환의 핵심은 탈냉전과 21세기의 유동적 안보환경에 대응하여 미국의 글로벌 방위태세를 근본적으로 바꾸는 것이다. 여기에서 글로벌 방위태

---

56) 전략적 교차로에 놓인 국가란 미국방부가 잠재적인 경쟁국으로 인식하고 있는 국가를 말함. 대표적으로 중국을 둘 수 있음.
57) *Quadrennial Defense Review*, Feb. 6, 2006, p.20-4.
   http://www.qr.hq.af.mil/pdf/2006%20QDR%20Report.pdf

세의 조정은 미군의 해외배치에 새로운 안보환경의 실정을 정확히 반영하도록 조정하는 것을 그 내용으로 하고 있다. 냉전기 동안 미국은 적과 대치한 최전선에 요새화된 대규모 병력을 주둔시켜 적을 억지하고 동맹국 방어의 의지를 과시하며 적대행위 발생시 현장에서 즉시 대응하는 전략을 유지해 왔다. 그러나 테러와 대량살상무기 확산 등 21세기의 유동적 위협에 대응하기 위해서는 신속 대응이 가능해야 하고 숫자보다 능력에 기반한 우위를 가져야 한다는 것이 새로운 방위태세의 내용이라 할 수 있다. 이에 따라 미군은 최근 해외 주둔 미군의 재배치에서 보여지듯이 해외의 대규모 영구기지에 의존하는 대신, 소규모 시설을 순환 배치하는 방식을 따르게 될 것이 분명해 보인다.

한편 테러연계망의 분쇄를 위해서는 언어 및 문화 능력 강화를 통한 인간정보 능력, 상시 감시, 위치 확인·추적 능력 및 세계적 즉응 타격 능력, 특수전부대, 비정규전 및 안전·안정·전환·재건 등을 위한 다목적 전력(multipurpose force) 등의 확충을 목표로 설정하고 있다.[58] 구체적으로는 일반부대의 임무 영역을 인도적 구호, 사회 복구 지원 등 비전투분야로까지 확장·강화하는 한편, 특수전부대를 증강하고 대테러 임무에 전념토록 조정하고 있다. 특히 현지 정보 확보를 위해 문화와 언어교육 강화를 통한 인간정보(human intelligence)능력 제고를 강조함으로써 직접적 군사대응 능력을 확충하는 것과 병행하여 현지 당국자들의 능력강화와 낮은 수준의 주둔과 작전시행 등과 같은 간접접근을 통해 테러분자가 양성될 수 없는 환경을 조성하는데 역점을 두고 이와 관련한 우방국들의 협력을 강조하고

---

58) 미국방부는 2001년 QDR에서부터 "위협중심 군사기획(threat-based military planning)"보다 "능력중심의 군사기획(capabilities-based military planning)"에 중점을 두었다. 특정 국가의 소요군사력을 도출하는 방식은 크게 두 가지로 분류할 수 있다. 위협이 명확할 경우에는 그 명확한 위협에 대처할 수 있는 규모와 형태로 군사력을 건설하게 되는데, 이것이 바로 위협중심(threat-based) 또는 시나리오 중심(scenario-based)의 군사기획이다. 반대로 위협이 불명확할 경우에는 어떠한 위협이 대두되더라도 대응할 수 있는 다양한 능력을 구비할 수 있도록 군사력을 건설하게 되는데, 이것이 능력중심(capabilities-based)의 군사기획이다.

있다. 이와 같은 간접접근에 대한 강조는 현재 미국이 추진하고 있는 변환외교(transformational diplomacy)[59]와 상호 보완적 관계에서 추진될 가능성도 포함하고 있다고 판단할 수 있다.

군사차원의 변환과 더불어 콘돌리자 라이스 미국무장관은 2006년 1월 8일 조지타운대에서 행한 연설에서 미국이 지향할 21세기 외교로 변환외교를 강조한 바 있다.[60] 변환외교란 외교를 통해 세계를 변화시킨다는 취지로 미국무부가 추진해 온 공공외교(public diplomacy)를 확대, 발전시킨 개념이라고 할 수 있다. 이는 가능한 한 많은 국가들과 파트너십관계를 강화함으로써 민주주의와 법치의 확장을 도모하는 그물망 지식외교라고 할 것이다. 구체적으로는 전세계에 배치되어 있는 외교 인력을 21세기적 수요에 따라 재배치하고 지역 공공외교센터를 본격적으로 확충하며, 외교관 일인 포스트와 실체적 포스트(Virtual Presence Post)를 많이 만들어 미국식 자유를 전파하기 위한 현장외교를 본격적으로 전개하겠다는 것으로 해석할 수 있다.

② 본토 방위의 강화[61]

2006년 QDR은 미국은 본토방위 강화를 위해 항공 및 해상상황 인지능력, 대량살상무기 공격 예방을 위한 맞춤형 억지능력, 생화학공격에 대비한 광범위 의료 대책, 사후처리 능력, 각종 재난·재해 대응 능력 등의 확보를 추진하는 가운데, 해외부분은 군이 주무를 담당하고 국내부분은 본토방위

---

59) transformational diplomacy 역시 앞서 언급한 바와 같이 다양한 형태로 번역될 수 있다. 여기에서는 미국 외교정책의 목표가 미국의 가치를 확산시키고 세계를 변화시키고자 한다는 데 있다는 점에서, 그리고 앞서 밝힌 바와 같이 군사부분의 transformation이 의미하는 바와 연속선상에 있다는 점에서 '변환외교'로 번역하여 사용하기로 한다.

60) 이상현, "2006 QDR 분석: 한미동맹에 대한 의미," 「정세와 정책」, 세종연구소. 2006. 3. p.12.

61) *Quadrennial Defense Review*, Feb. 6, 2006, p.24-7.
http://www.qr.hq.af.mil/pdf/2006%20QDR%20Report.pdf

부가 주무를 담당하는 군이 지원하는 형태로 임무분장을 설정하고 있다. 이러한 내용은 해외주둔 미군도 해당 국가나 지역 내에서의 임무만을 수행하는 것이 아니라 본토방위와의 연계성이 강화될 것임을 의미한다. 또한 전세계적 통합 정보망 구축과 동맹·우방국들과의 군차원을 넘어선 국가차원의 정보공유를 강화할 것으로 전망됨에 따라 본토 방위를 위해 전세계를 상대로 하는 통합 방위망 구축을 목표로 하는 것으로 평가되고 있다.

한편 이번 QDR에서 한미동맹과 관련하여 주목해야 할 점은 전면적 반테러전 체제 정비를 위해 합동 및 연합 전쟁수행체계를 강조하고 있다는 것이다. 동 보고서 서문에서 미국 힘의 가장 중요한 원천 중의 하나를 동맹관계라고 지적하고 있으며, 전투적인 동맹관계인 NATO는 물론 아시아에서는 호주, 일본, 한국 등과의 동맹관계가 범세계적 반테러전 수행에서 매우 중요하다는 점을 강조하고 있다. 동 보고서의 내용을 보면 한국을 비롯한 아시아의 동맹국들은 미국이 양자 및 다자협력을 통해 지역안보위협에 공동으로 대처하는데 있어 주요한 방편으로 간주하고 있으며, 동시에 부시행정부가 역점을 두고 있는 대량살상무기 확산방지 구상(PSI)의 성공을 위해서도 국제적 협력은 필수적인 요건으로 파악하고 있다.

③ 적대국과 적대적 비국가행위자의 대량살상무기 확보 및 사용 예방[62]

동 보고서에서 미국은 적대국 혹은 적대적 테러분자들의 대량살상무기 획득·사용 방지를 위해 상시적인 광역 감시·감지·식별 능력, 특수전부대의 대량살상무기 대응능력, 공중·해상·지상 차단능력, 방호능력 등의 확충을 목표로 하고 있다. 우선 이슬람 극단주의자들과의 장기적인 전쟁을 위해 이 보고서는 범세계적인 게릴라전에 대처하기 위한 미군의 능력을 강화할 것을 요구하고 있다.[63] 대량살상무기 사용 가능성보다는 대량살상무

---

62) *Quadrennial Defense Review*, Feb. 6, 2006, p.32-5.
   http://www.qr.hq.af.mil/pdf/2006%20QDR%20Report.pdf
63) Ann Scott Tyson, "Ability to Wage 'Long War' Is Key To Pentagon Plan," *Washington Post*, February 4, 2006.

기의 유출과 통제력 상실 상황에 대한 대응 방안 강구에 중점을 두고 있다. 특히 특수전 부대를 투입하여 대량살상무기에 대한 통제 확보가 대응의 핵심으로 부각되고 있다.

구체적으로는 9·11을 계기로 본격적으로 전개되고 있는 전면적 반테러전 체제정비를 위해 특수작전부대(SOF: Special Operations Forces) 전력을 15% 증강하고, 특수전 대대수를 1/3 증원하며, 특수작전사령부(USSOCOM: United States Special Operation Command) 휘하에 해병 특수작전사령부를 신설할 계획을 밝히고 있다.64) 미 공군에 있어서는 테러리스트의 위치를 파악할 수 있는 무인항공기 중대를 창설하고, 해군 SEAL팀 강화, 심리전 및 민사작전(Civil Affairs Operations)65) 능력을 강화하는 것 등을 추진할 것임을 밝히고 있다. 또한 동 보고서는 미 국가정보국(DNI) 소속의 특수작전부대(Special Operations Forces: SOF)는 정치적으로 민감한 지역에서 진행해 온 장기적이고 은밀한 작전활동을 더욱 강화하는 것을 그 내용으로 하고 있다.

한편 미국은 재래식 군사력은 특징지역의 언어에 능통한 각 지역 전문가들을 충원하여 기존의 체제를 강화할 계획을 밝히고 있다.66) 그러나 이러한 전략이 군 부대의 해체를 의미하는 것은 아닌 것으로 보이며, 럼스펠드 국방장관이 지적했듯이 지금의 미군은 현재의 활동에서 크게 벗어나지 않을 것으로 보인다. 이는 미국이 상대국의 대규모 육군이나 해군, 그리고 공군과 맞설 수 있는 이유는 미국 역시 대규모 육·해·공군을 보유하고

---

64) 미국 플로리다의 템파에 있는 맥딜 공군기지에 본부를 둔 미 특수부대 사령부(The U.S. Special Operations Command)는 이번 QDR에 규정된 전략들의 핵심적인 장소가 될 전망임. 지난 해 11월 해병대 군단이 이곳에 이전하면서 이제 맥딜 공군기지는 상기의 5개 특수부대를 모두 갖춘 기지가 되었다. George Melloan, "A Chat With Rummy On War," *The Wall Street Journal Asia*, February 7, 2006.

65) 전·평시를 망라하여 군과 민간인과의 상호관계는 제반활동을 의미하나 이를 군사작전과 연관시켜 말할 때 민사작전이라고 함.

66) George Melloan, "A Chat With Rummy On War," *The Wall Street Journal Asia*, February 7, 2006.

있기 때문으로 파악할 수 있다. 다시 말하자면 미국은 이러한 우위를 상실하기를 원하지 않으며, 오히려 병력 개인의 능력을 계발하고 기술을 개발하여 미래의 전쟁에 적합한 심리적 능력을 향상시키는데 주력하고자 하는 것이다.

군사력 건설의 기본원칙은 세 가지로 제시되고 있다. 먼저 평시와 전시를 모두 상정하고 본토방어, 비정규전, 재래식 전쟁상황에 대비한다는 것이다. 다음으로 전략적 경쟁자와 불량국가, 테러 네트워크에 대해서는 획일적인 억지태세보다는 상황에 맞는 맞춤형 억지(tailored deterrence)를 강화한다는 것이며, 마지막으로 2001년 QDR에서 밝힌 이른 바 1-4-2-1 전략[67] 목표를 다소 수정하여 기본적으로 두개 전쟁 수행능력을 갖추되 군사력의 탄력성을 발휘하도록 운용한다는 것이다.[68] 이에 따라 향후 정보와 특수전 부대에 대한 지원능력 보강과 또한 해당국가 및 동맹·우방국들과의 협력·기여 분야가 확장될 것으로 예상할 수 있다.[69]

한편 정규전·비정규전은 일반부대, 대테러·대확산은 특수전 부대가 주임무를 담당하는 형태로 조정하여, 비정규전에 대한 특수전 부대의 부담을 경감하고 특수전부대로 하여금 대테러·대확산전을 보다 효과적으로 수행

---

67) 미국 본토 방어(1), 유럽·동북아시아·서남아시아·중동 등 네 지역에서 침공 억제(4), 이들 중 두 지역에서 동시 전쟁 수행(2), 한 전쟁에서 결정적 승리 (1)를 말한다. 미 국방전략팀은 2 플러스로 불린 1-4-2-1의 군사전력을 감축하는 방안도 한때 검토했으나, '작전 가용 전력'의 새로운 교리 도입에 따라 현재 테러와의 전쟁을 중심으로 진행 중인 미군 재편이 완료되더라도 1-4-2-1 군사전략 수요에 부응할 능력을 갖게 될 것이라는 판단을 내린 것으로 알려져 있다. 미 육군 10개 정규 사단이 70개 기동여단으로 개편되면, 병력 숫자는 줄어들더라도 "기동성과 화력의 월등한 향상"과 정밀유도 무기, 통합 군사정보망 개선, 보급선 단축 등을 통해 "새로운 1개 여단이 옛 1개 사단보다 더 큰 화력을 보유하게 될 것"이라는 것이다. 이와 관련 럼즈펠드 국방장관은 지난 2005년 12월 5일 한 연설에서 "지난 4-5년간 배운 교훈은 21세기엔 숫자와 양을 생각하지 말고 속도와 민첩, 정확성을 우선 생각해야 한다"며, 각 항공모함 전단만 해도 "5년 전에 비해 화력이 월등히 증강됐다"고 강조한 바 있다. *Washington Times*, 2005. 12. 9.
68) 이에 대해서는 뒤에서 자세하게 논의하기로 한다.
69) 최강, 「「2006 QDR」의 주요 내용과 영향 분석," 미래전략연구원, 2006. 2. 2.

할 수 있도록 조치하였다는 점에도 관심을 가질 필요가 있다. 이는 대량살상무기 확산 방지 및 안전 확보를 위해 필요시 타국 영토 내로의 진입과 군사작전 시행 가능성도 배제할 수 없다는 점에서 현재 한미 간에 협의되고 있는 「개념계획 5029」에 중요한 영향을 미칠 것으로 전망되며, '대량살상무기 확산방지구상(Proliferation Security Initiative)'의 확장과 강화도 추진될 것으로 보인다.

④ 전략적 교차로에 있는 국가들의 선택 형성[70]

전략적 교차로에 있는 국가들의 선택을 조정하기 위해 동맹 및 우방국과의 협력 강화, 개입정책 추진, 항공권 장악 능력, 단·중·장거리 탄도미사일 및 순항미사일 통합방어체제 구축, 수중전 전력 보강, 대규모 즉응 원거리 타격 능력 확충 등을 목표로 설정하고 있다. 또한 중동, 중앙아시아와 남미를 주요 전략요충지로 지목하고, 동 지역에 대한 위협세력의 진출과 활동에 대한 대응 필요성을 지적하고 있다. 특히 에너지 안보차원에서 동 지역의 중요성을 강조하고 있는데, 이는 중국과의 협력과 책임 공유를 강조하면서도 중국의 군사력 증강과 팽창에 대한 경계를 의미하는 것으로 파악할 수 있다.

이는 군사분야에서의 미국의 절대적 우위 유지, 동맹·동반국과의 협력 강화 및 방어체제 통합화(특히 정보, 통신, 미사일 방어체제 등) 제고, 해외 기지체계 다변화 등은 안보협력의 형태, 체계, 수준에서의 변화를 예고하고 있는 것으로 '세계적 망(global network)' 구축을 추진하고 있는 것으로 평가할 수 있다.

---

70) *Quadrennial Defense Review*, Feb. 6, 2006, p.27-32.
   http://www.qr.hq.af.mil/pdf/2006%20QDR%20Report.pdf

3) 2006년 QDR에 제기되는 문제점

① 현실적 구체적인 내용의 결여

이번 QDR에 대해서 일각에서는 비록 QDR의 최종본이 그동안 관심을 모아왔던 많은 구상들을 모두 담고 있지만 이는 기껏해야 구색 맞추기의 수준을 넘지 못하고 있으며, 그 목표를 현실화하기 위한 구체적인 계획은 결여 되었다는 지적을 하고 있다.71) 미국의 전략예산평가센터(Center for Strategic and Budgetary Assessment: CSBA) 연구원인 스티브 코시악(Steve Kosiak)은 QDR에 규정된 목표를 달성하기 위해 미국방부는 예산의 증액, 무기 감축, 병력 감축 중 하나를 선택해야 하나, 이들 중 어느 하나도 현재의 상황에서는 달성하기 어렵다는데 문제가 있다고 지적하고 있다. 또한 렉싱턴 연구소(Lexington Institute)의 군사문제 전문가인 로렌 톰슨(Loren Thempson)은 전 세계에서 동시적으로 발생하는 전쟁을 수행할 능력을 요구하고 있는 QDR에 대해 회의적인 시각을 제시하고 있다. 많은 전문가들에 따르면 이라크에서의 현실은 이미 미군이 과도하게 배치되어 있으며, 이라크 이외의 다른 지역에서 이와 유사한 규모의 군사작전을 또 다시 수행한다는 것은 비현실적이라는 사실을 입증하고 있다는 것이다.72)

② 예산 편성상의 문제

럼스펠드장관은 이미 2001년도에 QDR을 기획할 때부터 획기적인 변화를 의도하고 있었다. 2001년에 그가 자신의 첫 QDR을 작성하고 있을 때, 그는 군사변환(military transformation)은 대폭적인 예산상의 변화를 필요로 한다고 지적한 바 있었다. 그러나 일부 전문가들은 럼스펠드장관이 새

---

71) Fred Kaplan, "Rumsfeld Surrenders: The QDR dashes his dreams of military transformation, slate.com, February 3, 2006.
72) Yang Qingchuan, "News Analysis: U.S. Military Strategy Paper Changes Priorities, Not Fundamentals," *Xinhua News Agency*, February 7, 2006.

로운 비전을 제시하고 있음에도 불구하고 추상적인 관념 수준을 벗어나지 못하고 있다는 평가를 내린 바가 있었다. 럼스펠드가 자신의 비전을 정치적, 관료적 그리고 전략적으로 어떻게 추진해야 할지 모르고 있다는 것이 비판의 주요 내용이었다.

2006년 QDR에서 예산 편성 상의 측면에서 유사한 비판이 제기되고 있다. 이번 보고서에서 미군의 주요 임무를 본토 방어와 테러와의 전쟁, 그리고 비정형적이고 비대칭적인 전쟁의 수행으로 규정하고 있다. 그러나 예산안의 편성은 새로운 유형의 전쟁이나 위협과 어떠한 연관을 가지고 있는지는 분명치 않다는 것이 그 내용이다. 좀 더 구체적으로 살펴보면 2006년 QDR은 많은 지면을 새로운 유형의 전쟁을 논의하는 데 할애하고 있으며, 이에 대처하기 위한 새로운 유형의 군인이나 지휘구조를 논의하는데 할애하고 있다. 그러나 2006년 약 5,000억 달러에 가까운 국방예산안은 마치 냉전시대 소련과 전쟁을 벌이고 있는 듯한 인상을 주고 있으며, 여기에는 이라크 전쟁이나 아프간에서의 군사활동의 비용은 포함되어 있지도 않다는 것이다.

2007 회계연도 미국방예산안은 공군과 해군의 합동폭격전투기 프로그램을 그대로 유지하고 있으며, 더 나아가 F-22 스텔스 전투기를 2010년까지 지금의 178대에서 183대로 늘리도록 규정하고 있다. 더욱이 이러한 막대한 예산을 필요로 하는 프로그램들이 새로운 유형의 전쟁이나 위협과 어떠한 연관을 가지고 있는지는 분명하지 않다는데서 그 문제점이 더욱 심각하다는 것이다. 물론 이번 QDR은 향후 미군의 네 번째 임무로서 전략적 교차로에 있는 국가의 선정과 그 대처에 대해 규정함으로써 중국의 잠재적인 위협에 대처해야 함을 미국방부는 분명히 하고 있다. 결국 이 네 번째 임무로 인해 국방부의 고위 관료들은 수십억 달러 규모의 무기 체제를 유지할 명분이 생겼고, 미의회 역시 이들 프로그램에 계속 자금을 지원할 명분이 생겼다고 할 수 있다. 그럼에도 불구하고 이러한 잠재적인 위협에 이처럼 많은 예산을 할애함으로써 보다 절박하고 실질적인 위협에 대처하기 위한 예산을 희생시킨다는 것은 불합리하다는 것이 예산편성 상의 이번

QDR에 대한 비판이다.[73]

한편 2006년 QDR은 특수부대의 증설을 제안하고 있지만, 이는 상당한 기간을 기다려야 하는 제안일 수 밖에 없다는 비판도 제기되고 있다. 비정형적인 게릴라전에 대비하기 위한 외국어 교육이나 문화 교육 등은 많은 예산을 필요로 함은 물론 교육수준이 높은 많은 수의 신병 충원을 필요로 한다. 그러나 현재 미군의 신병 지원은 그 수나 자질 면에서 계속 감소하고 있으며 선임병의 수도 감소하고 있는 것이 현실이다. 이와 관련 2006년 QDR은 근무연수보다는 업무성과에 따라 승진과 보수를 제공하도록 요구하고 있다. 그러나 장교 수 역시 계속 감소하여 지금 미군 내 거의 모든 대위는 소령으로 진급하고 있고 소령들 역시 거의 모두 중령으로 진급하고 있음으로 인해 이 문제의 해결 역시 막대한 자금을 필요로 한다는 것이다.[74]

최근 미국방부는 2006년 QDR과 함께 2007 회계연도 국방예산안을 발표한 바 있다. 그러나 이들 두 문서는 목표와 수단간에 조화를 이루지 못하고 정반대의 해법을 제시하고 있다는 평가를 받고 있으며, 대표적인 예로서 재래식 무기에 더 치중한 국방예산안의 편성이 지적되고 있다.[75] 미국 국방전략의 가장 중요한 근간 중 하나인 QDR은 정형화된 적에 맞서 싸우기 위한 정형화된 군대 그 이상을 추구하고 있다. QDR에 따르면 9·11 테

---

73) Fred Kaplan, "Rumsfeld Surrenders: The QDR dashes his dreams of military transformation, *slate.com*, February 3, 2006.

74) Kaplan은 9·11 테러가 발생한 이후 4년 반 동안 미국은 '국가 안보'를 위해서라면 모든 자금지원을 아끼지 않았고, 이에 따라 럼스펠드 장관과 그의 측근들은 자신들이 원하는 바대로 모든 자금을 사용할 수 있었으나, 이들은 우선순위를 정하기보다는 이를 게걸스럽게 먹어치우는데 시간과 자원을 허비했다고 주장하고 있다. 이에 따라 현재 국방 예산을 삭감하려는 움직임이 보이고 있으며, 럼스펠드가 처한 이러한 상황을 그를 실패로 내몰았던 주요한 원인으로 지적하고 있다. Fred Kaplan, "Rumsfeld Surrenders: The QDR dashes his dreams of military transformation," *slate.com*, February 3, 2006.

75) Max Boot, "The Wrong Weapons for the Long War," *Los Angenles Times*, February 8, 2006. 맥스 부트는 미국외교협회(CFR) 연구원으로서 매우 보수적인 입장을 취하고 있으며, 미국의 신보수주의 세력을 대표하는 인물 중 한 사람으로 알려져 있다.

러 이후의 세계에서 미국과 그 동맹국이 직면하고 있는 가장 대표적인 전쟁의 형태는 비정형화된 전쟁이라는 것이다. 기나긴 전쟁, 즉 범세계적인 테러와의 전쟁에서 승리하기 위해 QDR은 대테러 작전이나 반정부 단체 진압, 독재정권 축출 이후의 안정화나 재건활동 등의 분야를 강화할 것을 요구하고 있다. 2개의 재래식 적국과 동시에 전쟁을 치를 수 있는 규모의 군사력을 보유해야 한다는 전통적인 관념은 이제 사라지고 있으며, 미국은 이미 광범위하고 장기적인 비정형적 전쟁을 치르고 있다는 것이 QDR의 주요한 내용이다.

QDR이 제시하고 있는 바대로 이러한 장기전에서는 적군의 신속한 패퇴 개념은 적합하지 않으며, 적국의 문화나 사회를 이해하고 동맹국 군대를 교육, 훈련할 수 있는 과거와는 전혀 다른 전투력을 함양해야 한다. 미국방부가 발표한 2007년 국방예산안은 특수부대의 규모를 30% 확대하고 심리전 전담부대나 대민활동 담당부대를 증설하는 등 몇몇 긍정적인 조치를 담고 있는 것이 사실이다. 그러나 여전히 QDR의 화려한 수사에도 불구하고 4,390억 달러에 달하는 2007년 국방예산안의 상당 부분은 재래식 무기 증강에 할애되고 있는 것이 사실이다.

일례로 미국방부는 고비용 저효율의 단거리 전투기 3종에 계속 예산을 할애하고 있는데, F/A-22 랩터 전투기와 F/A-18E/F 수퍼호넷 전투기, 그리고 F-35 공동공습전투기 등이 그것이다. 반면 미군 병사를 상대로 외국의 언어나 문화를 교육하기 위해 배정된 예산은 통틀어 1억 8,100만 달러에 불과하며, 이는 F-35 전투기 프로그램에 소요되는 비용 하나보다도 적은 액수에 불과하다. 뿐만 아니라 QDR은 버지니아급 핵잠수함 생산을 연간 1척에서 2척으로 확대할 것을 요구하고 있는데, 24억 달러 규모의 이 프로그램은 해외 정보를 수집하고 토마호크 미사일을 발사하며 특수작전 부대를 적 해역에 투입하기 위한 매우 훌륭한 무기로 인식되고 있다. 그러나 이 잠수함은 구소련의 잠수함과 군함에 맞서도록 설계된 것에 불과하다는 것이 부트의 주장이다.[76]

한편 부트는 이 외에도 QDR이 지상군 병력을 간과하고 있는 데서 그

문제점을 찾을 수 있다고 주장하고 있다. 그의 주장에 의하면 1990년대 미군의 규모는 그 배치지역이 확대됨에도 불구하고 30%가 줄어들었으며, 이번 국방예산안은 군 병력을 증강하기 위한 어떠한 예산도 책정하지 않고 있다는 것이다.

실제로 QDR 역시 미국의 현역 군 병력을 향후 5년간 49만 1,000명에서 48만 2,400명으로 감축하도록 요구하고 있다. 1991년 군 병력이 71만 명이었던 점을 감안하면 이는 매우 큰 감축이라고 할 수 있다. 그에 의하면 미 국방부가 이처럼 그 효과가 의심스러운 고가의 무기 프로그램을 폐기하지 않은 이유는 일정부분 정치적인 이유에서 비롯되었다는 것이다. 그에 의하면 미의회 의원들이 고가의 무기 프로그램을 폐기하기는 쉽지 않으나, 이는 장기적인 국방전략 측면에서 볼 때 커다란 과오라는 것이다. 럼스펠드 국방장관은 향후 미국은 지금과 같은 많은 지상군을 필요로 하지 않을 것이며 지금의 이라크전과 아프간 전쟁은 예외적인 경우라 생각하고 있으나, 이미 미국은 오사마 빈 라덴을 체포할 수 있었던 때에 토라보라에 충분한 병력을 파견하지 않음으로써 이러한 잘못된 결정에 대한 값 비싼 대가를 치른 바 있다는 것이다. 결국 부트는 미국이 충분한 병력을 확보하지 못한다면 미래의 전쟁에서도 이와 유사한 실수를 되풀이하게 될 것이라고 주장하고 있다.

---

76) 이 밖에도 부트는 비정형적인 전쟁에 더욱 적합하지 않은 무기로는 그 개발에 수십억 달러가 소요되는 2종의 군함을 예로 들고 있다. 차세대 항공모함인 CVN-21함과 DD(X) 구축함이 바로 그것이다. 핵 잠수함이나 항공모함, 전투기 등이 매력적으로 보일지는 모르나 이라크나 아프가니스탄 등 지금 미국이 군사작전을 전개하고 있는 지역에서 이는 거의 불필요한 무기들이라는 것이 그의 주장이다. 이들 지역에서 전투는 육군이나 해병대의 지상군 보병에 의해 수행되고 있다.

3. QDR과 동아시아 질서

동아시아 질서와 관련한 QDR의 내용은 크게 각국에 대한 미국의 정책과 입장, 그리고 해외주둔 미군기지의 조정 가능성으로 나누어 볼 수 있다.

1) 각국에 대한 입장과 정책

2006년 QDR은 동아시아 지역의 특정 위협을 강조하고 있지는 않다. 다만 중국의 군사력 증강이 지역 군사균형을 위협하고 있으며, 북한이 지속적으로 대량살상무기를 추구하고 있음을 지적하고 있다. 동보고서는 북한은 핵무기를 비롯하여 생물무기, 화학무기 및 장거리 미사일을 개발하고 있으며, 이러한 대량살상무기를 적대적 국가에 수출해 왔다고 언급하고 있다. 러시아에 대해서는 냉전 당시 수련과 같은 강두로 미국에 군사적 위협이 되지는 않을 것이라고 평가하면서 대량살상무기에 대한 대처와 대테러전 등에서의 협조관계를 계속 유지해 나갈 것이라고 언급하고 있다.

이러한 주장에 대해 북한은 「로동신문」[77]에서 이번 QDR을 "조선반도와 그 주변지역의 정세를 폭발계선(상황)으로 이끄는 위험한 전쟁시나리오"라고 비난한 바 있다. 이 신문은 '위험한 선제공격기도'라는 제목의 논평에서 QDR에 포함된 대량살상무기 확산방지구상(PSI)을 통한 봉쇄 강화, 해병특수부대 증강 등을 거론하면서 "우리 공화국을 반대하는 전쟁정책을 심화시키려는 부시행정부의 음흉한 기도의 산물"이라고 주장하고 있다. 또한 "조선반도를 포함한 동아시아 지역은 대국들의 군사전략적 이해관계가 복잡하게 얽혀져 있어 쉽게 군비경쟁이 일어나고 정세가 첨예화될 수 있는 곳"이라며, "미국의 위험한 군사전략이 추진되면 아시아 지역의 군사전략적 균형과 안정을 파괴해 이 지역에 전략적 이해관계를 가진 나라 사이의 군비

---

77) 「로동신문」, 2006년 2월 21일자.

경쟁과 군사적 대결을 조성하게 될 것"이라고 주장하고 있다. 이어 이 신문은 "우리 공화국을 힘으로 압살해 전조선을 틀어쥐고 이곳을 발판으로 침략적인 대아시아 전략을 실현하려는 것은 미제의 변함없는 기도"라며, "미제가 방대한 무력을 조선반도와 그 주변에 집결시키고 '국제적 봉쇄망'을 치려는 것도 그러한 기도를 실현하기 위한 것"이라고 강조했다.

이번 QDR은 중국에 대해서 주요한 도전 세력 중 하나이며, 미래에 미국에 도전할 수 있는 가장 강력한 잠재력을 가지고 있다고 구체적으로 지적하고 있다. 중국의 도전에 대해서 미국이 적절히 대응하지 않을 경우에 미국의 군사적 우위는 점차 상쇄될 것이라고 우려를 표명하고 있다. 중국에 대한 미국의 전략적 목표는 아시아·태평양 지역에서 건설적이며 평화적인 역할을 수행하게 하는 것이며, 테러, 대량살상무기의 확산, 마약거래, 해적 행위 등 각종의 안보위협에 공동으로 대응하는 파트너가 되도록 유도해 나가는 것이라고 할 수 있다. 중국이 군사적 증강 대신에 경제적 발전과 정치적 민주화에 더 많은 노력을 하도록 유도해 나감으로써 중국이 미국의 경제적 파트너가 되고 세계 평화에 기여하도록 한다는 것이다.

이번 QDR은 중국이 전략무기와 군사력 투사능력 강화에 지속적으로 노력하고 있음을 지적하고 있다.[78] 동보고서에 따르면 1996년 이후 중국은 2003년을 제외하고 매년 10% 이상 국방비를 증가시켜 왔다. 동보고서는 중국이 이러한 노력을 비밀리에 추진하고 있기 때문에 외부 세계는 군사력 증강에 대한 중국의 의도, 의사결정 과정, 그리고 군사력 강화를 지원할 수 있는 능력에 대해 정확한 정보를 가지고 있지 못함을 지적하고, 중국이 군사력을 증강하는 의도와 향후 계획에 대해 보다 분명하게 설명하기를 요구하고 있다.

중국의 군사현대화는 중국 지도부가 대만문제에 대한 군사적 선택을 고려하기 시작한 1990년대 중반부터 적극적으로 추진되기 시작하였으며, 이러한 노력으로 인해 중국의 군사력 증강은 이미 지역적 군사균형을 위협하

---

78) 구본학, "QDR과 동아시아," 미래전략연구원, 2006. 2. 22.

느 수준에까지 이르고 있다는 것이 동보고서의 주장이다. 동보고서에 따르면 중국은 첨단무기의 개발에 엄청난 투자를 지속하고 있으며, 전자전과 사이버전에 대한 강조, 우주전 능력의 개발을 비롯하여, 대륙간탄도탄 및 크루즈미사일, 통합공중방어시스템, 차세대 어뢰 및 잠수함 개발 등 첨단 무기의 개발에 관심을 기울이고 있다. 또한 지상 및 해상발사 전략핵무기의 현대화를 추진하고 있으며, 전역(theater) 무인항공기의 도입과 수출 등을 지속하고 있다. 이러한 중국의 군사력 증강은 아시아 전역의 지리적 광대성, 아시아·태평양지역에 주둔하고 있는 미군기지 등을 고려할 때 심각한 위협이 되고 있다고 동보고서는 평가하고 있다.

중국의 이러한 위협에 대해 2006년 QDR은 다음과 같은 구체적인 방안을 제시하고 있다.[79] 우선 태평양 지역에서 미국은 해군의 배치를 확대하고 해군기지의 네트워크를 다양화하며, 2012년까지 잠수함 생산을 연간 2척으로 확대하여 해저에서의 전투력에서 미국의 우위를 높일 계획이다. 다음으로 미국의 감시능력과 장거리 공격능력을 강화하도록 요구하고 있다. 일례로 미공군은 전 세계 표적을 감시할 수 있는 무인 항공기의 수를 약 2배 확대할 계획이고 차세대 폭격기 수를 거의 20배 확대할 계획이며, 해군은 소규모 트라이던트 잠수함이 정밀한 재래식 핵탄두를 운반할 수 있도록 개조할 계획이라는 것이다. 마지막으로 중국의 책임공유(stakeholder)를 강조하면서도 중국의 군사력 증강에 대해 우려를 표명하고 있는데, 이는 미국이 중국에 대해 협력과 대응의 가능성을 열어 둔 것이며, 전략적 선택의 기로에 있는 중국으로 하여금 도전과 팽창을 포기하고 협력의 방향으로 움직이게 유도하여 미국 중심의 세계질서에 동참시키려는 강력한 의지를 표명한 것이라 할 수 있다.

이러한 보고서의 내용에 대해 중국은 미국의 이러한 정책이 패권 추구라는 미국의 세계전략의 연장선상에 있다고 파악하고 있다.[80] 최근 몇 년

---

79) Thomas G. Mahnken, "Remaking U.S. Military Strategy," *The Wall Street Journal Asia*, February 7, 2006.
80) Yang Qingchuan, "News Analysis: U.S. Military Strategy Paper Changes

간 미국이 발표해온 전략 보고서들은 국제사회에서 미국의 패권을 유지하고 군사적 우위를 유지하는 것에 초점을 맞추고 있으며, 이번 QDR 역시 이러한 변함없는 기본원리를 그대로 반영하고 있다는 것이다. 이러한 주장을 좀 더 구체적으로 살펴보면, 먼저 미국의 전략이 매우 공격적이라는 것이다. 중국은 오랜 기간 미군이 어떠한 적이든 그 적이 공격하기 전에 먼저 공격하는 선점 전략을 취해야 한다고 믿어왔다.

이번 QDR 역시 이에 기초하여 전 세계에서 다양한 범위의 군사 작전을 전개할 것을 요구하고 있다는 것이다. 다음으로 미국이 여전히 강성권력을 추구하고 있다는 것이다. 이번 QDR에서도 미국은 어떠한 무기 프로그램도 폐기하지 않고 있고, 이는 미국방부가 군사력의 절대 우위를 여전히 중시하고 있으며 미국이 세계 지도국으로서의 위치를 유지하기 위해 가장 중요한 수단은 역시 군사력이라고 믿고 있다는 사실을 입증하고 있다는 것이다. 마지막으로 미국은 자신의 패권적 지위를 유지하기 위해 동맹을 활용해야 한다고 믿고 있다는 주장이다. 이번 QDR 역시 군사동맹의 중요성을 다시 한번 강조하고, 동맹이 미국 군사력의 가장 중요한 힘의 원천 중 하나라고 명시하고 있는 것이 단적인 예가 될 수 있다는 것이다.

2) 해외주둔 미군기지의 조정 가능성

이미 앞에서도 설명한 바와 같이 QDR은 과거의 지리적·공간적 전략 개념에서 위협 특성별 전략 개념으로의 전환을 시사하고 있다. 미군이 전통적으로 유지하고 있는 "2개 지역에서의 동시 전쟁 수행" 개념을 재확인하고 있지만, 이른바 '1+4+2+1' 전략 개념은 일부 수정하고 있다. 2001년 QDR에서 제시되었던 '1+4+2+1' 전략은 미국의 본토를 방어하고(1), 유럽·동북아·중동 등 4개 지역에 미군을 전진 배치하며(4), 두 개의 전쟁에

Priorities, Not Fundamentals," *Xinhua News Agency*, February 7, 2006.

서 적을 격퇴하고(2), 그 중 한곳에서 결정적 승리는 거둔다(1)는 개념이다. 반면에 2006년 QDR은 본토방위(1), 테러 및 비정규전(1), 재래전(1) 및 전략적 개입(1)이라고 하는 4가지의 주요 위협에 대한 대응 개념을 도입하였으며, 이러한 개념 전환에 의해 해외주둔 미군의 활동 영역을 특정 주둔 지역에서 전 세계로의 확장을 시도하고 있다. 4개 지역에 대한 전진배치뿐만 아니리 범세계적인 영역에서의 억제를 강조함으로써 해외주둔 미군의 역할과 범위를 다소 확대한 것이 특징이라고 할 수 있다.

이러한 전략 개념의 일부 수정으로 인해 해외주둔 미군의 역할과 활동이 특정 주둔 지역에 국한되는 것이 아니라 위협이나 도전이 발생할 경우 세계 어느 곳으로도 투입될 수 있을 것으로 예상되고 있다. 이에 따라 해외주둔 미군의 구조 및 능력의 조정이 지속적으로 이루어질 가능성이 존재하며, 지리적 개념이 삭제됨에 따라 해외기지와 본토 및 해외기지간의 연계성이 증가될 수 있을 것으로 보인다. 「국방태세보고서」(GPR: Global Defense Posture Review)에 의해 군사력투사거점(PPH: Power Projection Hub), 주요작선기시(MOB: Major Operating Bases), 전방작전기지(FOB: Forward Operating Site), 협력적 안보기지(CSL: Cooperative Security Site) 등으로 조정되고 있는 해외기지의 조정계획이 추가적으로 조정 또는 재편될 가능성도 배제할 수 없을 것이다.

한편 이러한 전략개념의 수정은 지역 안정에 중점을 주고 있는 냉전시대의 영구 주둔 개념에서 탈피하여 해외주둔 미군의 자유로운 출입과 접근의 용이성·기동성·유연성 등을 중심으로 한 기지체계의 전환과 주둔군의 규모 조정 가능성을 예상케 하고 있다. 2006년 QDR에서도 미군의 해외주둔 필요성을 강조하고 있으나, 이는 어디까지나 미국 본토에 대한 안전을 확보하기 위한 차원에서 인식되고 있다. 다시 말하자면 해당 지역의 안보 보다는 미국 본토에 대한 안보와 연계되는 차원에서 해외주둔군의 역할과 임무가 조정될 것임올 시시하는 것이리고 할 수 있다. 따라서 주한미군의 구조·규모·역할이 한반도 안보상황 보다는 미국이 추진하고 있는 국방 및 군사전략 변환에 더 큰 영향을 받게 될 것으로 예상할 수 있는 것이다.

4. QDR이 한미동맹에 주는 함의와 한국의 대응 방안

1) QDR이 한미동맹에 주는 함의

QDR은 미국의 전반적 군사안보태세의 방향을 설정하고 있기 때문에 한미동맹에 대해서도 많은 함의를 지니고 있다.[81] 버웰 벨(Burwell B. Bell) 한미연합사령관 겸 주한미군사령관은 취임연설에서 주한미군의 4대 우선순위를 한반도 평화와 안전보장, 변혁을 통한 한미동맹강화, 전투준비태세 향상, 장병복지 개선 등으로 제시한 바 있다. 벨 사령관은 한미동맹의 변혁이 더 힘 있고 능력 있는 동맹관계를 만들기 위한 것이며, 동맹의 능력을 향상시키고, 역할과 임무를 조성하고 전력을 조정하는 것은 한미동맹의 변혁 과정의 주요 동기가 된다고 강조한 바 있다. 여기에서 변혁을 통한 한미동맹강화는 미군의 변환이라는 큰 틀에서 이해가 되어야 할 것이다. 실제로 주한미군은 전략적 유연성을 바탕으로 신속기동군을 개편하는 작업을 거의 완료한 것으로 알려져 있다. 주한미군의 경우 과거 사단 중심의 전투수행 체계가 여단(UEx) 중심으로 변화하고, 2-3개 대대로 구성되던 1개 여단이 5-7개 대대로 증편되면서 한반도 안팎으로 전개되는 부대를 지원하는 501 증원지원여단(Sustainment Bridge)이 창설될 예정이다.

주한미군의 이와 같은 개편 흐름은 미군의 전반적인 변환 추세에 부합하여 전략적 유연성을 구현하기 위한 것이라는 관측이 지배적이다. 전투여단이 5-7개 대대로 증편되는 것은 한반도 이외 지역에서 벌어지는 분쟁의 유형에 따라 여단 또는 대대 병력을 골라 맞춤형으로 내보내 전투임무를 수행하겠다는 의미라는 것이다. 2006년 QDR은 주한미군 뿐만 아니라 전세계 미군의 신속기동군으로 개편이 지속적으로 추진될 것임을 보여주고 있

---

81) 이상현, "2006 QDR 분석: 한미동맹에 대한 의미," 「정세와 정책」, 세종연구소, 2006. 3. p.12.

다. 2006년 QDR이 주한미군의 전략적 유연성에 대해 특별히 강조한 것은 없으나, 앞에서 살펴본 바와 같이 위협에 대한 대응 개념의 변화와 네트워크화된 동맹·우방국과의 협력을 강조한 것은 해외주둔 미군의 전략적 유연성을 강조한 것으로 해석할 수 있다.[82] 주한미군이 더 이상 대북 억지라는 단일 목적을 위해 주둔하는 것이 아니라 다양한 임무를 수행할 것으로 예상할 수 있는 것이다.

실제로 2004년 3월 럼스펠드 국방장관은 이미 미군의 해외주둔과 관련하여 3가지 원칙을 선언한 바 있다. 첫째는 미국이 필요로 하는 지역에 주둔하는 것이고, 둘째는 미군이 환영받는 곳에만 주둔하며, 셋째는 여타 지역 임무 수행 후 신속한 귀환이 가능한 전략적 유연성이 확보되는 곳에 주둔한다는 것이다. 2006년 QDR에서 나타난 「1+1+1+1」 전략을 충족시키기 위해서도 전략적 유연성은 반드시 확보되어야 하는 과제라고 할 수 있다. 따라서 주한미군이 '한반도 방위'라고 하는 단일 목적을 수행하는 임무에서 벗어나 전략기동군 개념으로 전환될 것으로 예상할 수 있다. 또한 한미동맹과 관련하여 주목할 부분은 이미 앞에서 기술한 바와 같이 QDR이 전면적 반테러전 체제 정비를 위해 합동 및 연합 전쟁수행체계를 강조하고 있는 점이라고 할 수 있다. QDR은 서문에서 미국 힘의 중요한 원천 중 하나가 동맹관계라고 지적하고 있으며, 전통적 동맹관계인 NATO는 물론, 아시아에서는 호주, 일본, 한국 등과의 동맹관계가 범세계적인 반테러전 수행에서 매우 중요하다는 점을 강조하고 있다. 한국을 포함한 아시아의 동맹국들은 양자 및 다자협력을 통해 지역 안보위협에 공동으로 대처하는 주요 방편이며, 부시 행정부가 역점을 두고 있는 대량살상무기 확산방지구상(PSI)의 성공을 위해서도 국제적 협력은 필수적이라고 할 것이다.

---

82) 구본학, "QDR과 동아시아," 미래전략연구원, 2006. 2. 22.

310

2) 향후 전망과 한국정부의 대응 방안

QDR로 대표되는 미 군사전략의 변화는 한미동맹관계에도 전략적 유연성과 상호 운용성 등을 둘러싸고 많은 쟁점을 제기할 것으로 전망된다. 먼저 전략적 유연성 합의에는 긍정적 측면과 부정적 측면이 동시에 존재하고 있다. 전략적 유연성 합의로 인해 최악의 경우 한반도 상황에 상당한 위험이 따를 가능성이 존재한다. 현재 거론되는 가장 큰 우려는 중국과 대만 간 분쟁이 발생할 경우 주한미군이 투입되고, 한국 내 미군 기지가 이들의 발진기지가 됨으로써 한국이 실질적으로 양안분쟁에 개입(entrapment)되는 경우라고 할 수 있다. 그러나 중국과 대만 간에 무력분쟁이 발생하여 주한미군이 동원된다는 시나리오는 현재의 중미관계를 고려할 때 실현가능성이 매우 낮다고 할 수 있다. 또한 최악의 경우 중국-대만 간 무력분쟁이 발생한다 하더라도 실제로 주한미군이 대만 분쟁에 동원되기 보다는 오히려 주일미군이 동원될 가능성이 높다. 주일미군은 이미 공군과 해병 위주로 편제되어 있어 기동군적 성격이 강하다. 이는 곧 양안분쟁이 발생할 경우 주한미군보다는 주일미군이 동원될 가능성이 훨씬 크다는 것을 의미한다.

그럼에도 불구하고 중국과 미국 간에 주한미군 지상군이 동원될 정도의 전쟁이 일어난다면 그것은 곧 아시아 전체가 휩쓸릴 큰 전쟁이 될 가능성이 크다. 그렇게 되면 전략적 유연성 여부에 상관없이 우리나라도 그 여파를 피할 방도는 없다고 보는 것이 타당할 것이다. 이렇게 볼 때 현재 주한미군의 전략적 유연성을 파악하는 데 있어서 동북아에서 강대국 간의 현존하는 갈등양상을 적확하게 인식하는 것이 무엇보다도 중요하다고 할 것이다. 문제는 한국 외교부의 해명과 같이 동북아 지역분쟁에 주한미군이 개입하지 않는다는 한국의 입장을 미국으로부터 존중받는다고 할지라도 동북아에서의 주한미군의 군사행동을 제어할 수 있는 실질적인 방법이 없다는 것이다. 미국의 전략적 유연성이 중국에 대한 견제를 목적으로 하고 있다고 할 때, 중국 및 북한의 반발로 한반도 긴장이 상시화될 가능성은 존재한다. 또한 미일의 군사동맹의 강화와 한국의 편입으로 중국, 러시아, 북한의 군사협력체제가 더욱 공고화될 가능성도 배제할 수 없는 것이 현실이다.

한미상호방위조약이 가지는 성격은 동아시아에서의 분쟁시 기지사용의 문제와 관련 기존 분쟁지역의 경우를 볼 때 미국 측의 요구를 뿌리치기 힘들 것이다. 동남아시아 분쟁 혹은 양안간의 전쟁은 한국이 미국의 발진기지가 됨으로써 한반도 역시 분쟁지역화 될 수 있다는 가능성을 항상 제공하고 있다고 할 것이다. 비록 이러한 가능성이 매우 낮다고 할지라도 1%의 가능성도 배제할 수 없는 것이 안보라고 할 때 한국의 입장에서는 마땅히 고려되어야 할 사항임은 분명한 사실이며, 이러한 상황 속에서 한미간 군사적 측면에서 한국군의 미국군에 대한 종속은 더욱 심화될 가능성도 있다. 뿐만 아니라 유연성이 떨어지는 주한 미군의 경우 미국의 대북 선제공격시 막대한 피해를 입을 수 있었기 때문에 역설적으로 주한미군은 미국의 북한 선제공격가능성을 억제하는 기능을 가지고 있었다. 그러나 한국과의 사전협의나 동의가 필요 없는 전략적 유연성이 확보될 경우 이러한 제약에서 미국은 상당부분 벗어날 수 있을 것이라는 판단이 가능하다고 할 것이다.

다음으로 한미동맹이 유지되고 적어도 당분간 현재와 같은 연합방위체제가 유지될 것으로 가정할 경우, 21세기를 향해 가는 미군의 태세와 아직도 상당 부분 20세기적 냉전태세에 사로잡혀 있는 한국군과의 상호운용성을 어떻게 유지할 것인지 하는 문제가 제기될 수 있을 것이다. 미국방부가 역점을 두고 추진하고 있는 군 변환(transformation)에 비추어 볼 때, 적어도 연합작전이 가능할 수준으로 상호운용성을 유지하는 것은 필수적이다. 주지하다시피 미군의 변환은 탈냉전과 21세기의 유동적 안보환경에 대응하여 미국의 글로벌 방위태세를 근본적으로 바꾸는 것이다. 냉전이 끝나면서 미군이 배치된 장소에서 싸울 가능성은 거의 없어진 반면, 새롭고 다양한 불확실성에 대처해야 할 필요성은 증대했다. 반테러 전쟁과 미래의 위협에 보다 효율적이고 유연하게 대처하기 위해서는 미군이 필요한 곳에, 그리고 미군의 주둔에 우호적인 곳에 주둔할 필요가 제기된 것이다. 이렇게 볼 때 향후 미군은 해외의 대규모 영구기지에 덜 의존하는 대신 소규모 시설을 순환하는 배치방식을 따르게 될 것임은 분명한 사실이다.

이러한 추세가 의미하는 바는 한미동맹이 과거와 같은 형태를 유지하기는 어려울 것이고, 현재 진행 중인 동맹 재조정이 더욱 추진력을 얻게 될 것이라는 점이다. 한국의 입장에서는 무엇보다도 미국이 21세기형 군대를 지향하고 있는 현 상황에서 협력적 자주국방을 어떻게 추진하고 미군과의 상호운용성을 어떻게 유지할 것인지, 연합지휘체계를 어떻게 구상할지 등 장기적인 전략과 비전 마련이 시급하다고 할 것이다. 현재 한미 양국은 안보정책구상회의(SPI)를 통해 동맹의 미래비전, 전시작전통제권 환수 문제, 새로운 연합방위체제 등 중요한 사안에 대한 협의를 진행 중에 있다. 이러한 논의가 생산적 결실을 맺으려면 무엇보다도 동맹의 가치와 목표에 대한 기본적 철학을 공유하는 것이 매우 중요하다고 할 것이다.

한편 이미 양국간에 전략적 유연성에 대한 합의가 끝난 지금, 보다 적극적으로 전략적 유연성의 원칙과 절차를 확립하고 상황에 따른 적절한 통제 장치를 마련하는데 노력을 기울이는 것도 중요하다. 주한미군을 어떤 상황과 기준, 판단에 따라 동원할 것인지 수용 가능한 가이드라인을 도출해야 할 것이다. 주한미군의 전략적 유연성을 무조건적으로 주한미군의 지역 안보역할 확대 또는 개입으로 해석하기 보다는 주한미군의 전략적 유연성을 인정함과 동시에 한반도 유사시 미국의 안보공약을 보장받는 수단으로 활용할 필요가 있는 것이다. 한국이 주한미군의 전략적 유연성에 소극적인 자세를 보일 경우 미국은 동북아내 군사력 운용의 주요 축을 미일동맹으로 단일화할 가능성도 고려해야 할 것이다. 다른 한편으로는 주한미군의 전력 변화 및 구조조정과 우리의 협력적 자주국방 추진계획 간의 연계성과 상호 보완성을 면밀히 검토해야 할 필요성도 제기된다. 한국의 입장에서는 미국이 21세기 형 군대를 지향하고 있는 현 상황에서 협력적 자주국방을 어떻게 추진하고 미군과의 상호운용성을 어떻게 유지할 것인지, 연합지휘체계를 어떻게 구상할 것인지 등 장기적인 비젼 마련이 시급하다고 할 것이다.

제12장 대안국가의 존재: 남북한관계와 양안관계

양안관계와 남북한관계는 관계형성의 구체적인 배경과 정치체제와 이념, 쌍방의 정치적 관계와 상호인식과 정책, 상호관계에 대한 국제사회의 인식 및 국제적 지위 등의 측면에서 상이한 성격을 가지고 있다. 이러한 요인으로 인해 그동안의 양안관계와 남북한관계는 변화과정에서 상이한 양상을 보여왔으며, 상호간에 미치는 영향도 다를 수밖에 없다. 이러한 측면에서 북한이 중국의 개혁·개방 모델을 수용하는 데 있어 중요한 하나의 제약요인으로 제시될 수 있는 것이 바로 대안국가(代案國家)의 존재이다. 중국과 북한의 분단에 대한 현실적 인식의 차이와 이러한 인식차이를 규정하고 있는 현실적 국력의 차이, 국제적 지위의 차이 등은 대안국가의 존재로 인한 체제위기의 인식강도와 밀접한 연관을 갖는 것으로서 개혁·개방 전략의 추진 속도에 심대한 영향을 미칠 수 있는 요인인 것이다.

1. 남북한 관계와 양안관계의 국내외 조건

중국지도부는 양안관계를 남북한관계와 유사한 차원에서 거론하는 것조차 불쾌하게 받아들일 뿐 아니라 '중국·대만관계'라는 표현조차 거부감을 가지고 있다. 이는 양안관계를 마치 독립된 국가와 국가 간의 관계로 인식하는 듯한 느낌을 준다는 것이다. 중국은 대만과의 관계를 하나의 중국 범위에 속하는 순수한 내정차원으로 인식하고, 통일을 포함한 모든 양안관계를 대만문제라고 지칭하고 있으며, 이러한 문제의 해결은 곧 두 정치실체 간의 통일 혹은 문제해결이라기보다는 일방적인 해방 혹은 해결이라고 보는 것이다.[1]

중국은 1971년 10월 26차 유엔총회 2758호 결의안을 통해 유일한 합법 정부로 공인받은 이후 대만을 지칭하는 데 있어 독립적인 정치실체 혹은 독립적인 정부로 인식될 수 있는 표현을 철저하게 배제해왔다. 그러나 등소평체제의 출범과 개혁·개방 정책의 실시와 함께 중국은 대만정책을 획기적으로 수정하였고, 대만 역시 이에 상응하는 정책을 수립함으로써 양안관계는 변화하기 시작했다. 중국은 개혁·개방의 추진과 함께 무력사용을 통한 대만의 조속한 해방이라는 기존 입장에서 벗어나 양안의 교류협력 확대를 통한 개혁·개방 목표의 효율적인 달성이라는 전략 속에서 양안관계를 규정하기 시작한 것이다. 이러한 중국과 대만의 정책변화는 상호체제에 대한 인식의 차이와 정치, 군사안보적인 사안을 둘러싼 대립과 체제유지에 대한 불안감이 존재하는 상황에서 하위정치 분야에서의 교류를 활발히 전개하는 것으로 나타나고 있다.

물론 양안관계가 이처럼 우호협력의 관계로 발전할 수 있었던 것은 중국의 개혁·개방 정책으로 인한 대만정책의 변화와 이에 따른 대만의 양안관계 개선을 위한 적극적인 움직임이 그 원인이 되었다. 그러나 보다 근본적으로 중·대만 간에 존재하는 국력과 국제정치적 지위 등에서 압도적인 차이를 보임으로 인해 대만이 중국에 대해 대안국가로서의 위치를 차지할 수 없다는 중국의 안도감에서부터 비롯된 것으로 볼 수 있다. 다시 말하면 상기와 같은 차이는 대만이 중국에 대해 체제위협세력으로서의 존재가 아니라 해방의 대상이며, 중국의 개혁·개방을 성공적으로 수행하기 위해 적극적으로 교류협력을 확대시켜 나가야 하는 대상으로 파악할 수 있는 단초를 제공했던 것이었다.

남북한관계는 사회주의권의 붕괴로 인한 이데올로기적 대립의 약화, 김대중정부의 등장과 햇볕정책의 시행 등으로 인해 물자교역과 인적교류에 있어 많은 변화를 보여왔다. 남북 간의 물자교역은 1988년 「7·7선언」과 그 후속 조치인 「대북한 경제개방조치」에 따라 시작되었다. 남북교역이 시작된 초기

---

1) 문홍호, "중국·대만관계와 남북한관계의 대외적 요인비교," 「中蘇硏究」(한양대학교 아태지역연구센터) 25권 3호, 2001, pp.37, 39.

에는 2천만 달러에도 미치지 못하였던 교역규모가 1990년 8월 「남북교류협력에 관한 법률」의 제정 등 관련 법제가 마련되면서 교역량이 1억 달러를 넘어서기 시작하였다. 이후 북한의 1993년 NPT 탈퇴선언 등 핵문제로 인해 남북관계가 일시 경색되기도 하였으나, 1994년의 「남북경협 활성화조치」 등에 힘입어 1995년부터는 남북교역규모가 2억 달러 수준을 넘어서기 시작하였다. 1997년에는 북한산 철강금속류의 반입증가, 위탁가공 교역의 확대, 경수로 건설사업의 시작에 따른 공사물자의 반출 증가 등으로 남북교역 규모가 3억 달러를 돌파하였다. 1998년에는 외환위기로 인한 대내외 경제여건의 악화로 남북교역도 위축되어 교역량이 전년보다 28% 감소한 2억 2,194만 달러에 그치기도 하였다. 1999년에는 국내경기회복에 따라 위탁가공교역이 확대되고 금강산 관광사업 및 경수로 건설사업 등 경협사업이 진전됨에 따라 교역량이 다시 3억 달러를 넘어섰다.

한편 2000년에는 농수산물의 반입증가, 전기·전자 제품 등 위탁가공교역의 확대, 대북 비료지원, 경수로 본공사 착수 등에 따라 남북교역이 사상 처음으로 4억 달러를 넘어서게 되었다. 한편 2000년 6월 남북정상회담을 기점으로 남북교역은 39% 정도가 증가했다. 2000년 4억 25백만 달러에서 2004년 6억 97백만 달러로 증가한 것이다. 특히 2003년에는 7억 24백만 달러를 기록하여 처음으로 7억 달러대를 넘어서기도 하였다. 2004년에는 전년에 비해 다소 감소한 6억 97백만 달러를 기록하였는데, 이는 남북 간 대화중단 등과 같은 정치적 상황의 악화와 한국경제의 침체 등에 기인한 것으로 파악된다.

전체 교역규모면에서 볼 때 1989년부터 1997년까지는 남북교역이 남한의 반입 위주로 이루어졌으나 1998년부터는 남한의 반출우위의 구조로 바뀌었다. 이는 1995년부터 KEDO 중유 및 인도지원물자의 반출이 늘어나기 시작했기 때문이다. 1997년에는 경수로 건설사업, 1998년에는 금강산 관광사업, 1999년에는 비료지원 등이 추진되면서 이른바 비거래성 교역이 큰 비중을 차지하게 되었다. 한편 대북 반입은 2000년 152백만 달러에서 2004년 258백만 달러로 약 41% 증가한 반면, 대북반출은 272백만 달러에서 439백만 달러로 약 38%가 증가했다.

　증가율에 있어서는 반출보다 반입증가율이 높지만, 증가액을 기준으로 보면 반출이 크게 확대되었음을 알 수 있다. 이는 대북 반입의 경우 대체로 거래성 교역이 주를 이룬 반면[2], 대북 반출은 비거래성 교역이 주를 이루고 있는 바, 대북지원이 크게 증가하였음을 보여주는 것이라고 하겠다. 정상회담 이전시기에 대북 반출보다는 반입이 현저히 높았던 것과 비교하면 큰 변화라고 할 수 있다. 특히 반입과 반출규모면에서 김영삼정부 말기인 1997년까지는 반입이 현저히 높았지만 김대중정부가 들어선 1998년부터는 반출이 상회하기 시작하여 정상회담 이후에는 그 차이가 더욱 커졌으며, 노무현정부가 출범한 2003년 이후 더욱 커지고 있다.

---

2) 거래성 교역은 상업적 매매거래와 위탁가공 교역으로 나뉘며, 이는 무역대금 결제가 이루어지는 일반적인 무역거래이다. 비거래성 교역은 협력사업과 지원사업으로 나뉘며 대금결제가 수반되지 않는 비상업적 무역거래로서 대부분 무상지원의 형태이다.

(표 12-1) 연도별 남북한간 교역수지

(단위: 천 달러)

연 도	반 입	반 출	계	교역수지	비 고
1989	18,655	69	18,724	△ 18,586	-
1990	12,278	1,188	13,466	△ 11,090	-
1991	105,719	5,547	111,266	△100,172	1991~2001연 평균 △57,325
1992	162,863	10,563	173,426	△152,300	
1993	178,167	8,425	186,592	△169,742	
1994	176,298	18,249	194,547	△158,049	
1995	222,855	64,436	287,291	△158,419	
1996	182,400	69,639	252,039	△112,761	
1997	193,069	115,270	308,339	△77,799	
1998	92,264	129,679	221,943	37,415	
1999	121,604	211,832	333,437	90,228	
2000	152,373	272,775	425,148	120,402	
2001	176,170	226,787	402,957	50,617	
2002	271,575	370,155	641,730	98,580	
2003	289,252	434,965	724,217	145,713	
2004	258,039	439,001	697,040	180,962	

자료: 「2002 통일백서」, 통일부, p.63(인터넷 자료 page 기준); 통일부, 「월간 남북교류협력 및 인도적 사업 동향」, 제162호, 2004년 12월.

한편 남북 간의 인적교류에 있어서도 많은 변화를 보여왔는데, 1989년 6월 12일 「남북교류협력에 관한 기본지침」 시행 이후 남북한 왕래는 주로 남한주민의 북한방문 위주로 이루어져 왔다. 남한주민의 북한 방문은 1989년 이후 2004년까지 금강산관광객을 제외한 남한주민의 북한 방문자수는 총 81,470명이고 2004년 금강산 관광객을 제외한 북한 방문자수는 26,213명으로 1989년 방북이 허용된 이래 한 해 동안 가장 많은 사람들이 북한을 다녀왔고, 전년도 방북인원 15,280명에 비해 무려 71.5%나 증가한 수치를 보이고 있다. 이는 2004년 하반기 이후 남북대화가 중단되었음에도 불구하고 개성공단 건설 등 경제분야 관련 방북인원이 급격히 증가하였기 때문이다. 반면 북한주민의 남한 방문은 1989년 이후 2004년까지 3,930명이었고, 2004년 한 해 동안 321명이 방문하여 2003년의 1,023명에 비해 218% 감소하였다.

(표 12-2) 연도별 남북왕래 현황

	1990	1991	1992	1993	1994	1995	1996	1997	1998	1999	2000	2001	2002	2003	2004
북한 방문	183	237	257	18	12	536	146	1,015	3,317	5,599	7,280	8,551	12,825	15,280	26,213
남한 방문	291	175	103	6	0	0	0	0	0	62	706	191	1052	1023	321
합계	474	412	360	24	12	536	146	1,015	3,317	5,661	7,986	8,742	13,877	16,303	26,534

출처: 통일부, 「통일백서」, 2005, pp.78-81.

이러한 인적·물적 교류의 확대는 남북한관계에 있어 저위정치(low politics) 분야에서의 협력을 통해 상호체제에 대한 불신과 이질성의 부분적 해소라는 소기의 성과를 달성함으로써 남북한이 냉전시기와 같은 상호 적대적인 관계에서 상호 협력의 가능성을 가질 수 있는 계기를 마련하였다. 그러나 이러한 인적 물적 교류의 확대에도 불구하고 남북한관계는 여전히 분단이라는 특수한 상황이 규정적인 요건으로 자리하고 있다. 이는 남북한 간에 정부차원·민간차원의 교류가 활발하게 이루어지고 있던 시기에 발생한 두 차례의 서해교전과 최근 북한 핵문제 등은 이러한 남북한관계의 성격을 잘 보여주는 사례라고 할 것이다. 따라서 남북한 간의 관계발전에도 불구하고 여전히 남한은 북한에 대해 대안국가의 성격을 가지고 있으며, 이러한 점에서 양안관계와 남북한관계는 중요한 차이점을 보이고 있다.

2. 남북한의 국제적 지위와 국력의 차이

이러한 대안국가로서의 존재는 남북한의 국제적 지위, 국력의 차이, 국방력의 차이 등을 통해서 확인할 수 있다. 우선 국제적 지위와 관련해서 양안관계는 국제사회에서 적어도 형식적인 측면으로는 '하나의 중국원칙'에 따라 중국을 유일한 합법정부로 인정함으로써 중국 국내문제로 인식되고 있다. 반면 남북한 관계는 유엔의 동시가입이 이루어짐으로써 국제사회에서 독립적인 주권국가의 관계라는 점에서 그 차이점이 있다. 이러한 국제적 지위의 차이는 대만에 대해 유연한 전략을 구사하며 대만이 자본을 중국에 유치할 수 있는 유리한 환경을 조성할 수 있는 조건이 될 수 있었음에 반해, 북한에 있어서 남한의 존재는 항상 국제사회에서 경쟁해야 하는 대상으로 존재함으로써 개혁·개방정책의 추진에 부담으로 작용할 수밖에 없다. 더욱이 국제사회의 북한에 대한 비우호적인 인식과 이에 따른 북한에 대한 경계는 이러한 조건을 더욱 심화시킬 수밖에 없는 것이다.

(표 12-3) 남북한 수교현황 비교

구 분	한 국	북 한	동시수교
아 주	35	22	22
미 주	34	22	21
구 주	51	46	45
중 동	15	12	11
아프리카	51	50	50
계	186	152	149

주: 세계 총 191개국(대만 제외)에서 남북한을 제외한 189개국 중, 한국의 미수교국은 4개국(쿠바, 시리아, 마케도니아, 모나코)임.[3]

자료: http://www.unikorea.go.kr/, 검색일 2002. 11. 30.

---

3) 한국 수교국의 수교국 총계 186개국과 주에서의 수교국 수 185개국은 차이가 있다. 통일부 자료에서는 이에 대한 이유를 밝히지 않고 있으나 추정하건대 총

320

  이러한 국제사회에서의 지위는 남북한의 수교국 현황과 국제기구 가입 현황의 비교에서도 살펴볼 수 있다. 2002년 11월 30일 현재 남한과 북한의 수교국은 각각 186개국과 152개국으로 북한체제의 폐쇄성을 감안할 때, 수치상으로는 현격한 차이를 보여주지 않고 있다. 그러나 수교국의 면면을 자세히 살펴보면 문제는 달라진다. 지역별로 보면, 남한과 북한은 아주지역에서 각각 35개국 22개국, 미주지역에서 34개국 22개국, 구주지역에서 51개국 46개국,4) 중동지역에서 15개국 12개국, 아프리카지역에서 51개국 50개국의 수교 현황을 보이고 있다. 이 중 미국의 영향력이 상대적으로 강한 아시아·태평양 지역, 미주지역에서의 수교국은 남한과 현격한 차이를 보이고 있으며, 반미경향이 강한 중동지역과 정치경제적으로 영향력이 미미한 아프리카 지역에서는 남한과 비슷한 수교국 현황을 보이고 있다.

  한편 구체적인 수교국명을 살펴보면 중국과 러시아를 제외한 소위 선진국으로 분류될 수 있는 미국, 일본을 위시한 유럽선진국들과는 수교가 단절된 상황이다. 이는 국제사회에서의 북한의 입지를 단적으로 보여주는 것으로 남한과의 사안별 갈등을 해결하는 데 있어 국제사회에서의 불리함을 보여주는 것이라 하겠다. 한편 남북한 국제기구 가입 현황을 보면 북한의 유엔 및 산하기구, 정부 간 기구 가입수는 27개로서 남한의 75개에 비해 현저히 떨어지고 있다. 이 역시 국제사회에서의 남북한 지위 차이를 보여주는 것으로 국제분쟁의 발생 시 북한이 분쟁을 해결할 수 있는 통로가 그만큼 제한되어 있다는 것을 의미한다.

계에서 1개국이 더 많은 이유는 EU가 수교국으로 포함됨으로써 차이가 난 것으로 보인다.

4) 구주에서의 남북한 수교국의 차이가 줄어든 것은 2001년 들어서면서 진행된 북한의 다자외교의 적극적인 추진에 기인한 것이다. 2000년 12월 영국과 외교관계를 맺은 것을 시작으로 북한은 2001년 들어 네덜란드(1. 15), 벨기에(1. 23), 스페인(2. 7), 독일(3. 1), 룩셈부르크(3. 5), 그리스(3. 8), 리히텐슈타인(5. 2), 터키(6. 27) 등과 수교를 하였다. 또한 북한은 EU와 2001년 5월 14일 정식으로 수교를 함으로써, EU 15개국 중 13개국과 수교를 하였으며, EU국가 중 북한과 수교를 맺지 않은 국가는 프랑스와 아일랜드뿐이다.

(표 12-4) 남북한 국제기구 가입 현황

구분	유엔 및 산하기구	유엔전문기구	유엔독립기구	정부 간 기구	합계
한국	5	16	3	70	94
북한	4	11	0	23	38

주: 한국은 북한가입 27개 기구에 모두 가입한 상태임.
자료: 통일부, http://www.unikorea.go.kr/, 검색일 2002. 11. 30.

다음으로 남한의 국력이 전체적으로 북한에 비해 월등하다는 사실은 북한이 남한을 체제위협세력으로서의 가능성을 더욱 크게 인식함으로써 국방비 등 군사안보적 안정에 관련한 비용에 대한 부담을 안게 됨으로써 안정적인 개혁·개방의 추진에 걸림돌로 작용하고 있다. 남북한 간의 국력의 차이는 경제력의 차이에서 가장 분명하게 드러날 수 있는데, 남한과 북한의 경제력의 차이는 국민소득의 차이를 통해서 살펴볼 수 있다. (표 12-5)에서 보는 바와 같이 2003년 현재 북한의 명목 GNI는 184억 달러로서 남한의 약 1/33 수준이다. 그리고 1인당 GNI는 757달러로서 남한의 1/16에 불과하다. 이러한 차이는 2000년 기준으로 명목 GNI, 1인당 GNI에 있어 북한이 각각 1/27, 1/13이었음을 볼 때 더욱 격차가 커졌음을 보여주고 있다. 이는 현재 북한이 처해 있는 경제적 현실을 극명하게 보여주는 것으로서 경제력이 국력에 있어 가장 근본적인 요인임을 감안한다면 대안국가로서의 남한의 위치를 잘 설명해주는 수치라고 할 것이다.

<표 12-5> 남한과 비교된 북한의 국민소득 추이

구 분	단위	1990	1991	1992	1993	1994	1995	1996	1997	1998	1999	2000	2001	2002	2003
명목 GNI 북한 (A)	억 달 러	231	229	211	205	212	223	214	177	126	158	168	157	170	184
남한 (B)		2,523	2,949	3,143	3,452	4,017	4,881	5,183	4,740	3,168	4,021	4,552	4,261	4,770	6,061
(B)/(A)		10.9	12.9	14.9	16.8	18.9	21.9	24.2	26.8	25.1	25.5	27.1	27.1	28.0	32.9
1인당 GNI 북한 (A)	달 러	1,142	1,115	1,013	969	992	1,034	989	811	573	714	757	706	762	818
남한 (B)		5,886	6,810	7,183	7,811	8,998	10,823	11,380	10,307	6,742	8,581	9,628	9,000	10,013	12,646
(B)/(A)		5.2	6.1	7.1	8.1	9.1	10.5	11.5	12.7	11.9	12.0	12.7	12.7	13.1	15.5
경제성장률 북한	%	-3.7	-3.5	-6.0	-4.2	-2.1	-4.1	-3.6	-6.3	-1.1	6.2	1.3	3.7	1.2	1.8
남한		9.0	9.2	5.4	5.5	8.3	8.9	6.8	5.0	-6.7	10.7	8.8	3.1	6.3	3.1

자료: 통계청, 「남북한 경제사회상 비교」, 각 년도.

한편 주변이 강대국으로 둘러싸인 한반도의 지정학적 특성으로 인해 남북한의 안보와 관련한 국방비는 남북한 양국의 관계에 의해서만 해결되는 것이 아니다. 북한의 안보는 미국과 일본, 중국과 러시아와의 관계와 밀접하게 관련된 것으로 이들 국가의 국방비 규모나 군사적 역량은 북한의 국방비 규모에 결정적인 영향을 미칠 수밖에 없다. 1999년 현재 동북아 주요 국가의 국방비 현황은 (표 12-6)과 같다. 동북아 주요 국가들의 국방비 지출 규모는 미국이 압도적 우위를 지키고 있는 가운데 러시아, 일본, 중국, 한국, 북한 순위를 보여준다.

남북한 간의 국방비 규모를 비교해 볼 때 남한의 국방비는 2005년 기준으로 207억 달러로 북한의 19.6억 달러의 약 6배에 달하고 있다. 또한 GDP에 대한 국방비의 비율로 보면 2004년 기준으로 남한은 전체 GDP에 대해 국방비가 차지하는 비중이 2.4%에 불과한 반면 북한은 무려 8%를 차지함으로써 국방비에 대해 상당한 부담을 갖고 있다.5) 또한 남한의 군사안보에 결정적인 역할을 하고 있는 미국의 국방비의 규모가 다른 역내 국

---

5) 인구 2,200만 명가량의 섬나라 대만의 1999년도 GNP는 2,880억 달러, 국방비는 한국보다 더 많은 150억 달러를 기록했다. 이에 비하면 비슷한 인구수의 북한의 GNP 147억 달러는 대만의 국방비 정도의 빈약한 수준이다. IISS, *The Military Balance 2000-2001*(London: Oxford University Press, 2000), p.214.

가들 모두를 합한 것보다 월등히 큼으로써 북한의 군사안보적 부담은 더욱 가중된다고 할 것이다. 즉 미국의 국방비 규모를 보면 2004년 기준으로 4,900억 달러로 미국을 제외한 여타 국가들의 국방비를 모두 합한 것보다 월등히 높다. 뿐만 아니라 GDP 및 국방비 액수에서 일본의 국력 또한 막강함을 보여준다.

(표 12-6) 세계 주요국가의 국방비

국　가	연　도	2003	2004	2005
한　국	GDP	608bn	673bn	-
	국방비	14.6bn	16.3bn	20.7bn
	비중(%)	2.4	2.4	-
북　한	GDP	22bn*	22bn*	-
	국방비	1.64bn	1.79bn	1.96bn
	비중(%)	7.5	8.1	-
미　국	GDP	11.0tr	11.7tr	-
	국방비	456bn	490bn	423bn
	비중(%)	4.1	4.2	-
일　본	GDP	4.32tr	4.66tr	-
	국방비	42.8bn	45.1bn	44.7bn
	비중(%)	1.0	1.0	-
중　국	GDP	1.4tr	1.68tr	-
	국방비	22.3bn	25.0bn	29.5bn
	비중(%)	1.6	1.5	-
러 시 아	GDP	1.31tr	1.40tr	-
	국방비	10.6bn	14.1bn	18.8bn
	비중(%)	0.8	1.0	-
대　만	GDP	280bn	304bn	-
	국방비	6.63bn	7.51bn	8.32bn
	비중(%)	2.4	2.5	-

주: * 추정치, bn: 10억 달러, tr: 조달러.
출처: IISS, *Military Balance* 2005·2006(London: Oxford University Press, 2005).

결국 남한이라는 대안국가가 존재하는 현실은 북한이 안보문제를 뛰어넘어 단순한 경제논리에 입각해서만 개혁·개방을 추진할 수 없음을 전제하고 있다. 더욱이 중국과 대만의 관계에 있어 대만이 중국의 경제, 군사적으로 안보에 실질적인 위협이 될 수 없는 존재임에 반해, 남한은 북한에 있어 경제적으로 월등한 우위를 보이고 있다는 사실은 북한의 개혁·개방 정책이 체제의 수호라는 측면에서 상당한 제약을 받을 수밖에 없다는 것을 의미한다. 즉 이러한 상황은 경제적 상황의 악화로 인해 국방비에 대한 부담이 더욱더 증폭되게 되고, 이러한 국방비의 증폭은 경제에도 다시 부담으로 작용하는 악순환을 만들어 냄으로써 북한의 경제개방에 더욱 어려움을 주고 있는 것이다.

제13장 중국식 개혁·개방 모델은 북한의 대안이 될 수 있나?

북한과 중국은 사회주의건설 초기부터 동구사회주의권 국가와는 달리 자기 나름의 독특한 사회주의를 발전시켜 왔다는 점과 개혁·개방을 진행함에 있어서도 공식적으로 사회주의체제유지를 그 목적으로 하고 있다는 점에서 그 공통점이 있다. 중국은 개혁·개방을 추진함에 있어서 사회주의의 우월성을 더욱 발양하기 위해서 시장경제적 요소를 도입하는 것이며, 이러한 시장경제의 도입이 사회주의의 포기는 절대 아니라는 입장을 공식적으로 천명하고 있다. 북한도 이러한 면에 있어서는 중국의 입장과 동일한 측면이 있다고 할 것이다. 그러나 이러한 유사성에도 불구하고 북한이 경제위기를 극복하기 위해서 중국식 개혁·개방 모델을 수용하는 데 대한 가능성은 정치·경제·사회 문화적인 측면의 조건에서 많은 차이점과 제약 요인이 존재함으로 인해 이들을 고려하지 않고서는 그 적합성을 판단할 수가 없다. 이는 북한에서는 중국과는 달리 대외개방이라는 변수가 악화일로를 거듭하고 있는 경제사정의 개선에 별다른 도움을 주지 못하고 있을 뿐만 아니라 체제변화의 규모나 속도도 매우 더디게 진행되고 있다는 점에서도 더욱 그러하다. 이러한 속에서 경제적·비경제적 측면에서의 북한체제의 특수성은 중국식 개혁·개방 모델의 수용에 있어 중요한 제약요인으로 작용할 것으로 예측된다.

1. 경제적 측면에서의 제약 요인

경제적 측면에서의 제약요인은 경제규모와 구조, 외자유치의 안정성, 국제경제적 고립성이라는 측면에서 살펴볼 수 있다.

먼저 경제규모에 있어 북한이 소규모경제라는 점은 북한의 개혁·개방에 중국의 개혁·개방 정책을 적용하는 데 제약요인으로 작용할 수 있다. 이는 시장경제의 도입으로 인한 부정적 효과의 확산속도와 이에 대한 정치적 제어능력과 관련한 문제로서 개혁·개방의 과정에 나타날 수 있는 체제안정과 관련된 문제들을 효율적으로 통제하기가 어렵다는 것이 그것이다. 또한 경제규모의 차이는 내수시장의 규모 차이로 인한 외자 유치라는 면에서도 중요한 요인으로 작용할 것으로 판단된다. 북한의 소규모경제와 장기적 경제난으로 인한 내수시장의 부재는 서방국가들의 투자를 유인할 수 있는 요소의 부재를 의미하는 것이다. 현재 북한의 경제사정이 외자유치 없는 개혁·개방 정책의 성공이 불가능하다는 것을 감안할 때 개혁·개방의 성패에 중요한 요인이 될 것이다. 또한 북한 재정의 중요한 기능은 계획경제 운영에 대한 자원배분 기능, 경제주체들에 대한 통제 기능, 소득재분배 기능을 담당하고 있다는 점에서 경제난에 따른 재정규모의 축소는 곧바로 자본투자 위축으로 연결되어 개혁·개방정책의 추진에 어려움을 제공하고 있다.

한편 경제구조의 차이 역시 중국식 모델이 수용을 제약하는 요인으로 작용할 것이다. 개혁·개방 초기 중국경제가 농업중심의 후진형인 데 비해 북한은 공업화가 상당히 진전된 사회주의 중진국이라는 점에서 개혁·개방의 중점을 중국과 같이 농업부문에서 시작하여 도시와 공업부문으로 확대하는 방식을 북한에 적용하는 데 제약요인으로 작용할 것으로 보인다. 이는 북한경제가 구조상 기업부문, 특히 중대형 국유기업과 기간산업이 정상화되지 않으면 경제회복이 어렵다는 것을 의미한다.

(표 13-1) 북한과 중국의 개혁·개방 조건과 특성 비교

		중 국	북 한
정치적 특성	이념적 유연성과 정책전환의 탄력성	· 유연성 · 탄력성	· 경직성 · 비탄력성
	정치문화의 개방성과 이데올로기 지형	· 개방성, 당내 다원적 · 대항적 지도자군의 존재 · 실용주의에 대한 역사적 경험 풍부	· 폐쇄적, 일원성 · 대항적 지도자군 존재 가능성은 있지만 하지만 충성경쟁으로 인한 비공식성 · 실용주의에 대한 역사적 경험 없음
	정치경제관계	· 상호보완	· 정치의 경제에 대한 지도
경제적 특성	개혁·개방의 유형과 플랜	· 진화론적·체제전환적 · 플랜 있음	· 부분보완적·모기장식 발전 · 플랜 없음
	경제발전인식	· 자연발생적(경제발전·생산력 발전 지향성)	· 목적의식적(정치지향성)
	개혁·개방의 동인	· 내부모순 극복 위한 자발성	· 국내적·국제적 위기의 중첩적 압력
국제적 특성	세계경제체제로의 편입	· 적극적·성공적	· 폐쇄적
	국제사회의 지위와 환경	· 높음, 우호적	· 낮음, 적대적

　다음으로 외자유치의 안정성이라는 측면에서 중국은 중화경제권의 존재로 안정적인 초기 개혁·개방정책의 추진에서 외자를 안정적으로 유치할 수 있었고, 이러한 외자유치의 안정성이 개혁·개방정책의 성공에 중요한 역할을 하였다. 중화경제권의 존재는 외자도입의 용이성, 신속성, 적극성을 동시에 부담함으로써 대규모 외자의 중국으로의 이동을 가능케 했다. 뿐만 아니라 중화경제권은 외자에 대한 중국 내 보수파를 설득하는 데 있어서 유용한 역할을 담당함과 동시에 외연적 경제성장의 한계와 세계경제로의 편입에 있어서 완충적인 역할을 담당함으로써 중국 개혁·개방정책의 성공에 결정적인 역할을 했다. 그러나 북한은 이러한 역할을 담당해 줄 수 있는 부분이 부재하고 미국의 체제압력 속에서 외자를 유치해야 하는 어려움이 존재함으로 인해 그 한계를 드러내고 있다.

　마지막으로 중국의 개혁·개방이 성공할 수 있었던 가장 중요한 경제적 요인의 하나는 바로 세계경제질서로의 성공적인 진입이라고 할 수 있다. 그러나 북한은 구사회주의 국가의 붕괴와 이로 인한 수출상품 및 원자재 시장의 상실, 그리고 경화결제의 시행으로 무역구조가 크게 왜곡되어 있으며, 이는 북한경제난의 중요한 요인으로 자리하고 있다. 뿐만 아니라 북한의 대외무역구조가 북한경제의 폐쇄성으로 인하여 소수 몇몇 국가에 국한되어 있고, 그 규모도 북한경제의 난관을 극복하는 데 있어 실질적인 도움을 줄 수 있을 정도의 규모가 되지 않는다는 점은 북한의 개혁·개방정책 추진에 하나의 어려움으로 작용하고 있다.

2. 비경제적 측면에서의 제약요인

　중국식 개혁·개방모델의 북한 적용가능성을 분석하는 데 있어서 경제 규모나 경제구조 등과 같은 경제적 요인에 대한 분석이 일차적으로 진행되어야 하겠지만 그러한 경제적 요인에 결정적인 영향을 미칠 수 있는 상부 구조적 요인에 대한 분석도 동시에 진행하지 않으면 안 된다. 북한의 중국식 개혁·개방모델의 적용 가능성에 있어서 비경제적인 요인은 크게 정치체제의 폐쇄성과 이데올로기 지형의 일원성, 대외적 체제위협의 요소, 남한이라는 대안국가의 존재 등을 통해서 살펴볼 수 있다.

　우선 북한과 중국은 정치체제적으로 카리스마적 지도자가 있다는 공통점에도 불구하고 정책결정과정에의 상대적 자율성의 존재, 저항노선이 등장할 수 있는 역사적 정치문화의 존재, 정치이념의 탄력성 등에서 많은 차이를 보이고 있다. 중국은 정치체제의 상대적 개방성이 존재했던 반면에 북한의 정치체제는 유일체제를 기본으로 하는 정치적 폐쇄성이 두드러진다는 점에서 그 차별성이 존재한다. 김일성이 사망한 이후 김정일의 권력승계는 새로운 정치이념을 가진 지도자의 등장을 원천적으로 봉쇄하였고, 이러한 정치체제의 경직성이 북한의 정책적 전환을 가로막고 있다. 또한 소위 진자운동이라고 불려지는 바와 같이 상대적으로 전과 홍을 강조하는 지도자군이 번갈아 정권을 장악해왔던 중국의 역사적 경험이 국내정세 혹은 국제정세의 변화에 능동적으로 대처할 수 있는 기제로 존재했다. 그러나 북한은 유일체계라는 경직된 정치체제의 특성으로 인해 개혁적인 성향의 지도지가 등장할 수 있는 기회가 애초에 봉쇄되어 있으며 개혁·개방 정책을 실험할 수 있는 장도 제약되어 있다. 따라서 북한에 있어 특정 개인의 생각과 판단이 그대로 정책지침으로 채택되는 북한체제의 특수성은 전향적인 정책변화를 곤란하게 하는 요인으로 작용하고 있다. 뿐만 아니라 북한은 정치체제의 안정성과 후계체제의 확립 및 공고화에 정책의 최우선 순위를 둠으로써 급속한 대내외적인 환경변화에 적극적으로 대처하고 적응하는 데 실패했다.

한편 이러한 정치체제의 폐쇄성은 이데올로기 지형의 일원화라는 북한의 정치적 이데올로기적 특수성을 형성하였고, 이에 따라 개혁·개방전략을 추진하는 데 있어서 체계적이고 지속적인 개방정책을 추진을 위한 사상적이고 이론적인 토대의 구축을 불가능하게 함으로써 개방정책이 일회적이고 분절적으로 진행되게 하였다. 중국의 경우 개혁·개방을 선포한 직후부터 이론화작업을 통한 개혁·개방의 안정적이고 지속적인 추진을 위해 노력했다는 점과 비교할 때 체계적이고 장기적인 마스터플랜이 부재한 속에서의 개혁·개방 정책의 추진이 한계에 직면한 것은 당연한 귀결이라고 할 것이다.

다음으로 대외적 체제위협세력의 존재로서의 미국의 존재를 들 수 있다. 북한이 당면한 경제위기와 체제위기를 극복하기 위한 개혁·개방의 성패 여부는 미국을 위시한 서방선진국의 자본을 끌어들이지 않고서는 불가능하다는 것을 감안한다면, 대외적으로 적대적이고 위협적인 미국의 존재는 북한의 개혁·개방을 가로막는 중요한 요인이 되고 있다. 뿐만 아니라 미국의 남한에 대한 군사적 지원과 미국의 북한에 대한 직접적인 군사적 압력 등이 군비경쟁을 통한 경제적 부담이라는 형태를 띰으로써 북한의 개혁·개방 추진에 더욱 어려움을 제공하고 있다. 물론 북한의 경직된 입장이나 태도가 대미관계 개선에 장애가 되는 것은 사실이지만, 미국이라는 거대한 체제위협세력의 존재는 북한으로 하여금 핵무기 개발과 같은 극단적인 외교전략을 선택하게 하였고, 이에 따라 국방비에 더 많은 자금을 쏟아부음으로 해서 경제개발을 위한 경제적 기회는 더욱 축소될 수밖에 없는 것이다.

결국 중국이 대외관계에서 중대한 체제위협적인 요소가 존재하지 않는다는 사실에 반해, 미국이라는 체제 위협적이고 적대적인 요인이 존재하고 있다는 사실은 북한의 개혁·개방에 대한 향후 진로를 결정하는 데 중대한 요인으로 작용할 것이다. 이는 북한이 주변 환경이 안정되면 경제 분야에 대한 관심이 확대되었던 반면 대외환경이 불안정할 경우 통일부문을 강조하는 경향을 보였다는 사실은 이러한 점을 뒷받침할 수 있는 근거가 될 수 있다.

마지막으로 남북한관계와 양안관계가 차별성을 보인다는 점에서 남한이 대안국가로서의 지위를 가지고 있다는 점은 개혁·개방 추진에 있어 중요한 제약요인으로 작용하고 있는 것으로 분석된다. 양안관계와 남북한관계는 관계형성의 구체적인 배경과 정치체제와 이념, 쌍방의 정치적 관계와 상호인식과 정책, 상호관계에 대한 국제사회의 인식 및 국제적 지위 등의 측면에서 상이한 성격을 가지고 있다. 우선 국제적 지위라는 면에서 양안관계는 국제사회에서 적어도 형식적인 측면으로는 하나의 중국원칙에 따라 중국을 유일한 합법정부로 인정함으로써 대만문제는 중국 국내문제로 인식되고 있다. 반면 남북한관계는 유엔의 동시가입이 이루어짐으로써 국제사회에서 독립적인 주권국가의 관계라는 점에서 그 차이점이 있다. 이러한 국제적 지위의 차이는 대만에 대해 유연한 전략을 구사하며 대만이 자본을 중국에 유치할 수 있는 유리한 환경을 조성할 수 있는 조건이 될 수 있었음에 반해, 북한에 있어서 남한의 존재는 항상 국제사회에서 경쟁해야 하는 대상으로 존재함으로써 개혁·개방 정책의 추진에 부담으로 작용할 수밖에 없다.

다음으로 남한의 국력이 전체적으로 북한에 비해 월등하다는 사실은 북한이 남한을 체제위협세력으로서의 가능성을 더욱 크게 인식할 수 있다. 이는 북한에 있어서 국방비 등 군사안보적 안정에 관련한 비용에 대한 부담을 안게 됨으로써 북한의 안정적인 개혁·개방의 추진에 걸림돌로 작용하고 있다. 결국 남한이라는 대안국가가 존재하는 현실은 북한이 안보문제를 뛰어넘어 단순한 경제논리에 입각해서만 개혁·개방을 추진할 수 없게 하고 있다. 더욱이 중국과 대만의 관계에 있어 대만이 중국의 경제, 군사적으로 안보에 실질적인 위협이 될 수 없는 존재임에 반해, 남한이 북한에 대해 경제적으로 월등한 우위를 보이고 있다는 사실은 북한의 개혁·개방 정책이 체제의 수호라는 측면에서 상당한 제약을 받을 수밖에 없다는 것을 의미한다.

중국식 개혁·개방 모델의 대북한 적용가능성에 있어서의 제약요인을 정리하면 (표 13-2)와 같다.

(표 13-2) 중국식 개혁·개방 모델에 기초한 북한의 대외개방정책 제약요인

국가 구성요소		중　국	북　한	비고
경제적 요인	경제규모와 구조	·대규노성세: -개혁·개방속도 조절과 체제안정성 유지에 유리 -내수시장의 존재로 인한 외자유치 유리 ·경제구조: -개혁·개방 초기 농업중심의 경제구조	·소규모 경제: -개혁·개방으로 인한 부정적 확산효과 빠름 -체제안정성에 대한 통제 용이하지 않음 -내수시장의 부재로 인한 외자유치 어려움 -장기간의 경제난으로 인한 재정규모 축소 ·경제구조: -공업화가 진전된 공업중심의 구조	중앙집중식 사회주의경제
	외자유치의 안정성	·대중화경제권의 존재 ·초기 경제특구에 있어 민족주의 발양을 통한 거부감 최소화	·모기장식 개방, 인프라부족 등 외자유인 요소 미약 ·남한과의 관계개선으로 통한 가능성 존재하나 그 효과는 미약	
	국제경제적 고립성	·세계경제체제로의 적극적이고 안정적인 진입	·폐쇄적 민족자립경제노선의 추구로 인한 세계경제체제에서의 고립	

국 가 구성요소		중 국	북 한	비고
비 경 제 적 요 인	정치체제 의 특수성	·정책적 대립과 논쟁을 통한 노선전환의 역사적 경험 존재 ·정치체제의 상대적 유연성과 개방성으로 인한 정책적 전환가능 ·개혁·개방을 위한 이론적 토대 구축	·유일지도체제의 유지로 인한 의사결정구조의 경직성 ·유일사상과 이데올로기 지형의 일원성으로 인한 장기적 개혁·개방 전략과 이론 수립이 어려움 ·정치의 논리가 경제적 효율성의 논리에 앞섬으로써 지속적 개혁·개방 추진 보장 없음	사회주의 체제 유지
비 경 제 적 요 인	대 외 적 위협세력 의 존재	·대만문제를 제외한 다른 문제에 있어서는 협조적 관계 ·거대한 시장의 존재로 인한 미국을 위시한 서방국들과의 적극적인 관계 개선	·미국의 북한에 대한 체제 불인정 ·핵/미사일을 위시한 군사안보적 대립으로 인한 경제제재 등 미국의 강력한 압박 ·군사안보를 위한 비용이 경제적 부담으로 작용	미국과의 관계가 주요 변수
	대안국가 의 존재	·대만은 중국의 대안국가로서의 지위를 가지지 못함 ·국제적으로 하나의 중국 인정	·남한은 북한에 대해 대안국가로서의 지위 가짐 ·남한과 비교할 때 국력의 차이 현저 ·국제정치적 고립으로 인해 국제적 지위에서 남한 우위	

3. 북한은 중국식 모델을 수용할 것인가

지금까지 중국식 개혁·개방모델의 북한 적용가능성에 대해 중국식 개혁·개방모델의 진행과정과 특징, 북한체제의 개혁·개방배경과 진행과정, 그리고 중국식 개혁·개방모델의 대북한 적용에 있어서의 문제점 등을 살펴보았다. 북한이 현재 직면하고 있는 상황은 단순한 경제적 위기라기보다는 정치, 경제, 사회문화, 국제적 위기가 총체적으로 결합된 체제의 위기로 전반적인 체제전환 없이는 경제난을 비롯한 체제위기를 극복해 나갈 수 있는 대안이 없는 것이 현실이다. 이러한 위기가 당장의 북한체제 붕괴로 이어질 가능성은 그다지 높지는 않지만 북한이 어떤 식으로든 변화를 해야 한다는 것은 자명한 사실이다. 문제는 이미 지적한 바 있듯이 북한이 체제변화를 해나가는 데 있어 어떠한 방식을 채용해 나갈 것이냐의 문제이다.

현재까지 제시되고 있는 가장 유력한 방식은 사회주의국가 중에서 성공적인 체제개혁을 이루어온 중국식 개혁·개방정책이 가장 유력하다는 것이 일반적인 생각이다. 이는 북한이 여하한 경우에 있어서도 사회주의체제를 고수하고 있다는 점과 사회주의 건설과정에서 북한 특유의 사회주의를 발전시켜왔다는 점 등에 있어서의 유사성이 그 근거로 제시되고 있다. 그러나 이미 앞서 살펴본 바와 같이 북한과 중국은 체제의 성격이나 정치·경제·사회 문화적 조건에 있어 많은 상이성을 노출하고 있고, 중국식 모델을 수용하는 데는 대내외적으로 많은 문제점을 안고 있는 것이 사실이다. 현재의 상황에서 중국식 개혁·개방정책을 북한이 채용했을 경우 반드시 성공할 수 있다는 보장이 어렵다는 것은 자명한 사실이며, 이에 따라 북한의 중국의 개혁·개방 모델에 대한 전격적인 수용과 진행은 어려울 것으로 보인다. 북한이 앞서 제시한 경제적·비경제적 제약요인들을 극복하지 않고서 중국식 개혁·개방 모델을 채택하고 추진해 나간다고 할 때, 그 성공 여부가 불투명하다는 것에 대해서는 이론의 여지가 없을 것이다.

북한의 개혁·개방 추진을 제약하는 이러한 경제적·비경제적 제약요인들은 다시 두 가지의 성격으로 분류될 수 있다. 북한지도부의 의지와는 독립적으로 존재하는 객관적인 제약요인과 북한지도부의 의지와 밀접하게 연관되어 그 의지가 제약요인을 규정하고 있는 주관적인 제약요인으로 분류할 수 있다. 먼저 경제규모와 경제구조의 차이, 대중화경제권과 같은 유사경제권의 부재로 인한 외자유치의 불안정성 등은 북한의 지도부의 의지와는 상관없이 객관적인 조건으로 존재하고 있다.

반면 북한경제의 국제경제적 고립성, 정치체제의 폐쇄성과 이데올로기 지형의 일원성, 대외적 체제위협세력의 존재, 대안국가의 존재와 국력의 차이 등은 북한의 의지에 따라서는 상당부분 극복될 수 있는 주관적인 성격이 강한 제약요인으로 분류할 수 있을 것이다. 물론 주관적 조건도 현실적으로 존재하는 여러 부차적인 조건들이 단순히 북한의 의지만으로 극복될 수 없다는 점에서 완전히 독립적인 성격을 부여받는 것은 아니지만, 적어도 객관적 조건에 비해 상대적 자율성을 가지고 있다는 것만은 틀림이 없다.

이러한 인식을 바탕으로 하여 중국식 개혁·개방 모델의 대북한 적용가능성을 파악한다고 할 때, 당연한 이야기가 되겠지만 객관적·주관적 조건의 완전한 충족을 통한 적용가능성은 없다고 할 것이다. 중국식 모델의 북한 적용가능성을 분석하는 데 있어 객관적·주관적 조건의 충족은 '최대 조건'(maximum conditions)이 충족되어야 한다는 것을 의미한다. 그러나 경제규모나 대중화경제권의 존재 등과 같은 객관적 조건은 북한이 극복할 수 없는 객관적이고 현실적인 조건이다. 중국이 진화론적인 개혁·개방 방식을 채택하여 개혁·개방으로 인한 정치·경제·사회 문화적인 충격을 최소화할 수 있었던 것은 경제규모와 대중화경제권의 존재와 같은 객관적 조건과 밀접한 연관성을 가지고 있다.

북한이 국가능력과 관련한 강한 권위주의적 정권이라는 점에서 개혁·개방의 속도를 조절하고 부정적인 효과에 적극적이고 신속하게 대처할 수 있다는 점에서 중국과 유사성을 가지고 있다는 공통점에도 불구하고, 경제규모에서의 차이로 인한 부정적 효과의 확산속도를 효율적으로 제어할 수 없다는 점, 중화경제권이 중국의 개혁·개방에 있어 충격의 완충적 역할을 담당했다는 점 등은 북한이 중국식의 진화론적 개혁·개방방식을 채택하는 데 있어 근본적인 제약요인으로 존재하고 있다.

동일한 체제요건을 갖춘 국가는 존재할 수 없고, 북한 역시 중국과 동일한 개혁·개방 조건들을 충족할 수 없음을 감안할 때, 중국식 모델의 대북한 적용가능성에 대한 분석은 '최소 조건'(minimum conditions)의 충족가능성을 중심으로 분석되어야 할 것이다. 이러한 최소요건은 북한지도부의 개혁·개방에 대한 의지와 밀접하게 관련된다. 이미 앞서서 밝혔듯이 북한의 개혁·개방정책은 대외개방정책을 중심으로 이루어져 왔으며, 투자환경과 같은 경제적 조건 외에 정치와 시장의 미분리, 미국을 중심으로 한 서방국가들의 대북경제제재 조치, 경제체제의 폐쇄성 등에 의해서 실패로 돌아가고 말았다. 이러한 실패 요인들은 앞으로도 계속 북한의 개혁·개방 추진에 걸림돌로 작용할 것이라는 것은 주지의 사실이다.

북한이 경제발전을 위해 중국식 모델을 적용시켜나가기 위해서는 이러한 제약요인을 극복하는 것이 가장 우선적인 조건이 될 것이다. 결국 이러한 실패 요인을 극복하고 중국식 모델을 북한에 적용하기 위해서는 정치체제의 개방성 확보와 이데올로기 지형의 다원화, 북미관계와 남북관계의 개선을 통한 대외적 체제위협요소의 제거 등 최소한의 조건을 충족시키지 않으면 안 될 것이다. 그러나 이러한 최소한 요건 역시 북한의 입장에서 충족시키기란 쉽지 않은 것으로 보인다. 북한체제의 특수성을 감안할 때, 유일체제의 포기는 체제의 붕괴를 의미한다.

이러한 측면에서 북한이 적어도 유일체제를 해체할 수 있는 결정적인 대내외적 도전을 맞이하지 않고서는 주체사상에 기초한 우리식 사회주의를 고수할 것이라는 것은 자명한 사실이다. 이는 비록 현재 북한이 심각한 경제난에 직면해 있고, 이에 따라 북한지도부의 개혁·개방의 필요성에 대한 인식이 지속적으로 증가하고 있다고 할지라도 체제의 근본적인 변화 없이는 개혁·개방에 대한 시도가 실패로 돌아갈 것이라는 것을 의미한다. 실제로 북한이 추진해왔던 각종 개방정책은 경제적 조건과 함께 체제의 폐쇄성으로 인해 발생하는 각종 문제점으로 인해 실패하고 말았다. 또한 최근 '7월 조치'와 '신의주 특별행정구', '금강산 관광특구 설치' 등도 북한체제의 근본적인 변화라고 보기에는 많은 위험이 도사리고 있다. 신의주 특별행정구와 금강산 관광특구는 여전히 미흡한 인프라와 특구 내 각종 시스템의 국제화 등 성공을 위해서는 넘어야 할 과제가 많이 남아 있음으로 인해 그 성공 여부는 좀 더 지켜봐야 할 입장이다. 설사 이러한 조치들이 경제적 효과를 수반한다고 하더라도 북한이 아직까지 개혁·개방이라는 용어대신에 '개건과 개선'이라는 용어를 사용하고 있다는 데서도 잘 알 수 있듯이, 개혁·개방의 추진과정에서 부수적으로 나타날 수밖에 없는 자본주의적 인식의 확대, 서구식 민주주의 개념의 확산 등과 같이 북한체제의 존립자체를 위협하는 요소들이 확산될 경우 북한의 개혁·개방 속도는 현저히 떨어질 가능성이 존재하고 있는 것이다.

북한체제 내부의 변화 못지않게 대외관계, 특히 북미관계의 개선도 북한의 개혁·개방 성패에 결정적인 작용을 할 것이다. 앞서 밝힌 바 있듯이 미국에 의해 주도되고 있는 현 국제질서 속에서 미국의 북한에 대한 강경노선은 개혁·개방에 필수적이라고 할 수 있는 해외자본의 유치라는 측면에서 심각한 타격을 받을 수밖에 없다. 뿐만 아니라 세계 최강대국인 미국과의 군사적인 대치와 긴장은 항상 체제안정성을 위해하는 중요한 요인이 될 것이며, 국력을 분산시킴으로 인해 정상적인 개혁·개방정책을 수행하는 데 커다란 장애물로 작용할 수밖에 없다. 따라서 어떻게 미국과의 관계를 유연하게 풀어나가면서 얼마만큼 대외적으로 개혁·개방과 경제발전을 위한 유리한 환경을 조성해 나갈 수 있느냐의 문제는 북한 개혁·개방정책의 성공 여부에 있어서 또 다른 관건이 될 것이다. 그러나 이 역시 쉽지 않을 것으로 보인다. 북한이 미국과의 전면적인 관계개선을 위해서는 핵사찰을 비롯한 군사안보적 투명성을 제공해야 하는데, 이는 북한이 인민들에게 선전 교육해 왔던 주체사상과 강성대국론의 오류를 인정한다는 측면에서 김정일 중심의 유일체계의 붕괴를 의미하는 것이다. 이에 따라 최근 핵원료인 플루토늄 보유 선언에서도 보여지듯이 북한은 미국과의 관계에서 있어서 위기조성을 통해 미국의 부분적인 양보를 얻어낸다는 기존의 방식을 고수하고 있다.

결과적으로 중국식 개혁·개방 모델을 북한에 적용한다는 것은 현실적인 여러 제약요인들로 인해 쉽지 않을 것으로 보여진다. 기본적으로 개혁·개방이라는 용어에는 시장경제체제로의 전환이라는 이데올로기적 전환이 전제되어 있다. 현 북한체제를 분석해 보면 단기적으로 주체사상의 포기라는 적극적인 지배이데올로기의 전환이라든가, 혹은 주체사상을 대체할 수 있는 새로운 이데올로기의 개발이라는 소극적인 지배이데올로기의 전환은 어렵다.

이는 결과적으로 북한이 앞으로도 우리식 사회주의를 훼손하지 않는 범위 내에서 개방을 추진해 나갈 가능성이 높다는 것을 보여준다. 이는 현재 북한이 진행하고 있는 개방정책이 중국과는 달리 악화일로를 거듭하고 있는 경제사정의 개선에 별다른 도움을 주지 못하고 있음에도 불구하고, 체제변화의 규모나 속도가 매우 더딘 진행을 보여주고 있으며, 그 형태에 있어서도 부분보완적인 개방정책을 고수하고 있다는 점에서도 보다 잘 알 수 있다. 이렇게 볼 때 북한의 개혁·개방 가능성과 중국식 모델의 북한 적용 가능성은 북한체제의 변화가능성과 근본적으로 맞물려 있다고 할 것이다.

· 저자 ·

형혁규   **· 약 력 ·**

1967. 경남 삼천포 출생
1986. 경남 진주시 대아고등학교 졸업
1991. 한양대학교 정치외교학과 졸업
1995-2003. 한양대학교 中蘇연구소 연구원 및 연구교수
1997-2003. 한양대학교, 서원대학교 정치학 강사
2003. 한양대학교 정치학 박사
2004~. 대한민국 국회 국회도서관 외교인보 담당 입법정보연구권

· 주요논저 ·

「東北工程의 국제정치적 배경과 한국외교에 주는 함의」
「중국식 발전모델의 대북한 적용 가능성 연구」
「중국의 국유기업개혁과 사회주의 시장경제체제의 미래」
「21세기 중국정치의 쟁점과 전망: 정치체제안정 결정요인과 전망을 중심으로」
「국제환경의 변화와 중국의 국유기업개혁: 국유기업개혁에 있어서 국제환경적
  요인과 영향을 중심으로」
「홍콩반환 이후 양안관계의 변화와 전망: 양안관계의 결정요인을 중심으로」
『중국정치론』(공저)
『동북아국가의 부패』(공저)
『한반도와 동북: 안정과 통합의 정치경제』(공저)
『한반도와 동북아: 변화와 발전의 정치경제』(공저)
『한국시민사회와 지식인』(공저)
  외 다수

새로운 북한, 중국이 대안인가

· 초판 인쇄	2006년 9월 18일
· 초판 발행	2006년 9월 18일
· 지 은 이	형혁규
· 펴 낸 이	채종준
· 펴 낸 곳	한국학술정보㈜
	경기도 파주시 교하읍 문발리 526-2
	파주출판문화정보산업단지
	전화 031) 908-3181(대표) · 팩스 031) 908-3189
	홈페이지 http://www.kstudy.com
	e-mail(e-Book사업부) ebook@kstudy.com
· 등 록	제일산-115호(2000. 6. 19)
· 가 격	32,000원

ISBN   89-534-5666-5 93340 (Paper Book)
       89-534-5667-3 98340 (e-Book)